进度快，质量好
成本低，矛盾少效率高

告别公私合营的旧矛盾
迎来部门的新秩序

赵小和

没有妥协哪来和谐

没有妥协，哪来和谐？

明明白白的妥协，彰显了我们的高尚；

坦坦荡荡的妥协，体现了我们的英雄。

没有点上的和谐，哪来面上的和谐！

深层的、高层次的和谐，

是独树一帜、博采众长、集思广益、自成一体、

差异竞争的和而不同。

和谐社会：

基本面——崇尚相对平均，着力打造面上的和谐，有益于维系社会的稳定；

着眼点——认可相对不平均，保证一定面的、点的和谐，有益于推动社会的进步；

和谐魂——强势群体的妥协。

广西东兴市人民政府　　苏商建设集团有限公司
基础设施建设投融资合作框架协议签约仪式

作者（左6）代表苏商集团与广西壮族自治区东兴市人民政府签署基础设施投融资合作协议

2016年2月22日凉山彝族自治州PPP扶贫攻坚

PPP项目，北京鸟巢。作者在奥运会期间作为奥运会汽车现场救援总指挥留影

云南省大理白族
自治州隧道项目

贵州石龙沟
大桥项目

"肇庆新区
鼎湖大道工
程项目"开
工典礼隆重
举办

肇庆市鼎湖大道（新区段）工程项目开工仪式

太平洋建设集团

2013年7月18日　中国·肇庆

四川 PPP 项目
工地铺设水稳

内蒙古自治区
固废处理场施
工现场

云南省大理白
族自治州海东
隧桥项目

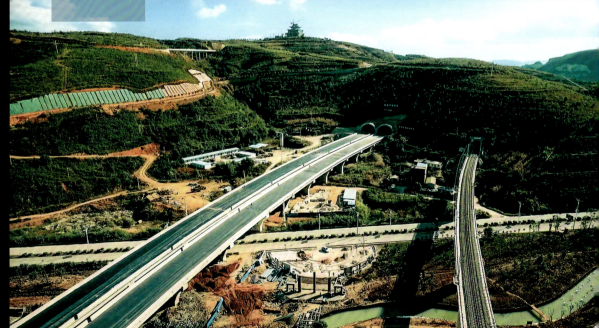

新疆维吾尔自
治区阿克苏项
目施工现场

乌鲁木齐
道路工程
施工现场

贵钢大桥墩柱项目

新疆维吾尔自治区管廊项目

甘肃兰州新城项目开工仪式现场

云南楚雄太
阳历公园竣
工项目

贵州九阡镇
路网工程

贵州修文扎久城市
主干道竣工通车

中国 PPP 理论与实操

赵 琦 编著

企业管理出版社

图书在版编目（CIP）数据

中国 PPP 理论与实操／赵琦编著 . —— 北京：企业管理出版社，2017. 12

ISBN 978 - 7 - 5164 - 1589 - 4

Ⅰ . ①中… Ⅱ . ①赵… Ⅲ . ①政府投资 - 合作 - 社会资本 - 研究 - 中国 Ⅳ . ①F832. 48②F124. 7

中国版本图书馆 CIP 数据核字（2017）第 238122 号

书　　　名：中国 PPP 理论与实操

作　　　者：赵　琦

责任编辑：徐金凤　黄　爽

书　　　号：ISBN 978 - 7 - 5164 - 1589 - 4

出版发行：企业管理出版社

地　　　址：北京市海淀区紫竹院南路 17 号　　　邮编：100048

网　　　址：http://www. emph. cn

电　　　话：编辑部(010) 68701638　发行部(010) 68701816

电子信箱：qyglcbs@ emph. cn

印　　　刷：北京宝昌彩色印刷有限公司

经　　　销：新华书店

规　　　格：185 毫米 ×260 毫米　　16 开本　　34 印张插页8　　570 千字

版　　　次：2017 年 12 月第 1 版　　2017 年 12 月第 1 次印刷

定　　　价：158. 00 元

前　言

我国开展 PPP 本是利国利民之事，但凡引进国外经验，无论政治、经济，要么极端教条地执行，要么一窝蜂地跟风，生怕人家说你落后。

多年实践证明，我们每做一件事，跟风的多、务实的少，热一阵子，毁一辈子。总是不能与中国的实际和特色发展相结合，往往刚起步，就留下风险，给后来者留下无穷无尽的麻烦。

笔者从 2014 年年底开始给有关政府部门和企业义务讲"PPP 的前世今生"的课程，前后一百多场，其中专门讲了 PPP 的风险与弊病；PPP 不是万能药，不能包治百病；国内政府项目，有些适合 PPP，有些则不适合，某些专家学者，一片叫好声，结果是好坏参半。还有一些忧国忧民之音，很难被重视。

跟风的一些人，不是想把国家发展放在第一位，而是自己感觉又赶上了一个好机会，利用这次国家给的机会，自己大捞一把。由此，国内蜂拥出一大批 PPP 培训机构，一大批法律咨询机构，一大批国家级专家。收费培训班、收费咨询，PPP 项目还没成功，政府的几十亿元已经被花出。

国家出台新政、新策，有良知的公知专家，应该是帮助、培育、发展、壮大，使之有序成长，而不是因一己之利，而使企业走弯路，使国家走弯路。

写本书的目的，是想给初做 PPP 的政府职能人员、企业管理人员、大学关注 PPP 的师生、社会对 PPP 关注的人士提个引子。根据笔者这些年的实践判断，PPP 有利有弊，有利益也有风险，关键在于如何把控，把风险降到最低，利益最大，达到国家要求，使政府既不过度举债，又能快速发展。

1

PPP 不是万能的，不能不做，也不能全做。

专家的话也不是万能的，不可不听，但也不能全听，切记！

但愿此书能给您一个启发，这是我的一个愿望。

2017 年 9 月 15 日

目　录

第一篇　PPP 项目理论

第二篇　PPP 项目实践

第三篇　PPP项目投融资与监管

第一篇

PPP 项目理论

第一章 PPP项目模式概述

第一节 PPP项目模式的释义

PPP（Public Private Partnership，公私合作伙伴关系），就是公共部门和私人部门为提供公共产品或服务而建立的一种合作关系。由于提供公共产品的流程很长，包括设计、投资、建设、运营、维护等多个环节，公共部门和私人部门在合作的具体环节、组织形式和风险收益分担上可以表现为各种不同的具体形式。综合各个组织及机构对PPP的定义，PPP在中国普遍解释为：公私合作模式、公私合营模式、政府和社会资本合作模式。

结合多年PPP项目的应用经验，从广义概念上来讲，在完全由公共部门提供公共产品和完全由私人公司提供公共产品这两个极端之间的任何一种合作形式都属于PPP的范畴，都称为PPP。国际和国内的各机构及组织也分别对PPP模式进行了定义。

一、国际组织对PPP的定义

联合国开发计划署认为，PPP是指政府、营利性企业和非营利性组织基于某个项目而形成的相互合作关系形式。通过这种合作形式，合作各方可达到比预期单独行动更有利的结果。合作各方参与某个项目时，项目的责任和融资风险并非完全由私营部门承担，而是由参与合作的各方共同承担。

联合国训练研究所描述的PPP涵盖了不同社会系统倡导者之间的所有制度化合作方式，目的是解决当地或区域内的某些复杂问题。PPP包含两层含义，其一是为满足公共物品需要而建立的公共和私营倡导者之间的各种合作关系；其二是为满足公共物品需要，公共部门和私营部门建立合作伙伴关系，推进大型公共项目的实施。

欧盟委员会定义 PPP 是公共部门和私营部门之间的一种合作关系，其目的是为了提供传统上本应由公共部门提供的公共项目或服务。

世界银行认为 PPP 是私营部门和政府机构之间就提供公共资产和公共服务签订的长期合同，而私营部门必须承担重大风险和管理责任。

亚洲开发银行将 PPP 视作为开展基础设施建设和提供其他服务，在公共部门和私营部门之间可能建立的一系列合作伙伴关系。

美国 PPP 国家委员会指出，PPP 是介于外包和私有化之间并结合了两者特点的一种公共物品提供方式，它充分利用私营资源进行设计、建设、投资、经营和维护公共基础设施，并提供相关服务以满足公共需求。

加拿大 PPP 国家委员会将 PPP 定义为公共部门和私营部门基于各自的经验建立的一种合作经营关系，通过适当的资源分配、风险分担和利益分享来满足公共需求。

二、我国政府对 PPP 的定义

国务院《关于在公共服务领域推广政府和社会资本合作模式指导意见的通知》（国办发〔2015〕42 号）是这样定义 PPP 的：政府采取竞争性方式择优选择具有投资、运营管理能力的社会资本，双方按照平等协商原则订立合同，明确责、权、利关系，由社会资本提供公共服务，政府依据公共服务绩效评价结果向社会资本支付相应对价，保证社会资本获得合理收益。

财政部《关于推广运用政府和社会资本合作模式有关问题的通知》（财金〔2014〕76 号）中提到：政府和社会资本合作（PPP）模式是指在基础设施及公共服务领域建立的一种长期合作关系。通常模式是由社会资本承担设计、建设、运营、维护基础设施的大部分工作，并通过"使用者付费"及必要的"政府付费"获得合理投资回报；政府部门负责基础设施及公共服务价格和质量监管，以保证公共利益最大化。

中华人民共和国国家发展和改革委员会（以下简称国家发改委）《关于开展政府和社会资本合作的指导意见》（发改投资〔2014〕2724 号）认为 PPP 模式是：政府为增强公共物品和服务供给能力，提高供给效率，通过特许经营、购买服务、股权合作等方式，与社会资本建立的利益共享、风险分担及长期的合作关系。

原财政部部长楼继伟指出：广义 PPP 是指政府与私营部门为提供公共物品或服

务而建立的合作关系，以授予特许经营权为特征，主要包括 BOT（建设—运营—转让）、BOO（建设—拥有—运营）、PFI（民间主动融资）等模式。狭义 PPP 与 BOT 的原理相似，都是由使用者付费，但它比 BOT 更加强调公共部门的全过程合作。

中国香港效率促进组将 PPP 定义为一种由双方共同提供公共服务或进行计划项目的安排。在这种安排下，双方通过不同程度的参与与承担，各自发挥专长。PPP 包括特许经营、私营部门投资、合伙投资、合伙经营、组成合伙公司等几种形式。

三、权威机构对 PPP 的分类

（一）国际组织的分类

随着近年来 PPP 在各国的运用与发展，结合各国 PPP 发展所处的不同阶段，PPP 表现出不同的特征及形态，各国对 PPP 的分类也有所不同。

1. 世界银行

世界银行综合考虑资产所有权、经营权、投资关系、商业风险和合作期限等因素，将广义 PPP 分为服务外包、管理外包、租赁、特许经营、BOT/BOO 和剥离 6 种模式，如表 1-1 所示。

表 1-1 世界银行的 PPP 分类

PPP 类型	产权归属方	经营和维护方	投资人	商业风险承担方	合同期限/年
服务外包	公共部门	公共部门和私营部门	公共部门	公共部门	1~2
管理外包	公共部门	私营部门	公共部门	公共部门	3~5
租赁	公共部门	私营部门	公共部门	共同分担	8~15
特许经营	公共部门	私营部门	私营部门	私营部门	25~30
BOT/BOO	私营部门和公共部门	私营部门	私营部门	私营部门	20~30
剥离	私营部门或私营部门和公共部门	私营部门	私营部门	私营部门	永久

2. 联合国训练研究所

联合国训练研究所按照狭义 PPP 进行分类，认为世界银行 PPP 分类选项中的特许经营、BOT 和 BOO 三类模式称为 PPP，而外包、租赁和剥离不属于 PPP 范畴。

3. 欧盟委员会

欧盟委员会对PPP也有相应的分类，摘要如表1-2所示。

表1-2　欧盟委员会的PPP分类

PPP类型	具体模式	备注
传统承包类	外包服务、O&M（委托运营）租赁	租赁也属于私人承包类
一体化开发和经营类	BOT、"交钥匙"	有时"交钥匙"也用DBO（设计—建设—运营）来表示，即全承包或"交钥匙"
合伙开发类	特许经营	特许经营包括DBFO（设计—建设—投资—经营）、BOOT（建设—拥有—运营—移交）、剥离等，剥离包括BOO等

4. 加拿大PPP国家委员会

加拿大PPP国家委员会按照转移给私营部门的风险大小将广义PPP细分为12种模式，如表1-3所示。

表1-3　加拿大PPP国家委员的PPP分类

PPP模式英文缩写	PPP模式中文意思
O&M	委托运营
DB	设计—建设
DBMM	设计—建设—主要维护
DBO	设计—建设—经营（超级"交钥匙"）
LDO	租赁—开发—经营
BLOT	建设—租赁—经营—转让
BTO	建设—转让—经营
BOT	建设—拥有—转让
BOOT	建设—拥有—经营—转让
BOO	建设—拥有—经营
BBO	购买—建设—经营

（二）我国PPP模式的分类

当前，中国PPP模式主要分为委托运营（O&M）、管理合同（MC）、建设—运营—移交（BOT）、建设—拥有—经营—转让（BOOT）、转让—运营—移交（TOT）和改建—运营—移交（ROT）等不同的运作方式。对上述 PPP 的具体模式进行选择时，应综合考虑到现金流收支匹配、项目股权投资回报率、项目债权融资量、运营之后改建、扩建的可能性和项目生命周期结束后的固定资产处置等因素。

财政部 2014 年《关于印发政府和社会资本合作模式操作指南（试行）的通知》（财金〔2014〕113 号）。

1. 委托运营

委托运营，是指政府将存量公共资产的运营维护职责委托给社会资本或项目公司，社会资本或项目公司不负责用户服务的 PPP 项目运作方式。政府保留资产所有权，只向社会资本或项目公司支付委托运营费。合同期限一般不超过 8 年。

2. 管理合同

管理合同，是指政府将存量公共资产的运营、维护及用户服务职责授权给社会资本或项目公司运作方式。政府保留资产所有权，只向社会资本或项目公司支付管理费。合同管理通常作为 TOT 的过渡方式，合同期限一般不超过 3 年。

3. BT

BT 是 Build – Transfer 的英文缩写，意思是建设—移交。在中国，BT 模式是对 BOT 模式"建设—经营—移交"的变换，是指项目管理公司总承包后垫资进行建设，建设验收完毕再移交给政府部门。2012 年 12 月，由于实施 BT 模式造成大量地方政府债务、项目全寿命期的效率不高、项目成本高于一般传统模式等原因，财政部发布通知，将盛行多年的 BT 模式叫停。

4. BOT

BOT 是指政府部门通过特许经营合同，授予社会资本或项目公司承担新建项目设计、融资、建造、经营、维护和用户服务职责；在合同规定的特许期限内，社会资本或项目公司通过项目运营收回投资和运营成本，并收取合理的收益；合同期满后项目资产及相关权利等移交给政府的一种项目运作方式。

BOT 模式的特点是：①采用有限追索权，即项目债权人追索权仅限于项目资产和项目收益，项目债务不会反映在投资人资产负债表中；②前期费用较高，一般应用于大型基础设施项目，如交通运输、供水供电等；③特许期期满后，项目经营权无条件转移给政府；④项目设计、建设和运营效率及提供的公共物品和服务的质量都比较高；⑤项目从设计到施工全由项目投资者控制，易出现资金不到位、延误工期等风险。

5. BOO

BOO 是指社会资本或项目公司在项目建成后拥有项目所有权并开展经营，特许期期满后无须将项目所有权和经营权无条件转让给政府，一般不适用于不涉及国民经济命脉和国家安全的行业，或者特许期期满后收回项目所有权和经营权意义不大的项目。采用 BOO 模式，必须在合同中注明保证公益性的约束条款，一般不涉及项目期满移交。

6. BOOT

BOOT 方式明确了 BOT 方式的所有权，项目公司在特许期内既有经营权又有所有权，是 BOT 方式的具体表现形式的一种。

BOOT 是一种连投资带承包的方式，是近年来才在国际承包市场出现的：多头获利，长线受益，回报高。但同时由于对承包商的要求也高，投资人必须管好、用好资金，建设方必须保证项目进度和质量，运营商必须保证盈利。

7. TOT

TOT 是指政府将存量资产所有权有偿转让给社会资本或项目公司，并由其负责运营、维护和用户服务，合同期满后资产及其所有权等移交给政府的项目运作方式。合同期限一般为 20 ~ 30 年。

TOT 的特点是：①能够盘活公共资产，迅速收回建设资金，滚动投资于其他项目，提高财政资金利用率；②能够为存量基础设施项目引进先进的管理经验，逐步走向市场，提高公共物品和服务的质量；③仅涉及项目经营权的转移，避免项目投资建设过程中的风险，也有利于增强政府对重要行业和项目的控制权，确保经济安全。

8. ROT

ROT 是指政府在 TOT 模式的基础上，增加改扩建内容的项目运作方式。合同期限一般为 20 ~ 30 年。

第二节　PPP 项目模式的起源

一、世界各国 PPP 项目模式起源

"PPP"一词由英国政府在 1982 年提出,如今 PPP 模式已经在许多国家推行开来,由此也引出一个问题:PPP 模式想法从何而来?事实上,作为实践先于理论的典型代表,就某种角度来说,私人部门参与基础设施领域的活动并不新奇,私人融资和运营基础设施的想法最早萌芽于公路和水利工程领域,以英国的收费公路和法国的特许经营为代表,其雏形可以追溯到公元前。19 世纪中叶的"铁路热"见证了私人部门参与基础设施投资的辉煌时期,使得那一时期所有的其他经济发展都黯然失色。此后各国纷纷效仿,世界 PPP 的大幕就此拉开。

(一)英国的收费公路

收费公路(Turnpike)包括新建和改建公路,是由通行者在收费站部分或全部付费的公路,公路上设有转动路障,在通行者付费后转动打开。收费公路可以看作是现代 BOT(建设—运营—移交)模式的雏形。

史料记载最早的收费道路是在公元前 1950 年,由亚述人修建的从叙利亚到巴比伦的收费道路。希腊历史学家和哲学家斯特雷波(Strabo)也在恺撒·奥古斯都(Caesar Augustus)时代的《地理志》(Geographia)中记载了由罗马大帝授予萨拉西(Salassi)部落在小圣伯纳德山口(Little Saint Bernard's Pass)征收通行费的特许权,以收取通行费用作为对其养护道路、带路和跨山脉搬运的回报。此时并没有提出 PPP 的概念或理论,只是实际生活中出现了通过实际的"公""私"互动、"公""私"交易关系而共同维系收费公路运行的模式,我们称之为最原始的 PPP 形式,可以说 PPP 是实践先于理论的典型代表。

早在 1286 年,伦敦大桥就开始收取通行费用,事实上,中世纪时桥梁的通行费用都用来支付其建设成本。1364 年,英格兰律法首次允许设立收费站,爱德华三世准许在伦敦往利奇菲尔德(Philippe Litchfield)的大北道(Great Northern Road)上收取通行费作为道路养护的回报。尽管如此,公路收费的普及却十分滞后。1555

年，英国立法规定，道路养护作为教区为单位居民的强制劳动任务，这项规定直到 1835 年被废除。1663 年，英国第一条收费公路得以建成，剑桥、亨廷顿和赫特福德希尔的法官请求议会，准予他们募集资金对横跨这三个郡的大北道进行修缮和养护，并设立三座收费站在将来的 21 年内对通行的车辆和牲畜收取费用以清偿道路修缮的债务。

1706—1707 年，为改善 London – Holyhead 高速公路路段，成立了"收费公路信托"，而随后通过的上百个法案几乎将收费公路制度在英格兰全境普及。至 19 世纪 40 年代，形成了近千个有效的收费公路法案。

"收费公路信托"的受托人被授权募集资金在特定的地点修建或改建公路并收取 4% 或 5% 的佣金，由指定的检查员负责公路的实际养护和运行监督。收费"保收人"通过向信托机构支付固定金额来换取在特定收费站收取费用的权利，可以看作是外包或转包的早期实例。然而，受信托企业规模和资金的限制，每家企业只能负责 10 ~ 20 英里的路段，每 7 英里或 10 英里就要支付路费，极大地限制了长途运输。1773 年以后，收费租赁权可以进行拍卖，并逐渐面向有能力收购多条收费公路租赁权的大集团，据莱文森（LevinSon）描述，1825 年时一家合伙企业所收取的过路费甚至占到了整个伦敦过路费的 3/4。

1773 年，英国国会通过了《收费公路法案》，依据车辆轮胎的宽度对车辆分类并制定了详细的差别收费制度。车辆的轮胎越宽，收费就越低。除了普通的旅行者、邮递员、神职人员及养护人员不必交付通行费，而政府和公路两边的居民，则可以通过支付年费方式来代替通行费，所得收费由信托机构用以偿还抵押贷款和公路的养护、延长和拓宽等。尽管公路基础设施有很大程度的改善，但反对收费公路的声潮也从未间断。类似现代的高速公路、收费公路亦被看作财富从穷人转移到富人的工具，加重了穷人的通行负担，却使富人能够走得更好、更远。

1992 年，为了引社会资本进入卫生和地方政府部门，英国率先提出了 PFI（私人融资活动），政府通过签订长期服务合同获得社会部门的财力、技术和管理优势，致力于"资金价值"（VFM）的体现并发展成为现代英国最典型的 PPP 模式。与传统的公共品提供相比，PFI 显著降低了项目成本，以最早实施的 8 个 DBFO（设计—建设—融资—经营）项目为例，其项目成本平均节省 15%。2014 年 12 月英国财政部发布报告，PFI 项目的资本总额达到 566 亿英镑，项目不仅涉及教育、医疗、市政建设、司法公共安全、交通和污水处理等领域，而且还广泛应用于海岸防空、空中交通管制等国防领域。

（二）法国的特许经营

与英国、荷兰等国不同，在欧洲 PPP 项目开展得如火如荼的时候，法国并没有像其他欧洲国家一样，大规模出台关于 PPP 的政策。事实上，PPP 对法国人而言并非新兴概念，法国的 PPP 模式从一百多年前的"社会经济混合体"和"特许经营"发展至今，特许经营制度仍然是法国建设和管理公共基础设施及"商业型"公共服务设施最普遍的模式。

广义的特许经营是一系列特许经营方式的总称，与狭义的 PPP 概念相同，是指社会资本通过竞争招标获得的特许经营权应用于公共设施的建设和更新、维护。特许经营合同期限通常为 20～30 年，特许经营过程中，已有和新建设施在内的全部资产其所有权属公共部门所有。社会资本的设施使用和维护受公共部门监督，特许经营到期后全部设施应较为完整地交还给公共部门。法国的特许经营可以追溯到 17世纪——1638 年和 1666 年融资建造布里亚运河桥（Canal de Briare）和地中海—大西洋航道的特许经营合同。企业家们被授予有效的特许经营权，在特定的时间提供公共服务。然而最值得一提的还是法国的私人供水服务。17 世纪中期，法国就出现了地方的私人供水服务。1782 年，Perrier 兄弟被授予为巴黎部分地区提供供水管网的供水特许。到 1995 年，法国通过 PPP 合作模式解决了 75% 的人口的供水问题，此外，在 PPP 模式下由合作的公司控制了全国 62% 的供水和 36% 的污水处理，75% 的市中心供热、60% 的垃圾处理、55% 的电缆运营及 36% 的垃圾收集也是在PPP 模式下完成的。21 世纪初，威望迪公司还以大约 20 亿元人民币的价格，获得了我国浦东自来水厂 50% 的股权及 50 年经营权。

1854 年，土耳其总督授予苏伊士运河公司苏伊士运河特许经营权，自运河开航之日起特许经营 99 年，成为社会资本通过特许经营参与基础设施建设的著名案例之一。19 世纪下半叶，法国大力推行基础设施网络的特许经营计划，通过长期的特许经营合同实现城市交通、水务电力和卫生的基础设施所有权在合同到期后收归公共部门。

第二次世界大战时期，法国的特许经营制度出现衰退，基础设施和公共服务部门收归国有，多数获得特许经营权的企业被国有化，产生了大量国有垄断企业并由此催生出两种截然不同的制度：政府直接管理制度和公共服务委托制度（基于 PPP 模式的私人特许经营制度）。前者直接由国家或公共机构负责基础设施或服务的建设和运营，通过特许经营合同授予公共特许经营者成立特殊目的的公共企业来进行基础设施建造和运营，由政府和公共信贷机构提供股本金避开政府的预算限制。然而公共企业的收益受到管制，加之收入的上涨低于通货膨胀，导致企业资产负债表恶化，最终被政府接管。

此时，私人的特许经营以各种合同的形式继续存在，并在 20 世纪 90 年代末全面复苏。法国政府向私人开放了米约（Millau）高架桥，连接佩皮尼昂（Perpignan）和费卡洛斯（Figureras）的高速公路等项目的特许经营，通过 PPP 模式进行项目融资和设计。几乎所有的地方公共服务项目都向特许经营者开放，污水及垃圾处理、城市交通、电缆和学校餐饮等都可以通过委托管理合同来组织，形成了法国独特的 PPP 体系，也促成了法国独特的特许经营法律框架——公共利益高于私人利益，公共实体高于社会资本，遵守公共财产制度并给予私人部门适当补偿，最后一旦涉及公共利益或管理，合同必须遵守法国公法并受到行政法院的约束。由于公法对公共资金及财产使用的严格约束，而合同期内的基础设施财产私有，使得长期租赁合同及 BOOT 模式难以在法国实现。直到现在，从保护公共财产的角度出发，法国对于传统特许经营以外的 PPP 模式仍保持谨慎态度。

（三）美国的 PPP 起源

美国独立战争之后，美国引入了英国的收费公路，1794 年在宾夕法尼亚州取得特许经营权。费城至兰卡斯特收费公路建成，开启了美国收费公路的高速发展之路。与英国一样，美国的收费公路并非向所有通行者收取通行费。例如，马萨诸塞州立法，军职人员、在收费站镇内做生意的人和去教堂做礼拜的人可免收通行费；纽约的收费亭相隔 10 英里，短途旅行可以免费通行，使得收费公路的收益大幅下降，其分红和资本回报率通常在 3% 左右。乡镇和领头的居民通过交通运输的改善寻求本地经济的拉动力，故"更感兴趣的往往是新交通线路可能给他们带来的利益，而不是投资的营利性"。随后，运河的兴起和铁路的出现使收费公路连带依赖它的乡镇逐渐衰落，直到 19 世纪末 20 世纪初，公路的公共经营和融资再次兴起。与英国一样，99 年的租赁期结束后，除了极少数被废弃和转让的，大多数的收费公路被地方政府收购并纳入国有高速公路系统。如今美国已有 19 个州允许通过公私合营的方式建设高速公路，政府和私人主要以合同的形式确认双方的权利义务，政府作为交通设施的所有者，而私人则允许拥有交通设施当中的一部分（如服务区等）并获取相应收益。

与英国相比，美国的 PPP 模式具有其独特性和多样性。首先，这样的独特性和多样性与英美对私有化的理解不同有关。在英国，私有化通常意味着出售政府资产，是一种极端的 PPP 形势。而按照 GAO（美国政府责任办公室）的定义，私有化是一个更加宽泛的概念，只要涉及责任由政府向私人部门转移的都属于私有化范畴，PPP 被看作是基础设施领域私有化的一种具体形式。其次，相对于英国乃至欧洲的政府集权化，美国作为联邦制国家，其行政系统相对分散，各州政府对联邦政府依赖性小，地方政府对州政府也保有高度的自治。当各地方政府或各州政府资源储备不足时，相对于依赖上级部门，各级政府更青睐于引入私人资本。因此，相对于英国早期始于国家层面的 PPP 项目，美国的 PPP 模式首先在各州开始推行。此后，美国也没有建立统一的由政府推动的 PPP 模式，而是由各州和地方政府根据自身要求推行 PPP。由于美国特殊的税收体制，私人投资的成本高于政府投资，使得 PPP 的推行面临巨大的阻力。

二、我国 PPP 项目模式起源

PPP 模式在我国的起源，也与其意识形态影响下的经济动因密切相关。与前面英、法、美等国的 PPP 起源与发展相比，我国的 PPP 项目起步较晚。

事实上，尽管 PPP 的概念是在 20 世纪 80 年代中期由中国香港商人带入中国内地，但中国早期的 PPP 项目雏形却可以追溯至 20 世纪初。受中等发达国家债务危机影响，为推动经济发展而提出的 BOT 模式被中国等发展中国家纷纷效仿。1906 年，清政府与美国华侨陈宜禧集资合作修建的新宁铁路（又称为宁阳铁路），是我国内陆最南端的一条民营铁路，也是中国历史上的第一条民办铁路。光绪三十二年（1906 年）正月二十一日，新宁铁路由光绪皇帝签字批准立项，1913 年竣工。该铁路自筹备、设计直至修建和运营均由中国人自行完成。由华侨陈宜禧向美国华侨集资获得修建经费，铁路运行期间的收入主要来源于客运。该条铁路能够成功修建与清政府的支持密不可分，真正实现了 PPP"公私合作"的核心理念，是当今我国

PPP 模式的最早雏形。

到 20 世纪 70 年代末，PPP 更加广泛地存在于人们的生活中，只是没有形成专门的理论而已。此时的 PPP 雏形源于资源匮乏的条件下，公共部门运用社会资源饲养动物园中肉食性动物的想法——动物园缺乏必要资金支持，社会上有爱心的公众可以对园里的动物进行认养，并取自己喜爱的名字。在我国，土地属于国家，早些时候存在路边树木被偷的现象，政府管理起来较为分散，需要花费大量的时间和管理成本，后来政府与地方居民通过签订协议，约定由附近居民在公路两边植树并进行管理，当树木成材之后，按照协议进行利润分成。以上两个案例都体现了 PPP 制度的关键所在——公私合作。

一直以来，我国的城市公共基础建设保持着由政府行政指令性管理的传统模式，由国家或地方政府部门统筹管理项目从立项建设到运营维护的全过程，经济飞速发展带来迫切的基础设施需求与薄弱的公共设施供给能力形成鲜明的对比，产生了巨大的基础设施供给缺口。以 BOT 为主导的项目融资进入我国基础设施建设领域并渐渐崭露头角，为我国 PPP 的发展提供了实践经验，基础设施领域市场化改革的浪潮应运而生。2003 年，党的十六届三中全会通过的《关于完善社会主义市场经济体制若干问题的决定》指出："清理和修订限制非公有制经济发展的法律、法规和政策，消除体制性障碍；放宽市场准入标准，允许非公有资本进入法律、法规未禁入的基础设施、公用事业及其他行业和领域。"这意味着社会资本得以全面进入基础设施和公共事业领域，标志着我国现代意义的 PPP 模式真正形成。

第三节　PPP 项目模式的发展

一、国外 PPP 项目模式发展概况

（一）英国 PPP 模式的发展

英国作为最早运用 PPP 模式的国家，在经历了较长的发展时期后，已成为当今世界上 PPP 模式运用最为成熟的国家之一。英国的 PPP 大致经历了两种模式的发展——PF1 模式和 PF2 模式。

1. PF1 模式发展阶段

在 2012 年以前，英国主要应用的 PPP 是 PF1 模式，这一模式的特点便是项目的运作过程全部由社会资本负责，允许社会资本全程参与项目的设计、投资、建设、运营各个环节，意图通过社会资本的参与，提高产品的质量并维护公共利益。PF1 项目一般由三部分组成：负责政府采购的政府委托人——授权当局；民间资本方——负责项目的投资、建设和运营；第三方，主要包括银行、债券等资助者。PF1 模式下 PPP 项目的开展流程具体包括：项目立项与项目可行性研究报告、招投标过程、项目建设过程、项目运营过程和项目移交过程。在立项与可行性研究报告的初具阶段，项目发起人根据英国财政的负担能力，对项目的可行性进行综合评价形成草案，并报上级部门审核批准。在项目的招投标阶段，发起人在英国乃至欧盟有关报刊发布招标公告，吸引投标人进行投标。在最终定标之后，政府部门与中标人签订有关具体的合同条款，明确双方之间的权利义务，完成签约。项目在建设阶段的全部费用均由民间资本承担，对于项目的资金筹措、承包商确定、项目管理运营等事宜，政府根据项目的具体实施情况对民间资本给予一定的补偿。但是，如果项目质量无法在规定时间内达标，政府有权终止合同，给予民间资本一定的补偿，并取得项目所有权。

在 PPP 项目的管理方面，英国政府财政部作为 PPP 的主管部门，下设英国基础设施局主管 PPP 工作，提供 PPP 各方面的专业管理和知识，负责有关的 PPP 交易问题。在英国各地区，财政部与地方政府共同成立了地方合作伙伴关系组织，该组织独立于财政部，采取公司化的管理运营模式，为地方提供有关 PPP 项目的技术支持服务，并制定有关的合同范本。在 1992—2011 年，英国采用 PFI 模式的 PPP 项目共计有 700 多个，总投资额达 547 亿英镑之高，涉及医疗、教育、公路、污水处理等各个领域。PF1 模式的优点在于其能够充分利用市场所带来的管理经验、风险控制技术和创新精神，但在实践中也暴露了一些问题，比如成本的浪费、合同约定较为刻板、缺乏灵活性、项目的公开公正性较低、收益分配不合理等。

2. PF2 模式发展阶段

基于 PF1 模式所具有的缺陷，英国政府自 2012 年起开始推出改进后的 PPP 项目开展模式——PF2。相对于 PF1 模式而言，PF2 模式的优势主要体现在：第一，由于民间组织难以在资本市场上获得融资，政府在改进 PF1 模式时，优化了 PPP 项目的股权结构，PPP 项目不再由社会资本作为唯一的投资人和股东，政府开始持有 PPP 项目的股份，作为小股东参与到项目的投资之中，这一措施缓解了民间资本的融资难度，同时也降低了政府的融资风险；第二，提高了项目的推进效率，节省成本支出，PF2 模式鼓励政府集中采购，依靠英国基础设施局的专业力量进行集中采购，并规定了项目的最长招标时间，制定了规范的招投标文件和流程，并对招标流程予以严格监管，建立了政府能力建设培训机制、意图规范大型政府项目的领导资格，只有通过该培训计划的人员，才能取得项目的领导资格；第三，改变了 PF1 模式下合同过于刻板不够灵活的方式，政府在项目的具体运营管理过程中可以自主决定增加或减少一定的服务选项；第四，提高了项目的公开公平性，制定了民间资本公开项目收益的有关制度，要求民间资本必须提供实际收益和可预测的资产收益有关信息，及时披露有关项目的负债状况，以及在一定范围内项目资金的使用情况，满足公众的信息需求，并规定政府部门每年必须公开其所参与 PPP 项目的有关财务信息；第五，制定了政府与民间资本收益分配制度，并对政府开支风险的管理进行了规范。

英国在 PPP 模式的发展过程中，采取了较为严格完善的监管和支持措施，主要包括：第一，建立了完善的法律体系。英国除了颁布有关 PPP 的细化规定之外，在其有关公共管理、政府采购和公私协作方面的法律法规中，对于 PPP 模式都有规定，形成了上位法与下位法、特别法与普通法协调一致的法律体系，对 PPP 模式在英国的发展提供了制度保障。第二，设立了三级 PPP 管理机构，构建了针对 PPP 项目自上而下的协调管理。1992 年，英国政府建立了有关社会资本投资的提案机制，并于 1997 年成立了相关的机构组织以协调社会资本的投资事宜。2000 年，英国正式成立合作伙伴关系组织。该组织是专门从事公共基础设施 PPP 项目开展工作的组织。由此，英国正式设立了 PPP 管理的三级机构：财政部英国基础设施局主管 PPP 工作，提供 PPP 各方面的专业管理和知识，负责有关的 PPP 交易问题；英国合作伙伴关系组织协助开展有关 PPP 重要项目；同时地方政府出资成立公私营机构合作署，对地方的 PPP 项目实施监管，并对开展 PPP 项目的各地机关提供知识和技术服务支持。第三，建立了较为客观公正的 PPP 项目评价机制。2004 年，英国制定了《资金价值评估指南》和《定量评价用户指南》两部评价规定。在《资金价值评估指南》中，对 PPP 项目通常采用的物有所值评价方法的程序问题进行了详尽规定。

同时《定量评价用户指南》对于政府评价 PPP 项目的资金价值也进一步予以明确规定。第四，对于公私合作的具体模式进行了细化，建立了多种方式的公私合作 PPP 模式。在英国除了通常采用 DBFO（设计—建设—融资—运营）模式之外，还发展了其他公私合作的 PPP 模式，如 BOT（建设—运营—移交）、BOO（建设—运营—拥有）、DBFT（设计—建设—融资—移交）模式等。第五，帮助 PPP 项目获得第三方资金支持，鼓励金融机构为 PPP 项目提供资金援助。由于英国的金融市场构建较早，市场经济发展时间较长，因此其金融市场的竞争也比较公平充分。银行和资本市场都可以提供稳定持久的固定利率的长期贷款。有的贷款期限甚至长达 40年，而贷款利率却不高，这一资金支持促进了 PPP 模式的快速发展。

（二）加拿大 PPP 模式的发展

加拿大的 PPP 模式运用属当前国际先进水平，各级政府对于 PPP 的重视和支持程度也较高。为了推广 PPP 模式，加拿大政府于 1993 年成立了 PPP 国家委员会（CCPPP），并于 2010 年组织开发了负责统计加拿大全国 PPP 项目的数据库。在1991—2013 年，加拿大全国累计推出 206 个 PPP 项目，总价值超过 630 亿美元，涉及医疗、教育、司法、环境等各个领域。当前，PPP 项目已占全国公共领域项目的15%~20%。在 2013 年，加拿大 PPP 国家委员会曾对加拿大在 2003—2012 年期间的所有有关基础设施建设的 PPP 项目进行了统计评估调查。根据评估的报告显示，10 年期间，在基础设施建设领域，该报告针对 PPP 项目对加拿大的经济发展做出的贡献给予了高度评价。报告称，121 个 PPP 项目为加拿大政府带来了直接经济产值高达 512 亿美元，并为加拿大民众创造了约 29 万个就业岗位。由于基础设施建设的特殊性，项目的开展需要人员参与基础设施的建设、运营和维护，因此每一个基础设施项目都会为国内带来直接的就业岗位。同时，也促进了国内包括建设资金影响、管理、运营、维护经济影响在内的经济增长。

加拿大民众对于国内 PPP 项目的开展也普遍持有支持开放的态度。由于 PPP 项目的开展在加拿大医疗、教育、道路等公共基础设施领域发挥了良好的作用，为加拿大民众的日常生活提供了便利，因此加拿大民众都较为支持 PPP 项目的开展。在2011 年，加拿大 PPP 国家委员会对加拿大民众进行民意调查，征询民众对政府采用 PPP 模式开展基础设施建设的意见。调查显示，民众对于政府 PPP 项目的支持率高达70%。并且，包含所有的年龄阶段均表示支持 PPP 项目的开展。2014 年，在加拿大政府发布的 PPP 动态《国家和社区对加拿大 PPP 的意见》报告中显示：在全国范围内，超过62%的受访者对公共基础设施领域的公私合作持积极开放的态度。而在各省的调查中，魁北克省为全国对 PPP 项目支持率最高的省份，支持比例为69%。根据不同行业的调查结果显示，大部分加拿大民众对全国经济关键部门的 PPP 项目持积极态度，其中交通运输领域的支持率最高，达到70%；其次是道路建设领域，为65%。总而言之，加拿大民众对 PPP 项目的积极支持也为 PPP 模式在加拿大的发展提供了条件。

加拿大的 PPP 模式主要采用社会资本负责的方式，社会资本负责项目自设计至建设、运营、维护的全过程，避免投资人不同，仅负责项目某一阶段的事务而导致责任划分不清，相互推诿所带来的风险。政府在项目建成以前不出资，政府出资的前提便是社会资本提供的服务产品质量达到合同要求。在管理方面，国家级别的 PPP 中心属国有公司，负责政府 PPP 项目的宣传和推广工作，并参与具体项目的实施，制定有关管理政策，提供技术服务，并负责与地方政府 PPP 管理部门的沟通协调。同时，加拿大政府为了鼓励 PPP 项目的发展，成立专门的 PPP 基金会，为 PPP 项目提供资金支持，各地政府有关的 PPP 项目都可以向基金会申请资金支持。截至2014 年 4 月，该基金会基金总额达到 24 亿加元，已为 15 个 PPP 项目提供了 8 亿美元的支持。

加拿大的 PPP 模式发展的主要特点有：第一，PPP 项目选择社会资本参与，并非仅因公共基础设施的融资需求，更重要的是能够提高公共服务的质量；第二，加拿大政府率先成立了负责管理 PPP 项目的专业机构，并建立了 PPP 统计数据库，有利于 PPP 数据的整理和经验的总结；第三，建立了专门的 PPP 基金会，帮助 PPP 项目的顺利开展；第四，注重 PPP 模式的推广创新工作，加强中央与地方政府有关 PPP 项目的沟通交流工作，及时根据外部环境的需要对 PPP 模式做出调整和改进。

（三）澳大利亚 PPP 模式的发展

澳大利亚 PPP 模式的通常做法是 PPP 项目的投资者成立一个该项目的项目公司 SPV，由项目公司代表投资者的意志，与政府就 PPP 项目的投资、建设乃至运营管理签订全过程的协议，而协议期限通常为 20～30 年。在一段时期内，为了鼓励和推广 PPP 模式的发展，澳大利亚政府不断扩大私人投资参与 PPP 项目的领域范围，并将项目的建设、运营管理风险更多地转移到项目公司中，导致私人投资者的投资收益与所承担的风险差距太大，明显无法匹配，最终导致部分 PPP 项目提前夭折。为了改变这一现状，保障私人投资者的合法权益，澳大利亚政府修改了有关的法律规定，并制定了专门法律，用以在投资者与政府之间合理地分配风险和收益。

为了方便对 PPP 项目的管理，澳大利亚政府成立了专门的全国性的 PPP 管理机构——澳大利亚基础设施局。该机构主要负责全国 PPP 项目的联络和协调工作，并制定全国公共基础设施建设的相关政策，以及 PPP 模式的推广宣传。在 2008 年，澳大利亚基础设施局与全国 PPP 论坛共同制定了 PPP 政策框架标准，而地方政府则可在这一框架标准的基础之上，结合本地的特殊情况，制定地方性的 PPP 指南。这一政策要求，地方政府对于资本金额超过 5000 澳元的项目，必须将 PPP 模式作为项目开展的备选模式之一。这一政策大大鼓励了 PPP 模式在澳大利亚的开展。

澳大利亚 PPP 模式的发展主要具有六大特点：第一，成立了专门的 PPP 管理机构，澳大利亚基础设施管理局是澳大利亚中央层级的 PPP 管理机构，地方政府则成立了 PPP 指导委员会，该委员会的委员主要由地方政府财政部门、医疗部门、交通部门、教育部门的工作人员及 PPP 专家担任。第二，明确了 PPP 项目的具体条件标准，PPP 项目必须具有一定的规模和开展意义，所涉及的技术具有新颖性和技术含量，并且具有技术创新的较大空间，项目开展有利于政府的投资风险分担。第三，明确了投资者和政府部门两者之间的权利责任划分。在每个 PPP 项目正式签订合约之前，政府会就项目的关键事宜与社会资本进行反复探讨，根据双方在本项目中所获得的利益，明确双方之间的风险及权利义务的划分。政府部门的主要义务在于土地风险的承担，而投资者则主要承担项目的建设风险。投资者同时也可以参与项目的具体运营管理，政府则负责对项目的建设质量进行监管评估。第四，保障投资者的合法权益，确保其投资能够取得合理的回报。作为 PPP 项目的投资人，能够通过项目的建设运营获得收益是社会资本对 PPP 项目进行投资的动力所在。PPP 项目的建设运营达到了合同约定的条件，政府则有义务向投资者付费。另外，为了鼓励部分 PPP 项目的开展，在这些项目的开展中，政府也会视具体情况给予投资者一定程度的让利，保障其合理回报的取得。第五，建立有效的 PPP 项目风险管理机制，对 PPP 项目可能产生的风险进行提前预估和防范。作为公共基础项目，政府最终必然是项目风险的承担者，虽然部分的项目风险会转移到社会资本，但是，当项目投资方确实无法提供足够资金时，政府为了项目的顺利进展，也会对项目提供担保以帮助社会资本顺利开展项目。因此，政府需要对项目的风险进行精准的预期和掌控。澳大利亚政府会对每个 PPP 项目进行详尽的分析，具体包括该项目建设的社会效益、建设所带来的经济效益及对生态环境所造成影响的生态效益三个方面。第六，政府建立了严格的项目审计制度和绩效评估机制，保证 PPP 项目有关支出的公开透明性。澳大利亚阿德莱德水务项目是澳大利亚 PPP 项目的典型案例，该项目于1994 年 11 月通过了 PPP 项目的资格审核，在随后的招投标过程中，澳大利亚联合水务公司最终中标，成为本项目的合作方。作为投资方，依照合同约定，联合水务公司负责澳大利亚南部阿德莱德地区的供水、污水处理、污水管网和水网的建设、管理、运营及维护。由于地方的供水和污水处理具有极大的市场需求，并且该项目在建设过程中的现金流入也较为稳定，使得该项目的开展成为澳大利亚 PPP 项目的典型。同时，政府部门在项目开展过程中所表现得赏罚分明、利益公平划分，也为该项目能够最终成功开展奠定了基础。

二、我国 PPP 项目模式发展历程

从改革开放时期我国开始初步形成现代化的 PPP 模式到当下，随着市场在资源配置中越来越占据指导地位，PPP 模式越来越受到国家及各级政府部门的重视。我国的 PPP 也从最初的新型融资工具逐步拓宽内涵，更注重公平和效益的兼容共升，通过政府与社会资源的合作实现"计划与市场在运行机制层面的结合"，形成优于计划和市场单独作用的新型管理体制，并为更好地提供公共产品和服务、更快地完善公共基础设施建设和促进社会"又好又快"发展提供了新的创新机制。

从概念引进至今，PPP 在我国的发展经历了几个重要时期，分别是 1978—1992年的探索时期、1993—1997 年的试点时期、1998—2002 年的首次调整时期、2003—2007 年的快速发展时期、2008—2012 年的二次调整时期、2013 年至今的规范化时期共 6 个时期的发展历程。

（一）PPP 模式的探索时期

1978 年，由于受到债务危机的影响，为了刺激经济发展，尽快摆脱危机，许多

发展中国家开始效仿发达国家，引入 BOT 模式。在国外环境及国内政策的双重推动之下，PPP 模式的理念开始由香港地区逐渐传入内地。从 1979 年开始，大量国外先进的投资和管理理念涌入中国，一批境外资金采取 BOT 模式开始涉足我国的公共基础设施建设领域。境外企业参与我国的基础设施建设，一方面，为我国的经济建设提供了资金来源；另一方面，也为正处于经济起步阶段的我国带来了先进的管理运营理念。但由于法律的滞后性特点，在探索时期，我国尚未形成有关 PPP 模式的直接法律法规，对于该种模式运用于公共基础设施领域建设的合法性，也没有明确的规定，各地政府在采用 PPP 模式的审批过程中，往往还需向中央政府请示汇报，得到中央政府的肯定后才敢批准有关项目的开展。

深圳沙角 B 电厂 BOT 项目被称为中国的第一个现代化 PPP 项目。该项目是在 1985 年由香港合和电力有限公司与深圳电力开发公司合作建设，1988 年 4 月正式投入商业运行。1999 年 8 月，合作期满后，沙角 B 电厂产权正式移交中方，由深圳市广深沙角 B 电力有限公司运营管理。深圳沙角 B 电厂 BOT 项目的成功建设，是我国 PPP 项目的里程碑，从此，PPP 模式在我国进入了探索性的发展时期。但是，由于该项目的建设处于 PPP 探索的最早期，因此在项目开展的过程中也存在一定的不足。例如，项目有关的协议文件约定过于简单，很多重要事项未能在前期达成合意，不利于后期项目的顺利开展。又如，由于前期的考虑不足，项目的特许经营期限较短，前期投资者为了节省成本，一些设施的寿命在移交政府后已无法继续使用，需要重新建设，增加了政府的成本。

在这一时期，我国 PPP 模式的应用主要集中在电力、交通基础设施建设领域。由于当时处于改革开放初期，国内对于非公有制经济的发展争议较大，各地政府对探索非公有制经济进入公共基础建设领域也保持较为谨慎的态度，但百废待兴的经济形势又迫切地需要社会资本支持公共基础设施的建设，因此，这为国外资本的进驻提供了良好的契机。在这一时期建设的京津塘高速公路，是我国"七五"期间的重点建设项目之一，也是我国利用世界银行贷款通过国际竞争性招标的第一条高速公路。该高速公路连接北京、天津和塘沽三地，全长 142.69 千米。早在 1972—1977 年期间，建设项目就由交通部调研规划，1982 年提出可行性研究报告，1983 年上报国家计委立项，1984 年 1 月 7 日经国务院批准实施，1987 年 12 月开工运营，全部工程于 1995 年 8 月 4 日通过国家验收，国家验收委员会认定工程总体水平达到国内领先和当代国际先进水平。

为了鼓励国外资本支持我国的经济发展，国务院于 1986 年出台《关于鼓励外商投资的规定》。该规定从场地使用费用、信贷资金、税费缴纳等多个方面给予外国投资者丰厚的优惠政策，从而掀起了外国资本进驻中国的一股热潮。广东沿海作为我国改革开放的前沿地区，大量华侨参与到家乡的基础建设中来，以中外合资的方式探索中国的 PPP 发展模式。在此期间，较为成功的 PPP 项目还包括广州高速公路项目、顺德德胜电厂项目等。但是，这一时期由于社会资本和政府对于 PPP 模式的了解不足、经验欠缺，该阶段的项目通常是由投资人发起的，并通过谈判与政府达成合意，没有经过正规的招标程序，也未受到中央政府的大规模推广，还处于磕磕绊绊的摸索时期。

（二）PPP 模式的试点时期

1993 年 11 月 14 日召开的十四届三中全会全体会议，通过了《关于建立社会主义市场经济体制若干问题的决定》，拉开了分税制改革的大幕。通过本次改革，中央政府与地方政府之间进行了事权与财权的重新划分。按照分税制改革方案，中央将税收体制变为生产性的税收体制，通过征收增值税，将 75% 的增值税收归中央，地方只能获得 25% 的收益。地方政府在财权缩小、事权扩大的压力之下，开始寻求社会资本进入公共基础设施建设领域。

1994 年，原国家计划委员会推出了 BOT 项目试点的 5 个重点项目：成都第六水厂项目、武汉军山长江大桥项目、广东电白高速公路项目、广西来宾 B 电厂项目、长沙望城电厂项目。广西来宾 B 电厂项目被认为是我国第一个规范化的 PPP 项目。该项目实际在 1988 年已经立项，但是由于这一时期，我国 PPP 项目的建设经验尚有不足，仍处于摸索前行的阶段，因此该项目的建设也是一波三折。该项目最初立项时设想为利用内资建设，但是由于建设资金问题一直得不到解决，1995 年最终确定改为引进外资的中外合资项目，成为我国第一个经国务院批准的 BOT 试点项目。该项目也引起了众多外国投资者的关注，在共计 31 家世界知名电力公司和设备公司的竞争中，最终确定法国电力联合体（国际公司/通用电气—阿尔斯通）获得特许经营权。经营期限共计 15 年。从 1995 年 5 月电厂批准进行试点，到 1997 年 9 月中国政府与法国电力联合体签订正式特许经营合同，共计 28 个月便完成了该项目从招标到融资的全部过程，被《亚洲金融》杂志评为 1996 年亚洲最佳融资项目。

　　1995 年 8 月，原国家计委、原电力部、原交通部联合下发了《关于试办外商投资特许权项目审批管理有关问题的通知》，通知指出在借鉴国外经验的基础上，拟采用 BOT 投资方式，试办外商投资的基础设施项目。这为 BOT 模式在中国的试点工作提供了政策支持。在此期间，一批外资投资 PPP 项目开始在政府的支持之下推进。除了中央政府推出的试点项目以外，地方政府也推出了很多 BOT 试点工程，例如北京第十水厂项目、上海黄浦江大桥项目、沈阳水厂项目、新疆托克逊电厂项目等。这些项目的开展也为后期 PPP 模式在我国的推广奠定了基础。

　　（三）PPP 模式的首次调整时期

　　正当 PPP 模式在各地成功试点、社会资本开始踊跃参与 PPP 项目之时，受亚洲金融危机的影响，PPP 模式经历了一次下调时期。为了应对金融危机对国内经济的冲击，我国政府分数次共发行 4800 亿元中长期国债，用于增加公共基础设施的建设资金。由于这一举措增加了政府对基础设施的投资，使得地方政府对于社会资本的需求不再像以往一样紧迫，削弱了 PPP 项目对地方政府的吸引力，使得 PPP 模式的发展进入一段下调时期。与此同时，这一时期也暴露出在前期试点时存在的违规现象，政府部门也对这些违规现象进行了清理。在这一调整时期，PPP 模式的发展虽遭遇了一定的阻力，但是经历本次金融危机和政府的清理工作，为后期 PPP 模式在中国的大规模发展和推广奠定了坚实的基础。

　　（四）PPP 模式的快速发展时期

　　经历了经济危机对 PPP 模式的挫伤之后，在十六届三中全会确立的建立社会主义市场经济体制的背景下，PPP 终于迎来了大规模快速发展时期。建立社会主义市场经济体制这一概念的提出，为社会资本通过 PPP 方式投资公共基础设施提供了理论和政策支持。2002 年年底，国家建设部发布《关于加快市政公用行业市场化进程的意见》，促进了 PPP 模式在市政公用行业的推广应用。同时，自 2003 年起，中国经济迎来了迅猛发展的 5 年。伴随着经济的飞速发展，各地对于公共基础设施的需求也越来越迫切。为了加快公共基础设施的建设，越来越多的社会资本开始被引入 PPP 项目中。PPP 模式也得到了各地政府的大力支持，并且通过金融危机时期政府对各地 PPP 项目的清理工作，PPP 项目也更加规范，对于市政特许经营项目，抛弃了过去地方政府直接与意定投资商发起项目的旧方式，采取了更加规范、阳光的招投标机制。为了使 PPP 模式能够得到更加规范化的长足发展，国家建设部相继出台了《关于加快市政公用行业市场化进程的意见》和《市政公用事业特许经营管理办法》两项规定，鼓励社会资金和外国资本采取独资、合资、合作等多种形式参与市政公用设施的建设，形成多元化的投资结构。对供水、供气、供热、污水处理、垃圾处理等多营性市政公用设施的建设，要求公开向社会招标选择投资主体并且规定了特许经营竞标条件、竞标者选择标准、竞标者及主管部门责任等内容，为 PPP 的规范化发展提供了法律支持。各地政府在建设部政策的鼓励之下，也相继出台了一系列具体规定。例如，北京市发布的《北京市城市基础设施特许经营办法》、河南省出台的《河南省市政公用行业特许经营管理实施办法》、山东省出台的《山东省城市市政公用事业经营许可管理办法》、江苏省出台的《江苏省城市市政公用事业特许经营招标投标制度》等。

在政府自上而下的大力推动之下，大量 PPP 项目开始在全国各地实施。这一时期的 PPP 项目具备了明显的市场经济特点：国外资本、国内民间资本、国有资本同台竞争，项目的竞标过程公开透明，未受到其他因素的影响，在激烈的竞争过程中，溢价频出，改革的效果开始显现。其中，2008 年奥运会筹办过程中的各 PPP 项目的影响最为广泛。在北京奥运会共计 351 亿美元的总投资中，有一半以上用于交通设施，仅地铁一项投资就达 638 亿元。北京地铁 4 号线便是以 PPP 模式，由香港地铁与北京市基础设施投资有限公司、北京首创集团合作投资的地铁项目。另外，在场馆的建设过程中，有一半是通过 PPP 方式投资建设的。

我国标志性建筑国家体育馆鸟巢的 PPP 项目是我国第一个公益性 PPP 项目。2002 年 4 月，原北京市计划委员会负责奥运场馆和相关设施建设项目法人招投标的组织、协调，积极向国内外推介奥运场馆项目法人招标项目，并于当年 10 月，向全球公开发售奥运项目资格预审和意向征集文件。之后，最终确定了 5 名国家体育场项目合格申请人进入项目法人招标的第二阶段；2003 年 4 月，国家体育场项目法人合作方招标文件正式发出；2003 年 7 月，对项目法人合作方投标人递交的优化设计方案、建设方案、融资方案、运营方案及移交方案等进行综合评审，推荐了两名中标候选人。经过谈判，报北京市政府批准，最终确定了由中国中信集团公司、北京城建集团有限责任公司、国安岳强有限公司（中国香港）、金州控股集团有限公司（美国）4 家企业组成的中信集团联合体，成为国家体育场项目法人合作方招标的中标人。2003 年 8 月 9 日，项目中标投资人中国中信集团联合体分别与北京市政府、北京奥组委、北京国有资产有限责任公司签署特许权协议、国家体育场协议和合作经营合同。合同签署后，中信集团联合体与北京国有资产有限责任公司共同组建了中外合营企业——国家体育场有限责任公司，作为国家体育场项目的法人，承担国家体育场的投融资和建设工作。2003 年 12 月 24 日开工建设，2008 年 3 月竣工，总造价 22.67 亿元，其主体结构设计使用年限 100 年，被誉为"第四代体育馆"的伟大建筑作品。

采用 PPP 模式，一方面，为项目建设提供了充足的资金；另一方面，也分散了政府的投资风险。该项目在 2005 年被英国《建筑新闻》评为"世界十大令人惊讶的建筑"之一。通过北京奥运会的筹办，PPP 模式在国内被各界公众所认知，同时政府在 PPP 项目的开展过程中也积累了丰富的经验。

（五）PPP 模式的二次调整时期

正当各地如火如荼地开展 PPP 项目之时，2008 年的全球金融危机再一次来袭，PPP 模式经历了第二轮的调整期。为了抵御金融危机对中国经济的冲击，我国政府投资 4 万亿元应对本次危机。在这 4 万亿元的政府投资中，过半被分配到各地政府用于配套设施的建设。这一投资使得地方政府在基础设施建设领域对社会资本的需求不再强烈，改变了 PPP 发展的外在环境。拥有了该笔资金，地方政府开始在其管辖范围内筹措成立具有国资背景的城投公司、城建公司，利用经济危机时期的宽松货币政策，投入公共基础设施建设领域。由于国资背景的城投公司、城建公司多方面具有社会资本无法比拟的先天优势，很快便在这一领域拔得头筹，挤占了社会资本的生存空间。虽然没有政策规定民间资本不能进入某一领域，但是由于国企的政府资源支持，使得民间资本根本无法与国企展开竞争，出现了"弹簧门""玻璃门"等情况。国进民退的现实趋势使得 PPP 模式在中国的发展受到了严重的创伤。PPP 模式在地方受到冷遇，大量 PPP 项目也被搁浅，转而由国有资本接手。

另外，由于制度设计的欠缺，社会资本在参与 PPP 项目中大量存在的串标、腐败贪污、工程质量问题等弊端也使得政府对于社会资本介入公共基础设施建设有所顾虑。在这一时期，很多项目并没有经过公开的招投标流程，社会资本根本无法介入。PPP 模式不得不接受第二轮更为严重的下调。但是，通过本次调整，PPP 模式所暴露出来的问题也对民间投资者以往的违规行为敲响了警钟，也使政府意识到 PPP 模式法律化、规范化的重要意义，为下一时期的规范化发展奠定了基础。

（六）PPP 模式的规范化时期

2013 年以来，中国经济增长速度开始逐渐呈现下行趋势，地方债务剧增。根据 2013 年第 32 号公告公布的《政府性债务审计报告》与 2011 年第 35 号公告对比，较 2010 年年底，截至 2013 年 6 月底政府债务增长了约 14 万亿元。雪上加霜的是中国银行业遭遇"钱荒"，令各个急需资金的地方政府感到万分焦虑。一方面，经济增长放缓所带来的就业、民生问题，令政府意识到经济的增长不能再依靠政府的一己之力；另一方面，根据我国 2014—2020 年的城镇规划，到 2020 年，我国的人口城镇化将达到 60% 左右，因此，在基础设施建设领域仍需要大规模的投资力度。地方政府在现实的压力之下，开始寻求社会资本的帮助，被冷落一时的 PPP 开始重回舞台。2013 年 11 月 9 日召开的十八届三中全会通过了《中共中央关于全面深化改革若干重大问题的决定》，提出要使市场在资源配置的过程中起到决定性作用，处理好政府和市场的关系。PPP 作为政府与市场协作的典型，成为本次会议之后的重点推广发展模式。

2014 年至今，大量 PPP 项目开始在全国各地开展起来。截至 2015 年 1 月中旬，仅中央财政部便推出了共计 30 余个 PPP 试点项目，涵盖地区包括天津、东北三省、山东省、上海市、江苏省、浙江省等 15 个省市，总投资达 1800 亿元。另有 10 余省市相继公布了其省内 PPP 项目名单，PPP 项目总投资早已超过万亿元。而项目所涉领域更是包含公共交通、污水处理、养老、医疗、教育、保障房、环境治理、垃圾焚烧、发电等各个领域。与此同时，我国政府出台了大量的政策性文件鼓励和规范 PPP 项目的开展。比较重要的包括 2014 年 9 月份财政部公布的《关于推广运用政府和社会资本合作模式有关问题的通知》，2014 年 11 月 16 日国务院公布的《关于创新重点领域投融资机制鼓励社会投资的指导意见》，2014 年 12 月 2 日国家发改委公布的《关于开展政府和社会资本合作的指导意见》，2014 年 12 月 30 日财政部公布的《关于规范政府和社会资本合作合同管理工作的通知》，2015 年 4 月 14 日民政部、国家开发银行公布的《关于开发性金融支持社会养老服务体系建设的实施意见》等。2015 年 4 月 25 日公布的《基础设施和公用事业特许经营管理办法》，明确规定了在一般情况下特许经营期限不得超过 30 年，并对特许经营项目自协议订立、履行、监管直至争议解决的有关事项进行了制度性规范。2015 年 5 月 19 日国务院办公厅转发财政部、发改委、人民银行公布的《关于在公共服务领域推广政府和社会资本合作模式的指导意见》，在该意见中，明确提出在交通运输、能源、环境保护、水利、科技、保障性安居工程、教育、养老、医疗卫生等公共基础服务领域推广 PPP 模式，PPP 模式受到了前所未有的重视。

这一时期 PPP 项目呈现出很多新的特征：第一，由于国家鼓励混合所有制经济的发展，并作为实现这一目标的重要方式，PPP 模式参与项目领域越来越广泛；第二，大型的基础设施项目开始出现多个 PPP 项目同时进行的案例，多个 PPP 项目的同时推进有利于节约成本，减少资源浪费，同时也有利于整个项目协调作业，整体推进，提高效率；第三，国内资本开始走出国门，参与到国外的 PPP 项目之中，随着我国经济的发展，国内资本走出国门进行投资是发展的必然，国内资本参与到国外的 PPP 项目中，传播知识与经验于己于人都有利；第四，通过前些时期的积累，PPP 模式发展的规范化问题受到了各级政府的重视，为了避免错误重复发生，各级政府推出了一系列规定以规范 PPP 模式的健康发展。

第四节　推行 PPP 项目模式的背景

党的十八大之后，新一轮城镇化，即新型城镇化再次成为国家战略。

2014 年 3 月，国务院印发了《国家新型城镇化规划（2014—2020 年）》，提出到 2020 年实现常住人口城镇化率达到 60% 的目标。常住人口的城镇化要求以完善的市政基础为基础，这对我国市政基础设施建设提出了更高、更明确的要求。

我国城镇化进度大致有如下四个明显的不同特征：第一，在旧有的指导方针和体制下，决策部门将城镇人口视为财政供养范畴，在财政收入有限的情况下，政府极力控制城镇范围，导致我国地方城镇化严重落后于工业化；第二，城镇化的本质是人的城镇化，即农业人口职业的转变，然而我国的现状是土地城镇化速度远快于人口城镇化速度；第三，我国的制造业、服务业集中于城市地区，在现有的户籍制度下，农村劳动力进入城市往往是为低端制造业、服务业提供简单劳动，而无法真正融入城市之中，造成了我国特有的以"春运""民工潮""返乡潮"等为代表的人口高流动性特征；第四，我国省域间自然环境差异大，经济发展水平不均衡，城镇化无须按照统一模式推进，不宜以"一刀切"的模式推广，因此必然呈现出多样化和区域化的特征。

我国城镇化的四个不同步特征给财政体系的运作带来了不确定性和严峻挑战。以土地城镇化速度与人口城镇化速度不同步为例，尽管无论是土地城镇化还是人口城镇化，都会带来投资和资金上的需求，但人口的城镇化带来的是消费需求的增加，而土地的城镇化产生的是直接的投资需求。由于我国人口城镇化速度落后于土地城镇化速度，故我国新型城镇化将呈现出先投资需求、后消费需求的时间分布特征。如果再考虑人口城镇化产生的滞后、消费需求，那么我国新型城镇化战略在基础设施、公用事业、公共服务等领域产生的资金需求将是巨额的、多层次的。

实际上，我国民间社会与民间资本并不具备自发推进城镇化的条件，这就决定了中国城镇化是由政府主导的。国家开发银行行长郑之杰认为，到 2020 年之前中国需要至少 50 万亿元的新投资用于城市建设，但政府仅依靠目前财税体制形成的财力又难以满足城镇化建设中如此巨大的资金需求。那么，毋庸置疑，新型城镇化进度必然依赖债务进行融资，地方政府通过债务筹集部分基础设施建设资金将是常态，而债务融资的风险如何控制，成为城镇化对当前财政体制提出的又一个重要挑战。

第二章　PPP 项目模式的原理

第一节　PPP 项目模式的理论基础

一、公共物品理论

公共物品归属权无法由生产者决定，它们所带来的好处不因公众是否愿意购买而被分开，并且每个人对商品的消费水平互不影响。公共物品包括公共产品与公共服务，公共产品比如电力、铁路、港口等；公共服务比如教育、体育、卫生等。

公共物品具有非排他性和非竞争性两个特征。非排他性是指公共物品无法把那些拒绝付费的个人或厂商排除在外，它们与购买者一起享用公共物品所带来的利益，换句话来说，虽然有些公共物品经由技术处理可以变得具有排他性，但由于高昂的处理成本，从而在经济上不具有可行性。

公共物品的非竞争性意味着生产者如果按照单位边际成本定价，预期最大利润的目标就不会实现，从而会使私人部门不具有提供公共物品的兴趣或积极性。非排他性导致"搭便车"现象发生，"搭便车"是指消费者都具有这样的心理，即每个人都希望通过他人购买公共物品，而不是自己购买来获得公共物品带来的好处。由此可见，正是由于非排他性与非竞争性导致市场机制下资源配置不能达到最优状态，还会引发市场失灵和寻租行为。据以上分析可知，在市场机制下，公共物品并不适合由私人部门单独提供，这就是公共物品由政府负责的理论基础。

物品按照非排他性与非竞争性具体可分为以下三类。

第一类是私人物品，它既不具有非排他性也不具有非竞争性，完全可以通过市场进行提供。

第二类是纯公共物品，其符合公共物品的两个特征，适合由政府来提供，如国防、法律制度等。

第三类是准公共物品，其属性介于前两类之间，又可以将其分成两类：第一类是非排他性和竞争性共存的准公共物品；第二类是非竞争性和排他性共存的准公共物品。第一类准公共物品对于其消费存在着一个所谓的"度"，消费者数量的增加只要在这个度的范围内就不会引起成本的相应增加；反之，则会引起成本的增加。第二类准公共物品可以通过收费的方式排除那些不愿意付费的消费者，也就是说此类物品具有排他性。这类物品的边际成本往往忽略不计，如有线电视、道路等。

准公共物品自身的特性决定了其收费的合理性与可行性。公共物品的需求量可以通过对公共物品收取适当的费用，这种费用通过转化为生产分摊到消费者身上来进行调节，这样有利于提高公共物品的使用效率和消费者的公平感，有利于优化资源配置。因此，通过 PPP 项目模式使私人部门参与到准公共物品的提供上来是切实可行的。

二、项目区分理论

项目区分理论是指基础设施项目按照现金流的具体分配情况被分为非经营性、经营性和准经营性三大类，然后根据项目的自身属性来确定项目投资与融资的主体、运作与模式。

非经营性项目不会带来任何经济效益，因此不会产生现金，但建造该类项目会带来社会效益和环境效益，因此也不会实行收费机制。在这种情况下，市场无法完成对非经营性项目的调节配置，只能由政府投资建设。

经营性项目可以带来经济效益，在政府统一规划和必要管理的情况下，市场就可以完成对该类项目的调节配置。该类项目由投资者自主投资、建设与运营，所得的收益全部归投资者所有。

准经营性项目是指那些存在现金流与收费机制，并且对于私人部门来说可以获得利润的公共项目。该类项目兼具公益性和经济性。由于政策影响，此类项目存在无法收回成本的可能性。因此，项目的运营不仅要依靠市场，还需要通过政府的一系列扶持政策来维持，等到条件成熟时，才可以转变为经营性项目。

项目区分理论主张，应随基础设施性质的不同来选择合适的投融资模式，要因时因地制宜。因此，上述三类项目都有其各自的操作流程。从上述分析我们可以看出，非经营性项目应由政府公共部门独自建设运营。经营性项目则比较适合采用市场化的经营运作模式，即授权给私人部门自行进行投资建设。准经营性项目则比较适合公私部门之间进行共同出资建设，PPP 模式是其应该采用的较理想的投融资建设模式。

三、政府失灵理论

市场失灵需要政府干预，但是政府干预也并不总是有效的。也就是说，政府宏观调控这只"看得见的手"也同样会出现失灵的问题。造成政府失灵现象的因素和表现是多方面的，主要有以下几点。

（一）政府决策失误

政府在决策过程中，无论是从关于整个国家经济和社会总体发展战略的研究方面，还是从为公共物品提供方式的选择方面来说，一旦出现失误就很有可能造成巨大损失，而且该损失是无法挽回的，这样就会出现政府决策失去效用的情况，即政府失灵。例如，政府在需要采取扩张性经济政策时反而采取了相反的紧缩性政策，或者是需要由政府宏观调控进行干预时政府反而不作为，即"袖手旁观"等。

（二）政府提供信息滞后甚至准确性不高

政府所公布的信息无一不是关系着国计民生的重大信息，比如当前经济形势判断、自然灾害预测等，一旦信息出现偏差或错误，就会给社会经济的健康运行带来无法估量的损失。

（三）政府定位不准确，即"越位""错位"和"缺位"现象频发

"越位"是指政府干涉应当由市场调节的事情。"错位"是指发生在政府内部的职能错乱现象，比如，"九龙治水"现象的产生就是由于职能的重叠、交叉导致的。而政府职能的"缺位"则是指政府在本该由自己负责处理的事情上并没有发挥其应有的作用，如政府在基础设施、教育医疗卫生等方面的投入不足就是典型的"缺位"现象。

（四）寻租行为

垄断最容易导致寻租行为的产生。由于整个社会的行政权力垄断在了政府手中，因此权力滥用必然导致寻租行为。追求个人自身利益最大化的政府寻租行为会使腐败滋生，严重的还会导致政府失灵。

以公共产品或服务的供给为例，因为存在政府失灵，所以在公共产品的提供方面尤其是准公共物品的提供上，单独的政府行为并不总能达到应有的效果，加之寻租行为衍生出一系列的腐败、豆腐渣工程等问题，这不光浪费了社会资源，还严重损坏了社会福利，造成了无法有效满足社会公众需要的局面。由此，政府失灵理论成了私人部门参与到准公共物品的提供中来的理论基础。

四、可竞争市场理论

公共事业市场化改革的重要障碍既包括如何把竞争引入自然垄断行业，还包括如何划分竞争与垄断界限等具体问题。可竞争市场是指由于潜在市场进入者造成的压力，市场在位者丧失了超额利润，但其配置及其定价效率并不受影响的一种市场。每一个市场中只有进出保持充分自由，在潜在的市场竞争压力下，任何企业都会采取竞争手段，即摒弃高价垄断的原则进而采用可持续定价策略，这样就可以大大降低滥用垄断行为的风险。

可竞争市场中的垄断与效率并不相互矛盾，即虽然市场机构是垄断的，但其依然可以有竞争的效率。无市场进出壁垒尤其是无进入壁垒是可竞争市场形成的关键。进入障碍与竞争压力呈负相关，与垄断弊端呈正相关。实践证明，在近乎完全竞争市场，与行政干预等主动管制相比而言，自由放任是更为有效地保护社会公共利益的方式。

可竞争理论认为垄断导致社会福利损失不是必然现象，可竞争市场如果达到垄断均衡状态，厂家能够在其财务可行性约束条件下实现福利的最大化。可竞争理论对实践具有有效的指导作用，它指导着政府的管制行为。由于可竞争市场理论的假设条件与现实存在着一定差异，因此才凸显出政府管制的必要性。

五、委托代理理论

委托代理理论研究开启于 20 世纪 40 年代，起初研究的是有关公司所有权与经营权相分离的问题。委托代理理论主要研究的是在信息不对称的情况下，委托人与受托人怎样解决双方的委托代理问题与如何协调双方关系。该理论有三条基本假设：一是委托人与受托人之间存在着信息不对称，造成信息不对称的原因是由于委托人不参与公司经营管理；二是受托人由于存在信息优势，委托人直接观察到其经济行为是有一定难度的；三是假设受托人是理性的经济人，即其追求的是自身经济利益最大化。委托代理理论认为，由于代理人直接参与到公司实际经营管理中来，因此受托人能够掌握的诸多市场交易信息是委托人无法掌握的，从而使受托人具有信息优势。处于信息劣势的委托人往往无法对代理人的行为做出准确的判断。导致委托代理问题产生的原因：一是信息不对称，二是双方所追求目标不一致的利益冲突。

委托代理关系实质上是一种契约关系，委托人将公司交给代理人进行管理，驱使代理人为自身的经济利益而从事生产活动；代理人以其行为的付出从委托人那里换取相应的报酬。委托代理关系之所以产生，其原因主要有以下两个：第一，从委托人立场来看，只有把公司交给那些具有相关的管理技术和经验的人（代理人）替他们经营管理，才能更接近企业经济效益与企业价值最大化的目标；第二，从代理人立场看，由于其本身不具有经营资产的所有权，只能靠"出卖"自己的经营管理来赚取更多的收益。由此，双方为了实现各自利益的最大化，以契约形式形成了委托代理关系。

委托代理理论主张要解决委托代理问题，需要注意两点：首先，要针对信息不对称问题建立起公开透明的信息传递平台，提高信息的透明度；其次，要建立起有效的约束和激励机制来解决利益冲突问题。然而在 PPP 模式中，委托代理关系有两层：一层是从下到上委托代理关系，即作为委托人的社会公众将其共有资产委托给代理人——政府部门进行管理；另一层是从上到下的委托代理关系，即政府作为委托人，私人部门作为代理人的委托代理关系。政府部门与私人部门同样存在着动机不一致性。政府公共部门的目标是满足公众需要，实现社会福利最大化，而私人部门的目标则是企业自身经济利益最大化。在 PPP 模式中，公私部门之间存在的这种相互牵制、相互监督的关系，才能使委托代理问题得到有效解决，使双方得到满意的结果。

六、公共选择理论

公共选择理论是作为一个单独的学术领域存在的，其内涵是指对"非市场决策的经济学研究"，就是站在经济学的角度来阐述和分析政府对公共物品的决定和选择。

（一）对政府困境的分析

第一，政府机构的产出没有市场性。授权私人机构对产品提供垄断性服务的好处是可以避免重复性浪费，缺陷是机构之间缺乏竞争和效率低下。

第二，缺乏有效的激励机制来改变公共机构内部规则的死板性。过于死板的内部规则使员工只在条条框框里面做事，束手束脚；还使得员工之间形成了逃避风险、不求创新、追求安逸的风气，导致机构丧失了追求效率的内在动力。

第三，对政府机构产出的质和量的精确预测有一定的难度。同时民众和民意机构也往往不能有效监督政府机构产出的质和量。

第四，由于历史性原因和技术层面上的困难，政府机构未能把握好其与预算之间的关系，于是预算对其产生误导。政府领导人视工作绩效为维持扩大本部门预算的唯一指标，片面追求效率，节省开支会减少下一年财政预算数额的支出，所产生的效用只能是政府规模量的扩张，而不会发生变化。

第五，理想的官僚已经不复存在，部分公务人员的身上已经烙上了利己主义、个人主义和拜金主义的特点。

（二）政策主张

公共选择理论还提出了解决问题的方法。它的关注点在于社会与政府之间的关系，该理论认为公共产品由政府提供是没有任何依据的。打破以往的政府垄断局面，让私人部门参与进来与公共部门进行竞争，使民众具有自由选择权，才能改变政府自身经过种种改革仍收效甚微的僵局。其具体主张如下。

第一，理性选择组织类型。大部分类型的组织都能够向社会公众提供公共物品或服务，但针对某些特定服务的提供，某一类型的组织可能会比其他类别组织更具有优势。虽然没有证据表明此种理论中所描述的组织与其他的组织类别相符，但服务的质量和效率上更胜一筹。

第二，市场机制与个人选择。市场这一竞争机制，广泛存在于公私、公共组织或私人组织之间。竞争机制大大增加了民众自由选择的机会，单个公共机构的存亡则掌握在公众手里，这势必会使公共机构通过改善服务、提高服务质量的水平来赢得更多的消费者。

第三，公共服务组织小规模化。虽然公共服务组织规模小但数量上占优势，而且数量多，这样就会增加更多的选择机会。但是要把握好小规模的这种程度，这样才会更容易控制，且具有政治代表性，能够提高效率并且充分体现地方自治是衡量小规模化好坏程度的标准。

第四，分权化。分权化并非是公共选择学派最先创立的，公共选择提出的分权化有区别于之前分权化的自身特点。分权就是进行"权威分割"，允许不同组织或团体在职能和管辖区域的重叠交叉以增加公众自由选择权。

第五，自由化。政府及相关部门放松市场与社会管制是其重要表现。

七、基础设施可销售理论

基础设施的可销售性包括基础设施在市场进行自由交易潜力的大小和由私人部门通过市场机制提供的可能性。通常情况下，提供服务的可销售性与私人部门的参与可能性成正比，即可销售性越大，私人部门参与的可能性就越大；反之，就越小。

克里斯汀·凯斯德（Christine Kessides）在《基础设施提供的制度选择》中给出了基础设施可销售性的评估方法。她深入分析研究了不同基础设施的可销售性，并给出了一套完整的指标体系（见表 2 - 1）。

表 2 - 1　可销售性评估指标

		竞争性	排他性	沉没成本	规模经济	协调性	外部性
电力	热电	高	高	中	中	中	污染系统效率
	水电与核电	高	高	高	中	高	
	电力运输	高	高	中	高	高	
	电力分配	高	高	中	中	高	

		竞争性	排他性	沉没成本	规模经济	协调性	外部性
固体废弃物处理	收集	中	中	低	低	中	公共健康土地污染水污染
	运输	高	高	低	高	高	
	填埋	低	中	中	高	高	
	焚烧	中	高	中	高	高	
	回收	高	高	低	低	低	
城市运输	公共汽车	高	高	低	低	低	公共安全空气污染
	出租车	高	高	低	低	低	
	地铁	高	高	低	低	高	
污水处理	下水道	低	高	高	中	中	公共健康水污染
	泵站	低	高	高	中	低	
	处理厂	低	高	高	中	低	

由表 2-1 可见,竞争性、排他性、沉没成本、规模经济、协调性与外部性构成了基础设施可销售性的评估指标体系。竞争性和排他性是用来反映基础设施提供服务的自然属性;沉没成本、规模经济与协调性是反映其所提供服务的生产属性;反映基础设施所提供服务的社会属性是外部性。指标体系对基础设施的可销售性做出了一个整体判断,前五个指标给出了低、中、高的定性判断,这种判断是全面的;外部性指标主要为了说明其可能产生的外部效应。通过对表 2-1 进行分析可以看出,各种基础设施都有竞争性、高排他性、高沉没成本和规模经济等特征,但是其运营过程中的沉没成本不高,因而该领域是可进入的。

第二节 PPP 项目模式的本质及影响

一、PPP 项目模式的本质

PPP 项目模式的本质就是通过政府与市场相结合的方式,来达到资源优化配置和社会福利最大化的目的。了解 PPP 模式本质的目的并不在于怎样提供公共产品和服务,而是在于怎样才能实现资源的优化配置,更好地满足社会公众的公共需求。

我们可从以下几点对 PPP 模式的本质进行理解：第一，PPP 模式是一种公私合作伙伴关系，这种合作伙伴关系之所以能够长期稳定存在是通过双方签订协议的方式来实现的，能够实现双方彼此风险共担、利益共享的目标；第二，PPP 模式的目标是为了满足社会公众需要，即为社会公众提供其所需要的公共产品与服务；第三，PPP 模式实现了政府所拥有的国家资源与私人所拥有的市场资源在总量、差异上的优势互补。政府具有很强的统一调配资源处置能力，其优点主要体现在宏观方面，而私人部门则拥有丰富的建设、经营与管理等方面的经验，且水平较高，其优势主要体现在微观方面。PPP 模式通过鼓励、引导私人部门参与到公共产品与服务提供的过程中来，一方面实现了公私双方的有效合作，另一方面也最大限度地发挥了彼此所具有的优势。这会使各参与方比各自单独行动获得更为有利的局面，即使 PPP 项目收益达到最大化，实现双赢的局面。

二、PPP 项目模式的结构

公共部门与私人部门共同成立项目公司，公共部门的具体职能是为项目提供政策支持，而私人部门的具体职能则是建设并负责日常整个项目公司的运营和管理，这就是 PPP 模式的典型机构。具体来说，就是政府部门与私人部门对特定的项目或资产，签订有关合作的特许经营协议之后，由专业的、有资质的项目公司负责项目的具体设计、融资、建设与运营，待特许经营期届满之后再将项目移交给政府部门。具体结构如图 2 - 1 所示。

图 2 - 1　PPP 模式的典型结构

PPP 模式具有以下两个比较显著的特点：一是在时间上与传统模式相比，PPP 模式中的私人部门参与更早。它们在项目最初就参与到项目的研究、分析、论证等工作中。二是在 PPP 模式下，政府部门的工作更多的是项目中后期。这是因为 PPP 模式中公私合作是一种全过程、全周期的合作，尤其到项目后期运营阶段，私人部门在政府部门的作用下获得合理的利润，同时政府还要防止其获取暴利。

三、PPP 项目模式的特征

PPP 模式的运行具有以下五个重要特征：新型模式、伙伴模式、利益共享、风险分担及有效定位。具体阐述如下。

（一）PPP 模式是一种新型模式

PPP 模式被视作一种新型有效的项目融资模式。PPP 项目融资以拟投资项目为主体进行融资，是实现项目融资的一种方式。项目可能达到的收益、拥有各种资产的数量与政府支持力度是其融资的依据，而项目投资人或发起人的资信则是传统项目融资的依据，二者相比较而言是有明显区别的。PPP 模式的资金来源由两部分构成，一部分是由经营项目所获得的直接收益，另一部分是政府扶持所转化而来的效益。它贷款的安全保障是项目公司的自有资产这个有限保障和政府提供的有限承诺。

（二）公私双方建立目标一致的、长期稳定的合作伙伴关系是 PPP 模式的重要特征

PPP 项目中需要公私双方建立目标一致的、长期稳定的合作伙伴关系。这种伙伴关系是通过合作双方签订协议的方式实现的。作为 PPP 项目中最为重要的问题，可以说没有成功建立的合作伙伴关系，就不会有成功的 PPP 项目。政府从私人部门购买商品和服务或者给予授权，也对私人部门进行税费征收及罚款收取。虽然公私双方都参与了这些事物，但这并不必然表明它们之间就是真实存在的合作伙伴关系。举例说明，即使政府部门每年都向同一饮料企业订购饮用水，但这并不能说明他们已经存在合作伙伴关系。与其他关系相比，PPP 模式中公私部门伙伴关系的独特特征是项目目标的一致性。公私双方能够合作并结成伙伴关系，最主要的原因是二者目标的一致性，也就是以最少的资源来提供更多的产品或服务，据此保证某个具体项目的成功实施。该模式一方面使政府公共部门能够实现公共服务利益的追求，另一方面使私人部门也实现了自身利益。

目标的一致性促使他们之间形成长期与稳定的合作伙伴关系。但这种伙伴关系若想长久维持并稳定发展，还应具备利益共享与风险分担两个重要特征。

（三）利益共享构成 PPP 模式的另一个重要特征

需要特别强调的是，这里所说的利益共享并不是说 PPP 模式中公共部门与私营部门共同分享利润，而是民营部门可以获利但需要控制其可能获得的高额利润，即在项目执行过程中不存在私营部门获得超高利润的现象。原因在于每一个 PPP 项目都或多或少带有公益性特征，而公益性项目实施的最终目的并不是自身利益最大化。其实，如果双方想从中分享利润是很容易实现的，只要提高价格必然会大幅度提高利润。但这样做不仅会导致社会公众的不满，并且最终还有可能引起社会的混乱。共享 PPP 模式的社会成果和私人部门作为参与者得到的相对平和稳定的投资报酬就是他们利益共享所分享的利益。以上表明，利益共享是伙伴关系得以建立的基础，换句话说，如果不存在利益共享，就不存在长期稳定的 PPP 模式的伙伴关系。

（四）风险分担是 PPP 模式的典型特征

伙伴关系不仅仅意味着双方有利益可以共享，同时也意味着双方必须共担风险。PPP 模式在项目的实施过程中必须与市场经济规律相兼容，这种兼容性则决定了利益与风险之间也必须有对应性，这也是伙伴关系得以存在和延续的基础之一。

共担风险使得 PPP 模式与公私双方之间的其他交易方式显著区分开。以政府购买商品为例，这一交易模式就不是真正的公私合作伙伴关系，原因就在于交易双方并没有共同分担风险。在此过程中，双方只是让自己在此交易中能够承担较小的风险。而在 PPP 模式中，交易双方会合理分配风险，也就是双方都尽可能地去承受自身有能力承担的风险，减少或者不让对方承担此方面的风险。

毫无疑问，如果交易双方能够合理分配风险，各取所长，各自承担自己最有把握的风险，这样的话，就势必能使整个项目的成本最小化。PPP 模式正是基于这一理念，实行的就是追求最小化整体项目风险的管理模式，这种模式下公私双方不是力图使各自承担的风险最小化，而是双方都为对方考虑，试图把对方可能会遇到的、潜在的及其能够承担的风险都加以考虑，做到风险的最优应对、最佳分担，从而使整体风险能够最小化。事实也证明，这种模式是非常有效的，这对化解准公共产品领域内存在的风险更有效。所以，PPP 模式带来的是 "$1+1>2$" 的机制效应，

即 "整体功能大于部分功能之和",而这就需要我们在理解和总结的过程中不断创新管理模式。

(五)有效定位也是 PPP 模式的重要特征

传统的项目融资模式是三位一体的模式,即政府既是项目的投资者,又是执行者和监督者。这种模式容易导致管理缺位的现象。管理缺位最大的危害是极易造成项目决策的失误或监督的失效,由此产生的后果是项目投资收益的低下,不能保证工程质量,并且容易滋生腐败现象。在 PPP 模式下,政府的角色转换成鲜明发起人与参与者,吸引私人部门成为合作伙伴,使用对方所拥有的资金、技术优势与丰富经验来更好地完成项目,成立专门的特别目的公司负责项目的实施。特别目的公司不但要负责项目的融资、建设等事物,还要承担在此过程中可能遇到的风险。这种关系结构清晰、明了,有利于政府部门加强对项目的监督、管理与控制。

四、PPP 项目模式的功能

从本质上来说,PPP 模式是在经济与社会发展过程中的一种创新管理模式,因此,它的一般职能就与管理职能基本一致,还具有融资、利用和推广新技术及机制创新的功能等特殊职能。其中创新职能是其所有职能中特别应该强调的。

(一)PPP 模式的一般功能即管理的基本职能

随着人们对 PPP 模式的深入了解,人们对其管理职能给予更多的关注。PPP 模式的管理职能在结合自身特点的基础上有其特殊性。在计划方面,公私部门之间首先需要制定全局战略,需开发出一个全面的分层计划体系来协调和综合非管理者的行动。目标是行动的指南,为了达到组织的共同目标,双方必然会建立一个团结的、相互协作的团队或合作伙伴关系。在 PPP 模式中,公私双方一般会一起制订一个正式计划,并以契约方式维持和保障计划的实行。该计划不仅明确了双方的共同目标,而且也表明了双方各自的目标。在 PPP 项目实施过程中,每一时期都会制定相应的具体目标,这些目标不仅以书面形式郑重记录下来,而且告知被合作双方的全体,这样做的目的是为了让每一位管理者都明确组织目标,并且明确实现目标的具体方式。

我们知道，组织结构是用来描述组织的具体架构的，设立新的组织机构还是维持原有的组织机构需根据具体的 PPP 项目决定。一般情况下，新设立的组织机构是由参与合作的公私双方共同派遣人员组成，并根据合同或相关约定的具体要求来安排相对应的管理职位。

关于领导职能，由于领导既可以看成是一个名词，也可以理解为一个动词，所以 PPP 模式在这方面可以体现出不同于常规的特殊的领导职能及领导形式的创新。举例说明，上海浦东自来水厂在采用 PPP 模式作为其管理模式的过程中，领导就具有其自身鲜明的特点。在此项目中，是中法两方面公私合作，法方成立的威望迪集团水务公司持有公司 50% 的股份，在领导层方面，实现的是中法两方轮流担任董事长和总经理的模式，即董事长和总经理必须同时各任其中一个职位。

在控制职能方面，PPP 管理模式中体现得尤为典型，公私双方无时无刻不在衡量各自实际取得的绩效。公共部门衡量绩效的标准是社会公众的反应如何，并将实际取得的绩效与没有私人部门参与前可能产生的绩效进行比较；私人部门衡量绩效的标准则是其行为就实际投资回报即产生的收益数量，并与以往类似项目的投入产出进行对比。公私双方都需要根据已取得的绩效采取相应的偏差纠正活动。虽然有时组织结构对于计划的制订已调整得非常有效，并且这种有效性可以极大地调动员工的积极性，但是由于受到多种因素的影响，计划意图仍可能产生偏差，管理者追求的理想目标也许并不能达到，作为管理职能的最后环节，控制职能此时就显得尤为重要。

（二）融资功能

PPP 模式之所以设立目的就是为了融资，该功能也成为 PPP 模式的首要及其最重要功能。具体来说，就是政府部门由于财政资金匮乏，难以独自承担起大型基础设施如隧道、机场、港口等的建设，为了鼓励和引导私人部门参与到这些项目中来，引入了 PPP 模式。正是由于其具有的这种融资作用，人们才开始真正意识到实行 PPP 模式的好处与作用，由此，PPP 模式开始被广泛推广和采用。一方面，私人部门参与公共物品和服务的方式弥补了政府专项资金的不足与单一融资模式的较大风险；另一方面，私人部门参与其中，不仅使私人部门扩宽了投资渠道，让其参与到原本由政府来完成的公共物品和服务的提供中来，而且又能使其通过收费等方式，得到稳定的投资报酬，开发了其新的获利方式与收益来源，从而使双方实现共赢。

举例来说，政府公共部门授权私人部门以自己的资金建设基础设施（如公路），并让私人部门私营，经营一段时间后，私人部门从中获得收益和回报，之后又将其转移给政府公共部门。在此融资过程中，政府可能并没有实际投资，却满足了社会公共需要，由私人部门代替政府完成了本该由政府提供的基础设施及服务，甚至一定时期后政府对该基础设施还能具有所有权，PPP 模式融资功能的强大与重要可见一斑。

（三）推广和利用新技术功能

推广和利用新技术功能包含两方面的内容：一是新的生产技术方面的运用；二是新的管理方法的应用。新技术的推广和利用之所以是 PPP 模式的功能之一，是因为在 PPP 模式中政府公共部门通过与私人部门建立合作关系不仅为其提供了资金从而弥补了财政资金不足，而且民营企业、私人机构等其他部门的参与也为政府部门带来了新开发的生产技术和管理技术，使得公共物品提供的质量和效率及相应的服务水平都得到提升，在公众税负不加重的情况下，更好地满足了社会公众的需求。

（四）机制创新功能

在经济转轨过程中，机制创新特别值得重视和强调，甚至可以说是战略性的特定功能。机制创新功能就是要在经济社会生活中推动机制转换、加强制度创新和提高资源配置效益。机制转换不但包括公共部门从计划逐步转换为市场，还包括私人部门由市场向计划靠拢的"双转换"，此举有利于创新激励机制，进一步达到持续推进制度创新、继续深化改革与不断提高资源配置效益的目标与目的。PPP 的本质是公私合作，合作的结果使计划与市场能够在运行机制这个层面有效结合，从而形成由于计划和市场各自作用结果的创新型的管理体制与运行机制。机制创新的功能，可以突出 PPP 管理模式的后发优势，并且有利于放大其发挥潜力的空间，避免走单独使用计划和公立机制提供公共产品和服务效率低下的弯路。我们知道，市场经济下，公共投入难免会出现激励机制不足的缺陷，而私人部门对此有冷漠的态度，带有"后发优势"的出现机制功能可以克服这两者的不足，可以为社会提供更好的公共产品和服务，更好地建立公共基础设施，以此支撑整个社会持续健康发展。

五、PPP 项目模式参与主体及其职能划分

（一）政府及其专门负责 PPP 项目的金融机构

关系国计民生的重大工程才采用 PPP 模式，因此政府的强力介入成为必然。在一些欧美国家，政府就设有专门机构来发展 PPP 项目。此外，PPP 项目中至少都有一个或多个公司或机构本质上是政府施加影响的商业平台，具有超强的政府"后台"作为支撑，它们不用评估就可以直接作为项目的投资者。

PPP 项目存在营利性不足的缺陷，为了吸引私人投资并降低私人机构投资的风险，政府须采取一些强有力的扶持措施。政府扶持的本质是将由消费者承担的项目成本转移到所有纳税人身上，因此，政府要对扶持的项目进行慎重选择。政府扶持措施的金额应低于（或者等于）消费者盈余的金额与项目外部效益之和。这种计算方式的优点是比较合理、符合实际，而真正实行起来却有一定难度。为了降低政府扶持的成本，政府在一定条件下对专营项目可以采取招标方式引进竞争。政府扶持的具体措施如下：

1. 加大税收政策的扶持力度

税收政策扶持是指为了降低筹资成本、提升项目的偿还能力，在法律允许的情况下，采用特定设计的融资模式和投资结构，参与者最大限度地利用了政府对投资的税务激励政策。尽管各国的意识形态不同，所站的立场和税务政策的具体内容也不尽相同，但它们有着共同的内容，即加速折旧、投资优惠、利息及其他费用等。由此，政府基本上不必承担税收优惠政策而产生的经济风险，但是如果政府本身的盈利能力较差，就算采取单纯的税收优惠措施也很难对融资产生刺激作用。

2. 资助和二级贷款

为了缓解项目资本金的开发负担，政府可以向特许权所有者提供资助和二级贷款以促进其项目活动的开展。土地及项目的配套设施是为项目建设提供的实物资助。更为直接的扶持是无须偿还的建设资金资助（意大利的高速公路收费系统是典型的例子，当地法律法规规定，在项目建设过程中政府资助的资金可以高达项目成

本的40%）。二级贷款是一种求偿性大于股东分红而小于一级贷款的一种贷款，它是在拟建项目所提供的资本金和贷款与项目的需求不匹配的情况下，由政府出面提供的优惠贷款。1988年，马来西亚对南北收费高速公路进行私营许可，政府对此提供了相当于总体项目总投资额的1/5，约合6亿美元的二级贷款，这就是政府提供二级贷款的一个具体例子。由此可以看出，二级贷款对金融的影响力水平是中等的，并且政府提供二级贷款承担的风险也属于中等水平。

3. 实行适度宽松的价格管控政策，提供特许经营权并合理扩大权限

政府实行宽松的价格政策的同时，对特许经营权也要进行限制。只有这样才能使项目公司获得良好的外部经营环境和较宽松的利润空间。此外，项目公司特许权限的扩大，可以从其他可盈利的特许经营项目中获取高额利润，将获取的高额利润对主营业务项目进行弥补止损，充分发挥其他可盈利的特许经营项目的辅助作用。在这种扶持措施下，政府承担着较小的金融风险，获得的收益也相对较少，对金融的刺激力度也相应较小。

4. 贷款担保

贷款担保是指在项目本身获得的收益不足以用来偿还债务时，政府用公共财产来进行弥补。例如，广东省政府对深广高速公路的一级贷款进行了担保，其贷款金额为8亿美元。与之相对应，政府也会因此承担较大的金融风险。

5. 经营收入担保

对于特许经营类项目，当项目经营收入在一个特定的最低水平时，政府承诺对其进行补偿。在这种情况下，为了保证资金构成的一级贷款的偿还，预期的基本水平通常会高于担保水平。采用这种方法较多的是南美一些国家的付费道路项目。近年来，亚洲国家也逐渐采用这种方法，比如在我国水利工程项目中有所尝试。这种方法之所以受到许多国家的推崇，是因为它是利益与共的，可以提高投资者的信心，使投资者相信自己有能力并且能够圆满完成项目。经营收入担保对私营融资的影响力与贷款担保相同，同样，政府也承担较大的金融风险。

6. 股本资金回购担保

政府是这种担保方式的主体。当专营公司的盈利水平比担保水平低时，政府可以答应投资人的请求，将专营公司的股本份额买下来。此类担保的金融风险很大，因此政府承担起来比较吃力，但与政府全权负责整个项目相比，股本资金回购担保

这种方式承担的财政压力是比较小的。

（二）私人股权投资机构

PPP 项目公司是由分别代表私人与政府的股权投资机构两者合作成立的。私人股权投资机构投入的股本就是公司的权益成本。由于 PPP 项目的资金规模巨大，工期长，对合伙人的资金实力和信誉水平要求比较高，因此，政府部门在选择私人机构作为合伙人时是非常谨慎的。对于如何选择合适的私人投资机构，政府部门通常采用招标的方式解决此问题，例如北京地铁 4 号线项目的招标，许多国内外知名企业都参与了竞争，这些大企业或跨国集团纷纷携手合作，形成了强强联合的局面。为了争夺北京地铁 4 号线的特许经营权，中国铁路建设集团、北京地铁运营公司和德国的西门子公司组成的三方利益集团与香港地铁公司、北京首都创业集团有限公司和北京市基础设施投资有限公司组成的三方联合体，展开了激烈的比拼和角逐。

（三）PPP 项目公司

PPP 项目公司是 PPP 项目的主要执行主体，它是由分别代表私人投资部门与政府的股权投资机构共同出资为基础设施建设及运营而设立的专门公司。公司主要负责项目的融资、建设、运营等有关的一系列事务。凭借公司拥有先进管理技术和水平，其对 PPP 项目的运营是非常熟悉的。

（四）商业贷款人

商业贷款人是指那些为 PPP 项目提供贷款的金融机构，包括商业银行、投资信托机构、国际银团、国际金融机构等。由于 PPP 项目一般所需资金规模巨大，因此金融机构为了降低金融风险，一般是由几家甚至十几家银行组成的国际银团出资为其提供贷款，这些国际银团被称为辛迪加银团贷款。

（五）工程承包商

项目建设过程中最主要的参与者就是工程承包商，工程承包商对承包工程的设计与施工负责。工程承包商是经由国际投标选定的，被选中后要与项目公司签订总承包合同。工程承包商还会就其他事项如拟建项目的设计、施工、前期准备等与相关公司签订协议。工程承包商承担着工期停工、工期延误等突发状况导致的商业完工风险。承包商的技术水平及其声誉是其能否获取贷款的最重要的两个影响因素。承包商的资金实力、工程技术能力、历史的诚信记录和经营业绩记录等共同影响项目建设期的风险水平，贷款银行也是依据上述几项内容对项目建设期风险进行评估和判断的。

（六）供应商

供应商是 PPP 项目中必不可少的组成部分，它提供项目开发建设所需的各类原材料、能源、设备等。供应商为了维持或扩大市场份额会与项目方保持长期合作关系，愿意以比较优惠的价格供应原材料、能源和机器设备等。供应商与项目商这种长期合作关系有利于减少项目自初期至运营期期间的诸多不确定因素，也为项目公司进行融资提供了有利条件。通常情况下，供应商为了更多的销售设备，往往会开出延期付款、分期付款等优惠条件。

（七）保险机构

由于 PPP 项目所需资金额巨大，项目周期长，参与者众多，项目各参与者往往面临着诸多难以预测的潜在风险，所以需要及时投保来减少，甚至规避风险。保险公司在分担项目风险的方面担任着重要角色，它主要对项目中各参与方不愿意承担的风险部分进行投保，因此在分担项目风险方面发挥着不可替代的作用。PPP 项目的风险一旦发生，给项目参与者造成的经济损失是非常大的，因此这也是 PPP 项目要求所选保险公司有较高的财产物资实力和资信水平。

（八）其他参与者

其他参与者是指中介咨询机构或其他相关机构。以深谙 PPP 运作程序的咨询机构来担任项目顾问，其主要职责是在研究项目的融资结构与可行性并给 PPP 项目公司提出相关建议。中介咨询机构是不可或缺的，因为政府部门或代表政府部门专门负责 PPP 项目的机构需要出具项目的可行性研究报告，报告的编制与审查通常是聘请国内外著名专家或团体。因为只有经过慎重筛选，政府公共部门才能给项目公司选择出最佳的合作伙伴，即拥有雄厚的资金实力与较高的 PPP 项目运作能力的私人机构投资者。虽然聘请这些顾问的费用较昂贵，但从成本效益角度来讲，其带来的经济收益远远超过顾问费用。充分发挥专业顾问的作用是 PPP 项目实施的一贯做法。因为团队的专业化在从事 PPP 项目的开发中，将会大大提高 PPP 项目的效率和成功率。

六、PPP 项目模式操作流程

一个完整的 PPP 模式，财政部划分为 5 个阶段 19 个步骤：

项目识别、项目准备、项目采购（SPC 的抉择）、项目执行（建设运营）和项目移交（转移终止），具体操作流程如图 2 - 2 所示。

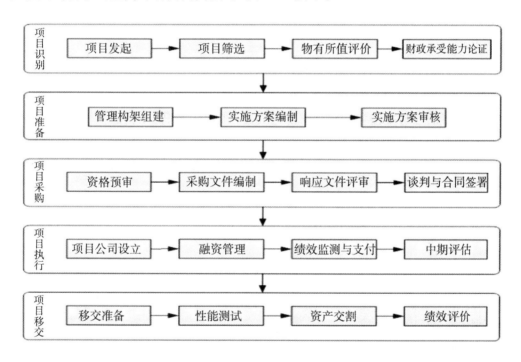

图 2 - 2 PPP 模式的具体操作流程

政府与社会资本合作（PPP）项目操作的 5 个阶段 19 个步骤：

（一）项目识别

项目发起；项目筛选；物有所值评价；财政承受能力论证。

（二）项目准备

管理构架组建；实施方案编制；实施方案审核。

（三）项目采购

资格预审；采购文件编制；响应文件评审；谈判与合同签署。

（四）项目执行

项目公司成立；融资管理；绩效监测与支付；中期评估。

（五）项目移交

移交准备；性能测试；资产交割；绩效评价。

PPP 项目的参与方很多，有政府部门或其专门负责 PPP 项目的机构、PPP 项目公司、代表政府与私人的各自股权投资机构、承包商、保险公司、银行及金融机构、中介与咨询机构等。它们之间的关系如图 2 - 3 所示。

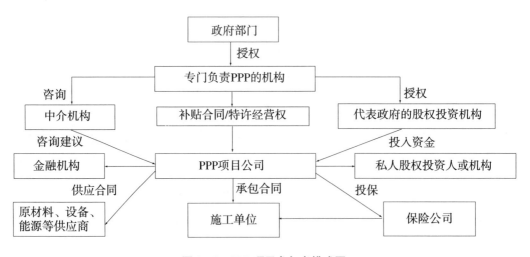

图 2 - 3 PPP 项目参与者模式图

第三节　PPP 项目模式的类型与选择

一、BT 模式

（一）BT 模式的概念

BT（Build—Transfer）即建设—移交，是指政府经过法定程序选择拟建的基础设施或公用事业项目的投资人，并由投资人负责项目公司组建并进行投资、融资和建设；在工程竣工建成后按约定进行工程移交并从政府的支付中收回投资。

BT 属于 BOT 的一种演变形式，政府在项目建成后从投资人购回项目（可一次性支付，也可分期支付）；与政府借贷不同，政府用于购买项目的资金往往是事后支付（可通过财政拨款，但更多的是通过运营项目收费来支付）；投资人用于建设的资金可自己出，但更多的是获取银行的有限追索权贷款。通俗地说，BT 投资也是一种"交钥匙工程"，社会投资人投资、建设，建设完成以后"交钥匙"，政府再回购，回购时考虑投资人的合理收益。BT 模式图示如图 2-4 所示。

图 2-4　BT 模式图示

（二）BT 模式的优势

BT 融资模式，具有许多优势，主要有以下几个。

第一，BT 模式风险小。对于公共项目来说，采用 BT 方式运作，由银行或其他金融机构出具保函，能够保证项目投入资金的安全，只要项目未来收益有保证，融资贷款协议签署后，在建设期项目基本上没有资金风险。

第二，BT 模式收益高。这主要体现在三个方面：首先，BT 投资主体通过 BT 投资为剩余资本找到了投资途径，获得可观的投资收益；其次，金融机构通过为 BT 项目融资贷款，分享了项目收益，能够获得稳定的融资贷款利息；最后，BT 项目顺利建成移交给当地政府（或政府下属公司），可为当地政府和人们带来较高的经济效益和社会效益。

第三，BT 模式能够发挥大型建筑企业在融资和施工管理方面的优势。采用 BT 模式建设大型项目，工程量集中、投资大，能够充分发挥大型建筑企业资信好、信誉高、易融资及善于组织大型工程施工的优势。大型建筑企业通过 BT 模式融资建设项目，可以增加在 BT 融资和施工方面的业绩，为其提高企业资质和今后打入国际融资建筑市场积累经验。

第四，BT 模式可以促进当地经济发展。基本建设项目特点之一是资金占用大，建设期和资金回收过程长，银行贷款回收慢，投资商的投资积极性和商业银行的贷款积极性不高。而采用 BT 模式进行融资建设未来具有固定收益的项目，可以发挥投资商的投资积极性和项目融资的主动性，缩短项目的建设期，保证项目尽快建成、移交，能够尽快见到效益，解决项目所在地的就业问题，促进当地经济的发展。

（三）BT 模式的缺点

第一，BT 项目建设费用过大。采用 BT 方式必须经过确定项目、项目准备、招标、谈判、签署与 BT 有关的合同、移交等阶段，涉及政府许可、审批及外汇担保等诸多环节，牵扯的范围广、复杂性强、操作的难度大、障碍多，不易实施，最重要的是融资成本也因中间环节多而增高。

第二，BT 方式中的融资监管难度大。

第三，BT 项目的分包情况严重。由于 BT 方式中政府只与项目总承包人发生直接联系，建设由项目企业负责落实，因此，项目的落实可能被细化，建设项目的分包将越显严重。

第四，BT 项目的质量得不到应有的保证。在 BT 项目中，政府虽规定督促和协助投资方建立三级质量保证体系，申请政府质量监督，健全各项管理制度，抓好安全生产。但是，投资方出于其利益考虑，在 BT 项目的建设标准、建设内容、施工进度等方面存在问题，建设质量得不到应有的保证。

（四）如何解决 BT 模式的缺点

面对这些缺陷，各地政府的掌控能力是比较差的，政府 BT 投资建设项目在由计划经济向市场经济转轨的过程中，仍不同程度地存在着一部分项目管理在政府有关部门内封闭运作，有时甚至出现违反建设程序的操作。在具体项目的建设实施过程中，也不同程度地存在着对项目功能与方案审核不力、政企不分、专业技术人员缺乏、管理粗放、地方垄断和地方保护、缺乏竞争，甚至出现"寻租"腐败等问题。实际上，人们很容易发现，一些地方政府的 BT 项目，明显没有按照已有的招投标和政府特许经营的有关法规和政策办理。

除了完善 BT 运行机制，强化政府对 BT 项目的监督之外，建立 BT 应对风险机制，确定风险种类，拟定相应的风险回避对策也显得非常重要。另外，政府运作 BT 应考虑引入独立第三方的中介服务。在目前，财政部因为限制地方政府的过度举债，非常明确地限制地方政府用 BT 的方式融资建设。

二、BOT 模式

（一）BOT 模式的概念

BOT，即 Build - Operate - Transfer（建设—经营—移交），基本可以将其认定为一个较为完整的项目融资过程的缩写，代表着一个完整的项目融资概念。随着理论和实践研究的深入，人们对于 BOT 的理解也更加深入，总的来看，对 BOT 的理解较为权威的包括以下两种。

1. BOT 模式是将项目从个人转移到政府手中的过程

在政府赋予某一基础建设设施之后，具有相应经济能力的个人或是合伙人如果对相应的条款满意，就会出资投入相应的建设当中，并按照协议约定在特许期内展开经营及维护等相关工作，特许期满后将项目交还给政府。

2. BOT 模式是将私有项目转化为公有的过程

公有机构对某一基础设施项目授予一定的特许权之后，有能力的私有企业对项目进行一系列建设运营等活动，到期将基础设施交还给公有机构。

综上所述，对 BOT 模式基本概念进行重新归纳和总结，得到的结论如下：

究其本质，BOT 属于一种产权，既有股权的性质，又包含债务性质。BOT 项目的融资投资方、承建商、经营方及商户等主体共同参与，项目公司以股份组织的形式负责项目各个阶段的设计、咨询和施工等活动。在项目建设完成之后，按照相关的要求在特许期限之内开展运营等活动，并对项目的定向用户收取相应的费用，通过这种方式回收其成本、偿还债务最终获得一定的利润。特许期满，项目公司履行约定将项目无偿交还给政府。也就是说，BOT 项目是私有机构基于政府对其赋予的特许权而实施的基础设施投融资、建设及运营活动的。在协议当中，政府能够对项目公司在其提供的公共产品或服务的定价及数量等方面进行相关的约束，然而前提是确保私人资本能够获得相应利润。在整个建设运营过程当中，所有的风险由政府和私人机构共同承担。特许期满，项目公司履约将项目交还给政府，政府的相关部门对项目进行后续的运营及管理等工作。

（二）BOT 模式的基本形式及其演变

在具体时间操作当中，常用的 BOT 模式有三种基本形式。

第一，BOT。这是 BOT 的基本形式，项目公司只持有项目的建设及经营权利，政府保留项目的所有权。

第二，BOO。在这种模式下，项目公司拥有所有权，这是其同 BOT 模式最大的不同之处。也就是在特许期内，项目公司可以将项目资产作为抵押与银行进行合作，目的在于获取更大限度的优惠，争取更多的贷款，进而降低项目产品及服务的价格，而其特许期一般比 BOT 模式的特许期要长。

第三，BOOT。同上述两种形式的主要区别是项目公司能够永久地拥有项目的所有权，因此，这种模式能够更大程度上激励项目公司基于项目的全寿命周期对其进行更为合理的建设运营，从而使项目的产品及其提供的服务质量大幅提高。同时，以项目全寿命周期为出发点，能够更大幅度上降低项目的总成本，提高建设运营效率，有利于产品和服务价格的降低。

上述三种形式是较为常用的基本形式，除此之外，各个国家在利用 BOT 模式进行基础设施建设的过程中衍生出了多种类似的形式，包括 BT 模式、TOT 模式、OT 模式等，不同模式反映出的是项目的不同特征。

（三）BOT模式的运作过程

在BOT模式下进行项目的建设需要众多参与方的共同努力，参与者共同组成项目公司，按照政府确定的特许期限进行BOT项目的运作，并收取相关费用，期满政府收回项目，具体来说一般按照如图2-5所示的步骤进行运作。

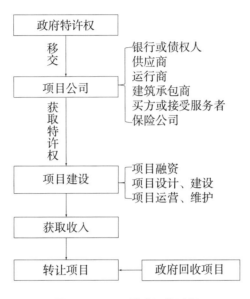

图2-5 BOT模式运作过程

（四）BOT结构的主要参与方

BOT各参与方地位及主要权利责任如表2-2所示。

表2-2 BOT各参与方地位及主要权利责任

序号	项目参与方	地位	主要权责
1	政府	项目建设的招标者、监管者、所有者	颁布有关BOT项目的法律规范和政策规定；对BOT项目进行招标和确定中标人；授予特许权协议；对项目进行监督、调控；在特许期届满后，取得项目所有权
2	项目投资人	股东、发起人	为项目注入股本金，成为股东，但他们并不直接参与项目的经营管理；可成为项目的发起人，不仅为项目注入股本金，而且还负责项目的承办，他既是项目的主要股本注入人，又是项目公司的主要组建人

序号	项目参与方	地位	主要权责
3	项目公司	项目主办方	在特许期内拥有特许权协议规定的特许权；享有对项目进行经营和管理的权利；负责对贷款银行债务和利息的清偿，以及在股东中的利润分配；在特许协议到期后，将项目的所有权转移给政府部门
4	贷款人	项目债权人	为项目需要的大部分资金贷款，是项目的债权人；对贷款的使用进行监督
5	承包商	项目建造和施工者	同项目公司签订项目总承包合同，与具体的分包商签订分包合同
6	运营者	项目运营	接受项目公司委托，按照双方签订的运营合同对已完成的项目进行运行、管理、设施的维护及收费
7	供应商	提供原材料	为 BOT 项目提供原材料和燃料
8	保险公司	分担风险	接受项目公司的保险费，为项目提供保险
9	适用方	购买方、用户	项目产品服务或购买方、用户

（五）BOT 模式的特点及优缺点

1. BOT 模式的特点

通过对 BOT 的含义及运作模式的了解，可以归纳出 BOT 模式的特点如下：

第一，获取特许权是前提。BOT 项目的投资者首先要获取特许权，随后再开始项目的建设运营等后续工作。对于基础设施来说，所有权属于政府，政府没有足够资金时，为减轻其经济压力，就会通过权力的出让来获取社会资金，继续进行项目的建设。到达特许权期限时，政府收回基础设施的所有权。

第二，投资者是特定的。BOT 模式的发展是由于在政府进行基础设施建设过程中遇到了资金问题而提出的解决方案，而基础设施的所有权及建设权仍然归属于政府，应该按照国家或地区的规划进行项目的开发活动，同时，投资者要想进行项目的建设、经营及维护，首先要获取政府出让的权利，因此 BOT 模式的投资者是特定的。

第三，参与者众多。BOT 项目的每一个环节都需要众多专业性较强的公司参与，很难有单独的公司同时具备上述能力，因此项目的运作需要众多参与方共同合作。一般包括银行或债权人、供应商、建筑承包商、运营商和保险公司等。

第四，共担风险。基础设施的建设是一项巨大的工程，会涉及多个领域和参与方，并且建设周期长，各参与主体之间的关系较为复杂，可能存在许多未知的状况，风险也随时可能发生。利用BOT模式进行建设，项目的整个运行由项目公司统一把控，因此在特许期限内，风险都被转移到项目公司，虽然各参与方之间的关系复杂，但通过各种契约关系，能够使各方共担风险，降低某一参与方的风险程度。

第五，项目的产权具有特殊性。要想承建基础设施，首先要成立项目公司，以独立法人的形式出资才具备相应资格。项目公司以自己出资或是向银行贷款等方式获取资金进行项目的建设，所以BOT项目既存在产权问题，又存在债权问题，这一点尤其特殊之处。而且项目的产权也并不完全，政府只是将部分权利出让用来融资，一旦到了特许期限的约定，政府就会收回所有权，项目公司也不再存续。

第六，采用有限的追索权形式。即因项目进行的融资活动和其他资产相隔离，若投资者经过项目的运营获取的资金难以偿还相应的贷款，那么借贷机构没有资格对投资者的其他资产进行追索，只能通过该项目的收益来弥补损失。

第七，法律关系较为复杂。资金无国界，无论是来自国内还是国外的资金，都可以投资进行基础设施项目的建设，然而本国资金投入国外的BOT项目时，投资者会同时受到本国及项目所在国或者是国际相关法律的共同约束，因此法律关系较为复杂。同时，BOT项目涉及许多参与方和不同领域范围，在项目的运行过程中会签订大量的合同和协议，在各参与方之间进行权利与义务的权衡约定时会涉及多项法律。

2. BOT模式的优点

BOT作为PPP中最为典型的一种投资模式，对项目参与各方主体风险的分配和利益的分享都有很重要的意义，其优点主要体现在以下几个方面。

第一，扩展了政府在基础设施建设融资上的渠道和范围。由于公共基础设施建设规模大、所需资金巨大、建造周期较长、投资收益回收慢，故基础设施或是公共产品的资金巨大投入与政府有限的财政支出、银行短期的贷款借出之间一直是摆在政府面前的一道难题，然而采用BOT投资模式可以有效缓解政府财政负担和项目融资困境。

第二，避免政府因投资基础设施或公共产品建设而产生的债务危机。在 BOT 项目中，项目建设所需的巨额资金主要由社会资本负责筹集，项目公司因此所产生的负债也不纳入政府财政负债记录，对国家或政府的财政信用并不会产生负面影响。因此，BOT 模式可以有效缓解政府因投资基本建设而面临的债务危机。

第三，有利于合作项目运作效率的提高。BOT 作为 PPP 模式中最为典型的一种融资模式，更加注重社会资本和政府之间的配合与协作。双方主体基于在投资项目上共担风险、共享收益的特点，使得双方在项目建造过程中相互监督、相互负责，从而高效、高质量地完成任务。

第四，促进了社会多方面、多领域的发展。通过引入 BOT 投资方式，一方面有效缓解政府在投资上面临的压力；另一方面还为当地居民提供大量的就业机会，带来了巨大的商业发展机遇，最终达到带动地方相关产业的发展，提高社会综合成效的目的。

3. BOT 模式的缺点

第一，有限的使用范围。因为 BOT 项目一般需要较大的资金投入，具体的操作路线较为复杂，同时在整个建设过程中存在较多的不确定性因素。所以，各参与方通常对投资回报有较高的期望，项目的预期收益率较高时才能够吸引足够的投资额。举例来说，在公路建设项目当中，通常只在车流量大并且有较高收费能力的路段才会选择采用 BOT 模式进行融资建设，至于虽然对我国国家和公民都很重要，但是收益却很低的公益性质较强的路段，不会选择利用 BOT 模式进行融资建设。

第二，BOT 项目产品或服务价格高。因为 BOT 项目自身的运行程序使之面临的不确定因素较多，即风险较高，因此需要用较高的投资回报率才能吸引投资者。为达成高收益目标，在成本不变的情况下就只能选择提高项目提供的产品或是服务的价格来完成，这一部分资金最终由使用者承担。同时，由于 BOT 项目在建设初期就约定了特许期限，投资者通常为早日收回成本获得利润，常常采用加速收回成本获取更多利润的手段，这些虽然都同政府进行基础设施建设的初衷相背离，但是这一问题却是 BOT 项目建设过程中一定会遇到的，目前没有真正彻底的解决方案。

三、BOOT 模式

（一）BOOT 的概念

BOOT 方式明确了 BOT 方式的所有权，项目公司在特许期内既有经营权又有所有权，是 BOT 方式的具体表现形式的一种。

BOOT 是一种连投资带承包的方式，是近年来才在国际承包市场出现的一块丰厚奶酪：多头获利，长线受益，回报高。但同时由于对承包商的要求也高：你是投资人，必须管好、用好资金；你是建设方，必须保证项目进度和质量；你是运营商，必须保证盈利。

（二）BOOT 与 BOT 的区别

一是所有权的区别。BOT 方式，项目建成后，私人只拥有所建成项目的经营权；而 BOOT 方式，在项目建成后，在规定的期限内私人既有经营权，也有所有权。

二是时间上的差别。采取 BOT 方式，从项目建成到移交给政府这一段时间一般比采取 BOOT 方式短一些。

每一种 BOT 形式及其变形，都体现了对于基础设施部分政府所愿意提供的私有化程度。BOT 意味着一种很低的私有化程度，因为项目设施的所有权并不转移给私人。BOOT 代表了一种居中的私有化程度，因为设施的所有权在一定有限的时间内转给私人。最后，就项目设施没有任何时间限制地被私有化并转移给私人而言，BOO 代表的是一种最高级别的私有化。

换句话说，一国政府所采纳的建设基础设施的不同模式，反映出其所愿意接受的使某一行业私有化的不同程度。由于基础设施项目通常直接对社会产生影响，并且要使用到公共资源，诸如土地、公路、铁路、管道、广播电视网等。因此，基础设施的私有化是一个特别重要的问题。

对于运输项目（如收费公路、收费桥梁、铁路等）都是采用 BOT 方式，因为政府通常不愿将运输网的私有权转交给私人。在动力生产项目方面，通常会采用 BOT、BOOT 或 BOO 方式。一些国家很重视发电，因此，只会和私人签署 BOT 或是

BOOT 特许协议。而在电力资源充足的国家（如阿根廷），其政府并不如此重视发电项目，一般会签署一些 BOO 许可证或特许协议。最后，对于电力的分配和输送、天然气及石油来说，这类行业通常被认为是关系到一个国家的国计民生，因此，建设这类设施一般都采用 BOT 或 BOOT 方式。

（三）BOOT 的优势

对于大多数人来说，BOOT 投资运作模式是一个相对陌生的概念，如果说 BT 是低成本扩张的话，那么未来的 BOOT 将是真正的零成本扩张。从政府的谈判、授权、规划、设计、招标、代理、投资、建设、监理、审计、经营、拥有、管理、转让，这是 BOOT 的全部流程，只有真正的企业家才能运作。这种模式加快国家城镇化速度、减轻政府负担、保证质量、减少中间环节，将是未来几年中国基础设施建设最稳定的投融资方式。

四、TOT 模式

（一）TOT 的概念

TOT（Transfer – Operate – Transfer）是"转让—经营—转让"的简称。它是指一种政府将基础设施的所有权有偿转让给社会资本，然后社会资本承担项目的运营和管理事务，在合同约定的期限届满后再将基础设施的所有权交付给政府的投资方式。

（二）TOT 的特征

第一，TOT 是一种社会资本在一定期限内有偿取得基础设施所有权并经营的融资模式。作为 BOT 的一种演变投资方式，TOT 较 BOT 有很大的不同，社会资本通过与政府签订特许协议的方式，有偿取得特许期限内的项目所有权。

第二，在 TOT 结构中，与其他 PPP 投资方式不同，社会资本在 TOT 结构中经营和管理的项目是政府已经建设完成的基础设施，而非将要建造和正在建造的项目。

第三，TOT 是在经营期限届满后将基础设施所有权再度转移给政府，整个投资过程经过了两次所有权的转移。社会资本与政府通过有偿转让的协议实现了项目所有权的第一次转移，项目所有权的第二次转移是在双方主体约定的期限届满后，社会资本将基础设施的所有权再度转让给政府。

（三）TOT 的作用

TOT 是 BOT 演变模式中一种较为新颖的结构，它在运作流程、特征等方面均与其他结构有所不同。

第一，有利于与公共产品相关的权利进入市场进行流转。对比以往的公共基础设施或是公共产品而言，PPP 项目实现了公共产品进入市场进行交易。一方面，政府通过将项目的所有权转移给社会资本以换取对应的成本和收益；另一方面，社会资本通过对公共产品或是服务的管理和经营寻求新的市场和商机。

第二，通过对现有公共产品进行转移，使得社会资本的投资风险减小。对于特许协议的部分投资结构而言，其他结构一般是通过特许协议的方式将建造项目的任务交由社会资本或项目公司来完成，在特许期限届满后再取回项目的所有权，往往导致双方在项目的建造、经营和管理的过程中存在风险分担不均、收益分配不公平等问题。而 TOT 结构可以在一定程度上解决或是防范此类问题的出现，由于政府有偿转移的项目是已经建造完成的工程，那么在其他投资模式中本应由私人承担的建造风险也因此转移给政府，从而平衡双方在风险分担和收益分享上的不均状态。

第三，有利于化解政府的融资难题。从我国的实际国情出发，政府在投资基础设施时总是存在融资难的问题，为此，PPP 融资模式的出现打破了这样的窘迫局面。而这种困境得以解除，更重要的是 TOT 结构使得公共基础设施和公共产品进入市场经济进行交易，一方面给市场经济注入了新鲜的血液，另一方面也在一定程度上解决了政府在财政上资金紧缺的问题。

（四）TOT 方式的运作程序

第一步，制定 TOT 方案并报批。转让方需先根据国家有关规定编制 TOT 项目建议书，征求行业主管部门同意后，按现行规定报有关部门批准。国有企业或国有基础设施管理人只有获得国有资产管理部门批准或授权才能实施 TOT 方式。

第二步，项目发起人（同时又是投产项目的所有者）设立 SPV 或 SPC（Special

Purpose Vehicle or Special Purpose Corporation），发起人把竣工项目的所有权和新建项目的所有权均转让给 SPV，以确保有专门机构对两个项目的管理、转让、建造负有全权，并对出现的问题加以协调。SPV 常常是政府设立或政府参与设立的具有特许权的机构。

第三步，TOT 项目招标。按照国家规定，需要进行招标的项目，须采用招标方式选择 TOT 项目的受让方，其程序与 BOT 方式大体相同，包括招标标准、资格预审、准备招标文件、评标等。

第四步，SPV 与投资者洽谈以达成转让投产运行项目在未来一定期限内全部或部分经营权的协议，并取得资金。

第五步，转让方利用获得资金，用以建设新项目。

第六步，新项目投入使用。

第七步，项目期满后，收回转让的项目。转让期满，资产应在无债务、未设定担保、设施状况完好的情况下移交给原转让方。当然，在有些情况下是先收回转让项目之后才投入使用的。

图 2 - 6 所示为 TOT 模式结构。

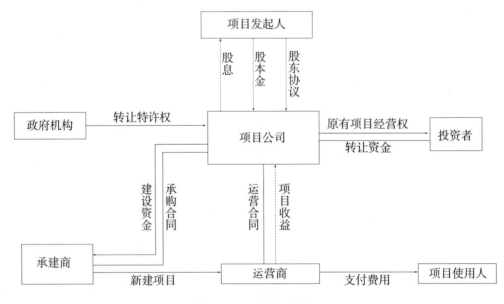

图 2 - 6　TOT 模式结构

（五）实施 TOT 方式应注意的问题

1. 注意新建项目的效益

由于新建项目规模大，耗费资金多，因此要避免以前建设中曾经出现的"贪大求快"、效益低、半途而废等情况。在建设前要进行全面、详细地评估和论证，要充分估计到 TOT 的负面效应，提出相关预防措施。对于事关国家建设全局的重大项目，要慎之又慎，切忌草率决定，仓促上马。

2. 注意转让基础设施价格问题

第一，由于投资方接受的是已建基础设施，避免了建设时期和试生产时期的大量风险，而由政府方承担这些风险。因此，经营权的转让价应合理提高，作为对承担风险的对价。第二，由于 TOT 项目多为基础设施项目，其价格高低必然会对社会经济造成较大影响。而由于投资方承担风险较低，花费少，因此，项目产品价格应按国内标准合理制定，要与社会经济承受能力相适应。

3. 加强国有资产评估

受让方买断某项资产的全部或部分经营权时，必须进行资产评估。转让资产如果估价过低，会造成国有资产流失；如果估价过高，则可能影响受让方的积极性和投资热情。因此，要正确处理好资产转让和资产评估的关系。聘请的评估机构应具有相应资质，在评估时最好与转让方和其聘请的融资顾问及时沟通，评估结果应报国有资产管理部门批准。

4. 应明确规定转移经营权的项目的维修改造

为防止受让方竭泽而渔，在移交时是一个千疮百孔的烂摊子，可以采用一种过渡期的办法。在过渡期内，双方共同管理、共同营运项目，收入按一定比例分享，以利于政府对项目运行的监督管理。此外，还应鼓励受让方对项目进行技术改造、设备更新和必要的其他扩建改造。

五、ROT 模式

（一）ROT 的概念

ROT（Rehabilitate – Operate – Transfer）是"重构—运营—移交"的简称，它

的具体含义是指政府通过协议的方式将现有公共基础设施有偿转让给社会资本，然后社会资本负责对项目重建和整改，并负责对项目经营和管理。在协议约定的期限届满后，项目的所有权再由社会资本转移给政府。

（二）ROT 的特征

第一，ROT 结构的基础是政府与社会资本之间签订的有偿转让协议。在项目前期准备阶段，政府通过有偿协议将项目所有权转移给社会资本；在项目中期整改阶段，社会资本对现有基础设施进行整改和扩建，并负责项目竣工后的经营和管理；在协议约定期限届满后，政府再通过有偿转让协议的方式取得项目的所有权。

第二，ROT 结构是对现有基础设施项目进行整改和扩建的融资方式。ROT 模式对比 BOT、BOOT、BOO 等模式而言，在项目建设的对象上存在着很大的区别，ROT 融资的对象是需要整改和扩建的现有基础设施，而 BOT、BOOT、BOO 中融资的对象均是亟待建设的基础设施。

（三）ROT 的作用

ROT 作为 BOT 的一种投资演变模式，其具有的作用和 BOT 模式大体相同，但是基于结构的具体内容不同，故 ROT 较 BOT 融资模式在社会实践投资中发挥的作用也有一定的独特之处。尤其是在恢复国民基础设施的建设上，虽然 PPP 的各种投资方式正在积极致力于基础设施的开发和建设，但对城市和农村基础设施的修复和扩建是提高和改善国民公共服务体系水平的一条重要路径，而这种投资功能是 PPP 其他投资方式所不能比拟的。无论是对政府还是对社会资本而言，ROT 模式既是一种修复基础设施的重要方式，更是实现政府和社会资本互赢的经典案例，也是提升社会资本社会责任感和增加政府声誉的重要方法。

（四）ROT 结构的主要参与方

对 ROT 结构中主要参与方地位的界定和职责的分配可参照 BOT 和 TOT 中的规定。在 BOT、TOT、ROT 模式中，由于各种模式的融资对象存在着差别，因此项目公司作为项目主办方承担的具体职责也不同。项目公司需要履行下列职责：①对项目的建造、经营和管理负责；②负责对贷款银行债务和利息的清偿，以及在股东中的利润分配；③特许期期满时将项目移交给政府。在 BOT 模式中，项目公司在特许经营期限内承担对项目进行建设和经营的职责；在 TOT 模式中，社会资本通过与政府之间的转让协议取得项目的所有权，在协议约定期限届满后，再以转让协议的方式将项目的所有权转移给政府；在 ROT 模式中，ROT 投资的对象是需待整改和扩建的现有公共基础设施，而 TOT 投资的对象是政府已经筹建完备的基础设施。

（五）ROT 项目的主要合同关系

有关 ROT 结构中的主要合同关系可参照适用 BOT 和 ROT 中的规定，三者不同之处在于有关特许协议的内容规定。在 ROT 模式中，政府通过转让协议将需待整改项目的所有权转移给社会资本。因此，社会资本取得在约定期内对项目的所有权；在 BOT 模式中，政府与社会资本通过签订特许权许可协议来规范双方主体的权利、义务及风险分担和权益分配；在 TOT 模式中，政府与社会资本之间通过签订有偿转让合同将项目所有权转让给社会资本，社会资本基于现成设施而开展经营和管理工作。

（六）ROT 结构中各方的权利和义务

各方在 ROT 结构中的权利和义务可参照 TOT、BOT 中的规定适用，不同之处在于各结构适用的对象不同而已。

（七）ROT 的运作模式

ROT 结构的运作模式如表 2 - 3 所示。

表 2 - 3　ROT 结构的运作模式

项目前期准备阶段	政府确定 ROT 项目，颁布 BOO 特许权、招标、确定中标者；与政府部门签订有偿转让协议
项目中期建设阶段	负责对项目的整改和重建
项目后期运营阶段	对项目的运行、维护及管理负责；承担项目运行风险和享有项目收益；在协议约定期满后将项目有权转移给政府

六、PFI 模式

（一）PFI 模式的概念

PFI（Private Finance Initiative）最初含义是指私人融资计划，也有人将其翻译为私人主动融资。英国政府于 1992 年首次提出 PFI 的概念，首先在发达国家得到了应用，主要用于基础设施的投资、建设及运营，是一种新型的管理模式。也就是政府按照社会对基础设施的需求程度设计项目，进行招投标活动，选择合适的私营机构给予其特许权，并约定一定的特许期限，一般为 30 年，拿到特许权的私营机构在特许期内展开项目建设经营活动，期满将项目交还给政府，同时保证项目必须是无债务的，私营机构收回成本获得利润的途径主要是从政府或是接受服务的一方收取相关费用。综上所述，PFI 模式就是政府发起项目，开发人进行项目的建设及运营，同时以事先约定的合同内容进行服务，项目产品或服务使用者付费来获得产品或者服务。

到目前为止，仍然没有关于 PFI 模式的统一定义，常用和主要的几种观点如下：

第一种观点强调 PFI 模式是将私有资本及技术运用到过去主要由公共部门负责的项目当中的一种形式，这些项目通常是水利设施、医院、学校的建筑工程等。PFI 项目中的私有机构持有项目的经营权利，政府等公共机构主要起到监督作用。

第二种观点认为 PFI 模式是使用私有资本进行公共项目的建设，同时由基础设施的提供者来承担整个项目周期的成本和经营阶段的风险。

第三种观点强调 PFI 模式作为一种体制机制存在。在 PFI 机制当中，通过私有机构和政府部门的合作，私有机构先进的技术及管理方法能够在基础设施建设当中得以应用，同时政府部门为其获得较高的回报提供保证。

综上所述，本书的观点在于：PFI 模式属于私人融资活动的范畴，是指由政府部门按照社会对基础设施的需求，选择恰当的项目进行民间资本的筹集，采用授予民间企业一定的特许经营权的方式使民间资本参与到项目的建设当中，并在合同中约定一定的特许期限，在特许期内民间企业有权对项目进行管理获得收益，同时对民间企业的服务内容有所约定，要求其提供满足社会需求的服务。

（二）PFI 模式的运作过程

从最先采用 PFI 模式的英国来看，英国政府对 PFI 模式非常推崇，在公共工程项目的融资建设当中，首先考虑的是 PFI 模式，只有经过政府评估确定认为某项目不适合私人资本参与的情况，才会选择其他的模式。在 PFI 模式中，私人机构的资本及项目收益的联系非常紧密，所以能够对私人机构产生较大的刺激，鼓励其不断提高服务的质量，因此有利于确保基础设施在使用年限之内提供高效的服务。私人机构的收益依靠在合同内提供服务来获取，这样能够促进 PFI 项目从设计到建设及后期的运营维护等方面持续高标准的要求，私人机构不断以创新的技术及高效的管理方法获取合同，进而赢得更多收益。

在 PFI 项目的运作过程当中，主要的参与主体包括政府机构、私人机构、项目公司（SPC，也称为特别目的公司）、贷款机构、承包商和运营商。作为项目发起人，政府是 PFI 项目的发起人，不参与项目的具体实施，主要作用在于选择项目的实施主体及私人机构，为项目提供合理的担保，在项目周期内协调各参与方之间的关系，分担宏观方面的风险，并对项目的运行进行监督；私人机构通过融资或利用自有资金进行项目的建设和运营，同时要组建项目公司对项目进行专业的管理，并设置一定的追索权来降低自身的风险；项目公司主要对项目包括设计、融资、建造及后期的运营、维护在内的整体运作，其存续期限即为项目的特许期限，到达特许期限，项目公司不再存续；贷款机构为项目的建设提供资金，同时在融资过程中提供所需的信用保证；PFI 项目的设计、建设和选择供应商等具体工作主要由承包商完成，在这个过程中，允许实施分包，通过分包达到必要的风险转移目的；在项目建设完成之后，私人机构通常选择符合其条件的运营方式并对项目进行管理维护收取相关费用，通过如图 2 - 7 所示可以简单了解其运作过程。

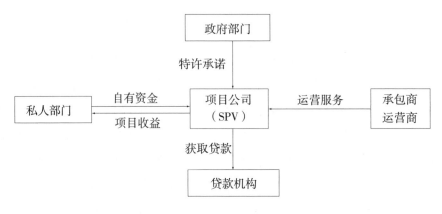

图 2 - 7　PFI 模式运作过程

（三）PFI 模式的特点

同传统的基础设施项目建设的不同之处主要在于，PFI 项目当中，政府部门不需要在项目建设的初期投入过多的资金，同时能够减少自身承担的风险，大大降低了政府在公共基础设施建设方面的资金压力。PFI 模式的特点主要包括以下几点：

首先，不再是由政府提供公共产品，取而代之的是民间私营机构，融资主体是民营性质的。在 PFI 模式下，政府的角色产生了根本性的不同，政府公共部门不再是公共产品及服务的提供者，而是公共产品和服务的购买者，通过支付给民间部门费用的方式完成这一角色的转变。与此同时，民间私营部门承担了项目初期的设计建设到后期运营管理及维护等工作，是公共产品及服务的主要承担者和分配者。

其次，其一般应用于公共性领域。PFI 模式主要运用在公共项目的建设当中，主要包括公路、铁路等基础设施的建设。随着经济的不断发展及 PFI 模式的不断成熟，高校及医院等公共项目也越来越多地运用 PFI 模式。

再次，项目的风险由多方主体共同承担。公共基础设施项目建设周期长、所需资金额巨大。因此，政府要在建设初期就投入大额资金，并且在漫长的建设周期中确保现金流的稳定，其资金压力可想而知。不仅如此，关键在于项目周期越长，面临的生产风险及完工风险等就越高。在传统模式下的公共项目建设当中，所有风险由政府承担，但是在 PFI 模式下，政府首先按照社会的需求选择项目，而将具体项目设计、建设及后续经营维护等工作交给私人机构。在这一过程中，政府将部分风险也转移给了私人机构,同时,私人机构同政府合作,能够在很大程度上降低信用、法律及政治风险。

最后,代理的多层级性。在 PFI 模式下,项目公司对项目的运行进行整体的把握,但是并非其自身对设计、建设及运营维护等所有环节的工作都能完成,而是通过大量的代理合作,以代理的形式对项目整体运行进行把控。在事前就确认这种代理关系,随后进行可行性研究,并将结果体现于报告当中,来保证项目的安全性和可靠性。PFI 项目的实施是以委托代理联结在一起而得以顺利完成的,项目建设的总体目标被逐级分解,将细化的目标分配给具体的实施主体。从整体来看,可以将 PFI 项目的委托代理关系分成三个主要的层级:第一,政府和项目公司间的委托代理关系。政府将公共项目的开发和运营权利委托给项目公司,项目公司代理政府操作公共项目的建设运营。代理协议的内容主要包括明确划分二者的权利义务和风险的分配及对项目的质量要求,同时明确政府的监督作用。第二,项目公司同其他相关主体间的委托代理关系。这属于二级委托代理的层级。因为项目公司是随着资本的集结而成立的,所以很可能并不具备项目的实际建设环节所需的各项专业化知识和能力,所以在各个环节需要具有专业化水平机构的支持,由此形成了一个二次委托代理关系。举例来说,设计单位同项目公司签订代理协议,对项目进行设计,施工单位受托进行建设等。第三,上述设计、施工单位等还有可能将其受项目公司委托进行的工作分包给下一层级的单位,这样其就与分包公司之间建立了三级代理关系。在这样庞大的委托代理关系下,PFI 项目顺利运行。

(四) PFI 模式在国内外的应用

1. PFI 模式在国外的应用

在国际上,最早倡导和使用 PFI 模式的国家是英国,其 PFI 项目较规范,也具有很强的代表性,在其推动下,澳大利亚、日本等国也开始学习并大力推行 PFI 项目。英国 PFI 项目最典型的特征即政府主导,以 PFI 模式在英国的发展为例,其主要经历了三个阶段。

第一,探索阶段。从 20 世纪 70 年代末期开始,"英国病"开始出现,经济低迷状况难以改善,国家财政也面临越来越大的困境,导致的必然结果就是公共项目的服务质量大幅下降。基于这种背景,"尊重市场原理"及"小政府"等观点开始出现，英国政府展开行政改革，主要包括"政府机关中介化"及"国有企业民营化"等政策，逐渐开始将民间资本投入公共事业的建设中。随着理论和实践的发展，英国政府提出在吸收民间资本时要遵守的两项准则：一是，选择能够利用民间资本进行建设的公共项目，将其民间和政府运作所需成本及可能收益进行详尽的分析，选择成本低、收益高的方案；二是，按照吸收的民间资本为限度，减少政府对于公共项目的支出预算。按照上述准则进行公共项目建设的改革，取得了一定的成效。

第二，发展阶段。从 1990 年到 1997 年，这一阶段主要是在约翰·梅杰担任英国首相时期。在此期间，《市民宪章》颁布，提出"为了居民的利益，政府应最大限度地有效应用财政资金"的理论，以此为指导，展开了关于公共项目建设方式的改革，使民间资本最大限度地参与到本来由政府进行建设的公共设施项目中，而政府的角色定位逐渐转向公共服务购买者。在这段时间内，PFI 项目大量涌现，理论发展也快速完善，公共项目的资金问题在很大程度上得到了缓解。

第三，成熟阶段。从布莱尔 1997 年任英国首相开始，PFI 模式得到了空前的推广。因为布莱尔政权极力推崇私人机构对政府财政有所支持，政府才能有所作为的观点，所以对 PFI 模式高度重视，大力推进 PFI 模式。在这一阶段，PFI 模式经历了更多的实践检验，快速发展。

2. PFI 模式在我国的应用

中国政府在 2002—2003 年组织了关于 8 个奥运场馆及其附属设施建设的招标会议，选择合适的业主进行项目的融资、设计建设及后续经营维护等工作。最终，在上述 8 个奥运场馆的建设中，有一半以上的资金来自民间，并且在建设完成之后，投资人拥有场馆的经营及使用权利。总的来看，这就是我国 PFI 融资模式的雏形。

我国首家以地方的民营企业为投资主体并且投资金额超过百亿的特大交通基础设施项目——杭州湾跨海大桥也是利用民间资本进行公共项目建设的例子。杭州湾大桥发展有限公司成立于 2001 年 7 月，对项目总共投资 118 亿元，其中向银行贷款 65%，余下的 35% 为项目资本金。在由企业投资的 35% 部分资金中，宁波市与嘉兴市占比约为 9:1，民间资本总共占到 50.26%。

第四节　PPP 项目盈利模式与定价机制

一、PPP 项目收益来源

根据我国 PPP 模式相关政策及实践经验，PPP 项目的收益来源主要有政府付费、使用者付费、使用者付费 + 政府补助、第三方收入 + 政府补助四种形式。

（一）政府付费

政府付费（Government Payment），是指政府直接付费购买公共产品或服务。在政府付费机制下，政府可以依据项目设施的可用性、产品或服务的使用量以及质量向项目公司付费。政府付费是公用设施类和公共服务类项目中较为常用的付费机制，在一些公共交通项目中也会采用这种机制。政府付费项目资金来源主要包括：①用户缴纳的专项收费，如污水处理费、垃圾处理费等；②地方财政资金，如地方政府债券资金、地方财政公共预算资金。这一付费方式的关键是要确保稳定的资金来源和规范的支付机制，政府需要在合同中承诺将政府付费列入分年度财政预算。

（二）使用者付费

使用者付费（User Charges），是指由最终消费用户直接付费购买公共产品和服务。项目公司直接从最终用户处收取费用，以回收项目的建设和运营成本并获得合理收益。高速公路、桥梁、地铁等公共交通项目及供水、供热等公用设施项目通常采用使用者付费机制。这一方式的关键是要提高收费的稳定性。我国大部分 PPP 项目均属于政府价格监管行业，而目前我国价格监管体系尚不完善，价格调整的规则性差，价格变化缺乏可预见性，导致项目长期收益不确定性高，投资者不敢贸然进入，一些已进入的也时有退出，如收费公路的绿色通道、节假日免费等政策的高变动性对收费公路 PPP 项目社会资本方的投资回报有很大影响。

（三）使用者付费 + 政府补贴

对于某些 PPP 项目，使用者付费不足以满足项目公司成本回收和合理回报时，由政府给予项目公司一定补助，以弥补使用者付费之外的缺口部分。政府补助可以包括多种方式，如投资补助、优惠贷款、贷款贴息、放弃分红权、授予项目相关开发收益权、财政补贴等方式中的一种或多种。其关键一是要确保政府支持得及时、充分落实；二是要科学、合理地确定补助数额等政府支持的力度。比如，财政补贴等资金支持应当纳入同级政府预算，并在中长期财政规划中予以统筹考虑，确保资金来源的稳定性，同时还应以项目运营绩效评价结果为依据，探索建立动态补贴机制。

（四）第三方收入 + 政府补贴

PPP 项目第三方收入是指项目运营过程中，从项目主要功能直接使用者和政府意外的第三方获得的收入，如垃圾焚烧发电项目中的售电收入、垃圾填埋场开发沼气获得的收入、地铁的广告收入等。设计项目汇报机制时，应该结合项目特点采取多元化的经营策略，拓展项目的盈利空间。由于第三方收入往往来源于项目运营产生的"副产品"，难以覆盖项目成本及收益，还需要政府给予一定补助。PPP 项目收益回报来源形式如图 2-8 所示。

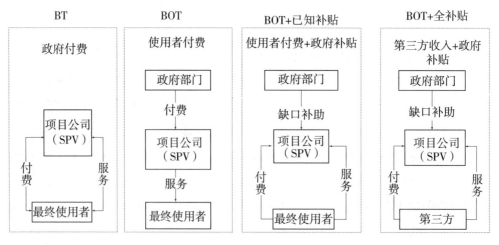

图 2-8　PPP 项目收益来源

二、PPP 项目回报机制设计

(一) 总体原则

合理设计 PPP 项目回报机制，对促进社会资本参与公共产品和服务供给、基础设施建设等具有十分重要的作用。科学、合理、规范设计 PPP 项目回报机制应主要把握以下几个方面：

1. 确保社会资本"盈利但不暴利"

PPP 项目回报机制的设计应保证社会资本获得合理利润，但不能获取超额利润。要让 PPP 项目能够盈利，是 PPP 项目得以实施的前提，PPP 项目的盈利问题也是政府与社会资本谈判的焦点之一。原国家发改委在 2014 年 12 月发布的《关于开展政府和社会资本合作（PPP）的指导意见》（国发〔2014〕60 号）中提出，根据各地实际，通过授予特许经营权、核定价费标准、给予财政补贴、明确排他性约定等，稳定社会资本收益预期。但是，满足社会资本盈利要求的同时，应当防止社会资本获得暴利，在设计回报机制时要加强项目成本监测，既要充分调动社会资本积极性，又要防止社会资本获得过高利润。

2. 充分挖掘项目盈利潜力

不少 PPP 项目具有较大的正外部性，盈利能力有限，需要充分挖掘其盈利潜力，如城市轨道交通项目，地铁的建成带来周边土地和物业的价值增值，产生溢价。通常情况下，城轨溢价的经营权和分配权掌握在政府手中，由政府主导城轨溢价的管理。政府可以尝试通过特许经营，将建设责任授予社会资本的同时，将城轨溢价的部分或全部经营权和支配权一并授予，由社会资本对这部分特别收益进行市场操作，这样不但有利于深度挖掘项目盈利潜力，实现溢价创造和回收效率提高，也有利于减轻政府财政压力。

3. 灵活设计回报机制

回报机制的设计应根据 PPP 项目类型及运作方式灵活设计。回报机制设计时应因地制宜、灵活安排，做到理论联系实际。与此同时，有必要开拓新的思路，创造性地解决社会资本方的回报问题，从而对社会资本产生吸引力。

（二）回报机制设计的依据

回报机制的设计是一项复杂的工作，需要考虑大量的因素，结合国内外 PPP 项目经验，PPP 项目回报机制设计的依据主要有项目性质、风险分担机制、项目盈利模式、目标利润的稳定性、涉税优惠政策、政府财政承受能力以及特许经营期限等。

1. 项目性质

项目的可经营性是由其生产和消费特征、竞争潜力、成本回收的制约因素、环境外部影响的高低和项目风险与收益的关系等特征所决定的。基础设施和公用事业项目根据其可经营性，分为经营性项目、准经营性项目和非经营性项目。对于不同性质的 PPP 项目，其回报机制的设计也不尽相同。

（1）经营性项目

经营性基础设施一般都有收费机制，投资者可以直接向接受服务的使用者收取一定的费用，所以该类基础设施往往具有一定的排他性，而且通过自身的正常运转就可以产生一定的经营利润。这意味着在设计回报机制时，可以通过市场化手段满足项目收益需求，此类项目一般采用使用者付费形式。

（2）准经营性项目

准经营性项目为有收费机制，具有潜在的利润，但由于其建设和运营直接关系公众切身利益，因而其产出的价格由代表公众利益的政府确定，往往无法收回成本，即具有不够明显的经济效益，市场运行的结果将不可避免地形成资金缺口，需要政府通过适当政策优惠或多种形式的补贴予以维持。此类项目在设计回报机制时要充分挖掘项目的盈利潜质，如果仍不能实现盈利，则需要政府提供政府补贴。

（3）非经营性项目

非经营性项目一般没有收费机制，也没有现金流入，而且它提供的服务通常是城市生活中必不可少的纯公共物品，具有很强的服务性，社会效益较大，作为单独的个体来看，经济效益差。市政道路、免费桥梁等都是非经营性基础设施项目，此类 PPP 项目需要发挥政府的主导作用，需要政府购买服务来满足社会资本收益要求。

三种类型 PPP 项目的收益机制特点，投资回报特点等如表 2-4 所示。

表 2-4　三种类型 PPP 项目的收益机制、投资回报特点

项目类型	收益机制特点	投资回报特点	政府作用
经营性项目	相对成熟稳定，具有稳定的资金流入	比较容易回收成本，投资回报率良好	完全可以通过社会投资来实现，政府只需监管
准经营性项目	有收费机制，但经营性收入微薄	具有潜在利润，投资回收期长	需要政府补助和政策支持
非经营性项目	既无收费机制，也没有资金流入	无经济效益，主要在于社会效益和环境效益	代表公共利益的政府购买服务

需要强调的是，项目的经营性、准经营性及非经营性的划分并非绝对的，而是可以随着市场需求、收费定价制度、技术进步等因素的改变而改变。可以通过增设收费机制，使无收益的非经营性项目转化为有收益但也有缺口的准经营性项目；也可以逐步放开政府价格管制，以及市场价格引导，将有收益但也有缺口的准经营性项目转化为收益可以覆盖成本的纯经营性项目。因此，在设计回报机制时，要努力挖掘项目的可经营性，提高其市场化程度。

2. 风险分担机制

PPP 项目蕴含较多的风险因素，合理的风险分担是 PPP 项目成功的关键。风险分担机制也是利益分配的前提，合理的风险分担机制是 PPP 项目回报机制设计的要点。

在回报机制设计过程中，要充分考虑风险分配框架，政府对某些风险的补偿是双方确定回报机制的主要关注点之一，某些 PPP 项目规定市场需求风险主要由社会资本承担，但政府将在市场需求量低于某个基准水平时予以补贴，以降低社会资本应对风险的成本。例如，在隧道、桥梁、干道建设项目合同中，因车流量不足导致社会资本达不到基本的预期收益，政府可以对其提供现金流补贴，这种做法可以在风险分担框架下，有效控制社会资本因车流量不足而引起的经营风险。

3. 项目盈利模式

PPP 项目成功实施需要以伙伴关系思维为基础，如何在提高公共产品或服务供给效率的同时保证社会资本适当盈利，是政府与社会资本双方必须共同面对、协力解决的问题。盈利模式中收益结构及成本结构是回报机制设计的重中之重，也是项目开源节流、实现盈利的关键。

（1）收益结构

收益即财富的增加，既包括货币形式收益，又包括声誉提高。潜在收益等非货

币形式收益。收益是社会资本关注的重点，可以通过优化收益结构实现项目盈利。PPP 项目收益结构优化是回报机制设计重点，包括捆绑私人产品、配补收益来源、冠名公共产品、增值社会资本及声誉资本等。

（2）成本结构

成本是社会资本进行投资建设、特许经营所必须耗费资源的货币表现。因此，在回报机制设计时既可以采取减少社会资本的一次性建设投入，通过规模经济降低单位产品成本，也可以通过采取激励措施鼓励社会资本技术和管理创新，以优化 PPP 项目成本结构。

获取利润是企业价值增长的主要方式。因此，能否获取稳定、可持续的利润是社会资本进行投资的重要决策依据。鉴于此，不但要让 PPP 项目社会资本"有钱可赚、有利可图"，还要确保其利润的相对稳定与可持续，降低社会资本在 PPP 项目中实现目标利润的风险，也是回报机制设计思路之一。

第一，将盈亏状况不同的公共产品捆绑，提高目标利润的可持续性。基础设施和公用事业领域既有现金流入充裕的经营性公共项目，也有现金流入不足的准经营性公共项目，甚至是没有任何现金流入的非经营性公共项目。可以将盈亏状况迥异的项目捆绑，实现"以丰养歉"。

第二，运营前期合理设定保底量，提高目标利润的稳定性。由于 PPP 项目的长期性，成本与需求的不确定性是其显著特征。为保证社会资本目标利润的稳定性，政府与社会资本双方通常会设定最小需求保证或最小收益保证，即我国 PPP 实践中所谓的"保底量"，这本质上是一种政府与社会资本双方风险共担策略或社会资本的风险缓解机制。

第三，运营期设定唯一性条款，提高目标利润的稳定性。"唯一性条款"主要适用于使用者付费机制的 PPP 项目，多见于高速公路项目。因为 PPP 项目一般都是投资巨大、回收周期长的项目，因此，项目能获得稳定收益，才能吸引社会投资方积极参与项目建设。而项目是否能取得稳定收益，则取决于是否有足够的使用量，至少是可行性研究报告中的最低数量。一旦出现竞争性项目，则项目实际需求量必然降低，从而威胁项目正常运营，特别是竞争性项目在不收费或低收费的情况下更是如此。为了保证使用量，此类项目一般会在合同中设置唯一性条款，保证一定年限或一定区域内不出现同类项目，以稳定社会资本的盈利。

4. 涉税优惠政策

2015 年 5 月，财政部、国家发改委和中国人民银行联合发布的《关于在公共服务领域推广政府和社会资本合作模式的指导意见》（国办发〔2015〕42 号）中提出，落实和完善国家支持公共服务事业的税收优惠政策，公共服务项目采取政府和社会资本合作（PPP）模式的，可按规定享受相关优惠政策。对于目前推行的 PPP 项目，主要有企业所得税和增值税优惠政策。税收优惠是国家对环保、保障住房项目等领域的支持政策，在项目回报机制设计中应根据国家政策予以满足，以此来鼓励社会资本参与项目。

5. 政府财政承受能力

PPP 项目付费方式中政府付费、可行性缺口补助都需要政府财政支出，政府财政支出是解决 PPP 项目收益不足并实现其社会效益的关键，直接关系到 PPP 项目市场化运作的成败，但前提条件是必须在政府财政承受能力范围内。PPP 项目的初衷之一即解决政府债务危机问题，如果回报机制的设计超出政府财政承受能力范围，将与最初目标背道而驰，因此，回报机制设计要以社会效益为导向，兼顾政府财政承受能力。

6. 特许经营期限

特许经营期限是 PPP 项目的一个重要经济参数，也是回报机制设计的主要依据之一。项目运行良好，特许经营期越长，项目公司获利的可能性就越大。因此，在设计回报机制时，既要充分考虑时间价值，防止项目公司因特许经营期过长而获得超额收益，也不能缩减特许经营期年限而给项目公司带来过大获利压力。同时，特许经营期越长，收益的不稳定性就越强，在设计回报机制时要制定调价机制、稳定收益措施、政府监管等相关内容，保证项目公司的回报始终处于合理水平。

回报机制的设计除了考虑以上因素，还需要结合项目具体情况，综合考虑各方利益。但回报机制设计的基本原则是，必须能保证项目公司既能获得合理收益，同时又不损害社会福利，并且能够鼓励社会资本提高项目的运营效率。

三、PPP 项目政府付费及补贴

PPP 项目的成功运作，政府付费或补助扮演了重要角色。政府付费或补助是为了实现社会效益、政府财政承受能力及社会资本合理利益的平衡。对于某些 PPP 项目，政府付费是项目公司收益的直接来源；而其他一些 PPP 项目，选择合适的补助方式，发挥好政府补助"加油站"作用，是实现政府减债和社会资本获利及社会效益提高的重要手段。

（一）政府付费或补助目标

政府付费或补助目标有以下两个方面。

1. 维持 PPP 项目的公益性

PPP 项目引入社会资本缓解了政府的财政压力，但是基础设施项目的公益性依然需要维持。通过政府付费或补助为 PPP 项目"加油"，为 PPP 项目运营提供了坚实的资金保障，促进 PPP 项目顺利实施，力求实现 PPP 项目社会效益最大化，为社会提供尽可能优质、充足的产品或服务。

2. 提高社会资本的积极性

由于 PPP 模式的不确定性较高且存在一定风险，成为制约社会资本参与 PPP 项目的主要因素。政府付费或补助一方面降低了社会资本所承担的风险，另一方面解决了项目中可能存在的收益不足问题。对于以逐利为目标的社会资本而言，通过政府付费或补助这种方式将对其产生极大的激励作用，从而促进 PPP 项目效率的提高。

（二）政府付费或补助的支付程序

1. 政府付费项目

（1）政府付费支付程序

在政府付费机制下，政府可依据项目设施的可用性、产品或服务的使用量以及质量向项目公司付费。根据政府付费项目的性质，政府一般按以下程序向项目公司支付服务费。

计算项目全部建设成本费用，此费用审核标准和审核方式应在合同中详细约定，根据合同中约定的投资回报率，确定政府付费期应支付的费用。

确定项目的付费标准和规则体系（包括可用性指标、使用量指标以及绩效评价指标），是政府付费的主要依据。可用性指标注重对项目所提供产品或服务符合性的评价，该指标更关注项目整体所应达到或维持的完满、可用的运行状态；使用量指标既对产品或服务须达到的质量标准予以要求，又对价格条件进行约定，从而使付费数额与实际使用量直接相关，体现项目收益额与需求量的对等；绩效评价指标是指政府按照与社会资本约定的绩效考核指标，对所提供的产品或服务进行评价，并将付费数额与绩效考评结果挂钩，通常与可用性指标以及使用量指标搭配使用，从而对公共产品或服务的提供形成激励机制。

项目实施机构定期检测项目可用性指标、使用量指标或绩效评价指标，并编制相应的季报、年报等报表，上报财政部门备案。

双方确认合同中约定的考核指标，根据项目公司实际指标数据，在付费期等额或者按一定比例向项目公司支付服务费。

（2）政府付费支付注意事项

政府提前就 PPP 项目付费资金来源做出计划，根据我国的现行财税政策，政府各财政收入来源主要有税收地方留成部分、地方行政事业性收费、土地出让收入以及政府债券等。

项目公司注意政府付费资金来源的合法性，如我国对地方政府土地出让收入的使用有明文规定，当政府承诺将土地出让收入用来支付项目未来付费价款时，项目公司当谨慎选择。

为降低政府财政风险，政府对项目实施全口径预算管理，预算管理的范围不仅包括预算内资金和预算外资金的监管，而且包括政府性债务和负债的监管，有效监管是防范财政风险的一项重要措施。

为保证项目公司权益以及降低政府财政风险，PPP 项目政府付费应纳入政府财政预算，并需本级人大审批，并且每一年度全部 PPP 项目需要从预算中安排的支出，占一般公共预算支出比例应当不超过 10%。

2. 可行性缺口补助项目

（1）可行性缺口补助项目

财政部《政府和社会资本合作模式操作指南》（以下简称《操作指南》）中规定，政府可以财政补贴、股本投入、优惠贷款和其他优惠政策的形式，给予社会资本或项目公司进行经济补助。由于地方政府面临巨大的财政压力而运营期财政补贴是可行性缺口补助的主要形式，所以以下着重探讨运营期财政补贴的支付程序。运营期财政补贴支付程序如下：

①确定支付先决条件。政府和项目公司应在特许经营协议中明确财政补贴先决

条件，如服务质量、服务数量等，并以此作为付费依据，以保障公共利益，实现政府财政资金真正物有所值。

②确定补助费用。根据合同约定的支付先决条件，政府向社会资本支付补助费用。补助费用包括分摊的建设成本、运营成本（扣除使用者付费以及第三方收入）以及合理的利润。对于可行性缺口补助项目，补助费用一般是利用提供的产品或服务的数量乘以补助单价来确定。

③确定支付方式与期限。政府方一般按月向项目公司支付补贴费用。项目公司应在每个运营月结束后，计算政府应支付补助费用的数额，向政府方开具账单（付款通知），同时应提供所有相应的证明记录和资料，以便政府方能够核实上述计算。政府部门在收到账单后，在约定的工作日内支付政府方无争议的金额。项目公司在收到政府方的每次付款后在约定的工作日内开具发票，确认收款。

（2）可行性缺口补助支付注意事项

由于可行性缺口补助项目大多是运营期较长的特许经营项目，有时会达到20～30年，在运营过程中可能发生导致项目公司收益或成本发生较大变化的事件，政府方在向项目公司支付财政补贴时应注意以下事项。

当发生影响项目公司运营成本或收益的事件时，可采取以下措施：第一，重新调整特许经营期，保证项目公司获得预期收益；第二，调整补助费，双方可就补助价格调整事宜定期协商，任何一方都有权适时提出调整补助价格的意见。

政府在对 PPP 项目进行补助时，需要严格区分政策性亏损与经营性亏损，避免简单的"多亏多补，少亏少补"。政策性亏损是指国家政策等外部环境改变引起的亏损，政府应对其给予补贴；经营性亏损则是项目公司自身管理经营不到位所引起的亏损，政府不能为其埋单，只能提供一部分补贴。即政府补助为 PPP 项目提供保障并非是盲目的，而要严格区分政策性亏损和经营性亏损。

四、PPP 项目初始定价与调价机制

价格是市场对产品或服务的反映，合理的定价是 PPP 项目风险收益分配的关键。PPP 项目定价与调价机制包括定价程序、价格确定以及价格调整，是 PPP 项目运作的核心内容，也是政府与社会资本谈判的主要关注点。适宜的定价和调价机制可以长期有效地分担和控制 PPP 项目中的主要风险，促使社会资本发挥能动性和创造性，更高

效地建设和运营项目，使社会资本和政府实现"双赢"。

（一）PPP项目定价机制

1. PPP项目价格的形成

（1）影响价格形成的因素

PPP项目定价机制是PPP项目利益分配机制的核心，是PPP模式发挥作用的重要条件。没有合理的定价机制，政府与社会资本合作机制就无从发挥作用。因此，推行PPP模式必须建立科学合理的定价机制。

PPP项目定价需要考虑以下因素：①项目的投资与运营成本。不同类型项目投资规模与运营成本构成不同，如公路工程项目投资大而运营成本低，城市污水处理项目投资相对小而运营成本高。在给定的特许经营期内，收费水平应科学测算，以便保证项目公司收回投资并获得合理回报；②物价指数。反映社会运营成本变化趋势和消费者支付能力；③国家有关税费政策；④服务质量。服务质量的高低不但影响需求，同时也影响成本，制定价格时应该考虑服务质量，并且通过价格机制激励服务质量提高；⑤行业的平均利润水平。社会资本应该获得合理的利润，收费结构应反映生产成本结构。

（2）PPP项目定价原则

依法合规、公开透明的原则。PPP项目大多关系国计民生，因此，其价格确定一定要依法合规、公开透明，不能有违法违规或者暗箱操作的情况出现。可以市场化的项目，其价格的确定应以市场为导向；需要政府进行价格管理的，应将项目纳入政府价格管理的范围。物价部门在核定纳入价格管理范围的PPP项目价格标准时，除了要依法依规履行定价成本监审、价格集体审议制度外，还应按程序组织价格听证，并广泛听取利益关联方、公众等方面的意见，经综合平衡、统筹考虑，报当地政府批准后公布执行。

补偿成本、合理收益的原则。社会资本参与PPP项目，首先考虑其投资的安全性，不仅要能够收回投资，而且还要获得一定收益。因此，在核定PPP价格标准时，既要考虑社会资本收回投资及运营成本，也要在兼顾多方利益的前提下，合理确定社会资本的投资回报率，使其获得合理收益，从而激励社会资本积极参与PPP项目。

公平负担、优质优价的原则。核定 PPP 项目价格标准时，除了考虑服务优、体现价格优的问题外，重点还应考虑公平负担问题，在公平负担问题方面，至少涉及三方面的公平：首先，社会资本公平负担问题，社会资本应公正公平，依法依规签订合约，依法依规履行应承担的责任、经营风险和所获得的合理回报；其次，政府应按约定公平负担应由政府方承担的政策及发展规划制定、市场监管、指导服务及其相应的法律、政策调整风险，以及政府应该承担的最低需求负担、不可抗力等自然灾害造成的损失责任等；最后，社会资本向使用者或用户收取的费用也要公平，不能超过用户所能承受的范围，用户负担过重，就不会或减少使用项目提供的服务，项目的经营效益就不能充分发挥。

（3）PPP 项目定价程序

PPP 项目定价涉及政府和社会资本方的根本利益。由于工程项目多阶段计价的特点，并考虑不同社会资本方建设、运营管理水平的差异，PPP 项目的价格形成过程一般包括确定收益来源、测算初始价格、确定基准价格、核算结算价格等过程。PPP 项目定价程序如图 2-9 所示。

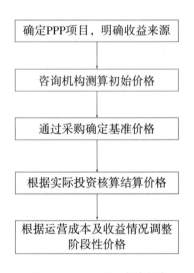

图 2-9 PPP 项目定价程序

确定 PPP 项目，明确收益来源：PPP 项目的确定是项目定价的第一步，首先要明确项目的可经营性、范围以及竞争程度等，这是选择项目运作方式、确定回报机制的关键。通过准确界定项目的性质，明确项目收益来源，为 PPP 项目价格的确定打下基础。

咨询机构测算初始价格：按照 PPP 项目咨询机构编制的项目实施方案中有关项目投资成本、运营成本、风险分担、特许经营期限和合理回报等信息的资料，对 PPP 项目产品或服务的价格进行初步计算，作为 PPP 项目产品或服务的初始价格，以及作为 PPP 项目采购中控制社会资本报价的依据。不同付费机制下的 PPP 项目初始价格的测算在下面进行详细说明。

通过采购确定基准价格：咨询机构测算的价格仅体现社会一般成本及收益水平，必须通过采购过程中充分竞争，使政府获得较优价格。对于政府付费项目，在采购文件中，政府方一般将定价的主要因素，如收益率、投资总额等作为标的。采购结束后，双方即可计算并在合同中明确政府付费基准价格。对于可行性缺口补助项目，采购文件中一般直接将补贴价格作为标的，或以形成补贴价格的主要因素，如定额下浮率、收益率等作为标的进行招标。双方在合同中明确补贴基准价格或计算办法。

根据实际投资核算结算价格：工程项目阶段性计划的特点使得工程项目投资在竣工验收后才能最终确定，而投资又是影响 PPP 项目定价的主要因素，因此，为保障政府及社会资本双方及公共利益，从公平角度出发，一般在 PPP 项目采购文件及合同中会明确约定根据实际投资核算结算价格的机制。项目竣工验收后，双方根据合同中约定的工程投资核算方法确定项目实际投资，然后根据合同中约定的计算公式计算结算价格。该价格即为项目开始运营时合同双方的结算价格。

根据运营成本及项目收益情况调整阶段性价格：考虑到我国经济发展速度较快，在保证信息传导机制畅通的前提下，在项目运营一段时间后应以结算价格为基数，根据项目的运营情况对 PPP 项目产品或服务进行价格调整，得到项目运营期内的阶段性价格。调价的因素包括运营成本的变化、项目收益情况的变化等。根据 PPP 项目的调价因素确定调价周期和调价系数。调价周期一般为 3～5 年，调价系数可通过合同进行约定。通过实际市场情况与预期情况进行比较，确定实际价格与预期价格之间的偏差，当正负偏差超过一定范围时，阶段性定价也要随之改变。

通过建立科学合理的定价机制，可以刺激项目公司优化生产要素组合，充分利用其规模经济和范围经济，不断进行技术和管理创新，努力降低生产成本，实现企业利益的同时，提高 PPP 项目的社会福利，促进社会分配公平。

2. 不同付费机制下初始价格的确定

初始价格的确定是 PPP 项目产品价格确定十分关键的一环，对后续基准价格、阶段性价格的确定具有指导意义。不同付费机制下初始价格的确定如下：

（1）政府付费初始价格的确定

政府付费项目付费数额一般由项目公司承担的建设成本、运营成本以及合理利润组成。根据可用性、使用量或绩效考核指标，政府以等额年金或者等额本金加当期利息的方式每年向项目公司支付费用，该费用即为政府付费的价格。

项目公司承担的建设成本，是指在项目竣工验收时，项目公司产生的与项目建设相关的建设成本，全部建设成本包括建设投资费用以及建设期利息。①建设投资费用分析。政府付费项目全部建设成本中的建设投资费用，是指项目公司为完成项目在建设期间所付出的与建设相关的费用。根据国家发改委与住房与城乡建设部发布的《建设项目经济评价方法与参数（第三版）》（发改投资〔2006〕1325 号）的规定，建设投资包括工程费用（建筑工程费、设备购置费、安装工程费）、工程建设其他费用和预备费三部分。②建设期利息。是指筹措债务资金时在建设期内发生并按规定允许在投产后计入固定资产原值的利息。建设期利息包括银行贷款和其他债务资金的利息，以及其他融资费用。其他融资费用是指某些债务融资中发生的手续费、承诺费、管理费、信贷保险费等融资费用，一般情况下应将其单独计算并计入建设期利息。

年度运营成本。运营成本是指 PPP 项目的日常运营费用，主要包括运营维护所需要原材料、设备、人工等成本，以及管理费用和付费期财务费用等。PPP 项目的特点是运营时间长，而且项目设施的维护需要相应的资金继续经营。因此，这与运营公司的管理水平、技术标准、人员能力有很大的相关性。

合理利润：是指以全部建设成本以及运营成本为基础，在项目付费期间，政府需要支付给项目公司的投资回报。政府付费 PPP 项目付费期的投资回报重点是投资回报率的确定，这始终是政府与社会资本双方争论的焦点，PPP 项目投资回报率应根据行业特点以及项目的盈利情况合理制定。

（2）使用者付费初始价格的确定

使用者付费初始价格的设计应当符合社会目标，为避免效率的缺失提供激励，使项目公司和政府的风险减少至可接受水平，限制使用者费用支出至可接受水平，以及避免特许经营实施过程中的缺陷等。使用者付费项目价格确定的方法有：

①基于销售价格。最常见的基于销售价格的定价方法是为销售价格设置一个上限，允许项目公司在上限内调整销售价格。这种定价方法为项目公司提供了有效建造和运营项目的最大激励，项目公司可以通过增大销售数量、提高运营效率、降低运营成本等措施来获得更高利润。合理的销售价格上限设置可以直接有效地保护消费者利益，抑制项目公司的不良垄断行为。

②基于收入。基于项目收入的定价方法的目标是控制项目公司的收入在一个给定的水平，意味着需根据需求调整销售价格，即如果收入因为市场需求减少而减少，会被销售价格的增加而抵消，反之类似。因此，基于收入的定价方法本质是根据市场需求调整价格。项目公司可以提高运营效率、降低运营成本和获得税收优惠等方式，增加税后利润。

③基于净收入。基于项目净收入的定价方法可以控制项目公司的净收入在给定区间。在该定价方法下，项目公司只可能通过加大融资比例和获取税收优惠的方式增加投资回报率，但不会面临运营费用超支的情况，缺乏项目公司对有效运行项目的激励，项目公司运营的低效率和高消费将转嫁给消费者，也属于一定程度的不良垄断行为。

④基于投资回报率。基于投资回报率的定价方法可以使项目公司的投资回报在一个合理的水平上，典型的做法是政府调整采购数量或采购单价，确保项目投资收益率。在该定价方法下，任何不预见的费用或损失都可以通过提高采购数量或价格的方式得到补偿，因此项目公司可能寄希望于靠提高采购数量或价格获得预期的投资收益，而不去改进管理、提高生产率。

（3）可行性缺口补助初始价格的确定

可行性缺口补助初始价格的确定主要受到建设投资、特许经营期、使用者付费或第三方收入、运营成本及投资回报率等因素的影响。

①建设投资。由于PPP项目大多是涉及面广、社会影响大的公共项目，实践中，建设投资受到物价波动、勘测设计成果准确性、社会稳定等影响，常表现为较大的不确定性。

②特许经营期。因为法律政策的变化和资金、技术条件的约束和限制，PPP项目特许经营期的长短会影响资金时间价值的大小，进而影响社会资本的收益和政府

补贴的大小。

③使用者付费或第三方收入。PPP 项目使用者付费或第三方收入与社会资本的回报成正比，主要由使用量和使用价格决定。根据已有 PPP 项目运营经验，项目使用量一般比较稳定或者政府以合同形式予以保证。而由于物价波动、政策法规调整、当地经济社会发展水平的提高，某些 PPP 项目产品或服务的使用价格表现为较大的不确定性。

④运营成本。PPP 项目运营成本受物价波动、政策法规调整、当地经济发展水平等因素影响，具有一定的波动性。

⑤合理投资回报。社会资本具有"逐利本性"，如果社会资本的投资回报要求较高，那么就会相应提升产品价格，合理的投资回报是 PPP 项目产品或服务价格的重要组成部分。投资回报率主要受到资金的机会成本、投资者期望回报率、风险报酬率等因素的影响。

（二）PPP 项目调价机制

PPP 项目合同中的结算价格是以项目运营期开始时的生产力水平和技术管理水平为基础的，构成价格的成本代表了当时的技术管理水平和物价水平。由于 PPP 项目的合作期限很长，一般长达 20 年以上，因此在漫长的合作期内，项目公司的运营成本会随着生产技术和管理水平的提高以及物价水平的变化而发生变化。价格必须如实地反映成本；否则，当成本增加而价格不变时，就会损害项目公司的收益水平，甚至给项目公司带来亏损，无法保证项目的正常运营；而当成本降低或收入增加价格不变时，就会损害社会公众利益。因此，必须建立合理的调价机制，使价格真实反映成本和消耗，既保证项目公司的合理收益，降低经营风险，也维护公众利益不受损害。

1. 调价因素

影响 PPP 项目价格的因素主要是成本和收入的变化，影响成本变动的因素主要包括以下两类。

一类是项目公司可控因素，如劳动生产率和固定资产利用率的变化、物资消耗和劳动消耗、降低或增加服务价值、服务质量的高低等。对于项目公司而言，可以通过技术创新、技术改造、管理创新等途径尽可能地实现节能降耗，从而降低

PPP 项目运营成本。

另一类是项目公司不可控因素，如原材料、燃料、动力等价格波动，职工工资福利津贴调整、国家税收政策变化、银行贷款利率变动、运营期间相关行业标准的提高导致运营成本提高，以及使用者付费或第三方收入变化等。这些因素的变化直接引起成本或收入的变动，是项目公司无法预料和控制的。

2. 调价原则

PPP 项目价格调整实际上是调整项目公司利润和服务价格的关系。消费者或政府关系服务价格，而项目公司关系税后利润。价格调整应做到在保证消费者或政府权益的同时，不能损害项目的生存能力，而且还要鼓励项目公司改善服务、提高经营效率的积极性，不断降低项目运营成本。也就是说，价格调整的基本原则是保证以合理的价格提供优质的服务，同时要有足够的激励作用，鼓励项目公司提高服务质量。总体来说，价格调整应遵循以下原则。

（1）公平合理原则

价格调整必须全面客观评价价格因素变化对价格造成的影响，真实客观反映这些因素变化的影响，对于项目公司无法控制的因素变化引起的价格变化，应该给予合理评估并做出调整；对属于项目公司可控制范围的因素，则应不调整或不完全做出调整。

（2）效率原则

价格调整不能影响项目的生存能力，通过保证合理的投资回报以及风险控制，有利于促进项目公司不断提供高质量服务，不断提高服务效率和技术、管理水平，不断降低生产成本，最大限度地满足消费者的需要，提高社会总福利水平。

（3）可持续发展原则

价格调整应当有利于保护项目公司的利益，在保证不增加消费者负担的情况下，不降低项目公司的收益水平，确保项目公司获得成本补偿和合理的投资收益，实现自我发展、自负盈亏、可持续发展的良性机制。

（4）可操作性原则

价格的调整必须遵循一定的调价程序，按双方确定的调价方式和调价原则，进行合理调价。调价程序和方法必须具有可操作性，能够被双方接受并能方便执行。

3. 调价方式

PPP 项目调价方式比较灵活，主要包括公式调价、基准比价机制和市场测试机制三种方式。由于公式调价操作简单，便于设计和执行，因此，实践中往往以公式调价为主，基准比价机制和市场测试机制的应用相对较少。

（1）公式调价

公式调价结合具体项目主要由运营成本和收益构成，设定调价因素，确定调价系数。当特定系数变动导致根据价格调整公式测算的结果达到约定的调价条件时，将触发调价程序，按约定的幅度调整定价。基本思路是在结算价格的基础上，在项目合同中确定明确的调价公式，每隔一定的年限对调价参考事项进行调查分析。或当其中的任意单项价格因素变化超过一定比例时，即对价格进行一次调整，调整时主要是对合同双方共同确定的影响价格的主要因素进行调整。

常见的调价系数包括消费者物价指数、生产者物价指数、劳动力市场指数、利率变动、汇率变动等。

（2）其他调价方式

除了公式调价外，其他的调价方式还有基准比价机制和市场测试机制。基准比价机制是指定期将项目公司提供服务的定价与同类服务的市场价格进行对比，如发现差异，项目公司与政府协商对项目价格进行调整。市场测试机制是指在 PPP 项目合同约定的某一特定时间，对项目中某项特定服务在市场范围内重新进行采购，以更好地实现项目的物有所值，通过竞争性采购程序，政府和项目公司将可能会协商更换此部分服务的运营商或调整价格等。

这两种调价机制通常适用于公共服务类项目，不适用于公共交通或者公用设施项目。主要原因有以下两个：

第一，在公共交通或者公用设施项目中，项目公司的各项服务互相关联，难以明确分割，很难对某一项服务单独进行比价或市场测试。

第二，难以找到与该项目公司所处的运营情况、市场条件完全相同的比较对象。

4. 调价程序

调价程序是调价机制的重要组成部分，为使调价具有可操作性，应完善调价启动和实际操作程序。价格调整启动机制分为定期调价和临时调价。定期调价是指项目公司根据调价因子的变动情况，定期（以2~3个运营年）按调价公式或定期启动基准比价机制和市场测试机制，计算出新的价格，向政府提出调价申请。此外，为应对某些调价因子在短期内发生波动引起的运营成本大幅变动风险，导致项目公司运营成本大幅增加时，价格调整启动机制中还须约定临时调价机制。调价程序如图2-10所示，主要分为四个步骤。

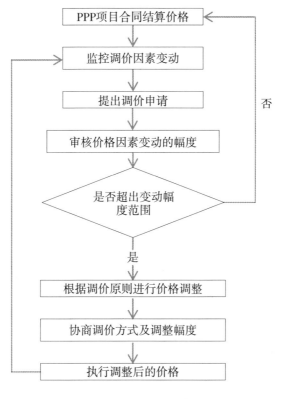

图2-10　PPP项目调价程序

第一步，当到达项目合同中约定的调价周期，或项目公司、政府方认为影响价格的因素出现较大幅度变动时，由项目公司或实施机构提出书面申请，并在申请中对调整理由、调整范围和调整后的价格进行陈述，其中一方在接到另一方书面申请一定工作日内给予回复，如在约定期限内不回复，则视为同意申请。

第二步，其中一方收到调价申请后，应对申请材料进行初步审查、核实，组织有关专业人员和物价部门对价格因素变动审核其真实性和合理性，并对变动幅度进行确认。

第三步，当价格影响因素超出规定变动幅度时，根据事先确定的原则，对价格进行调整，经双方协商后确认执行调整后的价格。

第四步，当价格影响因素没有超出规定的变动幅度时，执行调整前价格，并对价格影响因素再次进行监控，及时了解变动情况。直至再次提出申请，整个合作期内不断循环执行。

第三章 PPP 项目模式的风险与规避

PPP 项目前期谈判周期往往持续 1～2 年,谈判成本高,后续建设运营周期往往长达 20～30 年,涉及建设、运营、法律政策、金融风险等诸多风险,每一个风险都可能是由多方原因造成的。下面将详细分析各类别风险的具体识别,并在合同条款设计上提出针对性事前防范方案。

第一节 政府风险

一、政府干预风险

政府干预风险,是指政府方过度干预项目,使社会资本方丧失自主决策权而导致决策不当,从而影响项目建设运营的风险。政府干预的表现通常是政府定位错误,政府将自己视为管理者,而非监督者,参与项目公司具体事务的微观管理,参与项目决策、安排人员、占用费用等。政府过度干预可能导致项目审批延迟、降低公司市场反应速度、增加项目贿赂腐败风险,从而增加项目的实际成本。例如,国家体育馆项目设计权在政府,但政府中途变更设计方案,取消体育馆上方钢结构顶盖,对施工方案、成本、工期等产生严重影响,造成了造价上涨,最终也影响了运营项目。

特别是在政府参股的情况下,往往十分看重国有资产控制权和所有权,期望成为项目的控制方。通常会导致项目效率降低,可能出现返工、停工,从而导致成本上升、工期拖延。本轮 PPP 项目中政府多以参股形式介入,一些地方政府部门明确表示,企业不能控股,政府要保证 51% 的控股权。然而,财政部在《政府和社会资本合作模式操作指南(试行)》中明确指出,政府在项目公司中的持股比例应当低于 50%,且不具有实际控制力和管理权。

为避免政府干预风险,首先,各地方政府应正确定位,加强对项目的监督,而

89

不是干预项目的微观运作。其次，社会资本方可以通过以下途径保护自身利益：一是在 PPP 协议中明确约定政府方不得干预项目管理，如建设部《城市污水处理特许经营协议示范文本》中第 12 条指出政府部门"不得干预项目内部管理事务，除非本协议条款的执行受到影响"；二是以合同附件或地方监管规定形式约定政府部门参与项目的形式、时间、内容、方式，明确政府不得干预项目决策。

二、监管不力风险

PPP 项目大都是基础设施和公共服务、公共产品建设项目，与公共利益息息相关，政府方自然不能过度干预项目建设运营，但若监管不到位，极易损害公共利益。因此，政府方在项目中既不能"越位"，又不能"缺位"。具体而言，项目招标时要充分竞争选择合格的合作伙伴；项目建设运营中应适当参与，监督产品或服务质量；运营期满移交时要做好验收工作。

选择有建设运营经验和能力的项目公司合作是项目成功必不可少的，因此，在项目招标阶段充分竞争、慎重选择有能力的社会资本方是项目前期工作的重中之重。一般而言，项目公司规模越大、财力越雄厚，为项目提供后备资金的能力也就越强，同时融资能力也越强，项目成功的可能性也越大。此外，项目开发经验也是必不可少的，是否拥有富有经验的管理人员往往关系到项目的成功与否，即便没有这样的专业人才，至少也应有建设运营此类项目的经验。

在项目的建设运营过程中，政府方的监管更是必不可少的，政府监管重点应放到公共利益的维护上来，监管内容应限于工程质量、劳动安全、环保等方面，政府方还可以通过奖惩和绩效考核方式对项目进行监管，有关监管的内容可以写入 PPP 项目合同，监管方式应是法律法规明确规定的方式。监管的缺位往往导致不能及时发现项目缺陷，最终无法控制项目风险。例如深圳沙角 B 厂，不但移交时间比合同约定期迟延一年，而且在项目即将到期时一味地追求发电量，而不注重技术与设备的更新，对机组发电设备的非正常损耗造成了一定的影响。

首先，政府方可以与社会资本方事先约定产品和服务标准，并进行定期检查和不定期抽查，一旦项目所提供的产品或服务不能达到最初合同规定的标准，政府方将对其进行惩罚，如采用削减、延迟支付补贴额或者罚款的方式，直到其达标为止；如果产品或服务超过最初合同规定的标准，则可以获得一定比例的追加奖励；

如果产品或服务持续低于合同规定的标准，那么 PPP 合同将被终止，项目或被政府方接管，或进行再招标，由另外的社会资本方接替。英国财政部曾对运行的 500 多个 PPP 项目进行调查，数据显示，当项目提供的服务不能满足合同要求的标准而收到支付削减的惩罚后，几乎所有受惩罚的项目随后提供的服务都达到了合同要求，72% 的受惩罚项目甚至在受罚后，提供比合同要求服务更好的服务。

其次，政府方可以在征求社会资本意见的基础上建立绩效评价制度，综合考虑项目建设运营中的各项指标并做出评价，指标大致可包括工程建设时间及实际运营时间、项目运营费用、工程质量及运营质量、合同执行程度及修改合同次数、项目各方及公众满意度、项目可持续发展等。绩效考评结果应与项目支付结合，按绩效或可用性付费。

再次，政府方应重视项目移交阶段的性能测试和质量把关，社会资本方要保证在项目移交政府方时硬件设施完好、后备零件充足、性能符合标准、技术达标且无知识产权争议、拥有充足合格的技术人员足以保证项目正常运营，并且承担一定期限内的设备保修责任。

最后，项目可以设立绩效保函、履约保函和维修保函等担保制度，项目移交时如果绩效评价不合格，则于绩效保函中扣除一定比例的金额；如果质量不达标，则从维修保函中扣除修正缺陷的费用，不足额的部分向社会资本方追偿。

三、地方政府信用风险

政府信用风险，是指政府不履行或拒绝履行合同约定的责任和义务而给项目带来直接或间接危害的风险。

通常情况下，PPP 项目协议签署时，政府方会给予社会资本方一系列优惠政策，但在项目进行过程中，常常会出现前期土地及配套设施无法到位、迟延支付、违反竞争性条款等一系列违约行为。分析其原因：一是协议签署时政府方资金紧张或项目紧急，为吸引投资者很容易给出诱人的条件；二是 PPP 项目周期往往长于政府任期，而后任政府又常常会由于政绩需求改变发展策略，极大地影响了 PPP 项目的建设运营；三是由于项目周期长，前任政府给出的收益担保承诺等大量优厚条件需要后任政府兑现，而使后任政府面临支付危机，其自然选择违约。

在 PPP 实务中，政府信用风险往往是社会投资人最为关心的风险，有的社会投资人主张在 PPP 合同中加入"政府信守条款"，概括性规定政府应严格遵守合同项目下的一切义务。笔者认为概括性合同条款仅有宣示性意义，缺乏执行力，政府信用风险的防范一方面应注重合同条款的细节设计，另一方面要注重从商务模式安排上防范风险。

在合同条款方面，PPP 合同应详细规定政府方的具体义务，将一些前期工作的履行作为合同生效条件。对于可能出现的后期违约情形，应针对性规定每一种违约情形下社会资本方的提前退出机制和补偿机制。

在商务模式上，社会投资人要加强政府关系维护，注重社会利益的保护，避免在合同中设置不平等交易条款，争取取得双赢结果。此外，一些项目可以争取得到中央政府支持，如广西来宾 B 电厂建设运营过程中，广西壮族自治区政府积极寻求中央政府支持和协助，原国家计委将其作为国内第一个 BOT 项目试点，将其列入"九五"计划，并且确定了这一项目的工作思路、程序要求、具体操作办法和试点工作的总体安排，制订严格的时间表。国家也在建设政府信用监督体系，将政府信用纳入政绩考核并加以落实，试图改善政府信用状况，这些对 PPP 项目社会投资人而言都是利好消息。

案例 3.1　因政府违约导致项目失败的案例

1999 年，某市人民政府对该市污水处理项目进行招商。2000 年，甲污水处理有限公司投资 3200 万美元，建成了当时该市第一家污水处理厂，成为国内首个外商直接投资的城市污水处理项目。2000 年 7 月 14 日，该市人民政府颁发《×××
×污水处理专营管理办法》（以下简称《专营办法》）。该市政府授权排水公司与甲公司订立合作合同，从事该市北郊污水处理厂的建设和运营项目；由排水公司向甲公司供应污水，由甲公司进行处理，该市政府责成市自来水公司向用水户收取污水处理费，然后由自来水公司将收到的污水处理费上缴市财政局，再由市财政局拨付给排水公司，最后由排水公司向甲公司支付污水处理费。污水厂在 2000 年投产后一直运营良好。2002 年起，市排水公司开始拖欠污水处理费。

2003 年 3 月开始，排水公司完全停止支付任何污水处理费。2003 年 2 月 28 日，该市政府以"长府发〔2003〕4 号决定"废止《专营办法》。市政府认为，《专营办法》违反了国务院有关"固定回报"的规定及《中外合资经营企业法》《中外合作经营企业法》等有关法律，经市常务会议讨论决定予以废止。《专营办法》废止后，排水公司停止了向合作企业支付任何污水处理费。截至2003年10月底，累计拖欠合作企业污水处理费约9700万元人民币。此后，甲公司多次与市政府和排水公司交涉要求其支付拖欠的污水处理费，但均未得到任何答复。2003年8月，甲公司向该市中级人民法院提起行政诉讼，同年12月底，法院判决驳回原告的诉讼请求。2004年1月8日，甲公司向省高级人民法院递交了上诉状。一审甲公司败诉。甲公司上诉，2005年8月，本案调解结案，该市政府以2.8亿元人民币回购社会投资。

案例3.2　社会资本方利用政府方缺乏项目经验而致政府方违约的案例

中法某水厂的建立源自于1997年中法某投资有限公司与某自来水公司签订的一纸合资合同——《合作经营某供水有限公司合同》，合营期为30年。这是当年某市最大的一单招商引资项目：根据该合同及其补充合同的约定，双方总共投资1669万美元，投资公司和自来水公司出资分别为60%和40%。自来水公司以日产2万吨的旧水厂、新水厂土地及原水管道估算作价670万美元投入合营公司，投资公司则投入现金1000万美元，主要用作水厂建设。按照合作经营合同规定：第一年每日购水量不得少于6万立方米，且每年递增，与自来水公司的实际情况相距甚远，并且"水价递升公式"逐年支付。水价增幅为8%～12%。按合同约定自来水公司履约合作经营30年后，减去合作的收益后仍亏损55亿元，投资公司获纯利81亿元。由于亏损严重，自来水公司表示，就算头顶"不诚信"和"破坏投资环境"的骂名也要违约。从1999年起，历经8年，双方谈判30余次仍未达成解决方案。

四、法律变更风险

法律变更风险主要是指因与PPP项目实施有关的法律法规被修订、废止、重新解释等原因，影响项目的合法性、市场需求、产品或服务收费、合同的有效性等，进而损害项目的正常建设和运营，甚至直接导致项目的中止或失败的风险。法律变更往往涉及合同基础的变化，可能导致项目合法性、合同有效性受到影响，严重影响项目的顺利进行，甚至直接导致项目失败，如案例3.3。

政府宏观经济调控政策的调整可能对PPP项目产生干预，使一些进行中的PPP项目面临失败，如1998—2000年期间中央政府增发的3600亿元基本建设国债投入和中央政府的"强电政策"及电力市场改革，使众多PPP项目面临收益不足的风险。

有研究者认为，法律变更往往超出签约的地级市政府的权利控制范围，建议如果签约政府是省级政府，应该由政府承担大部分风险；如果签约政府是市级政府，该风险应该由双方共同承担。

事实上，法律变更涉及多个层次，如果是签约主体层面（省、市或县级政府）的法律政策变更，理应由其承担全部风险，作为签约主体的政府应确保其法律政策的延续性，为 PPP 项目提供稳定的政策环境。但是，如果是上位法律政策变化，如市政府作为签约主体，但省级法规政策发生变化，或中央政策法规发生变化，该如何处理？

根据《推广运用政府与社会资本合作模式有关问题的通知》（财金〔2014〕76号），政策、法律和最低需求风险等由政府承担。因此，上位法律政策的变化也应当由 PPP 项目政府方承担，并细化法律变更的层次，以及不同层次法律变更的后果。如果政府出于保护公共利益的考虑，经慎重的利益权衡，出台了与合同规定相冲突、不利于项目运行的政策，导致社会资本遭受极大损失的，社会资本可以根据合同法情势变更的原则要求政府方补偿。例如，北京市政府出于乘客安全和消防的考虑，规定地铁全线站内禁设任何零售商业措施，该规定的颁布较大影响了 4 号线运营商京港地铁项目公司的收益，项目公司可以向政府要求补偿。

案例 3.3　因法律变更导致项目失败的案例

某水厂是由英国某水务公司与某市人民政府合作的 PPP 项目。根据 BOT 协议，作为回报，市水务部门将逐年给予其建设补偿，并保证其项目的年固定回报率达到 15%。早年由于我国城市自来水管网没有开放，投资者不能直接面对用户销售产品，水价又由政府来定，因此外资为了避免政策上的风险，往往要求一个固定的回报。然而 2002 年国务院办公厅颁布了《关于妥善处理现有保证外方投资固定回报项目有关问题的通知》，一批固定回报项目进入清理过程，该水厂项目最终在 2004 年被政府回购。

第二节　建设运营风险

一、工程与运营变更风险

变更风险，是指由于前期设计不到位、标准规范变化、合同变化、政府方或社会资本方的需求变化等原因引起的变更，导致实际项目总投资、项目范围与质量等发生变化的风险。变更风险通常是由多方面因素造成的，可能是因设计时的缺陷、项目公司或者合作方的变动而产生的，也可能是供应、技术、质量、环境等共同作用而产生的。

由于 PPP 项目周期长，变更风险在项目工程和运营阶段几乎是不可避免的，故而如何应对风险，将损失控制在最小范围内就显得尤为重要。由政府方原因造成的变更，如政府方变更项目产品或服务标准或者政府方承诺的供应方发生变化等，这样的风险由社会资本方承担是不公平的，应约定社会资本方向承包方承担责任之后有权向政府方追偿损失和要求补偿。

依据《建设工程施工合同（示范文本）（GF—2013—0201）》中有关变更的条款，发包人和监理人均可以提出变更，发包人提出变更，由监理人向承包人指示；监理人提出变更，应向发包人提出计划，发包人同意的，由监理人向承包人指示；此外，承包人的合理化建议经发包人批准，由监理人指示承包人变更。由于上述变更都是由发包人做出或发包人同意的，所以若引起的工期变化和工程量变化幅度过大，变化带来的价格差额都应由发包人承担。PPP 项目的发包人即社会资本方，因此工程变更风险原则上应由社会资本方承担。当然，社会资本方可以将这类风险进行转嫁，如设计失误造成的风险可以通过设计合同约定转嫁于设计方，由承包方造成的质量风险可以转嫁于承包商。

当然，如果项目产出的产品、服务标准或设计是由政府确定的，而政府变更了这些内容，则政府应承担变更带来的风险。例如，鸟巢项目设计方案是由政府确定的，最初设计方案中体育场上方不是露天的，而是有一个玻璃顶棚，且该顶棚可以遥控开关，为了节约钢材，北京市政府决定取消顶棚设计，为此项目设计方案需临时进行调整，一边施工一边设计，严重影响了项目进度，由此产生的设计费用、工期延误等风险均应由政府方承担。

二、延期风险

延期风险是在预定的工期内，没有按时完成项目或没有达到设计要求，使工期拖延、造价升高，从而影响项目进展的风险。此风险产生的后果严重时，可能会导致项目被终止或者放弃。延期风险的发生原因也很多，除了工程变更外，还会因政府方前期工作不到位、资金无法落实、原料供应问题、不可抗力等导致的延期。延期风险承担原则是由引发风险的一方承担。

如果延期风险是政府方原因导致的，如政府方前期审批工作出现问题，导致土地、规划、建设等各项许可审批不到位；或者设计勘探工作出现问题，导致项目工程建设难以进行；或者基础设施不到位，没有做到合同约定的"七通一平"或"五通一平"；或者政府方承诺的资金不到位，导致无法支付预付款；或者政府方指定的供应商供应不足；或者政府提供的土地、项目等资料不真实导致项目出现未预料的地质风险；或者土地征拆遇到困难，导致项目进程被耽搁等。PPP合同中应详细列明此类延期风险，并约定由政府方承担。

如果延期风险是社会资本方原因导致的，如由社会资本方土地一级开发工作延误、融资出现问题而造成的资金不到位、材料供应短缺、承包商工期延误等，则应由社会资本方承担。当然，由供应商、承包商等合同第三方原因引起的延误，社会资本方可通过供应合同、承包合同等将风险转移至第三方，由其承担全部赔偿责任。

如果延期风险是不可抗力原因导致的，应由双方共担。在合同中详细约定哪些事项为不可抗力、不可抗力的标准、风险分担的具体规则。

案例 3.4　因延期风险导致项目失败的案例

2001年2月23日，某公司与某控股集团（代表某市国资委持有国有资产的权利）达成协议，由该公司以BOT方式承建污水处理厂项目，建设期两年，经营期20年，经营期满后无偿交给控股集团。项目分两期建设，2001年开建。然而一期工程建成后，由于有关部门迟迟未能解决配套管网建设、排污费收取等问题，以致无法进行二期工程，工程闲置近3年。2004年7月，该市政府组织各方协商后决定，将闲置的污水处理厂整体移交市水务集团。据悉，该项目公司方面投资近9000

万元，而市水务集团的出价为6600万元，缺口问题尚待解决。

三、恶劣气候与不利物质条件风险

（一）恶劣气候风险

依据《建设工程施工合同（示范文本）（GF—2013—0201）》通用条款7.7的定义，"异常恶劣的气候条件是指在施工过程中遇到的，有经验的承包人在签订合同时不可预见的，对合同履行造成实质性影响的，但尚未构成不可抗力事件的恶劣气候条件。合同当事人可以在专用合同条款中约定异常恶劣的气候条件的具体情形。"恶劣气候风险发生于合同履行期间、在签订合同时不可预见、对合同履行有实质性影响，同时尚未构成不可抗力。例如，有的施工合同约定8级风以上、24小时降雨达50~99.9mm、38℃以上高温或-10℃以下低温构成恶劣气候。

《建设工程施工合同（示范文本）（GF—2013—0201）》通用条款7.7约定："承包人应采取克服异常恶劣的气候条件的合理措施继续施工，并及时通知发包人和监理人。监理人经发包人同意后应当及时发出指示，指示构成变更的，按第10条（变更）约定办理。承包人因采取合理措施而增加的费用和（或）延误的工期由发包人承担。"这一约定实际上是将该风险归于发包人，也就是PPP项目中的社会投资人。

对于PPP项目而言，恶劣气候风险除出现于工程建设中外，还可能出现于运营中。该部分风险主要应由社会投资人承担，社会投资人可投保工程险，并将由此增加的费用计入PPP合同价格中；如果恶劣气候上升至不可抗力，保险公司拒绝承保，则政府方应分担社会投资人的损失。

（二）不利物质条件风险

依据《建设工程施工合同（示范文本）（GF—2013—0201）》通用条款7.6的定义，"不利物质条件，是指有经验的承包人在施工现场遇到的不可预见的自然物质条件、非自然的物质障碍和污染物，包括地表以下物质条件和水文条件以及专用合同条款约定的其他情形，但不包括气候条件"，并约定"承包人遇到不利物质条件时，应采取克服不利物质条件的合理措施继续施工，并及时通知发包人和监理人。通知应载明不利物质条件的内容以及承包人认为不可预见的理由。监理人经发包人同意后应当及时发出指示，指示构成变更的，第10条（变更）约定执行。承包人采取合理措施而增加的费用和（或）延误的工期由发包人承担"。

在 PPP 项目前期工作中，应该认真勘察项目所在地的地质状况，确定其是否处于震源附近、附近河道是否通畅、是否有其他阻碍项目建设运营的状况等，确定之后再做有针对性的项目规划设计，以此避免不利物质条件风险。然而即使审慎无误的勘察也可能无法发现项目地点的所有风险，尤其是需要在更广阔土地上开展工作的线性项目，如高速公路、铁路等。与投入更多成本进行"地毯式"勘察相比，承受风险可能是公共部门更物有所值的选择。由此看来，不利物质条件风险几乎是无法避免的。

如果风险是由政府方原因引起的，例如提供的项目资料不完备或错误、选址不当等，应由政府方承担。合同应明确政府方引起该风险的各种情形及处理方式，如由政府方支付补偿金、消除不利影响、延长特许经营期、启动推出机制等。

如果风险是由社会资本方原因造成的，如管理不善导致周边环境变化等，则由社会资本方承担。如果纯粹是由第三人原因造成的，应由第三人承担责任，但根据合同相对性原则，该部分风险也由社会资本方承担。

如果是与人无关的意外事件，而又不达不可抗力的程度，如发现考古文物、化石、古墓、遗址、艺术历史遗物等，在合同中应列明具体情形，并建立双方共担的规则，即政府方给予相应的补偿金、延长特许经营期等。

四、残值风险

对于 PPP 项目，残值特指在特许经营期末社会资本方移交给政府方的那部分价值，不同于资产报废时的价值，也称为"余值"。残值包括项目固定资产、人员和组织、产权、信誉、声望等，涉及实物资产与非实物资产。PPP 项目在特许经营期结束而被移交给政府方时，应能维持原有的服务水平继续运营，项目保有的实物资产和非实物资产的实际（市场）价值应当较高。如果项目不能维持高水平的运行，那么必然发生了价值波动，说明 PPP 项目在被移交前未能得到有效管理，此时，我们称之为发生了残值风险。其可能导致的损失包括用于修复项目设施的资金、为提高项目服务水平等使项目能达到合同约定的价值或使用年限而付出的成本、在无法恢复或恢复投入太大的情况下直接报废项目产生的损失等。

我国的特许经营示范合同文本多规定残值风险由社会资本方来承担。例如《城市供水特许经营协议示范文本》第 126 条："乙方保证在移交日后 12 个月内，修复由乙方责任而造成供水工程任何部分出现的缺陷或损坏。如果修理达不到附件《技术规范和要求》和附件《工程技术方案》规定的功能标准要求。甲方有权就供水设施性能降低而从维护保函中提取相应金额获得赔偿。"

在 PPP 合同中应明确约定移交资产、权利、文件、材料、档案等的范围及质量标准，约定移交前的恢复性大修、设备和资产的检查等交接工作程序，约定残值风险发生时的补偿办法和应对措施等。如果现有的项目资产对政府方没有价值，政府方也可以将项目资产交由社会资本方保留，而由社会资本方支付相应的补偿金。

五、环保风险

环保风险，是指建设运营期间内引起的环境污染而遭受行政处罚或民事索赔的风险，或项目因环境问题为公众反对而搁浅的风险，或者是为了满足保护环境的要求而增加成本或终止项目的风险。

因项目规划、选址、评审等前期工作瑕疵导致的环保风险应由政府承担。通常在项目前期阶段，政府会委托专业机构出具环境评估报告，内容包括项目位置、水资源状况、空气状况、噪声影响情况、对公众健康的影响、历史和文化因素等方面的详细说明。环境评估结果是社会投资人开展投资和金融机构放款的重要依据。如果因选址不当、环境评估报告不真实或不全面等原因引起环保风险，政府应承担相应的责任。即使环评通过，但因公众反对导致政府决定中止或终止项目，则因此产生的延期、增加成本、赔偿等风险也应由政府方承担。

因建设未达约定标准或者运营中管理不善而造成环境问题，风险应由社会投资人自担。当然，社会投资人可通过工程承包合同、分包合同、采购合同等协议将环保风险转移给承包商、供货商等第三方。对于非人为因素引起的、未知的意外风险，尤其是曾经用作工业用地的地块，双方当事人可以通过工程保险机制转移风险。

案例 3.5　因环保风险导致项目失败的案例

某市生活垃圾焚烧发电项目，由吴江丝绸股份有限公司投资，工程预计总投资 32001 万元人民币，其中银行贷款超过 2 亿元。该市生活垃圾焚烧发电项目于 2008

年 5 月正式动工建设，至 2009 年 10 月已完成设备安装、调试工作。然而因项目临近太湖，建于长江上游，遭遇当地群众抗议。群众称垃圾焚烧发电厂开工建设，他们担心其产生的一级致癌物——二噁英难以降解，并污染太湖流域的生态环境，后建设计划搁浅，项目失败。

六、质量风险

质量风险，是指项目在建设运营工程中因质量问题而发生安全生产事故、设备故障、重大环境污染事故等情况，对项目产生影响的风险。质量问题大多数是建设过程引起的，多应由社会投资人承担，当然社会投资人可以将风险转移给具体引起风险的第三方。但是，政府方也可能是质量风险的引起者，如政府方指定的原料供应出现质量风险、政府方指定的设计方设计失误、政府方指定的运营方运营不当等，此时，风险应由政府方承担。原则上应是谁造成就由谁承担。

七、其他建设运营风险

（一）供应风险

供应风险，是指由于所供应材料、能源、设备的价格上涨或供应效率下降而对项目造成影响的风险。在 PPP 项目中，如果原材料是社会资本选择的供应商供应，则由此产生的风险应由社会资本方自行承担。笔者建议社会资本方可通过与供应商签订长期供应合同降低风险，合同中应明确供货标准、计价方式、违约责任等。

一些 PPP 项目中，政府方指定机构提供原材料，如污水处理项目中的污水、电力项目中的燃料等，社会资本方与供应商应明确供应的数量、质量、时间、期限等，并约定供应风险由政府方承担。也就是说，如果不能完成承诺，则由此产生的损失应由政府方负责，并支付一定比例的违约金、补偿金或者延长特许经营期等。广西来宾 B 电厂项目中，广西政府指定了下属燃料供应企业提供发电燃料，然而签约几年之后，煤炭市场的供需结构发生变化，不仅出现了一煤难求的情况，而且煤炭质量发生大幅下降；作为社会资本方的法资企业在特许经营合同签约时将供应风险转移至政府方，避免受煤炭价格波动的影响。

（二）技术风险

技术风险，是指由于运用的生产技术不可靠、适用性或稳定性差等，而难以达到项目预定的标准和要求，以致追加投资或改进技术而使项目成本增加的风险。技术风险主要包括技术可靠性风险、技术适用性风险和技术稳定性风险，可能是由于设计失误、施工问题等因素造成的。

由于选择何种技术与项目产品或服务的质量密切相关，所以事先约定质量标准十分重要，这一点不再赘述。而为了避免技术风险，在项目前期，除了考虑质量标准外，还应综合考量项目的范围、规模和前景，反复考察项目所使用的技术和设备是否先进、是否适用、是否符合国家环保等标准、备品备件是否容易取得、价格是否合理、使用人员是否能及时充分培训到位等。由此选择最合适的方案，并于合同中详细约定所选方案的技术规范、要求等细节。

（三）私营投资者变动风险

私营投资者变动风险，是指由于 PPP 项目的各社会资本方之间发生冲突或者其他原因导致的投资者变动、退出等，从而影响项目建设运营的风险。由于其对于项目影响较大，通常会于特许经营协议中约定未经政府方书面同意，社会资本方不得转让其在协议下的全部或任何部分权利或义务。

私营投资者变动风险是社会资本方在 PPP 合同签订之后，退出 PPP 项目的风险。不少 PPP 项目遭遇了私营投资者变动风险，如某市第十水厂项目，中标的外资企业因各种原因中途退出项目，该市政府不得不安排市属其他国有企业承接该项目。私营投资者变动将加大项目成本、延误项目进程。笔者建议在 PPP 协议中限制社会资本方随意退出项目。对此，可参考《城市供水特许经营协议示范本》第 119 条："未经甲方书面同意的情况下，乙方不得转让其在本协议下的全部或任何部分权利和义务。"第 122 条："乙方在开始运营日起规定年限后才能进行股东变更。"第 123 条："如因任何原因乙方主要股东发生变更（实际持股数列前 2 位的股东变更，包括通过关联方持股使列前 2 位的股东发生变更），乙方必须书面通知甲方。"

（四）私营投资人能力不足风险

私营投资人能力不足风险，是指因社会资本方没有建设运营特定规模的 PPP 项目的经验、能力，使建设运营出现问题或管理不善影响项目建设运营，甚至使项目无以为继的风险。为避免此风险，在项目招投标阶段应选择规模较大、财力较雄厚、富有项目开发经验的社会资本方，其应拥有富有经验的管理人员或者有建设运营此类项目的经验。因此，确保政府采购环节的充分竞争性是 PPP 项目成功的关键。在我国 PPP 项目实践中，通常社会资本方会在政府采购环节之前介入项目，帮助甚至代替政府完成编制项目实施方案、招标文件等工作，导致采购环节竞争性不足，这是应当避免的。

第三节　市场风险

一、价格风险

价格风险是指由于 PPP 项目中产品或服务价格过高、过低、未约定价格调整机制或价格调整机制不灵活而导致项目运营收入不足或公共资源贱卖的风险。这里主要讨论价格调整机制的问题。

（一）合同中未约定调价机制

运营收益是经营性和准经营性 PPP 项目的主要收入来源，然而 PPP 项目期限很长，合同签订时的价格很可能无法适应市场变化而导致收益大幅下降，所以 PPP 合同应当约定调价机制。PPP 调价的原因包括汇率变化、利率变化、通货膨胀、原材料或设备市场供求情况变化等。

在 PPP 项目的公共服务项目，如污水处理、垃圾处理等项目中，通常是社会资本方与政府签订长期购买协议，并确定产品或服务的定价策略。长期购买协议具有长期服务性和担保性，能为项目运营时的市场需求量提供一定的保证。如今，我国采用最多的定价模式主要有两种，边际成本加政府补贴定价法和两部制定价法。两部制定价法分为两部分，一是一次性收取的固定使用费（固定成本），二是每年收取的年度运营费用（变动成本费用），同时约定定期调整价格；边际成本加政府补贴是以项目的服务能力与成本两方面来确定单价，预先约定每年最低服务总量，若当年总量未达约定，则按约定总量计算费用；若服务量超过约定，则超额部分按单价计算，同时约定定期调整价格。这两种定价方式都应当有相应的调价机制配合。

价格调整机制对于保障社会资本方的收益而言十分重要，通过价格调整机制上调运营价格可以应对因实际的市场需求低于预期而给运营公司带来的亏损。笔者建议在PPP协议中明确约定调价情形和调整公式。很多PPP合同均存在调价条款，例如平赞高速公路项目合同中约定，"乙方有权根据同期国家及河北地区消费物价指数变化情况或项目合理的经营成本等因素的变动情况，拟定公路收费价格调整方案，经报河北省政府批准后执行"。但是，此类条款过于原则，只能留待争议发生时订立补充协议，但争议发生后达成协议的成本是十分高昂的，因此PPP调价条款应更为具体明确。

案例3.6　合同中未约定调价机制的案例

横跨晋江的某大桥，是我国最早引入民营资本、采取BOT方式建设的路桥项目。1994年，15家民企参股组成的公司出资60%，政府资金占40%，组建"某大桥投资开发有限公司"，全权负责大桥建设，经营期限为30年。按约定的收费方式、收费标准，通过收费获得整个特许经营期内的投资回报，其间所有收益归该公司支配。1997年通车之后，车流量迅速上升，社会效应和经济效应都曾被各方面高度肯定。然而，几年之后因政府兴建桥梁，分流了车流量，使该大桥面临竞争局面。此后公司提出要求提高收费和政府回购，然而由于合同规定的粗疏，并未约定价格调整机制，拿不出任何基于契约的制约或者和政府讨价还价的依据，也未规定相应的退出机制，所以一直未能得到政府响应。

（二）调价审批不通过

不少PPP项目涉及用户付费，例如供电项目、供水项目、供热项目等，我国《价格法》和《政府价格决策听证办法》规定，公用事业价格等政府指导价、政府定价，应当建立听证制度。听证制度无疑很容易造成审批延误或者审批无法通过。

PPP项目产品或服务的价格通常在长期协议中定制，并规定一定的调价机制，然而根据合同制定的调价方案往往得不到社会公众的认可。也就是说，即使合同存在详细的调价约定，价格调整也不一定能够执行。笔者认为为防范此种情况，社会资本方可在 PPP 合同中争取约定，如果价格听证不能通过审批，政府方应当按照一定比例给予补贴以保证项目最低收益。

案例 3.7　价格调整审批不通过的案例

某水厂是我国第一座以 BOT（建设—运营—移交）形式建设的自来水厂、属于最早一批水务领域固定回报项目，英国水务公司于 1996 年以 BOT 模式、投资约 7000 万美元取得了该水厂项目为期 20 年的经营权，于 1998 年正式投入运营。按照当初的 BOT 协议，水务公司将经营到 2018 年。由于固定资产投资成本较高，水厂一直存在"成本价格倒挂"现象，即收入小于成本，需要提高水价。然而该市人大代表提出反对水价上涨的提案，造成该市水价改革措施迟迟无法落实，最终水务公司不得不出售了其水厂的股份。

二、市场竞争风险

市场竞争风险，也称为项目唯一性风险，是指政府或其他投资人新建或改建其他项目，导致对该项目形成实质性的商业竞争而产生风险。项目唯一性风险出现后往往会带来市场需求变化风险、市场收益风险、信用风险等一系列的后续风险，对项目的影响非常大。为了避免项目竞争风险，社会投资人可以在 PPP 合同中加入项目唯一性条款，即规定政府方在特定时间、特定地区不得再兴建特定项目，以避免对本项目造成竞争，降低项目公司的经营收益。

然而，笔者认为唯一性条款并不能完全杜绝市场竞争风险。

一是市场竞争既可能来自同类项目，更可能来自于其他替代性产品。如轨道交通项目的竞争主要来自于同类的其他交通项目；桥梁项目可能受到轮渡、隧道等影响；而收费高速公路四通八达，很难确定两条公路之间是否有实质性竞争，即使不在于两地间新建高速公路，其他已有收费低的公路仍会对项目产生竞争。

二是政府方可能因政策原因无法对特定项目做出唯一性承诺。例如，电力、水利等项目，国家对新能源项目的政策倾斜，如减排指标控制、优先购买、一定比例补贴等，也对非新能源 PPP 项目造成了实质性的竞争。

三是政府可能因公共利益原因拒绝签订或信守唯一性条款，如桥梁和高速公路类的项目，政府可能因民众意见和城市整体规划原因启动新项目。

四是竞争风险可能更多地来自于现有的竞争性设施。如英法隧道虽然获得了于2020 年前都不会修建第二条海底隧道的唯一性承诺，但仍然由于海运、航空等造成的竞争难以为继。

因此，社会资本方除了在签署 PPP 合同时应加入项目唯一性条款外，还应当考虑政府方违约的情况，明确约定违约金及退出机制；此外，可以通过流量风险条款补足项目唯一性条款的不足。

案例 3.8　因唯一性风险导致项目失败的案例

杭州湾跨海大桥建设投资额预算达 118 亿元，各合作方约定出资比例，共同出资组建宁波杭州湾大桥投资发展有限公司。注册资本 41.8 亿元，其中由 17 家民营企业组成民间资本投资占总股本的 50.25%，注册资本与总投资额的差额部分由国开行和商业银行贷款解决，占总投资额的 65%，年利率 5.75%。杭州湾跨海大桥开工未满两年，相隔 50 千米左右的绍兴杭州湾大桥已经开始项目准备。2003 年，随着第一大股东宋城集团转让股份，一度占优势的民资下降到 29.38%。民资退出，其主要原因在于绍兴杭州湾大桥对杭州湾跨海大桥的竞争作用，使得杭州湾跨海大桥的客流量显然低于预期，导致了其市场收益不足的结果。

三、市场需求变化风险

市场需求变化风险，是指排除唯一性风险以外，由于宏观经济、社会环境、人口变化、法律法规调整等其他因素使市场需求变化，导致市场预测与实际需求之间出现差异而产生的风险。运营收益是 PPP 项目收益很重要的一部分，而其与市场需求有着重要的联系，一旦市场需求发生变化，势必影响项目运营收益。据悉，本轮PPP 热潮中，政府确定了社会资本"盈利但不暴利"原则，原则上社会资本的利润率不超过 8%。所以，一方面，如果市场需求远不如预期，运营收益必然与预期收益相去甚远，有极大可能导致项目失败；另一方面，如果市场需求远远超过预期水平，则运营收益远超预期而有失公平。故而，市场需求变化风险应由社会资本方与政府方承担。

避免市场需求变化的最好方式无疑是将市场需求固定，如上面提到的电力、水利等项目中，项目公司通常与政府签署购买产品或服务的协议，在这些协议中往往有最低购买量的约定，这样就固定了市场需求。然而，此种协议相当于将市场需求的风险全部转移给政府，如果实际用量不达最低购买量而政府方又不违约，要么会给政府财政造成压力，要么将这一部分转嫁给公众承担。所以，一方面政府方要于项目前做好预测工作，尽量避免此种事件；另一方面也应规定较为灵活的调整机制，以防万一。

在这里，介绍北京地铁 4 号线的项目，提供一种思路。

地铁 4 号线项目前期，政府方通过对项目的运营成本、客流预测和票价定价等方面的实证研究，建立了城市轨道交通的项目寿命期现金流寿命模型，并将公益性部分和营利性部分的比例确定为 7∶3。这一划分既确保地铁项目作为公共产品的公益性，又降低了投资风险，使得社会资本有利可图。

另外，地铁 4 号线项目通过票价机制使风险共担。按最初北京市政府对票价的规定，票价定价为 3 元起步，但受奥运会影响，出台了低票价政策（2 元/人次），按照出行最短路径对票价进行拆分后的票价仅为 1 元/次，导致票款收入无法弥补运行成本，无法达到短期的投资回报。按照北京市政府与香港地铁签订的票价合同，在低票制情况下，北京市政府补助 2.44 元/人次，在票价提高后取消对票价补贴。

地铁 4 号线通过资产租赁及租金调整机制实现有效管理和利益共享。由于项目区分为公益性和营利性两部分且由两个业主进行投资建设，所以约定由特许经营公司通过租赁政府方资产的形式获得整体线路运营管理的权利。此外，合同还设置了租金调整机制，即在项目初期，政府只向特许经营公司免收或者收取少量象征意义的租金，促进项目尽快成熟；而在项目成熟期，当实际客流超出预测客流一定比例，政府投资方将适当地提高租金，避免特许经营公司利用公共财产产生超额利润；后之，若客流低于预测客流一定比例或者政府定价低于测算的平均人次票价，政府投资方会适当地减免租金，增强项目抵御风险的能力。

根据财政部《推广运用政府和社会资本合作模式有关问题的通知》（财金〔2014〕76 号），政策、法律和最低需求风险等由政府承担。避免市场需求变化的最好方式无疑是将市场需求固定，一方面，社会资本方通常与政府方签署购买产品或服务的协议，约定最低购买量，即所谓"限低"条款，若实际流量低于某一标准，则通过价格调整机制、补贴机制或其他补偿、优惠等维持项目经营。另一方面，PPP 协议约定"限高"条款，即当流量超过某一标准时，超额收益应由政府与社会资本共享。

例如，地铁 4 号线项目通过资产租赁及租金调整机制控制流量风险。在项目初期，政府只向特许经营公司免收或者收取少量象征意义的租金，促进项目尽快成熟；而在项目成熟期，当实际客流超出预测客流一定比例，政府投资方将适当地提高租金，避免特许经营公司利用公共财产产生超额利润；反之，若客流低于预测客流一定比例或者政府定价低于测算的平均人次票价，政府投资方会适当地减免租金，增强项目抵御风险的能力。

案例 3.9　因市场需求变化影响项目经营的案例

某发电项目是我国迄今为止装机规模最大、结构最复杂、贷款额最高的 BOT 电力项目。曾被《欧洲货币》《项目融资》等多家全球著名金融杂志列为 1998 年度最佳项目融资计划。该项目总投资 168 亿元人民币，总装机规模 300 万千瓦。工程项目公司在 1997 年成立，1998 年开始运营，计划于 2004 年最终建成。公司合作经营期为 20 年，经营期结束后，电厂资产全部归中方所有。项目建成后运营较为成功，但是遭遇了电力市场的变化和国内电力体制改革，对项目运营产生了重大影响。第一是电价问题，1998 年在原国家计委曾签署的谅解备忘录中该发电项目部分机组获准了 0.41 元/度这一较高的上网电价；而在 2002 年 10 月，另一电厂新机组投入运营时，该省物价局批复的价格是 0.32 元/度。这一电价不能满足项目的正常运营。第二是合同中规定的最低购电量受到威胁，2003 年开始，该省计委将以往该发电项目与省电力集团间的最低购电量 5500 小时减为 5100 小时。这使该发电项目承担了严重的市场需求变化风险。

四、不可抗力风险

依据我国《民法通则》第 153 条及《合同法》第 117 条第 2 款规定，不可抗力是指不能预见、不能避免并不能克服的客观事件。也就是说，在履行合同的过程中，合同一方或是双方发生了事前未能预料、不能防范，情况发生时又不能控制和有效克服的意外事件，使合同当事人不能依照合同规定履行或如期履行相应的职责。

不可抗力的起因包括自然因素和社会因素，其中自然因素如洪灾、地震、旱灾等，社会因素如政府禁令、战争、罢工、禁运等。不可抗力风险就是由不可抗力引起的风险。关于不可抗力的事项应在合同中明确约定，如何种程度以上的自然灾害为不可抗力、影响大于何种范围的社会动荡为不可抗力等；同时，还应约定何种事项不属于不可抗力，以正反两方面约定明确不可抗力的事项范围。

不可抗力风险常常是不可避免和不可控制的，只能通过采取各种措施来降低风险所造成的损失，所以一般而言，由政府方与社会资本方共担。笔者建议在 PPP 合同中明确约定不可抗力的情形，以及损失计算、分担、补偿的规则。例如澳大利亚的墨尔本环城高速公路项目中约定，如果不可抗力可以保险，项目公司必须恢复风险造成的破坏，一旦投资人要求用保费补偿风险损失，使项目公司无法恢复风险造成的破坏，可以将被破坏的部分交予政府处理；而如果项目公司主动承担风险，则政府给予投资人补偿以维持最低投资回报率。如果不可抗力不可保险，项目公司为了维持投资者的利益，可以不修复损失；如果修复的成本在扣除保费之后大于 4.5亿澳元，项目公司可以将破坏部分移交给政府处理。在澳洲雪梨过港隧道项目中，当项目公司于建造期间内遭受无法投保的不可抗力风险，导致成本超支或偿付本息困难时，为维持特许公司的建设及营运，由政府提供补助性融资保证。

案例 3.10　因不可抗力致使项目失败的案例

20 世纪 90 年代中期，国外某能源投资公司与我国某省政府签订该省某电厂（原国家计委批准立项）特许权协议，在前期的合作中项目进展良好。但是 1999 年 5 月 8 日以美国为首的北约（其中也包括项目中标人所在国家）悍然轰炸我驻南斯拉夫使馆，这已经在实质上严重侵犯了中国主权。面对突变的国际政治局面，项目公司未能在比较合理的融资期限内完成融资，最终政府收回项目并结束了该项目的招标活动，该项目引进外商投资者以失败告终。

第四节　金融风险

一、汇率风险

汇率风险，是指在国际金融和经营活动中，以外币计价的收付款项、资产与负债业务因国际金融市场上的汇率变动而使得项目收益损失的风险。这种损失可能是所持有的外汇汇率波动及其所导致的物价波动造成的，也可能单纯是因折算汇率差异所产生的账面损失，或者是由于种种原因使当地货币不能及时转换成所需外币，或者取得的外汇收入结汇后不能及时汇回本国所造成的。汇率风险往往出现于涉及外汇结算的中国企业对外投资项目或国内外商投资项目，在国际 PPP 项目中，汇率风险往往可能导致项目的失败。

　　许多 PPP 协议中并没有涉及汇率风险分担的问题，通常情况下，未说明的风险通常由社会资本方承担。由社会资本方承担汇率风险的方式并非没有道理的，这一方面是因为中国的外汇管制下地方政府对汇率变化并没有什么决策权，只能在权力范围内进行协助；另一方面通常从事国际性项目合作的企业在对汇率变化的应对上比政府方更有经验，他们在实践操作中会通过远期、掉期、互换、期货、期权等金融衍生品进行套期保值。但是，社会资本方单独承担汇率风险较为困难，因为金融衍生品只能规避小规模的风险，且一旦运用不当反而可能放大风险，而且合同条款未涉及汇率风险并不意味着社会资本方报价中隐含了融资风险对价，多数情况下可能是尚未考虑，或其希望由政府方承担汇率风险，或者至少双方共担。事实上，政府方承担一定的风险是很有必要的，至少政府方可以在权力范围内保证项目的外汇兑换和利润汇出不受影响。

　　为保证社会资本方的收益以维持项目运营，在使用金融工具规避风险的同时，可以在合同中约定汇率变化超过一定比例时，通过调价公式调整价格或给予确定比例的补贴；也就是说，一般汇率风险由社会资本方承担，而重大汇率风险由双方共担。例如，广西来宾 B 电厂项目协议中就约定：如果由于政府政策变化导致人民币与外汇的兑换率大幅变化，允许调整电价来解决；汇率波动在 55% 以内时，电价不能调整，超过可以调整。

　　当然，完全由政府方承担汇率风险可以更好地保证社会资本方的收益，事实上，政府方为了吸引外资有时确实会给予这样的优惠待遇，但政府方也未必能完全承担汇率风险，以下案例就说明了这一点。所以，汇率风险由双方共担更为恰当。

案例 3.11　因汇率风险导致项目失败的案例

　　20 世纪 90 年代，英国能源巨头安然公司投资印度大博电厂 BOT 项目，并组建大博电力公司（Dabhol Power Company），投资总额近 30 亿美元，运营期 20 年。项目初期工期就一再延期，后来由于印度卢比在东南亚金融危机的冲击下大幅贬值。按照购电协议规定电费需以美元结算，于是所有外汇风险都转嫁给马哈拉施特拉邦（以下简称"马邦"）电力局，最终导致上网电价大涨至当地电厂电价的两倍，随后的国际能源价格上涨又使电价上涨至当地电厂电价的四倍。马邦电力局无法承担如此之高的电费，在濒临破产的威胁下，马邦电力局不得不选择违约拒绝购买大博电厂的发电量，致使大博电厂停产。虽然对购电协议（PPA）提供担保的印度政府兑现了部分担保承诺支付了一部分电费，最终还是因无力长期为其埋单而冒着失去信用的风险不再支付担保金给安然公司等投资者。

二、利率风险

利率风险，是指因利率的变动而使得项目价值损失或收益减少的风险。由于项目延续时间长，而且投资数额通常较大，使得项目贷款的利息支付和本金偿还有很大可能受利率波动的影响。具体而言，如果采用浮动利率作为融资依据，利率一旦上升，项目的融资成本随之上升。然而，如果以固定利率来融资，利率下降，则会带来机会成本。

通常而言，利率风险由社会资本方承担，这是由于社会资本方能更好地管理利率风险。例如，在融资时以市场上利率较低的货币为计息货币，而以本国货币作为本金偿还货币，这样既可以降低利息也可以一定程度地减少汇率风险。又比如，合理安排浮动利率和固定利率债务的比例以保持稳定的利息支出。而且，由于 PPP 项目具有比较稳定的现金流，又有政府信用担保，因此可以采用利率掉期、期权等工具将浮动利率转换成固定利率，或者采用带有一系列逐步递增的利率上限的利率期权来降低利率风险。

PPP 项目中融资机构往往接受浮动的贷款利率，PPP 项目周期往往长达 20~30 年，利率的大幅上升可能会极大增加融资成本，在 PPP 合同中将利率的重大调整与政府补贴相挂钩。例如，一份 PPP 协议如此利率调整："政府将影子通行费率也同央行 5 年期贷款利率挂钩：当中央银行 5 年期贷款利率每上调一个百分点时，费率价格补贴 0.3 元/辆；当中央银行 5 年期贷款利率每下调一个百分点时，费率价格下调 0.3 元/辆。"

三、通货膨胀风险

通货膨胀风险，是指因整体物价水平上升、货币的购买力下降，而导致的项目成本异常增加的风险。通常是由于原材料、设备等商品价格以及劳动力价格等的上涨导致项目建设运营成本支出增加、收费困难等进而影响项目公司的收益。由于 PPP 项目的周期长达几十年，通货膨胀几乎是必然发生的，而这种风险对主要收益为商品或服务收费的 PPP 项目损害尤为严重，仅靠社会资本方承担此风险显得不够，在遭遇严重金融危机时更是如此。

为减少通货膨胀的风险，在项目工程建设阶段，社会资本方可将这一部分风险通过工程承包合同中的详细规定与承包商分担，或通过固定总价合同的方式全部转移给承包商。《建设工程施工合同（示范文本）（GF—2013—0201）》中有关于市场价格波动引起价格调整的价格指数计算方法，以及材料单价以基准价格为基础涨跌幅超过 ±5％ 时，超过部分据实调整的规定。这样让社会资本方与承包方分担风险。

在项目运营阶段，项目贷款者和股本投资者应当要求政府提供某种机制来规避货币贬值带来的风险。国际上规避通货膨胀的通行做法是，在 PPP 项目长期承购合同中，规定项目公司可以根据某种有关当地通货膨胀的指数定期调整项目产品或服务的价格，以应对物价上涨带给项目公司的损失。例如，某污水处理厂项目特许经营协议中约定，"污水处理服务费的调整调价前提是基于动力成本、药剂成本、污泥运输成本、人工成本、CPI（宁乡县统计部门发布的权威数据）五个因素的变化"，并约定了具体的价格调整公式。

当然，还有一个办法是将通货膨胀预期直接包含价格测算中。例如，广西来宾 B 电厂项目在竞标时电价定价中本身就考虑过通货膨胀因素，因为当时广西全社会商品零售价格总指数为 116.4％，所以社会资本方预测整个运营期内中国平均每年的通货膨胀率都达到 10% 以上。

然而，对于绝大多数基础设施 PPP 项目而言，政府对其收费往往进行管制，合同约定的调价机制可能因须遵守听证等行政程序，在实际操作中无法落实。故而，笔者认为，在价格调整机制之外设立政府补贴是很有必要的。例如，约定如果通过价格调整机制调价失败，则由政府补贴差价；或者如果通货膨胀率超过一定的水平，则由政府方提供一定比例的补贴。

四、融资风险

融资风险，是指由于融资结构不合理、金融市场不健全、融资的可及性等因素引起的风险，其中最主要的表现形式是资金筹措困难。在特许经营型 PPP 项目中，经招标阶段选定中标者之后，政府与中标者草签特许协议，中标者要凭草签的特许权协议在规定的融资期限内完成融资，特许权协议才可正式生效；如果在给定的融资期限内发展商未能完成融资，将会被取消资格并没收投标保证金。

在此前的一些 PPP、BOT 项目中，政府承担了占比不小的部分出资义务，而且以各种承诺和担保形式提供财政兜底，这在很大程度上降低了社会资本方的融资压力。例如，国家体育场"鸟巢"项目中，北京国有资产经营管理有限公司出资18.154 亿元参与项目，且不要求投资回报。然而，这些承诺和担保很容易转变为政府债务而使政府方遭受损失，在本轮 PPP 热潮中，政府方越来越不愿意承担融资风险。比如，重庆市官方强调通过 PPP 改革降低地方债务："政府一不担保，二不背债，也不存在政府兜底。"

可以说，在本轮 PPP 项目中，社会资本方承担着更大的融资风险，传统融资模式有待更新升级。当然，对于水利、电力、高速公路、地铁等运营收益比较稳定的经营性和准经营性项目，只要社会资本方具有足够的建设运营能力，政府方提供经营资源、补贴、税收优惠、政策法律支持等，金融机构配贷还是有充足的收益保障。

融资风险的防范，首先应注重交易结构设计和合同条款约定，合理分配社会投资人与政府风险，如果合同存在重大瑕疵，则很可能导致融资的失败。例如，在一个案例中，合同约定不可抗力由社会资本方承担，金融机构反馈不敢介入风险如此突出的交易中。其次应将融资问题提前至 PPP 项目前期谈判阶段充分考虑，一方面金融机构可以提前介入 PPP 项目谈判中；另一方面社会资本方也可以聘请专业投资顾问确保项目前期设计具有融资可能性。在我国 PPP 项目融资实践中，对于债券融资，金融机构往往要求存在强有力的债券担保；对于股权融资，金融机构往往要求提前安排有效的股权回购。社会投资人在 PPP 谈判前期就应落实融资条件，也可以邀请机构作为社会投资人共同投资 PPP 项目，避免在后期出现融资困难，或者因金融机构要求重启交易条件谈判而增加项目成本。

案例 3.12　发生融资风险的案例

某市第十水厂项目采用的是 BOT 建设模式，其占地面积约 180 亩，总投资 23亿元，设计处理能力为每日 50 万吨。此项目在投标阶段就遇上了标书效力的问题，经近 1 年时间的论证最后选择安菱联合体来完成这一项目。在项目谈判时，为了获得项目资格，安菱联合体放弃了一些诸如政治不可抗力等对自身有利的条件，以致后期融资时银行认为企业无法承担此类风险，提出只有政府愿意承担，才贷款给安菱联合体，但显然政府是不愿意承担的。所以按照安菱联合体和该市政府签署的协议，安菱联合体要完成 7 亿～8 亿元的融资，但直到其提出终止时也未能完成。此外，因为种种问题，项目一拖再拖。终于，安菱联合体于 2004 年 7 月正式要求终止项目，并向该市政府索要 2000 万美元的违约款。2005 年 5 月，该市政府决定继续实施该项目，并同意外方退出，决定由某控股集团有限公司和美国咨询公司——金州控股集团组成联合体，对项目进行重组。2007 年 8 月 2 日，北控—金州联合体与该市政府正式签订项目的特许经营协议，第十水厂项目仍采用 BOT 方式，由北控—金州联合体进行项目的融资、投资、设计、建设、拥有、运营和维护，特许经营期为 23 年，其中建设期 3 年，运营期 20 年；运营期满后，向该市政府指定的机构移交项目设施。如今第十水厂已建成正式投入运营。

第五节　PPP 项目风险分担原则

PPP 项目投资金额巨大，生命周期往往长达几十年，此间不确定因素较多。PPP 项目风险无论是由公共部门或是私人部门任何一方单独承担，都将直接导致项目的失败。目前有一种错误倾向认为 PPP 项目就是把政府风险转嫁给私人部门，然而，如果私人部门承担全部或过多风险，则项目的实施会极为困难，甚至可能停滞，最终政府也会成为项目失败的受害者。相反，如果由政府部门承担全部或过多风险，不仅可能导致公共产品供给的低效率、低质量，损害社会公共利益，而且成本支出最终将分摊至每一位纳税人。因此，公平合理、高效地分配 PPP 项目风险将是 PPP 项目成功实施的保障，而 PPP 项目风险的分配最终将体现为 PPP 合同条款设计，合同是 PPP 风险分配的载体。

国家有关 PPP 项目的政策法律明确了 PPP 项目风险承担的原则，也就是说，商业风险由社会资本承担，法律政策风险由政府承担。财政部《推广运用政府和社会资本合作模式有关问题的通知》（财金〔2014〕76 号）（2014 年 9 月 2 日）指出，注重体制机制创新，充分发挥市场在资源配置中的决定性作用，按照"风险由最适宜的一方来承担"的原则，合理分配项目风险，项目设计、建设、财务、运营维护等商业风险原则上由社会资本承担，政策、法律和最低需求风险等由政府承担。国家发改委《关于开展政府和社会资本合作的指导意见》（发改投资〔2014〕2724号）规定：原则上，项目的建设、运营风险由社会资本承担，法律、政策调整风险由政府承担，自然灾害等不可抗力风险由双方共同承担。

然而 PPP 项目风险分配涉及问题较多，以上原则性规定不足以应付实务需要。目前学界对 PPP 项目风险分配原则已基本达成共识，PPP 风险分配应遵循以下几个原则。

一、最有控制力的一方控制相应的风险

PPP 项目风险由对风险最有控制力的一方承担，意味着该方能减少风险发生的概率和风险发生时的损失，从而保证了控制风险一方用于控制风险所花费的成本是最小的。对风险没有控制力的一方或控制力较弱的一方不具备风险管理的最有利条件，因此不是最佳风险管理主体。对于社会资本而言，其负责 PPP 项目的建设运营，因此有关建设运营的风险大都应由其承担。对于政府而言，其负责审批、决策、公共利益维护，因此有关法律、政策风险应由其承担。然而，有些风险并非由任何一方当事人所能够掌控的，如不可抗力风险，宜由双方共同承担。

二、承担的风险程度与所得回报相匹配

PPP 项目风险承担程度应与所得回报相匹配，即控制风险所带来的收益应大于风险失控后所带来的损失，否则风险控制者没有足够的动力从事风险控制工作。例如，如果合同规定，社会投资人不注重建设运营风险控制而导致工期延误、工期质量缺陷，应承担对方的损失，甚至被政府惩罚；社会投资人提高管理水平，严格控制项目建设运营风险，则可能获得项目收益，甚至得到政府奖励，则社会投资人便具备足够的动力严格控制建设运营风险。

三、承担的风险要有上限

在 PPP 合同的实施阶段，项目的某些风险可能会出现双方意料之外的变化，带来超乎预料的损失，如果让某一方单独承担这些接近于无限大的风险，必将影响这些大风险的承担者管理项目的积极性，因此，应该遵从风险上限原则，对于异常风险损失可以由双方共担，或者通过保险机制解决。

第二篇

PPP 项目实践

第四章　PPP 项目识别阶段

第一节　适用 PPP 模式的项目

PPP 项目流程大致可分为 5 个阶段，19 个步骤，简称 519。5 个阶段是：项目识别、项目准备、项目采购、项目执行、项目移交。项目识别阶段主要工作有：项目发起、项目筛选、物有所值评价、财政承受能力论证；项目准备阶段主要工作有：管理架构组建、实施方案编制、实施方案审核；项目采购阶段主要工作有：资格预审、采购文件编制、响应文件评审、谈判与合同签署；项目执行阶段主要工作有：项目公司设立、融资管理、绩效监测与支付、中期评估；项目移交阶段主要工作有：移交准备、性能测试、资产交割、绩效评价，如图 2－2 所示。

根据财政部官方数据显示，截至 2017 年 3 月底，PPP 全国入库项目已达 12287 个，累计投资额 14.6 万亿元，如图 4－1 所示。

一、PPP 项目的领域

在我国，适宜采用 PPP 模式的项目主要集中在基础设施及公共服务领域。具体来说，主要有燃气、供电、供水、供热、污水及垃圾处理等市政设施，公路、铁路、机场、城市轨道交通等交通设施，医疗、旅游、教育培训、健康养老等公共服务项目，以及水利、资源环境和生态保护等项目。

目前，全国 PPP 项目主要涵盖能源、交通运输、水利建设、生态建设和环境保护、市政工程、片区开发、农业、林业、科技、保障性安居工程、旅游、医疗卫生、养老、教育、文化、体育、社会保障、政府基础设施和其他 19 个行业。

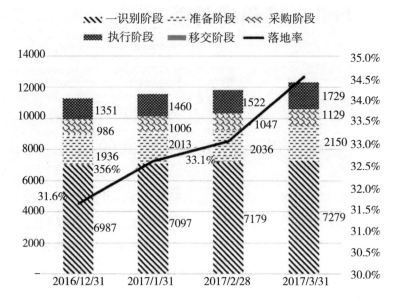

图 4-1　2017 年一季度各阶段项目入库项目数及落地率变动图

例如，《四川省人民政府关于在公共服务领域推广政府与社会资本合作模式的实施意见》将四川省开展 PPP 工作的重点项目领域分为三大领域 13 大类 41 小类，如表 4-1 所示。

表 4-1　四川省开展 PPP 工作的重点项目领域分类

领域		项目
基础设施领域	能源	电厂及电网建设、天然气输送管道及气站建设、集中供热、新能源汽车充电设施等
	交通	收费公路、铁路、机场、港口等
	水利	综合水利枢纽、河湖堤防整治等
公用事业领域	市政公用	供电、供水、供气、通信、城市道路、地下综合管廊、城市供排水管网等
	公共交通	轨道交通、城市公交及场站、公共停车场等
	环境保护	污水处理、固废处理、垃圾发电、流域治理、湿地建设、饮用水源综合整治、农村环境综合治理等
农林和社会事业领域	农业	农业灌溉、农村供水、农产品物流等
	林业	现代林业产业基地、生态公益林、造林等
	保障性安居工程	公共租赁住房等
	医疗卫生	公立医院延伸发展等

领域		项目
农林和社会事业领域	养老	非营利性养老机构等
	教育	学前教育、职业教育等
	文化	文化馆、体育场馆、图书馆等

虽然《四川省人民政府关于在公共服务领域推广政府与社会资本合作模式的实施意见》的这一分类和列举没有包含所有适合 PPP 模式的项目，但具有一定的借鉴价值，可供各省市参考。

二、PPP 项目的特征

PPP 模式主要适用于政府负有提供责任、适宜市场化运作、投资规模相对较大、需求长期稳定、价格调整机制相对灵活、收费机制相对透明、风险能够合理分担的基础设施和公共服务类项目。

第一，适宜采用 PPP 模式的项目是政府有责任提供、具有公共属性的项目。政府的经济职能之一是提供公共产品和服务。单纯通过市场就能调节供给的领域是不需要政府提供的，更没必要进行政府和社会资本合作。PPP 模式仅限于在政府有责任提供的公共产品和服务领域采用。

第二，适宜市场化运作。私人产品可以完全市场化，由市场发挥调节作用，即平衡供给、调节有无。基础设施和公共服务领域的项目关系公共利益，必须长期、稳定和安全地向公众提供，不可以完全交由市场调节，但有的项目可以市场化的方式运作。适宜市场化运作的项目可以采用 PPP 模式，将社会资本引进基础设施和公共服务领域，发挥市场价格机制、竞争机制、风险机制的作用，有效地提供更优质的基础设施和公共服务。

第三，投资规模相对较大，需求长期稳定。根据国际惯例，PPP 模式的应用对项目规模有一定要求，一般投资金额需要上亿元。因为 PPP 项目一般有较高的交易成本，如果投资额过小，交易成本占比过高，很难实现项目的物有所值。PPP 项目的一般持续时间为 10~30 年，基础设施和公共服务具备长期、持续、稳定、大量的需求，这是采用 PPP 模式的基本前提。

第四，收费机制相对透明，价格调整机制相对灵活。PPP 项目关系到公共利益，在操作过程中要求定价合理、信息公开，因而收费机制需要相对透明，社会资本不能获取暴利。同时，PPP 项目的持续时间长，其间存在市场变化等因素，为了协调各方利益，PPP 项目应具有相对灵活的价格调整机制。

第五，风险合理分担。项目风险能否得到合理分担，也是判断项目是否适宜采用 PPP 的重要考虑因素。如果项目的风险不能得到合理分担，则不适合采用 PPP。

三、PPP 项目的特点

自 2014 年以来，财政部和发改委在推广 PPP 模式的同时，推出了大量示范性项目，建立了 PPP 项目库，并将各地完成立项的 PPP 项目纳入项目库。截至 2017 年 6 月底，全国各地共有 13554 个 PPP 项目纳入 PPP 综合信息平台，项目总投资约 16.4 万亿元，落地 3.3 万亿元。

国家发改委推广 PPP 模式，主要是侧重于 PPP 模式对经济的贡献。发改委推出的 PPP 示范项目涵盖范围广、数量多、新建项目多。

财政部推广 PPP 模式，主要目的是为减轻政府债务压力，侧重于项目运作模式和融资方式。财政部推出的第一批示范性项目中存量项目占了 2/3，财政部鼓励将存量项目转化为 PPP 项目，以缓解地方政府的债务压力。

根据 2017 年 6 月底财政部 PPP 项目库统计的数据，我国 PPP 项目主要有以下特点：

在全国入库项目中，已签约落地的项目有 2021 个，投资额达到 3.3 万亿元，涉及 19 个行业，整体项目落地率为 34.2%。

从地域和行业领域看，落地项目数前三位的省区是山东、新疆维吾尔自治区和安徽，合计占落地项目总数的 30.4%。落地项目数前三位的行业领域是市政工程、交通运输以及生态建设和环境保护，合计占落地项目总数的 64.3%。

旅游、文化、体育、健康、养老、教育培训等"幸福产业"重点领域入库项目呈增长趋势，旅游更成为"幸福产业"的头号热门。截至 6 月底，"幸福产业"项目数为 3012 个，投资额 2.2 万亿元。

"政府埋单"项目投资额占近七成。截至 6 月底，使用者付费项目有 4929 个、投资额 5 万亿元，分别占入库项目总数和总投资额的 36.4% 和 30.5%；政府付费项目 4659 个、投资额 4.3 万亿元，分别占入库项目总数和总投资额的 34.4% 和

26.5%；可行性缺口补助项目 3966 个、投资额 7 万亿元，分别占入库项目总数和总投资额的 29.2% 和 43.0%。

第二节　PPP 项目发起与筛选

一、PPP 项目发起

政府和社会资本合作模式按发起人不同可以分为由政府方发起和由社会资本方发起两种形式，但通常以政府方发起为主。该阶段的主要工作是组织完成 PPP 储备项目的立项、用地、环评审批／核准／备案。

（一）由政府方发起

由政府方发起 PPP 项目是世界各国和地区主流的发起方式，仔细分析我们便能得到这种现象发生的主要原因。

1. 由合作范围所决定

财政部《关于推广运用政府和社会资本合作模式有关问题的通知》（财金〔2014〕76 号）指出："政府和社会资本合作模式是在基础设施及公共服务领域建立的一种长期合作关系。"基础设施的建设及公共服务的提供是政府的一个重要职能，而其最终目的是满足居民基本生活需求、保障城市运行安全。出于这种原因，PPP 项目往往由政府发起。

2. 有利于城市总体规划

国务院《关于加强城市基础设施建设的意见》（国发〔2013〕36 号）指出："坚持先规划、后建设，切实加强规划的科学性、权威性和严肃性。发挥规划的控制和引领作用，严格依据城市总体规划和土地利用总体规划，充分考虑资源环境影响和文物保护的要求，有序推进城市基础设施建设工作。"基础设施建设要遵循城镇化和城乡发展客观规律，以资源环境承载力为基础，科学编制城市总体规划，做好与土地利用总体规划的衔接，统筹安排城市基础设施建设。

由于社会资本获得的信息具有限制性，无法了解城市的统筹规划，通常只局限于对可能项目所在区域进行调查。社会资本提出的项目并不在城市总体规划内，或者存在重复建设的可能，往往很难得到政府的同意，也打击了社会资本发起项目的积极性，造成社会资本提出 PPP 项目在我国较少。

3. 政府职能部门之间信息更为畅通

国务院《关于在公共服务领域推广政府和社会资本合作模式的指导意见》（国办发〔2015〕42 号）中指出："政府发起的 PPP 项目由财政部门负责向交通、住建、环保、能源、教育、医疗、体育健身和文化设施等行业主管部门征集潜在政府与社会资本合作项目。"由于政府发起的项目信息均在政府内部流转，信息传递过程较为顺畅，因此，可以加快立项过程。

（二）社会资本自提

《政府和社会资本合作法（征求意见稿）》首次提到了社会资本自提的概念，由社会资本自提的 PPP 项目是对政府项目发展能力的一种有益补充。但世界各国和地区政府对于由社会资本提出的 PPP 项目持两种截然不同的态度。一些国家和地区的政府认为由社会资本发起的 PPP 项目容易导致透明度不高、压制竞争、不利于实现物有所值原则等，因此完全否定由社会资本方自提的方式。

与之不同，另一些国家和地区的政府允许由社会资本自提，但为了提高项目的透明度，促进竞争，政府往往会设置较高的门槛，制定较多的原则和规定去检查、审视这些由社会资本发起的项目，并要求社会资本提交非常详细的提案。另一方面，政府通常会采用竞争性招标的方式引入其他潜在投资者参与竞争。

目前社会资本发起的方式在我国几乎不存在，但由社会资本自提的形式在我国是被允许的。国务院《关于在公共服务领域推广政府和社会资本合作模式的指导意见》（国发办〔2015〕42 号）中指出由社会资本发起的 PPP 项目，社会资本应以项目建议书的方式向财政部门（政府和社会资本合作中心）推荐潜在的政府和社会资本合作项目。

然而，社会资本自提能否在操作层面全面铺开仍然需要克服不少困难。

1. 政府的角度而言

（1）充分认识并肯定由社会资本发起项目的价值和意义

由于社会资本在挖掘项目的可能性时具有不同于政府部门的视角，往往可以提出极具创新精神的项目方案，这也是由社会资本发起项目的最大优点。作为对政府的项目发展能力的有益补充，尤其是缺少政府发展项目能力的地区，政府部门应当充分认识并肯定由社会资本方发起项目的价值和意义，鼓励和支持社会资本发挥其创新性，使其在 PPP 项目领域起到推动作用。

（2）纳入政府规划或政策

社会资本发起的项目由于不是政府主导的，因此并不在政府规划或政策范围之内，这就要求政府部门调整其规划和政策，从更为宏观的角度考虑项目的可操作性，避免重复建设等问题。

（3）合理引入竞争，提高项目透明度

在资本自提的方式下，社会资本往往会提出其拥有关键技术或知识产权，或者公开招标费用过大等理由，希望政府以非公开招标的方式来完成项目采购，以避免激烈的竞争。

然而，这种方式排除了其他投资人的竞争，缺乏足够的透明度，容易滋生腐败，因此成为众多国家和地区不允许社会资本发起 PPP 项目的主要原因。但是，简单地照搬政府发起项目的模式引入其他投资人通过招标方式选定社会资本虽然可以保证充分竞争、提高项目透明度，却会在很大程度上打击原始投资人的利益成为全世界社会资本发起 PPP 项目考虑的共同话题，《政府和社会资本合作法（征集意见稿）》明确指出："被采纳的政府和社会资本合作实施方案建议的提出者，未被依法选择为社会资本的，有权获得制定实施方案建议的成本补偿。补偿标准和办法由国务院财政部门会同有关部门制定。"

目前，其他国家和地区较为成熟的操作模式包括：奖励模式、Swiss Challenge模式和最后及最优报价模式。

①奖励模式。通过奖励模式鼓励原始项目发起人是指在招标过程中对原始项目发起人给予一定奖励。奖励形式通常有：在标书评估过程中，原始项目发起人的技术分或商务分获得额外加分或当项目原始发起人的报价与最佳报价的差距在一定的比例范围内，则选择原始发起人授标。奖励的额度由政府的项目主管部门确定，通常有一个最高限额。韩国和智利较多采用奖励模式，并且设置奖励最高限额为10%。

案例4.1　某社会资本发起某污水处理工程，在公开招标过程中规定低价中标，但采用奖励模式，即当项目原始发起人的报价与最佳报价的差距在10%范围内，则选择原始发起人授标。假设公开招标中，最低收费报价是 0.90 元/立方米，原始发起人的报价是 0.95 元/立方米，则原始发起人中标，因为项目原始发起人的报价与最低报价相差在 10% 以内。

②Swiss Challenge 模式。当社会资本发起项目进入公开招标程序后，发起项目进入公开招标也是一种较为常见的对原始项目发起人进行补偿的方式。这一模式与奖励模式类似，在指定期限内允许其他投资人进行投标，在意大利、菲律宾、关岛及中国台湾地区等国家和地区广泛应用。该模式下，原始发起人没有预先设定的奖励，但是有权利与其他更优报价的投标进行一对一的比较竞争。

案例 4.2　某社会资本发起某污水处理工程，在公开招标过程中规定低价中标，但采用 Swiss Challenge 模式，原始发起人可以在 30 个工作日内相应调整自己的报价，以匹配最优报价。假设公开招标中，最低收费报价是 0.90 元/立方米，原始发起人的报价是 0.95 元/立方米。如果原始发起人在开标后 30 个工作日内匹配最低报价，则项目原始发起人中标。如果其选择不匹配，则递交最低报价的其他投资人中标。

③最后及最优报价模式。其实是奖励模式和 Swiss Challenge 模式的一种变形。在该种模式下，在多轮的投标过程中，原始发起人可以直接进入最后一轮的投标。最后一轮投标要求在之前胜出的投标人给出最优的最终报价。标底价不会公开，中标人将在最后一轮投标中选出。如果中标人不是原始发起人，则中标人可能需要补偿原始发起人的项目开发成本，该费用可在招标文件中进行约定。

需要指出的是，奖励模式和最后及最优保价模式可以共同使用。

案例 4.3　某社会资本发起某污水处理工程，在公开招标过程中规定低价中标，并采用奖励模式和最后及最优报价模式，若原始发起人的报价与最优报价相差在 5% 以内，则原始发起人中标。但是如果原始发起人的报价与最优报价相差在 5%~20%，则原始发起人可以重新给出调整报价并进入第二轮投标。假设第一轮投标中，最低收费报价是 0.90 元/立方米，原始发起人的报价是 0.92 元/立方米，则原始发起人直接中标。假设第一轮投标中，最低收费报价是 0.90 元/立方米，原始发起人的报价是 0.95 元/立方米，则原始发起人可调整其投标报价并进入第二轮报价，投标人仍然为低价中标。

2. 从社会资本发起人角度而言

（1）提高项目质量，控制交易成本

社会资本发起项目过程中不可避免地将产生项目开发成本，一旦最终未能立项，社会资本的开发成本势必会"打水漂"。要解决这一情况，社会资本发起人必须保证项目质量，避免因为项目本身问题在立项时遭到否定。

（2）就竞争补偿及政策优惠与政府达成一致

作为原始发起人，社会资本为了保障自身利益，往往会在招标过程中谋求补偿。另外，原始发起人也希望政府出台一系列政策及优惠支持其项目。以上两个方面往往也会成为政府及项目原始发起人博弈的焦点。

由于社会资本发起 PPP 项目的内容在我国现行法律法规及政策中存在缺失，因此亟待相关部门填补这一空白，对社会资本发起项目加以引导，充分发挥社会资本发起项目的优势。

二、PPP 项目筛选

项目发起后，财政部门（政府和社会资本合作中心）会同行业主管部门应对国民经济何时会发展规划及行业专项规划中的新建、改建项目或存量公共资产中的潜在项目进行评估筛选，确定备选项目。

根据《基础设施和公用事业特许经营管理办法》（2015 年第 25 号令），PPP 合作项目包括基础设施类项目和公共服务类项目。基础设施类项目包括公路、铁路、港口、机场、城市轨道交通、供水、供暖、燃气和污水垃圾处理等项目；公共服务类项目包括环境保护、大气污染治理、教育培训、公共医疗卫生、养老服务、住房保障、行政事业单位房产运行维护等项目。

财政部门（或政府和社会资本合作中心）应根据筛选结果制订项目年度和中期开发计划。对于列入年度开发计划的项目，项目发起方应按财政部门（政府和社会资本合作中心）对新建、改建项目及存量项目的要求提交相关资料。新建、改建项目应提交可行性研究报告、项目产出说明和初步实施方案等；存量项目应提交存量公共资产的历史资料、项目产出说明和初步实施方案等。

（一）政府对项目的筛选

什么样的项目适合 PPP 模式，什么样的项目不适合，政府方必须要综合考虑众多衡量因素，主要包括以下几个方面。

1. 财政补贴额度

大部分 PPP 项目是经营性项目，或者准经营性项目，如轨道交通、高速公路、污水处理厂等。经营性项目全寿命周期内经营收入足以覆盖投资成本，社会资本可以获得预期的合理投资回报，政府方主要通过政策提供支持，无须给予财政补贴；准经营性项目有收费机制，具有潜在的利润，但由于其建设和运营直接关系公众的切身利益，因而其产出的价格由代表公众利益的政府确定，往往无法收回成本，即具有不够明显的经济效益，市场运行的结果将不可避免地形成资金缺口，需要政府通过适当政策优惠或多种形式的补贴予以维持。PPP 模式通过引入社会资本，可以解决政府在城镇化过程中的资金缺口以及地方债务所带来的压力，把一次性财政支出转化为长期支出。

因此，公益性项目或是投资回报大部分需要通过财政补贴获得的项目，这些项目原则上不宜采用 PPP 模式。因为社会资本投资一个项目必定会要求取得合理的投资回报，而公益性项目本身没有收益，投资者的回报要么来自政府财政补贴，要么通过政府购买服务获得。公益性项目，如果由政府直接投资，只需花费投资的成本；如果改为 PPP 模式，不仅需要投资的成本，还要加上投资的回报，总的来讲，政府会花更多的钱。

2. 长期合作关系

"PPP 不是一场婚礼，而是一段婚姻。"PPP 项目是政府部门和社会资本在基础设施及公共服务领域建立的一种长期合作关系，其合作期限一般要长达几十年。PPP 模式下，政府可以利用社会资本专业的经营管理能力来提高效率，靠后期运营的收益来弥补前期的投资。因此，只有长期项目才适合做 PPP 项目，单纯地资产建设交付不适合采用 PPP 模式。

3. 需求长期稳定

除了长期合作，适合由政府和社会资本合作的项目必须具备需求长期稳定的特点。只有当需求长期稳定，社会资本才可对投资回报做出判断。如果社会资本接受这样的投资回报率，则会参与投资。反之，如果需求不稳定，那么社会资本并不能看清其中的利益，出于对风险的考虑就会放弃参与其中。

4. 投资额具有一定规模

PPP 的应用对项目规模具有一定的要求，一般涉及大额资本投资，因为 PPP 项目一般有较高的交易成本。如果投资额过小，交易成本占比过高，则很难实现项目的物有所值。

5. 风险能够合理分配给社会资本

项目风险能否得到合理转移，也是判断项目能否采用 PPP 的重要考量因素，如果项目大部分风险并不适合转移给社会资本方，仍需政府方承担，则并不适合采用 PPP，而是由政府方来实施更物有所值。

（二）社会资本方对项目的筛选

与政府需要筛选项目一样，社会资本同样面临着选择项目的问题，但综合考量的因素却有所不同，主要包括以下几个方面。

1. 区域调研

社会资本方选择 PPP 项目时，首先需要对投资区域的宏观经济形势、金融规模、区域政策情况、政府信用、区域资源情况、竞争合作对手等做全方位的调研，在此基础上筛选。

（1）宏观经济形势

宏观经济运行指标能综合反映出经济的发展状况及所处阶段。根据民生证券对 591 个已知所在省份信息的 PPP 签约项目的调查显示，华东地区的浙江省、江苏省、山东省，华南地区的广东省的签约数占全国总签约数的比例均较高，原因在于这些省份的经济较为发达，债务的偿还能力可靠。此外，受"西部大开发""一带一路"等政策影响，西部地区基础设施的建设需求较大，西部地区也成为 PPP 项目签约的重要区域。

（2）金融规模

金融规模可充分显示区域的金融活跃度、融资便捷度，这两方面都是社会资本较为关心的方面，会在一定程度上影响其对项目的筛选。

（3）区域政策情况

政策代表着政府部门的诚信和承诺，如果政策随意制定或任意更改，最终的结果就是投资者的资本金和收益无法得到保障。由于 PPP 项目中政策与社会资本是长期合作关系，社会资本必然会担心法律政策的连续性和稳定性。此外，PPP 项目的特许期限一般都会超过一届政府的任期。当政府换届时，下一届的政府官员很可能会改变当地的发展战略，导致所需要的市政配套、土地等承诺就难以保证或使原先的现金流估计发生重大改变，从而使项目无法进行。

因此，社会资本在选择项目过程中必须对该区域政策是否多变或存在矛盾，以及可否通过合同条款与政府合理分配此类风险等做出判断。

（4）政府信用

执行 PPP 的基础设施项目在实施过程中，社会资本也会关注政府的诚信承诺。作为政府，在签署 PPP 协议时往往会由于财政资金缺乏、市政建设项目紧急等原因为项目提供各项优惠措施，但是在运作过程中经常会出现不履约、在履约的过程中拖沓、前期市政配套、土地等承诺无法兑现，违约赔偿难以取得、承诺排他情况下建设竞争项目、建设后期保障不及时等不诚信的表现。

产生政府信用危机的原因有很多，主要表现为：

①项目运作过程中政策调整而导致的信用风险。包括上面提到的"法律政策风险"以及"换届风险"。

②项目运作过程中政府部门利益调整而导致的信用风险。项目初期政府官员往往会许诺社会资本较为优厚的条件。如果遇换届等情况，而过快增长的投资，需要后任官员在任期内支付大量的基础设施投资回报，使后任官员面临严重的支付危机，政府无法信守承诺。

③特许经营模式本身带来的不确定性风险。高利润可能导致消费者的不满，政府慑于舆论压力而选择违约，取消约定的调价机制或提高考核的绩效标准。

④基于法律法规的不健全导致的风险。目前，我国 PPP 法尚未颁布，法律体系也正处于快速发展和变化之中，法律法规的变动不可避免地带来各方利益的调整，在一定程度上造成投资收入和地方利益的不确定性。

在这种情况下，社会资本对当地政府的信用度的了解和判断对最终是否参与投资起到了至关重要的作用。

①区域资源情况。企业操作PPP项目需整合多方资源，属地化的资源供给将决定企业在项目操作中或可涉及的成本。成本将直接影响社会资本可获得的回报，因此充分了解区域资源情况对生活资本而言是必需的、重要的。

②竞争合作对手。PPP项目将会有多家企业参与投标，尤其是当地企业更具有操作优势，因而需充分了解竞争合作对手的情况。

2. 项目边界清晰

项目的关键要素，包括土地获取、特许经营权、定价和调价机制、产权归属、政府保证、风险分担、利益共享方式、产品/服务要求、争端解决方式等是社会资本最为关心的方面，在筛选时社会资本必须全面清楚地了解。

3. 合理的回报机制

社会资本方参与投资一个项目一定是认为项目是有盈利的，最关心的往往是项目的回报机制。对于经营性项目，社会资本方的评估重点必须着眼于对预期收费的测算和收费保底条件，对未来20~30年的收费进行准确的预测。面对准经营性项目，由于经营性现金流无法弥补投资成本，社会资本必须考虑政府补贴等回报机制，对政府购买服务的资金（回购资金）保障进行评估。

4. 一定的优惠待遇

优惠待遇主要包括以奖代补、税收优惠及融资便利等要素，也是社会资本选择项目时需要考量的因素。

财政部已发布的《关于实施政府和社会资本合作项目以奖代补政策的通知》（财金〔2015〕158号）提出，通过以奖代补方式支持政府和社会资本合作（PPP）项目规范运作，对中央财政PPP示范项目中的新建项目，财政部将在项目完成采购确定社会资本合作方后，按照项目投资规模给予一定奖励。随后，各地的以奖代补政策也陆续出台。

PPP项目涉及税收优惠政策中企业所得税优惠政策包括从事《公共基础设施项目企业所得税优惠目录（2008年版）》规定的项目可享受三免三减半的企业所得税政策、专用设备投资额的10%抵免当年企业所得税应纳税额、项目公司为境内居民企业间分配股利免征企业所得税等；增值税优惠政策包括销售自产的产品免征增值税、污水处理劳务免征增值税、增值税即征即退的政策，垃圾处理、污泥处理处置劳务免征增值税等。

国家发改委与国家开发银行联合印发《关于推进开发性金融支持政府和社会资本合作有关工作的通知》（发改投资〔2015〕445 号）中提出，国家开发银行在监管政策允许范围内，将给予 PPP 项目差异化信贷政策，包括加强信贷规模的统筹调配，优先保障 PPP 项目的融资需求；对符合条件的 PPP 项目，贷款期最长可达 30 年，贷款利率可适当优惠；建立绿色通道，加快 PPP 项目贷款审批；支持开展排污权、收费权、集体林权、特许经营权、购买服务协议预期收益、集体土地承包经营权质押贷款等担保创新类贷款业务，积极创新 PPP 项目的信贷服务等。在这种大背景下，对于融资优惠政策也将成为社会资本选择项目过程中需要考虑的问题。

5. 风险分担措施

PPP 项目运营中面临的风险因素极其复杂，合理分担风险是保障 PPP 模式顺利运营的前提。社会资本方必须遵从风险应由最适宜的一方来承担，参与方对哪种风险控制力最强，就应发挥其优势控制哪种风险；高风险高收益，低风险低收益，承担的风险要和参与方的能力相适应等原则。对于风险过大而收益不足的项目，社会资本方应选择回避。

模板一　PPP 项目建议书

政府和社会资本合作项目由政府或社会资本发起，社会资本应以项目建议书的方式向财政部门（政府和社会资本合作中心）推荐潜在政府和社会资本合作项目。项目建议书（又称为立项申请书）是项目承建单位或项目法人就新建、扩建事项向发改委项目管理部门申报的书面申请文件。根据国民经济的发展规划、国家和地方中长期规划、产业政策、生产力布局、国内外市场、所在地的内外部条件对拟建项目提出的框架性的总体设想。以下是 PPP 项目建议书的模板。

目　录

一、总论

二、项目建设的必要性和条件

（一）项目建设的必要性分析

一、总论

【总体概述项目的基本情况。根据项目的实际情况来编写，包括项目名称、项目类型、建设地点、建设内容与规模、建设年限、概算投资、效益分析等内容】

（一）项目概述

1. 项目名称

_____

2. 项目类型

_____（新建、扩建）

3. 建设地点

_____

4. 建设内容与规模
（1）建设内容

_____

【例如：某市政基础设施建设项目建设内容包括景观设计、城市道路建设、周边路网景观改造提升、路灯维护、环卫、保洁等项目】

（2）建设规模：_____。

5. 建设年限
建设期_____年，运营期_____年。

6. 概算投资
（1）建设投资估算：总投资_____元。
（2）流动资金估算：_____元。

7. 效益分析
（1）经济效益：_____
（2）社会效益：_____

二、项目建设的必要性和条件

【包括项目建设的必要性和条件两部分，必要性主要分析PPP项目建设的必要性和本项目建设对当地建设和城市规划等方面的必要性，项目建设条件主要写项目建设所需的市场、交通以及本项目所特有的条件等】

（一）项目建设的必要性分析

1. PPP项目建设的必要性

（1）项目采用PPP模式符合国家近期政策要求。

政府和社会资本合作（PPP）模式是指政府为增强公共产品和服务供给能力、提高供给效率，通过特许经营、购买服务、股权合作等方式，与社会资本建立的利益共享、风险共担、长期合作的关系。作为＿＿＿＿＿＿＿＿项目，本项目采用PPP模式运作符合目前国家和地方有关宏观政策环境和要求。

为贯彻落实党的十八届三中全会关于"允许社会资本通过特许经营等方式参与城市基础设施投资和运营"精神，拓宽城市建设融资渠道，促进政府职能加快转变，完善财政投入及管理方式，近期国务院、财政部、发改委及相关行业主管部门发布了一系列关于政府和社会资本合作（PPP）的政策文件，要求各地的＿＿＿＿＿＿＿＿＿＿项目，应优先考虑采用PPP模式建设。表4-2所示为近期国务院、财政部、发改委发布的有关PPP模式的政策。

【根据具体项目选择合适的法规文件，可从以下条文中选择】

表4-2 国务院、财政部及国家发改委关于PPP模式的部分政策文件

日期	文件	发布机构	主要内容
2014年9月	《关于推广运用政府和社会资本合作模式有关问题的通知》	财政部	充分认识推广运用政府和社会资本合作模式的重要意义，做好制度设计和政策安排，开展项目示范，完善项目支持政策，包括项目合同文本、财政补贴管理等
2014年9月	《关于加强地方政府性债务管理的意见》	国务院	推广使用政府和社会资本合作模式，鼓励社会资本通过特许经营等方式参与城市基础设施等有一定收益的公益性事业投资和运营

续表

日期	文件	发布机构	主要内容
2014 年 10 月	《地方政府存量债务纳入预算管理清理甄别办法》	财政部	对适宜开展政府和社会资本合作（PPP）模式的项目，要大力推广 PPP 模式；在建项目要优先通过 PPP 模式推进；通过 PPP 模式转化为企业债务的，不纳入政府债务
2014 年 11 月	《关于政府和社会资本合作示范项目实施有关问题的通知》	财政部	确定天津新能源汽车、公共充电设施、网络等 30 个 PPP 示范项目；鼓励和引导地方融资平台公司存量项目转型为 PPP 项目等
2014 年 11 月	《关于创新重点领域投融资机制鼓励社会投资的指导意见》	国务院	完善公路投融资模式。建立完善政府主导、分级负责、多元筹资的公路投融资模式，完善收费公路政策，吸引社会资本投入，多渠道筹措建设和维护资金。逐步建立高速公路与普通公路统筹发展机制，促进普通公路持续健康发展
2014 年 12 月	《关于开展政府和社会资本合作的指导意见》	国务院	明确政府和社会资本合作的主要原则，包括投资回报机制、风险分担机制等；确定政府和社会资本合作的项目范围及模式；加强政府和社会资本合作项目的规范管理；强化政府和社会资本合作的政策保障
2014 年 12 月	《政府和社会资本合作项目通知合同指南》	发改委	从合同主体、合作关系、项目前期工作、收入和回报等方面进行说明和约定；意在提高公共服务的质量和效率，公开透明和阳光运行，合法合规及有效执行
2015 年 1 月	《PPP 项目合同指南（试行）》	财政部	全面系统介绍 PPP 项目合同体系，说明各主要参与方在 PPP 项目中的角色及订立相关合同的目的，阐述 PPP 项目合同的主要内容和核心条款，具体分析合同条款中的风险分配原则、基本内容和权利义务安排
2015 年 4 月	《基础设施和公用事业特许经营管理办法》	六部委	基础设施和公用事业特许经营可以采取以下方式：在一定期限内，政府授予特许经营者投资新建或改扩建、运营基础设施和公用事业，期限届满移交政府； 在一定期限内，政府授予特许经营者投资新建或改扩建、拥有并运营基础设施和公用事业，期限届满移交政府； 特许经营者投资新建或改扩建基础设施和公用事业并移交政府后，由政府授予其在一定期限内运营； 国家规定的其他方式

日期	文件	发布机构	主要内容
2015 年 5 月	《关于在公共服务领域推广政府和社会资本合作模式指导意见的通知》	国务院	广泛采用政府和社会资本合作模式提供公共服务。在能源、交通运输、水利、环境保护、农业、林业、科技、保障性安居工程、医疗、卫生、养老、教育、文化等公共服务领域，鼓励采用政府和社会资本合作模式，吸引社会资本参与；化解地方政府性债务风险。积极运用转让—运营—移交（TOT）、改建—运营—移交（ROT）等方式，将融资平台公司存量公共服务项目转型为政府和社会资本合作项目，引入社会资本参与改造和运营，在征得债权人同意的前提下，将政府性债务转换为非政府性债务，减轻地方政府的债务压力，腾出资金用于重点民生项目建设
2015 年 6 月	《关于进一步做好政府和社会资本合作项目示范工作的通知》	财政部	在公共服务领域广泛征集适宜采用 PPP 模式的项目。根据《国务院办公厅转发财政部发展改革委 人民银行关于在公共服务领域推广政府和社会资本合作模式指导意见的通知》（国办发〔2015〕42 号），地方各级财政部门要在能源、交通运输、水利、环境保护、农业、林业、科技、保障性安居工程、医疗、卫生、养老、教育、文化等公共服务领域，筛选征集适宜采用 PPP 模式的项目，加快建立项目库

（2）项目采用 PPP 模式有助于实现筹资社会资金、提高管理水平、转变政府职能等多重目标。

①采用 PPP 这一创新模式筹集社会资金，可有效减轻当期的财政压力。

②通过引入市场竞争机制，利用社会资本资源，充分发挥其专业分工优势，利用其成功的技术和管理经验，提高项目资源的建设效率和利用效率，提高项目的管理水平，从而降低全生命周期成本。

③通过政府与社会资本合作，将项目的各类风险交由最有能力和适合的一方承担，从而实现最优风险分配。

④采用 PPP 模式进行基础设施建设，有利于加快政府职能转变，将政府的发展规划、市场监管、公共服务职能与社会资本的管理效率、技术创新动力有机结合起来。

2. 项目建设的必要性

（1）满足_____的需要。

_____

_____

【根据项目自身特点自行编写，可从缓解资源紧缺、改善环境、健全基础设施等方面阐述。例如：某污水处理厂的建设，能够在技术、管理、服务等方面以更先进的条件满足城市对污水处理的需要和发展，提高当地对污水的处理能力，改善城市生态环境，完善基础设施建设，提升城市现代化水平】

（2）符合_____的需求。

_____

_____

【根据项目自身特点自行编写，可从当地区位发展定位、市场供给、鼓励当地产业谋求发展等方面阐述。例如：某高科技电子产业园区建设，能够充分运用产业园区符合当地区位发展的需求，产业园区位于"长三角"和"环渤海"经济圈交汇，市内有"一机场、两铁路、四高速"的立体交通网络，充分利用区位优势来发展高科技电子产业，促进当地高科技电子行业发展】

（3）助推_____的进程。

_____

_____

【根据项目自身特点自行编写，可从城乡发展一体化、区域发展协调化、产业布局合理化、构建和谐社会等方面阐述。例如：某电子产业园区建设，将助推产业调整，后发赶超的进程，将为提速该省现代化进程提供动力支持，促进产业结构调整，优化产业布局，为实现共同富裕构建和谐社会贡献力量】

（二）项目建设条件

1. 场址建设条件

_____

_____

【根据项目自身特点自行编写，可从地形、地质、气候、交通、公用设施、施工等方面阐述】

2. 资源条件评价（指资源开发项目）

_____

_____

【根据项目自身特点自行编写，可从资源可利用量（矿产地质储量、可采储量等）、资源品质情况（矿产品味、物理性能等）、资源贮存条件（矿体结构、埋藏深度、岩体性质等）等方面阐述】

3. 其他条件分析

_____

_____

【根据项目自身特点自行编写，可从人力、资金、技术、社会条件等方面阐述】

三、建设内容与规模

【根据具体项目的实际情况填写项目建设的内容和规模，包括项目建设的具体内容、各部门的内容、总用地面积、建筑面积等】

（一）建设内容

如表4-3所示。

表4-3　建设内容一览表

序号	建设内容	规格（长×宽 单位：m）	建筑物数量 （幢）	占地面积/m²	建筑面积/m²	备注
一期工程建设内容						
1	标准化车间1					
2	标准化车间2					
3	合计					

续表

序号	建设内容	规格（长×宽 单位：m）	建筑物数量（幢）	占地面积/m²	建筑面积/m²	备注
二期工程建设内容						
1	标准化车间3					
2	标准化车间4					
3	合计					
……						

（二）建设规模

规划区总建筑面积_____ m²，一期工程建筑面积为_____ m²；二期工程建筑面积为_____ m²。

【根据项目自身特点自行编写，分期建设】

四、技术方案、设备方案和工程方案

【项目初步技术方案、主要设备方案、工程方案，出具生产技术方法、主要设备清单表、工程建设初步方案，因项目不同而异】

（一）技术方案

1. 生产方法（包括原料路线）

_____

_____

2. 工艺流程

_____

_____

（二）主要设备方案

1. 主要设备选型（列出清单表）
2. 主要设备来源（见表4-4）

表4-4　主要设备选型表

序号	设备名称	型号	数量	来源（国产/进口）	备注
1				国产	
2				进口	
3					
......					

（三）工程方案

1. 建、构筑物的建筑特征、结构及面积方案（附平面图、规划图）
2. 建筑安装工程量
3. 主要建、构筑物工程一览表（见表4-5）

表4-5　主要建、构筑物工程一览表

序号	建设内容	规格（L×W 单位：m）	占地面积/m²	建筑面积/m²	备注
1	建筑物1				
2	建筑物1				
3	建筑物1				
4	建筑物2				
......					

五、项目实施方案

【项目实施方案也称项目执行方案，是指正式开始为完成某项目而进行的活动或努力工作过程的方案制定，是企事业单位项目能否顺利和成功实施的重要保障和依据。此处书写初步项目实施方案】

（一）采购方式的选择

1. 采购方式

根据《中华人民共和国招标投标法实施条例》（国务院令第 613 号）、《中华人民共和国政府采购法实施条例》（国务院令第 658 号）、《关于印发〈政府和社会资本合作模式操作指南（试行）〉的通知》（财金〔2014〕113 号），PPP 项目的采购方式有以下五种。

（1）公开招标：主要适用于核心边界条件和技术经济参数明确、完整、符合国家法律法规和政府采购政策，且采购中不做更改的项目。同时，公开招标流程成熟规范，不可预见因素少。

（2）竞争性谈判：项目采购文件应明确评审小组根据社会资本谈判情况可能实质性变动的内容。由于谈判过程中不可避免地牵涉小组成员自身的主观理解和认知，不可预见因素较多。

（3）邀请招标：由于投标对象有所限制，其市场竞争性一般。

（4）竞争性磋商：作为新出台的特别针对 PPP 项目的一种采购方式，其具体操作流程缺少可参考案例。在竞争性磋商中的响应文件评审第一阶段，提出先与社会资本进行采购文件的修订谈判，为采购过程带来更多的不可预见因素。

（5）单一来源采购：是指只能从唯一供应商处采购、不可预见的紧急情况、为了保证一致或配套服务从原供应商采购原合同金额 10% 以内的情形的政府采购项目。与单一的投标人进行谈判，其市场竞争性最低。

2. 采购方式的确定

根据上述比选，建议采取_____方式进行项目的社会资本采购。该方式通过规范化程序和公平竞争发现价值，有利于实现资源优化配置和 PPP 项目的"物有所值"，避免信息不对称给政府造成损失，促进社会资本保证质量、改善服务、降低费用、提高效率，并创造合理的利益回报。

（二）项目建设工期

本项目工期_____天。

（三）实施步骤

（1）由政府指定专门部门或单位牵头负责协调督办该项目，_____作为项目发起人主导承担整个项目实施，对项目负全部责任，项目质量保证源头可控。

（2）统一规划，_____主导提供全套的改造方案、组织施工安装及售后服务。

（3）制定详细的施工规划经相关管理部门批准后，分段施工，委派专人负责与政府部门对按计划目标进度实施。施工期间服从政府安排，遇到重大活动及时调整。

（4）开工前，技术负责人组织相关人员熟悉施工方案和图纸，领会项目改造要求和设计意图，进行技术交底。

（5）委派有经验和能力、具有相应资质的技术人员现场督导施工，保证施工质量，解决技术问题。

（四）运营维护管理标准

按照《_____管理办法》执行。

六、运作模式

【PPP项目有自己特有的运作模式。政府与社会资本的合作。通过组建项目公司进行建设和管理运营，必须明确合作主体和组成的项目公司的构成及股权分配，明确项目运作模式、项目保障和运营机构及运作原则】

（一）合作主体

合作主体有政府主体和社会资本主体。

（1）政府主体：_____人民政府（以下简称"政府"）。

（2）社会资本主体：_____有限公司（拟成立，以下简称"项目公司"）。

（3）项目公司构成：_____项目有限公司。

出资比例：政府方持股_____%，社会资本（_____有限公司）持股_____%【持股比例由实际情况而定】。

（二）项目运作

该项目采用 PPP 模式运作，由政府方和社会资本合作成立项目公司，由项目公司进行融资、设计、施工和运营，并在特许经营期满后移交给政府。

（1）成立项目公司：由_____有限公司主导（社会资本方）和_____（政府方）共同注册成立"_____有限公司"，所有持股成员为项目公司的共同股东，按照股权比例年终进行利益分配。

（2）授予特许经营权：_____政府与项目公司签订特许经营协议，确立项目公司的特许经营范围和经营年限。

（3）经营期限约定：该项目经营期限为_____年，项目公司享有专营独立经营权。

（4）项目经营主体的确立：在经营期内，_____项目有限公司为该项目的经营主体，对人员安排调动、设备材料添置、管控等一系列经营活动拥有决策权。

（5）项目经营期满依据情况，若双方需要继续以 PPP 模式合作，在同等条件下应优先考虑与项目公司的合作。

（6）付费机制：根据合作各方的预期和承受能力，结合项目所涉的行业、运作方式等实际情况，确定本项目的付费机制为_____（政府付费、使用者付费、可行性缺口补助）。

（三）项目运作流程

如图4-2所示。

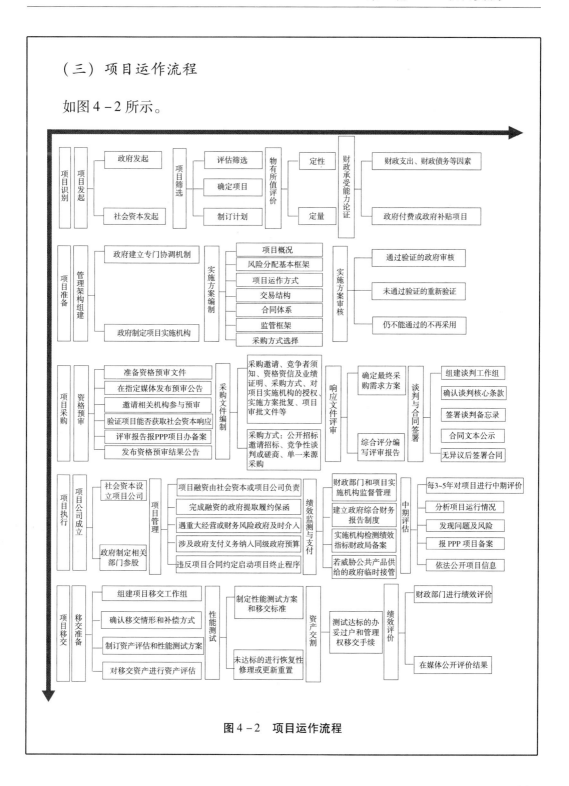

图4-2　项目运作流程

（四）运作原则

1. 坚持"四统一原则"

为确保该项目全部工作的顺利开展和所有目标的成功实现。坚持"四统一原则"，即统一投资、统一改造、统一管理、统一经营。

2. 坚持适度分离原则

（1）为提高效率、降低成本、发挥各自优势、增强透明度和公开性，该项目运作过程中采取项目管理公司和政府适度分离的运作原则。

（2）政府主要履行监督职责，为该项目提供政府援助，创造良好的外部工作环境和支持，不干预该项目的具体操作。

（3）项目管理公司按照市场化原则，负责该项目的资金筹措、改造实施以及改造后的经营管理，确保目标的成功实施。

3. 坚持适当补偿原则

（1）在该项目合作有效期内，由项目公司综合开发并经营管理，所产生效益对于项目公司风险的投资补偿。

（2）对经营性亏损，政府应为项目公司追加补偿，补偿依据为产品市场价格。

七、经营概算对比分析

【PPP 项目经营概算对比分析是通过计算政府采用传统模式的采购成本与采用 PPP 合作模式的成本进行对比，来分析经营状况的概预算，主要根据项目产品和规模来估算费用】

（一）政府经营管理年度费用概算

1. 政府建设费用
【编制政府建设费用表，根据实际情况编写】
2. 政府经营管理年维护费用（见表 4-6）
【编制政府经营管理年维护费用表】

表4-6　政府经营管理费用表

年 费用	1	2	3	
原材料、燃料费				
动力费				……
工资及福利费				
维修费				
合计				

3. 政府年总费用概算

按照当前现状由政府经营，建设费用_____万元，运营维护费用_____万元，总费用_____万元。共需要财政投入_____万元，平均每年财政需支出_____万元。

（二）PPP合作模式经营管理年度费用概算

1. PPP合作建设费用

【编制PPP合作建设费用表，根据实际情况编写】

2. PPP合作经营管理年维护费用（见表4-7）

表4-7　PPP合作经营管理年维护费用表

年 费用	1	2	3	
原材料、燃料费				
动力费				……
工资及福利费				
维修费				
合计				

3. PPP合作经营年经营管理总费用概算

通过PPP合作模式经营，年建设费用_____万元，运营维护费用_____万元，总费用_____万元。

通过 PPP 模式进行项目总费用由原来的_____万元减到_____万元，年节约_____万元，节约效果非常明显。

通过 PPP 模式_____项目产生的效益使运营维护费由原来政府经营的_____万元降到_____万元，直接产生收益_____万元。

（三）PPP 模式经济效益（见表 4-8）

表 4-8　政府经营与 PPP 合作经营对比表

序号	经营主体	类别	总金额	年平均支出	备注
1	政府经营	建设成本			
		运营费用			
		合计			
2	合作模式	建设成本			
		运营费用			
		合计			

通过以上对比分析，_____项目采用 PPP 模式由政府和社会资本合作经营管理明显优于政府独家经营管理，合作经营期按_____年计算，可为政府带来经济效益。

八、效益分析

【效益分析包括经济效益分析、社会效益分析等，可根据项目具体情况另外进行生态效益、资源环境效益分析等。通过分析得出此项目能否增加供给、优化风险分配、提高运营效率、促进创新和公平竞争的结论】

(一) 经济效益分析

1. 销售收入估算 (编制销售收入估算表, 见表4-9) (假设建设期为2年)

表4-9 销售收入估算表

序号	项目　　　　　　　年	3 (经营期第一年)	4	5	
1	产品销售收入				......
1.1	产品1				
1.2	产品2				
2	其他销售收入				
3	合计				

2. 成本费用估算 (编制总成本费用表, 见表4-10) (假设建设期为2年)

表4-10 总成本费用表

序号	项目　　　　　　　年	3 (经营期第一年)	4	5	
1	经营成本				......
2	折旧费				
3	摊销费				
4	建设投资借款利息				
5	流动资金借款利息				
6	总成本费用				

3. 财务现金流量表, 如表4-11所示 (假设建设期为2年)

表4-11 财务现金流量表

序号	项目　　　　　　期/年	建设期		运营期		
		1	2	3	4	
	生产负荷 (%)					......
1	现金流入					
1.1	营业收入					

续表

序号	期/年 项目	建设期		运营期		
		1	2	3	4	
1.2	补贴收入					
1.3	回收固定资产余值					
1.4	回收流动资产					
2	现金流出					
2.1	建设投资					
2.2	流动资金					
2.3	经营成本					……
2.4	营业税金及附加					
2.5	维持运营投资					
2.6	调整所得税					
3	所得税后净现金流量					
4	累计所得税后净现金流量					
5	折现系数					
6	所得税后折现净现金流量					
7	累计所得税后折现净现金流量					

4. 投资回收期

投资回收期也称为返本期，是反映技术方案投资回收能力的重要指标，分为静态投资回收期和动态投资回收期。

通常只进行技术方案静态投资回收期计算分析。

静态投资回收期宜从技术方案建设开始年算起。当技术方案建成投产后各年的净收益不相同时，静态投资回收期可根据累计净现金流量求得，也就是技术方案投资现金流量表中累计净现金由负值变为零的时点。其计算公式为：

P_t =（累计净现金流量出现正值的年份 – 1）+（上一年累计净现金流量的绝对值/当年净现金流量）

式中　P_t——投资回收期。

5. 投资利润率

根据财务净现金流量表可计算此项目的总投资收益率，计算方法如下。

总投资收益率表示总投资的盈利水平，按下式计算：

$$ROI = EBIT/TI \times 100\%$$

式中 EBIT——技术方案正常年份的年息税前利润或运营期内平均息税前利润；

TI——技术方案总投资（包括建设投资、建设期贷款利益和全部流动资金）。

总投资收益率高于同行业的收益率参考值，表明用总投资收益率表示的技术方案盈利能力满足要求。

（二）社会效益分析

1. 社会影响效果分析

发展 PPP 模式对于现代社会来讲意义重大，不但可以更好地将民间资本和政府工作结合起来，推动社会事业建设，同时 PPP 模式的出现，还可以帮助政府进一步改善发展现状，制定出更加符合时代发展潮流的规划，促进国家整体进步。

【根据项目实际情况自行编写，可从就业、提高公共服务水平、改善人们生活水平、促进社会稳定、保护自然资源或生态环境、提高国防能力、保障国家和社会安全等方面书写】

2. 社会适应性分析

社会对项目的适应性和可接受程度分析如表 4 – 12 所示。

表 4 – 12　社会对项目的适应性和可接受程度分析表

序号	社会因素	适应程度	可能出现的问题	措施建议
1	不同利益全体	适应并有不同程度支持	建设期间引起当地极小的不便	加强现场监管
2	当地组织机构	全力支持	电力交通通信等部门配合	协调配合并支持

（三）项目综合利益

经过对该项目的经济效益、社会影响的分析，该项目实施产生的综合效益主要表现在以下几个方面。

（1）加大当地基础设施的投资力度，促进当地社会经济的发展和社会建设。

（2）符合_____政府的经济发展规划和发展战略，有利于提升_____现代都市形象。

（3）缓解政府财政压力，转变政府职能，使政府免受债务缠身，把更多的精力倾注于民生。

（4）提高市民生活质量，促进人民生活水平提高，改善生活质量，提升政府执政公信力，为国家倡导的 PPP 项目快速展开起到典范引领示范作用。

九、结论

（1）本项目的建设符合_____发展战略，项目建设规模适当合理，能够促进_____当地（城市）的建设和发展建设迅速形成，具有良好的经济和社会效益，能促进当地经济发展。

（2）本项目实施后，_____（基础设施建设）更加完善，大力提升_____环境和经济的发展，本项目开发实施是必要可行的。

（3）本项目采用 PPP 模式，较之政府部门传统模式，在经济和社会各个方面收益显著，故本项目适宜采用 PPP 模式。

模板二　PPP 项目产出说明

产出说明（Output Specification），是指项目建成后项目资产所应达到的经济、技术标准，以及公共产品和服务的交付范围、标准和绩效水平等。PPP 项目产出说明由项目发起人按照财政部门（政府和社会资本合作中心）要求编写。

目　录

一、项目资产的标准

（一）经济标准

PPP项目产出要达到一定标准，如表4-13所示。

表4-13　PPP项目资产经济规模标准

序号	产品名称	建设项目经济规模标准（年生产能力）	说明
1			
2			
3			

PPP项目是否物有所值，能否增加供给、优化风险分配、提高运营效率、促进创新和公平竞争，主要衡量指标如下：

（1）全生命周期整合潜力；

（2）风险识别与分配；

（3）绩效导向；

（4）潜在竞争程度；

（5）鼓励创新；

（6）政府机构能力；

（7）政府采购政策落实潜力。

（二）技术标准

技术标准包括基础技术标准、产品标准、工艺标准、检测试验方法标准，以及安全、卫生、环保标准等。

（1）基础技术标准，是指在企业范围内，作为其他标准的基础，并普遍使用，具有广泛指导意义的标准，包括通用性技术基础标准、行业技术基础标准和专业技术基础标准。

①通用性技术基础标准：作为所有行业和专业技术标准所共同使用的基础标准。全国标准体系第一层次综合性基础标准，遵循国家标准化行政主管部门制定的标准。

②行业技术基础标准：在行业范围内，作为其他技术标准的基础标准。列入行业标准体系第一层次通用基础标准，遵循国家标准化行政主管部门制定的标准。

③专业技术基础标准：在专业范围内，作为其他技术标准的基础标准。遵循国家标准化行政主管部门制定的标准。

（2）产品和工艺标准、检测试验方法标准及安全、卫生、环保标准均应符合国家标准化行政主管部门制定的标准。

二、公共产品和服务的交付标准

（一）产品或服务的质量

（1）PPP项目设计满足现在及将来的需求：是指PPP项目在具体实施阶段的设计方案满足项目现阶段以及将来的使用需求。一方面，是指PPP项目的规划和方案设计具有适用性和前瞻性，既不能建设过时的项目也不能盲目地追求高标准；另一方面，PPP项目设计寿命周期应大于或等于项目的服务或运营周期。

（2）项目建造质量的安全可靠性：是指 PPP 项目的建设质量能确保项目运营阶段的安全性和可靠性。建设项目的质量要求至少应符合建设项目质量验收标准，这是项目建成后移交的前提。PPP 项目的建造质量主要应由承建商来保证。

（3）PPP 产品或服务质量项目移交前后具有一致性：是指 PPP 项目移交给公共部门前，其运营能力相比移交给公共部门，由公共部门运营或通过拍卖由其他运营商来运营是一样的。这一指标主要是为了避免 PPP 项目运营商在移交前的掠夺式运营，对 PPP 项目进行非正常的过度经营，并减少或不投入维护费用。

（4）PPP 项目提供的产品或服务的质量满足消费者的需求：是指 PPP 项目提供的产品或服务能改善公共基础设施服务供应不足的现状，缓解公众对现有公共基础设施服务的不满情绪。

【例如：地铁的修建能改善公众出行困难的现状，高速公路的修建能够满足人们区域性快速流动的需求，水厂、电厂的修建能够改善水电供应不足的现状等】

（5）PPP 项目提供的产品或服务质量具有持久性：是指 PPP 项目运营阶段提供的产品或服务质量具有稳定性，不会因为使用年限的增长而降低或出现高收费。PPP 项目的服务周期一般长达几十年，随着项目的使用，为维持服务质量其维护费用会逐年增加，但其固定成本会随着消费者增加逐渐摊薄。根据经济寿命公式，项目运营商应增加维护费用，以维持 PPP 项目提供的产品或服务的水平，吸引更多的消费者，从而达到延长项目的经济寿命。

（二）产品或服务的数量

（1）PPP 项目提供产品或服务数量应满足消费者需求：是指 PPP 项目提供的产品或服务从数量上能够满足消费者的需求。

【政府应用 PPP 模式的主要目的就是为了改善公众基础设施服务供给不足的现状】

（2）PPP 项目提供的产品或服务数量规模适中：是指 PPP 项目提供的产品或服务从数量上能够满足消费者。但不要过量，根据需求—供给理论，当供大于求的时候，必然造成价格的回落和服务（产品）的浪费，这对投资者和政府方都是不利的。上面提到的 PPP 项目选择评估阶段的关键成功因素第一个就是 PPP 项目的选择能准确预测市场需求，只有准确预测了市场需求，才能确定准确的投资规模，减少投资风险，满足消费者的需求。

（三）产品或服务的价格

（1）消费者能够承受：是指 PPP 项目提供的产品或服务的价格是和社会经济发展水平能够相适应的，是消费者愿意消费并能够承受的。

（2）社会资本获取合理利润：是指 PPP 项目提供的产品或服务的收费价格能够确保项目公司收回成本并获取合理利润。给予社会资本的逐利性，在自然资源开发、公共基础设施领域，社会资本应获取合理利润。

（3）定价促进社会公平：是指 PPP 项目提供的产品或服务价格能够促进社会分配效率的提高，既能让投资者有所回报，又能让民众接受。主要表现在：①消费者付费，即谁消费谁付费，而不应该主要通过财政资金补贴来实现 PPP 项目的低价运行，财政补贴是变相对所有人收费，这对没有参与消费 PPP 项目提供的产品或服务的民众是不公平的；②投资者获取合理回报，对于私人部门来说，PPP 是一种投资活动，应该有一定的收益，但是这种收益率必须是有限的，过高的收益率会造成暴利行业的产生，不利于 PPP 模式的应用和推广。

（4）设置合理的调价机制：是指 PPP 项目的特许经营协议里应该有合理的调价机制条款。这主要是为了保证 PPP 项目提供的产品或服务价格在社会经济的发展过程中不贬值。PPP 项目投资巨大，服务时间长，在这个过程中，经济发展、物价上涨必然会导致实际价格发生变化，价格的变化必然会导致利益失衡，所以设置合理的调价机制应作为一个重要的指标。

（四）特许经营期限

（1）特许经营期限应长短合理：是指 PPP 项目的特许经营期限应经过详细的测算，并应以 PPP 项目公司收回其成本并获取合理回报为标准。PPP 项目一个典型的特征就是它具有特许经营期限，合理的特许经营期限能够对私营部门起到良好的激励作用，有利于提高项目的运作效率。

（2）特许经营期限结构选择合理：特许经营期限结构分为单时段和双时段，按是否带有激励措施，又可分为单时段不带激励措施、单时段带激励措施、双时段不带激励措施和双时段带激励措施的特许经营期限结构。特许经营期限结构选择合理是指 PPP 项目公司根据具体项目的特征选择一种合理的特许经营期限结构，这涉及 PPP 项目的一个重要的风险——完工风险的分配问题。

（3）建设期尽可能短，尽早提供产品或服务：是指 PPP 项目在合理的规划和组织下，其建设周期短，尽早为公众提供产品或服务。特别是在双时段特许经营期限结构下，PPP 项目的实际运营期是从项目完工后开始计算的。

（五）项目的可持续性

（1）PPP 项目具有广泛的社会适应性：是指 PPP 项目的建设符合地区或国家的经济社会发展水平，能够促进地区或国家的经济社会发展。

（2）PPP 项目的建造和运营符合环保标准：是指 PPP 项目的建设阶段和运营阶段必须都注重环境保护。建设项目后评价理论很重要的一个评价指标就是对环境影响的评价。PPP 项目属于建设项目，并且 PPP 项目大多集中在基础设施领域和资源开发领域。因此，更应该注意环境保护，对环境影响较小也是 PPP 项目的一个关键成功因素。对 PPP 项目环境保护的评价可以采取"环境影响评价报告书"的方式。

（3）PPP 项目具有内部维护能力：是指 PPP 项目的固定资产设施是可维护的并具有相应的维护技术。建设项目在交付之前，施工单位都要出具质量保修书，主要目的就是为了对建设项目进行维护。PPP 项目也不例外。PPP 项目不仅需要维护建筑物，还要维护提供产量品或服务的设备，比如地铁项目的车辆、电厂的发电设备、水厂的滤水设备等。从某种程度上，这些设备更容易磨损，维修难度也更大，PPP 项目的运营公司必须掌握这些设备的维修技术，并对设备进行良好的保养，从而提高 PPP 项目的内部维护能力。

（4）PPP 项目具有防灾能力：是指 PPP 项目的灾难（主要包括地震、火灾、洪水、战争等）预防应急以及灾后重建的能力。PPP 项目的投资规模、灾难风险性以及受难后的损失都将远远大于一般的建筑物，因此 PPP 项目更应该注意自身的防灾建设能力。

（5）产品或服务具有竞争力：是指 PPP 项目提供的产品或服务较同类产品或服务更能满足民众的需要，主要包括价格的合理性、产品或服务的舒适性等。

【例如：地铁提供的交通服务比公交车舒适便捷，价格比出租车便宜；电厂的修建能够满足民众大量用电的需要；高速公路的修建能够缩短公众出行的交通时间等】

（六）政府方的收益

（1）减少政府支出，切实减小政府财政压力：是指 PPP 模式的项目与传统模式下相比能减少政府的财政支出，缓解政府日益紧张的资金压力。PPP 模式的一大优点就是能够拓宽政府部门的融资渠道，缓解政府的财政压力。PPP 项目的实施能否切实减小政府的财政压力，使政府能够花小钱办大事，为民众带来利益，进而体现政府的服务职能，成为衡量 PPP 项目产出的一个重要指标。

（2）提高公共基础设施建造、运营、维护和管理效率：是指 PPP 模式下，引入社会资本的管理、技术优势，减少浪费，提高效率，进而也提高财政资金的利用效率。传统投资模式下固定资产投入率只有 60% 左右，造成巨大的浪费，PPP 模式是在这种背景下才得到政府的青睐。PPP 项目能不能发挥社会资本高效的投资管理优势，提高投资项目的建造、经营、维护和管理效率也成为考核 PPP 项目产出的一个重要指标。

（3）体现政府的公益性和服务性：是指 PPP 项目能促进政府部门的职能由管制型向服务型转变，体现财政资金"取之于民，用之于民"的公益性和服务性。

（4）促进经济发展、维护社会的稳定：是指 PPP 项目的实施能促进地区和国家的经济发展，提高基础设施的服务水平，缓解社会供需矛盾，维护社会安定。随着中国经济持续不断地高速发展，地区间的发展不平衡、行业间的发展不平衡以及贫富差距加大，各种社会矛盾逐渐显现出来。在这种大环境下，作为具有重大民生影响的 PPP 项目的实施，应该能够促进社会经济平衡发展，为维护社会的稳定做出贡献。

第三节　物有所值评价

一、物有所值评价概述

物有所值（Value For Money，VFM）最早出现于英国，已经广泛地应用于国外 PPP 项目实践，如英国、澳大利亚、加拿大、美国等政府机构相继颁布了完整的 VFM 评价程序和评价指南，由于各国国情不同，甚至不同区域也有所差别。但其共同的关键评估标准均为支付能力、风险竞争和分摊，评价目标为最优风险转移、有效的公共服务、共同基金的利用率、创新设计、充分利用私人部门。

对于 VFM，国际上没有 PPP 范畴下的物有所值的统一定义。根据《政府和社会资本合作模式操作指南（试行）》（财金〔2014〕113 号），物有所值是指一个组织运用其可利用资源所获得的长期最大利益。用老百姓喜闻乐见的话来说，就意味着少花钱、多办事、办好事。显然，物有所值是一个比较好的概念。

PPP 范畴下的物有所值也是一个相对概念，需要将 PPP 模式与政府传统采购模式进行比较。一般是假设两种采购模式的效果相同，比较不同模式下政府支出成本的净现值大小来判断哪种模式更能实现物有所值。其中，政府传统采购模式是指政府及其所属机构直接负责项目设计、投融资、建设和运营维护等工作（包含委托他人执行其中部分工作），并承担项目主要风险，一般不奉行全生命周期管理理念的采购模式。

VFM 评价的引入是为了避免在促进基础设施领域民间资本参与的政策背景下盲目推进 PPP 项目，因为并非所有公共项目都适合采用 PPP 模式。VFM 评价最终的目的是，通过对项目采用 PPP 模式与传统模式比较，判断项目在采用 PPP 模式下是否实现物有所值，即是否实现资源的最大化利用，更好地实现公共项目建设运营的经济性、效率及效果。目前，我国 PPP 模式正处于起步阶段，尚未建立完善的 VFM 评价体系。近年来，物有所值的理念在我国的一些 PPP 项目评价中得到应用，因此开始受到关注。

二、物有所值评价框架

物有所值评价包括定性评价和定量评价。鉴于物有所值评价是政府进行 PPP 决策的有力工具，谨慎和全面地准备物有所值很重要。为了保持其有效性，物有所值评价启动后就应首先制定详细的产出说明，明确产出和服务交付的规格要求，并定义一个由政府采用传统采购模式实施、所提供服务符合产出说明规格要求的参照项目，然后进行物有所值定性评价和定量评价。

根据《关于印发〈PPP 物有所值评价指引（试行）〉的通知》（财金〔2015〕167号），我国境内拟采用 PPP 模式实施的项目，应在项目识别或准备阶段开展物有所值评价。鼓励在项目全生命周期内开展物有所值定量评价，并将其作为全生命周期风险分配、成本测算和数据收集的重要手段，以及项目决策和绩效评价的参考依据。

从国际经验上来看，物有所值评价可以贯穿应用于项目的全生命周期，识别阶段用于判断项目是否采用 PPP，准备阶段用于判断边界条件深化或方案完善调整后是否仍然采用 PPP，采购阶段用于判断不同的响应文件是否能够达成物有所值以及哪个响应文件达成了更高程度的物有所值，执行阶段在中期评估中检验项目是否达成物有所值，移交阶段在后期评价中复评全生命周期的物有所值达成情况。

项目各阶段物有所值评价的基本框架如图 4-3 所示。

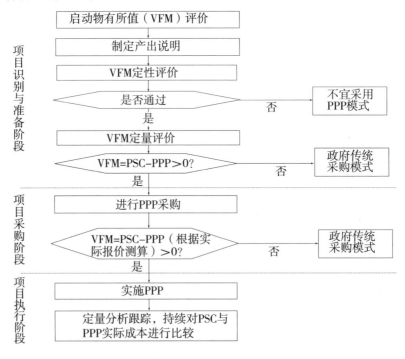

图 4-3　项目各阶段物有所值评价的基本框架

三、物有所值评价方法

物有所值评价包括定性评价和定量评价。我国现阶段以定性评价为主，鼓励开展定量评价。

定量评价可作为项目全生命周期内风险分配、成本测算和数据收集的重要手段，以及项目决策和绩效评价的参考依据。

（一）定性评价

定性评价一般通过专家咨询方式进行，侧重于考察项目的潜在发展能力、可能实现的期望值以及项目的可完成能力。根据定性评估的结果判断是否需要进行定量评估，如果定性评估的结果显示项目不适合采用 PPP 模式，则可以直接进行传统模式采购的决策，而不需要转入定量分析。

1. 定性评价内容

根据《PPP 物有所值评价指引（试行）》（财金〔2015〕167 号），定性评价的主要内容包括：全生命周期整合程度、风险识别与分配、绩效导向与鼓励创新、潜在竞争程度、政府机构能力、可融资性 6 项基本评价指标。

与原《PPT 物有所值评价指引（试行）》相比，定性评价基本指标由 7 项缩减到 6 项，但新版的 6 项基本评价指引涵盖了原版 7 项基本评价指引的全部内容，并增加了可融资性作为 1 项基本评价指标，原绩效导向、鼓励创新、政府采购政策落实潜力 3 个项目评价指标合并为绩效导向与鼓励创新 1 项指标。

其中，全生命周期整合程度指标主要考核在项目全生命周期内，项目设计、投融资、建造、运营和维护等环节能否实现长期、充分整合。

风险识别与分配指标主要考核在项目全生命周期内，各风险因素是否得到充分识别并在政府和社会资本之间进行合理分配。

绩效导向与鼓励创新指标主要考核是否建立以基础设施及公共服务供给数量、质量和效率为导向的绩效标准和监管体制，是否落实节能环保、支持本国产业等政府采购政策，能否鼓励社会资本创新。

潜在竞争程度指标主要考核项目内容对社会资本参与竞争的吸引力。

政府机构能力指标主要考核政府转变职能、优化服务、依法履约、行政监管和项目执行管理等能力。

可融资性指标主要考核项目的市场融资能力。

另外，项目本级财政部门（或 PPP 中心）会同行业主管部门，可依据具体情况设置补充评价指标。补充评价指标主要是 6 项基本评价指标未涵盖的其他影响因素，包括项目规模大小、预期使用寿命长短、主要固定资产种类、全生命周期成本预算准确性、运营收入增长潜力及行业示范性与原《物有所值评价指引（试行）》相比，补充评价指标减少了法律和政策环境、资产利用及收益、融资可行性（调入基本指标）3 项，增加了运营收入增长潜力、行业示范性两项。

2. 评价要求

（1）指标权重

在各项评价指标中，6 项基本评价指标权重为 80%，其中任意指标权重一般不超过 20%；补充评价指标权重为 20%，其中任意指标权重一般不超过 10%。

（2）指标评分等级与标准

每项指标评分分为 5 个等级，即有利、较有利、一般、较不利、不利，对应分值分别为 81～100 分、61～80 分、41～60 分、21～40 分、0～20 分。

（3）专家要求

定性评价专家组包括财政、资产评估、会计、金融等经济方面专家，以及行业、工程技术、项目管理和法律方面专家等。与原《物有所值评价指引（试行）》相比，删除了专家小组由不少于 7 名专家组成的规定。

（4）专家组会议

专家组会议基本程序如下：①专家在充分讨论后按评价指标逐项打分；②按照指标权重计算加权平均分，得到评分结果，形成专家组意见［与原《物有所值评价指引（试行）》相比，不需要去掉一个最高分和一个最低分］。

3. 定性评价结论

项目本级财政部门（或 PPP 中心）会同行业主管部门根据专家组意见，做出定性评价结论。原则上，评分结果在 60 分（含）以上的，通过定性评价；否则，未通过定性评价。

（二）定量评价

1. 定量评价的概念

物有所值定量评价是在项目个案基础上，比较 PPP 模式的总收益和总成本与传统公共采购模式的总收益和总成本，看哪种采购模式总成本低而总收益高。实践中，在进行物有所值定量评价时，一般假设不管采用何种采购模式，都将得到相同的产出、效果和影响（如社会经济效益和财务效益），即定量评价建立在产出规格相同的基础之上。基于这一假设，只需比较不同采购模式下的净成本现值，净成本现值小的采购模式物有所值。

根据国际经验，目前 PPP 项目的定量评价有两种不同的概念与计算方法。一种概念与计算方法是：对项目采用传统采购模式下的预计全寿命周期成本，即"公共部门参考标准"（PSC），与采用 PPP 模式下的预计全寿命周期成本（Life – Cycle Cost，LCC，是指一个建构筑物系统在一段时间内拥有运行、维护和拆除的总成本，通常由建设期利息、建设成本、运营管理费用、上缴的税金和风险控制成本构成）进行对比衡量，两者的差额部分体现的就是"物有所值"（VFM），即 VFM = PSC – LCC，这里的 LCC 值包含了政府部门和私人部门两部分的合计成本；另一种概念与计算方法，也是我国目前推行采用的，是在假定采用 PPP 模式与政府传统投资方式产出绩效相同的前提下，通过对 PPP 项目全生命周期内政府方净成本的现值（PPP 值）与公共部门比较值（PSC 值）进行比较，判断 PPP 模式能否降低项目全生命周期成本，即 VFM = PSC – PPP，这里的 PPP 值只包含了政府部门的成本。

根据我国实际国情，以下定量计算方法根据我国《PPP 物有所值评价指引（试行）》（财金〔2015〕167 号）的相关规定进行。

2. 定量评价标准（计算公式）

$$VFM = PSC \text{ 值} - PPP \text{ 值}$$

3. 定量评价的计算要素

（1）公共部门比较值（PSC）

PSC 值是指在项目全生命周期内，政府采用传统采购模式提供与 PPP 项目产出说明相同的公共产品和服务的全部成本的现值。

PSC 值是以下三项成本的全生命周期净现值之和：①参照项目的建设和运营维

护净成本；②竞争性中立调整值；③项目全部风险成本。

其中，参照项目可根据具体情况确定为：①假设政府采用现实可行的、最有效的传统投资方式实施的、与 PPP 项目产出相同的虚拟项目；②最近 5 年内，相同或相似地区采用政府传统投资方式实施的、与 PPP 项目产出相同或非常相似的项目。

建设净成本主要包括参照项目设计、建造、升级、改造、大修等方面投入的现金，以及固定资产、土地使用权等实物和无形资产的价值，并扣除参照项目全生命周期内产生的转让、租赁或处置资产所获得的收益。

运营维护净成本主要包括参照项目全生命周期内运营维护所需的原材料、设备、人工等成本，以及管理费用、销售费用和运营期财务费用等，并扣除假设参照项目与 PPP 项目付费机制相同情况下能够获得的使用者付费收入等。

竞争性中立调整值主要是采用政府传统投资方式比采用 PPP 模式实施项目少支出的费用，通常包括少支出的土地费用、行政审批费用、有关税费等。

项目全部风险成本包括可转移给社会资本的风险承担成本和政府自留风险的承担成本。政府自留风险承担成本等同于 PPP 值中的全生命周期风险承担支出责任，两者在 PSC 值与 PPP 值比较时可对等扣除。

PSC 的计算流程如图 4 - 4 所示。

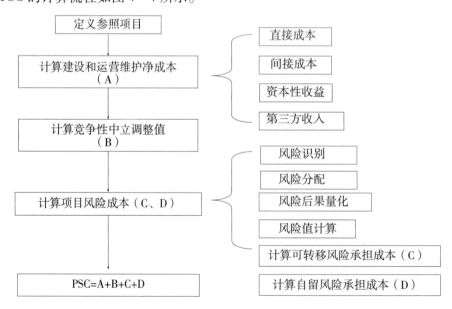

图 4 - 4　PSC 的计算流程

PSC值确定的难点在于，传统政府投资运营方式运作的项目数据统计工作不到位，同时竞争性中立调整值和风险成本的定量化测算也需要大量数据支撑，尤其是竞争性中立调整值，还应包括公共服务的提供主体因所有制差异产生的行为差异导致的成本差异，其客观数据基本不可得。

（2）PPP值

PPP值是指政府采用PPP模式实施项目并达到产出说明要求所应承担的全部生命周期净成本和自留风险承担成本之和的净现值。

根据《PPP物有所值评价指引（试行）》（财金〔2015〕167号），PPP值可等同于PPP项目全生命周期内股权投资、运营补贴、风险承担和配套投入等各项财政支出责任的现值，参照《政府和社会资本合作项目财政承受能力论证指引》（财金〔2015〕21号）及有关规定测算。

4. 定量评价的结论

PPP值小于或等于PSC值的，认定为通过定量评价（与原《物有所值评价指引（试行）》相比，当PPP值等于PSC值时，也认为通过物有所值定量评价）；PPP值大于PSC值的，认为未通过物有所值定量评价。

"通过"物有所值定量评价为进行财政承受能力论证的前提条件。

第四节　财政承受能力论证

一、财政承受能力论证概述

为有序推进PPP项目的实施，保障政府切实履行合同义务，且有效防范和控制财政风险，财政部于2015年4月7日出台印发了《政府和社会资本合作项目财政承受能力论证指引》（财金〔2015〕21号），对财政承受能力论证的内涵有了明确的定义。

财政承受能力论证是指识别、测算PPP项目的各项财政支出责任，科学评估项目实施对当前及今后当地政府年度财政支出的影响，为PPP项目财政管理提供依据。财政承受能力评估包括财政支出能力评估以及行业和领域平衡性评估。财政支出能力评估，是根据PPP项目预算支出责任，评估PPP项目实施对当前及今后年度财政支出的影响；行业和领域平衡性评估，是根据 PPP 模式适用的行业和领域 PPP 项目，防止某一行业和领域 PPP 项目过于集中。

在实际计算时，首先进行财政支出能力评估，若财政支出能力评估未通过，则不需要再进行领域平衡性评估；若财政支出能力评估通过再进行领域平衡性评估，只有当财政支出能力评估与领域平衡性评估均通过时，才能说 PPP 项目财政承受能力论证通过。通过论证的项目，各级财政部门应当在编制年度预算和中期财政规划时，将项目财政支出责任纳入预算统筹安排。

PPP 项目财政承受能力论证工作由各级财政部门（或 PPP 中心）会同行业主管部门共同开展，必要时可通过政府采购方式聘请专业中介机构协助。省级财政部门负责汇总统计行政区域内的全部 PPP 项目财政支出责任，对财政预算编制、执行情况实施监督管理。每一年度全部 PPP 项目需要从预算中安排的支出责任，占一般公共预算支出比例应当不超过 10%。

二、财政支出责任测算的内容

在论证 PPP 项目财政承受能力时，首先需要考虑对 PPP 项目全生命周期过程的财政支出责任进行认定与测量。财政支出责任主要包括股权投资、运营补贴、风险承担、配套投入四部分。在实际 PPP 项目中可能全部包含，也可能只包含这四项中的某几种。

（一）股权投资的测算内容与方法

股权投资支出责任是指政府与社会资本共同组建项目公司的情况下，政府承担的股权投资支出责任。如果社会资本单独组建项目公司，政府则不能承担股权投资支出责任。

股权投资支出应当依据项目资本金要求及项目公司股权结构合理确定。股权投资支出责任中的土地等实物投入或无形资产投入，应依法进行评估，合理确定价值。计算公式为：

股权投资支出 = 项目资本金 × 政府占有项目公司股权比例

例如，上海某地区拟采用 PPP 方式建设一体育馆，项目预计总投资 100 亿元，项目资本金比例为 20%，政府出资比例为 10%，则本项目股权投资支出 = 100 亿

元 $\times 20\% \times 10\% = 2$ 亿元。

(二) 运营补贴支出的测算内容与方法

运营补贴支出责任是指在项目运营期间，政府承担的直接付费责任，根据 PPP 项目付费模式的不同，政府承担的运营补贴支出责任也不同。目前 PPP 项目有使用者付费、可行性缺口补助以及政府付费三种付费模式。不同付费模式下，政府承担的运营补贴支出责任与测量方法是不同的。政府付费模式下，政府承担全部运营补贴支出责任；可行性缺口补助模式下，政府承担部分运营补贴支出责任；使用者付费模式下，政府不承担运营补贴支出责任。

在计算 PPP 项目实际运营补贴支出时应当根据项目建设成本、运营成本及利润水平合理确定，并按照不同付费模式分别测算。

对政府付费模式的项目，在项目运营补贴期间，政府承担全部直接付费责任，政府每年直接付费数额包括社会资本方承担的年均建设成本（折算成各年度现值）、年度运营成本和合理利润。计算公式为：

当年运营补贴支出数额 = [项目全部建设成本 × (1 + 合理利润率) × (1 + 合理折现率)^n]/财政运营补贴周期 (年) + 年度运营成本 × (1 + 合理利润率)

对可行性缺口补助模式的项目，是指使用者付费不足以满足社会资本或项目公司成本收回和合理回报，由政府以财政补贴、股本投入、优惠贷款和其他优惠政策的形式，给予社会资本或项目公司的经济补助。因此，在项目运营补贴期间，政府承担部分直接付费责任。政府每年直接付费数额包括社会资本方承担的年均建设成本（折算成各年度现值）、年度运营成本和合理利润，再减去每年使用者付费的数额。计算公式为：

当年运营补贴支出数额 = [项目全部建设成本 × (1 + 合理利润率) × (1 + 合理折现率)^n]/财政运营补贴周期 (年) + 年度运营成本 × (1 + 合理利润率) - 当年使用者付费数额

上述计算公式中，n 代表折现年数，财政运营补贴周期是指财政提供运营补贴的年数。

合理的折现率应考虑财政补贴支出发生的年份，并参照同期地方政府同期债券收益率合理确定，在实际计算中一般与项目财务预算中的折现率是相同的。若当地政府没有发行同期债券或者同期债券收益率明显不合理，需要实际计算折现率时可以采取以下的方法：

1. 加权平均资本成本法

用企业的加权平均资本成本作为折现率的替代，这是 PPP 项目常用的一种方法。如果项目资本金比例为 20%，其余 80% 为银行借款，5 年期银行借款利率为 4.9%，而股权投资要求收益率为 8%，则加权平均资本成本 = 20% × 8% + 80% × 4.9% = 5.52。

2. 行业平均资产收益率法

将被评估为企业所在行业的平均资产收益率作为折现率，行业平均资产收益率是企业运行情况的综合体现，可以反映不同行业的收益状况，具体行业取值可以参考国家发改委和住建部发布的中国部分行业投资项目财务基准收益率。

3. 资本资产定价模型

折现率由无风险报酬率和风险报酬率组成。计算公式为：

$$i = R_f + \beta (R_m + R_f) + \alpha$$

式中　i——折现率；

　　　R_f——无风险报酬率，一般选取政府发行的 5～10 年国债的利率；

　　　R_m——期望报酬率；

　　　β——风险系数；

　　　α——项目个别风险调整系数。

该模型确定了在不确定的条件下投资风险与报酬之间的数量关系，在一系列严格资本假设条件下推导而出，如投资人是风险厌恶者、不存在交易成本、市场是完全可分散和可流动的等。根据我国目前资本市场的发展状况，运用该模型的条件还不成熟。β 系数的计算需要大量的数据支持，一般只有上市公司能够计算。目前在实际工作中，主要由专门机构定期计算公布，所以在 PPP 项目中这种方法很少应用。

合理利润率应以商业银行中长期贷款利率水平为基准，充分考虑 PPP 项目所属行业，以及可用性付费、使用量付费、绩效付费的不同情景，结合风险等因素确定。在计算运营补贴支出时，应当充分考虑合理利润的变化对运营补贴支出的影响。但是在实际运用时，资本金要求的合理利润率一般为 8%～12%。

PPP 项目特许经营期一般为 10 年以上，有些市政道路类的项目甚至长达 30

年，未来不确定性因素过多，因此部分 PPP 项目实施方案中的定价和调价机制通常与消费物价指数、劳动力市场指数等因素挂钩，定价的变化会影响运营补贴支出责任。在可行性缺口补助模式下，运营补贴支出责任受到使用者付费数额的影响，而使用者付费的多少因定价和调价机制而变化。在计算运营补贴支出数额时，应当充分考虑定价和调价机制的影响。

（三）风险承担支出的测算内容与方法

风险承担支出责任是指项目实施方案中政府承担风险带来的财政或支出责任。通常由政府承担的法律风险、政策风险、最低需求风险以及因政府方原因导致项目合同终止等突发情况，会产生财政或有支出责任。

在计算政府风险承担支出时应充分考虑各类风险出现的概率和带来的支出责任，可以采用比例法、情景分析法及概率法这三种方法进行测算。如果 PPP 合同约定保险赔款的第一受益人为政府，则风险承担支出应为扣除该风险赔款金额的净额。

1. 比例法

比例法是 PPP 项目财政承受能力论证中用于预测政府风险承担支出应用比较广泛的一种方法，是指在各类风险支出数额和概率难以进行准确预测的情况下，可以按项目全部建设成本和一定时期内的运营成本的一定比例确定风险承担支出。按照风险是否可以通过一定措施进行转移可以划分为可转移风险、可分担风险以及不可转移分担风险三种。

第一类可转移风险，是指事前可以通过一定的合同、保险以及风险交易工具等手段将项目风险转移给其他第三方的风险。在 PPP 项目中主要包括项目建设期间可能发生的组织机构、施工技术、工程、投资估算、资金、市场、财务等风险，项目公司通过参加商业保险后，大部分风险可以有效转移。在实际计算中，一般可转移风险占风险承担成本的 80% 左右，不可转移风险占 20% 左右，而风险承担成本占项目全部建设成本的 5% 左右。

第二类可分担风险，是指由政府与社会资本共同分担的风险，包括项目建设和运营期间可能发生的法规政治风险、自然灾害等不可抗力风险，应当在合同事先约定可分担风险的比例以及社会资本与政府各自分担的比例。

第三类不可转移风险，是指不能事先通过一定的合同、保险以及风险交易工具等手段将项目风险转移给其他第三方的风险，包括主要项目运营期间受消费者物价指数、劳动力市场指数等影响可能发生的价格调整和利润等。

2. 情景分析法

在各类风险支出数额可以进行测算，但出现概率难以确定的情况下，可针对影响风险的各类事件和变量进行"基本""不利"及"最坏"等情景假设，测算各类风险发生带来的风险承担支出。计算公式为：

风险承担支出数额＝基本情况下财政支出数额×基本情况出现的概率＋不利情况下财政支出数额×不利情况出现的概率＋最坏情况下财政支出数额×最坏情况出现的概率

3. 概率法

在各类风险支出数额和发生概率均可进行测算的情况下，可将所有可变风险参数作为变量，根据概率分布函数，计算各种风险发生带来的风险承担支出数额。

（四）配套投入支出的测量内容与方法

配套投入支出责任是指政府提供的项目配套工程等其他投入责任，通常包括土地征收和整理、建设部分项目配套措施、完成项目与现有相关基础设施和公用事业的对接、投资补助、贷款信息等其他配套投入总成本和社会资本方为此支付的费用。配套投入支出应依据项目实施方案合理确定。

配套投入支出责任应综合考虑政府将提供的其他配套投入总成本和社会资本方为此支付的费用。配套投入支出责任中的土地等实物投入或无形资产投入，应依法进行评估，合理确定价值。计算公式为：

配套投入支出数额＝政府拟投入的其他投入总成本－社会资本方支付的费用

三、财政承受能力论证操作流程

政府财政承受能力论证主要包括责任识别、支出测算、能力评估和信息披露四个步骤。

（一）责任识别

在进行政府财政承受能力论证时，首先要对政府在 PPP 项目中承担的财政支出责任进行论证，财政支出责任主要包括股权投资、运营补贴、风险承担、配套投入四部分。但是不同的项目，政府承担的财政支出责任是不同的，因此应根据项目实际情况进行责任识别。

（二）支出测算

在识别PPP项目对项目全生命周期过程的财政支出责任后分别对各财政支出责任进行测算。在实际测算时应当结合PPP项目所处的行业有具体的投融资方案，选取正确的测量方法，尤其在测算风险承担支出时，要明确项目风险的种类与对应的承担主体和承担比例，然后选择适当的测算方法，测算相应的数值。

（三）能力评估

财政部门（或PPP中心）识别和测算单个项目的财政支出责任后，汇总年度全部已实施和拟实施的PPP项目，进行财政承受能力评估。

根据财政部公布的《政府和社会资本合作项目财政承受能力论证指引》（财金〔2015〕21号）要求每一年度全部PPP项目需要从预算中安排的支出责任，占一般公共预算支出比例应当不超过10%。但是为了鼓励列入地方政府融资平台公司存量债务，各省级财政部门可根据本地实际情况，因地制宜确定具体比例，并报财政部备案，同时对外公布，不过各省级部门在制定比例时要谨慎控制新建PPP项目规模，防止因项目实施加剧财政收支矛盾。在实际计算时，如果没有特别说明，一般参照10%的比例限额来衡量财政支出能力是否通过。

在进行财政支出能力评估时，未来年度一般公共预算支出数额可参照前5年相关数额的平均值及平均增长率计算，并根据实际情况进行适当调整。如国家新规划的产业园区，在未来几年有大量的企业投资、生产，当地政府的财政收入和财政支出会呈现跳跃式增长，因此在测算当地PPP项目财政承受能力时应当实际考虑当地政府未来几年财政收入的大幅度增长，确定合适的公共预算支出增长率。

财政承受能力评估包括财政支出能力评估以及行业和领域平衡性评估。为了平衡不同行业和领域PPP项目，防止某一行业和领域PPP项目过于集中，在进行财政支出能力评估通过后进行领域平衡性评估。只有当财政支出能力评估以及行业和领域平衡性评估都通过论证时，才能说此PPP项目通过论证，否则为未通过论证项目。"通过论证"的项目，各级财政部门应当在编制年度预算和中期财政规划时，将项目财政支出责任纳入预算统筹安排。财政承受能力评估包括财政支出能力评估以及行业和领域平衡性评估，"未通过论证"的项目，则不宜采用 PPP 模式。

在 PPP 项目正式签订合同时，财政部门（或 PPP 中心）应当对合同进行审核，确保合同内容与财政承受能力论证保持一致，防止因合同内容调整导致财政支出责任出现重大变化。财政部门要严格要求按照合同执行，及时办理支付手续，切实维护地方政府信用，保障公共服务有效供给。

（四）信息披露

各级财政部门（或 PPP 中心）要以财政承受能力论证为依据，会同有关部门统筹做好项目规划、设计、采购、建设、运营、维护等全生命周期管理工作，并定期披露当地 PPP 项目目录、项目信息及财政支出责任情况。

各级财政部门（或 PPP 中心）负责组织开展行政区域内 PPP 项目财政承受能力论证工作。省级财政部门负责汇总统计行政区域内的全部 PPP 项目财政支出责任，对财政预算编制、执行情况实施监督管理。及时向财政部报告，财政部统一信息平台（PPP 中心网站）发布。

各级财政部门（或 PPP 中心）应当通过官方网站及报刊媒体，每年定期披露当地 PPP 项目目录、项目信息及财政支出责任情况。应披露的财政支出责任信息包括 PPP 项目的财政支出责任数额及年度预算安排情况、财政承受能力论证考虑的主要因素和指标等。

财政部门按照权责发生制会计原则，对政府在 PPP 项目中的资产投入，以及与政府相关项目资产进行会计核算，并在政府财务统计、政府财务报告中反映；按照收付实现制会计原则，对 PPP 项目相关的预算收入与支出进行会计核算，并在政府决算报告中反映。

在 PPP 项目实施后，各级财政部门（或 PPP 中心）应跟踪了解项目运营情况，包括项目使用量、成本费用、考核指标等信息，定期对外发布。

财政承受能力论证操作流程如图 4-5 所示。

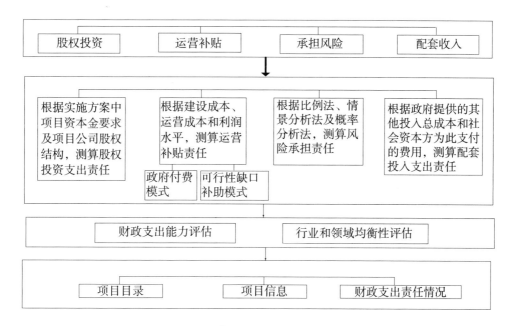

图 4-5 财政承受能力论证操作流程

模板三 物有所值及财政承受能力评价报告

PPP项目物有所值评价包括定性分析和定量分析,现阶段以定性评价为主,鼓励开展定量评价。财政部门(或政府和社会资本合作中心)会同行业主管部门,利用第三方专业机构和专家力量在项目识别或准备阶段开展物有所值评价工作。

PPP项目财政承受能力论证包括责任识别、支出测算、能力评估以及信息披露。财政部门(或政府和社会资本合作中心)会同行业主管部门,共同开展PPP项目财政承受能力论证工作,必要时通过政府采购方式聘请专业中介机构协助。

目　录
序言
一、基本概况
(一)项目概况

（二）风险分担框架

（三）运作模式

（四）交易结构

二、物有所值定性论证

（一）定性评价指标及其权重选取

（二）定性评价专家论证会情况

（三）定性评价结论

三、物有所值定量分析

（一）公共部门比较值（PSC）计算

（二）政府实施 PPP 项目所承担的全生命周期成本（PPP）计算

四、财政承受能力论证

（一）责任识别

（二）支出测算

（三）能力评估

五、附表

序　言

根据财政部《关于印发〈政府和社会资本合作模式操作指南指引（试行）〉的通知》（财金〔2014〕113 号）、财政部《关于印发〈PPP 物有所值评价指引（试行）〉的通知》（财金〔2015〕21 号）文件规定，由_____单位委托_____咨询单位于_____年_____月对_____项目_____【识别/准备/采购/执行/移交】阶段进行了物有所值和财政承受能力论证。

本项目 VFM 量值_____【大于0/小于0】，_____【通过/未通过】物有所值论证；本项目财政支出占年度支出的 10%_____【以下/以上】，_____【通过/未通过】财政承受能力论证。

一、基本概况

（一）项目概况

（1）建设概述：

_____

_____

【根据项目可行性研究报告内容编写，主要内容涉及该PPP项目立项的社会背景以及市、区对此类项目发展规划，阐明项目基本情况、项目建设必要性、项目立项的目的、项目完成后的意义】

（2）建设基本信息：

①项目全称：_____

②项目性质：_____【新建/改建/存量公共资产项目】

③建设内容：_____

（3）项目区位：

_____

_____

（4）占地面积：

_____

_____

（5）建设规模：

_____

_____

（6）产出说明：

_____

_____

【从具体项目的可行性研究报告中获取项目建成后项目资产所应达到的经济、技术标准，以及公共产品和服务的交付范围、标准和绩效水平等相关数据】

（7）资金来源：

_____

_____

【项目区位、占地面积、建设规模、资金来源可从具体项目的可行性研究报告中获取相关资料】

1. PPP 模式运作必要性分析

（1）本项目采用 PPP 模式符合相关政策要求

政府和社会资本合作（PPP）模式是指政府为增强公共产品和服务供给能力、提高供给效率，通过特许经营、购买服务、股权合作等方式，与社会资本建立利益共享、风险共担、长期合作的关系。本项目采用 PPP 模式运作符合目前国家和地方有关宏观政策环境和要求。

①本项目采用 PPP 模式符合国家近期政策要求。

为贯彻落实党的十八届三中全会关于"允许社会资本通过特许经营等方式参与城市基础设施投资和运营"的精神，拓宽城市建设融资渠道，促进政府职能加快转变，完善财政投入及管理方式，近期国务院、财政部、发改委及相关行业主管部门密集发布了一系列关于与政府和社会资本合作（PPP）的政策文件，要求各地的市政基础设施和公用事业（包括新建城镇化及其配套工程）项目，应优先考虑采用 PPP 模式建设。

②本项目采用 PPP 模式符合_____省近期政策要求。

_____

_____

【根据所在省级对于此类项目采用 PPP 模式的相关政策文件阐述该项目适宜采用 PPP 模式。例如，为响应国家关于推行 PPP 模式的相关政策，广东省自2014 年年底已陆续出台了相关文件，为在省内推行 PPP 模式提供了政策基础。2011 年 2 月 24 号广东省先后发布了《关于进一步鼓励和引导民间投资的若干意见》（粤府〔2011〕19 号）、《广东省人民政府关于印发鼓励和引导民间投资健康发展实施细则的通知》（粤府〔2012〕100 号）等文件支持民间资本参与市政公用事业建设，促进公用事业健康发展。为促进广东省市政公用事业特许经营活动，保障公众利益和公共安全及特许经营者的合法权益，根据 2014 年 1 月 12 日中国共产党广东省第十一届委员会第三次全体会议通过的《中共广东省委贯彻落实〈中共中央关于全面深化改革重大问题的决定〉的意见》关于"制定各类企业进入特许经营领域具体办法"的要求，广东省住房和城乡建设厅起草了《广东省市政公用事业特许经营管理办法（征求意见稿)》。2015 年 7 月 15 日，为贯彻落实中央关于开展政府和社会资本合作的决策部署，广东省出台《关于在公共服务领域推广政府和社会资本合作模式的实施意见》（以下简称《实施意见》），充分发挥市场在资源配置中的决定性作用，加快政府职能转变，创新财政投融资机制，推广运用政府和社会资本合作（简称 PPP）模式，引导和鼓励社会资本参与公共服务供给，改革创新公共服务供给机制和投入方式】

　　③本项目采用 PPP 模式符合＿＿＿＿＿＿市近期政策要求。

――――――――――――――――――――――――――

――――――――――――――――――――――――――

　　【根据所在市级对于此类项目采用 PPP 模式的相关政策文件阐述该项目适宜采用 PPP 模式。例如，为了确立好制度的框架，充分发挥好制度的激励约束作用，东莞市根据国家有关 PPP 的文件精神，立足本地实际起草了《关于在公共服务领域推广运用政府和社会资本合作模式的实施意见》，从整体上界定了 PPP 项目的实施领域，明确 PPP 工作的基本管理制度和要求，确立主管部门分工协作机制，更好地保障 PPP 项目的实施效率和效果，促进公共服务的有效提升】

　　（2）本项目采用 PPP 模式能够化解地方债务危机减少财政支出压力

　　近年来，我国经济进入新常态，宏观经济增速放缓，由此势必降低政府每年的财政增长速度。然而，公共基础设施建设仍要保持稳步发展，这给地方政府带来了资金困境，即在无法使用未来财政增量的前提下，如何充分利用现有财政，有效提高公共基础设施项目建设绩效。

　　《国务院关于加强地方政府性债券管理的意见》中倡导"疏堵结合"思想，为地方政府下一步继续开展公共基础设施项目建设提供了可行的途径，即政府与社会资本合作（PPP）模式。该模式的优势在于，在公共领域引入了社会资本，使其组织公共项目的建设与运营，并从中获得收益，同时自负盈亏。PPP 模式充分利用了市场优势以及风险分担，能够缓解政府在有限财政约束下保持公共基础设施建设效率问题。

由此可见，新常态下，推广 PPP 模式能够在一定程度上地缓解地方政府财政支出压力。

（3）本项目采用 PPP 模式能够提高公共物品或服务的供给效率

采用 PPP 模式有利于加快转变政府职能，将政府的发展规划、市场监管、公共服务职能与社会资本的管理效率、技术创新动力有机结合起来；通过政府与社会资本合作，将项目的各类风险交由最有能力和适合的一方承担，从而实现最优风险分配；有利于降低项目全生命周期的成本，控制项目建设成本、提高项目管理效率。

社会公众期望能够获得更为优质的购物品或服务。PPP 模式将社会资本引入公共领域，并通过给予一定的特许经营权，让其通过运营项目获取收益，由此打破了公共领域中的政府垄断。经济学已证实，竞争机制取代垄断，将有助于提高物品或服务的供给效率。

相比政府部门，若社会资本管理不善将导致绩效降低，将面临倒闭破产的风险，然而绩效不良的政府机构此时往往能够得到更多的资金以图有所改善。可见，由于缺少必要的激励，政府部门采用传统政府采购模式提供公共物品或服务的供给效率，满足社会公众的需求。

综上所述，开展政府和社会资本合作，有利于创新投融资机制，拓宽社会资本的投资渠道，增强经济增长的内生动力；有利于理顺政府与市场的关系，加快政府职能转变，充分发挥市场配置资源的决定性作用。＿＿＿＿＿＿＿项目采用 PPP 模式符合国家近期相关政策要求，是贯彻和实现国家经济体制改革、转变政府职能、提高管理水平的重要措施。因此，＿＿＿＿＿＿＿项目采用 PPP 模式是十分必要的，也非常合适。

2. PPP 模式运作可行分析

（1）本项目 PPP 模式＿＿＿＿＿【通过/未通过】物有所值以及财政承受能力论证。

①本项目 PPP 模式 VFM 量值＿＿＿＿＿＿【大于 0/小于 0】，＿＿＿＿＿＿

【通过/未通过】物有所值论证。

_____

_____

　　【概述本报告物有所值评价结果】

　　②本项目 PPP 模式财政支出与年度支出比例_____【超过/不超过10%】，_____【通过/未通过】财政承受能力论证。

_____

_____

　　【概述本报告财政承受能力论证结果】

　　（2）本项目 PPP 模式能够满足社会资本的盈利需求。

_____

_____

　　【概述本报告关于社会资本回报机制相关论述，阐述社会资本能够从本 PPP 项目中获取收益】

　　3. PPP 模式运作目标及意义

　　（1）PPP 模式提升了风险管理质量

　　提升风险管理质量、优化风险分配是采用 PPP 模式的主要目标。项目实施机构可以通过 PPP 模式，科学合理地设置项目的风险分配和解决机制，使得相关风险由最有能力且最适合的一方承担。

　　（2）PPP 模式改善了公共物品或服务的提供效率

　　随着城镇化、工业化加速，基础设施建设资金缺口加大，并且随着我国经济新常态的出现，财政收入增速明显下降，地方融资平台规范转型迫在眉睫。为此，创新公共服务投入机制，推广 PPP 模式势在必行。推广 PPP 模式能够充分发挥政府和私人部门各自优势，提高公共服务供给效率和质量，实现长期激励相容。

　　基于上述分析，本项目采用 PPP 模式，对政府及社会资本都将产生有利结果。

　　4. 项目公司股权情况

_____

_____

【通过调研，明确该项目是否组建项目公司以及各方在项目公司中的股权比例情况】

(二) 风险分担框架

1. 风险因素识别

_____

_____

【根据项目具体情况，结合以下四种风险分析方法对项目风险进行分析】

(1) 生产流程分析法，又称为流程图法。生产流程又称为工艺流程或加工流程，是指在生产工艺中，从原料投入到成品产出，通过一定的设备按顺序连续地进行加工的过程。该种方法强调根据不同的流程，逐个对每一阶段和环节进行调查分析，找出风险存在的原因。

(2) 风险专家调查分析法，即由风险管理人员对该企业、单位可能面临的风险逐一列出，并根据不同的标准进行分类。专家所涉及的面应尽可能广泛些，有一定的代表性。一般的分类标准为直接或间接、财务或非财务、政治性或经济性等。

(3) 资产财务状况分析法，即按照企业的资产负债表及损益表、财产目录等财务资料，由风险管理人员经过实际的调查研究，对企业财务状况进行分析，发现其潜在风险。

(4) 分解分析法，是指将一个复杂的事物分解为多个比较简单的事物，将大系统分解为具体的组成要素，从中分析可能存在的风险及潜在损失的威胁。失误树分析方法是以图解表示的方法来调查损失发生前种种失误事件的情况，或对引起事故的各种原因进行分解分析，具体判断哪些失误最可能导致损失风险发生。

2. 风险分担原则

在 PPP 项目生命周期内，为了减少风险发生的概率，降低风险发生后的损失以及风险管理成本，合理的风险分配需要遵循一定的原则，风险分担原则的基本思路要使各方参与者能达到互惠互利、共赢的目标。本项目风险分配机制按照风险分配优化、风险收益对等和风险可控等原则，综合考虑政府风险管理能力、项目回报机制和市场风险管理能力等要素进行设计，在政府和社会资本之间合理分配项目风险。按照风险分配的上述原则，以及财政部推广应用PPP模式的政策导向，本项目的核心风险分配框架如下：

（1）融资、设计、建设、财务、运营维护等风险主要由项目公司承担。

（2）政策、法律变更和可行性缺口风险等主要由政府承担。

（3）政治、宏观经济、不可抗力风险等由政府和项目公司合理共担。

3. 风险分担结论

_____

_____

【根据以上分析结果，阐述本项目政府与社会资本各自承担的风险】

（三）运作模式

1. 运作模式选择

_____

_____

【根据《关于印发〈政府和社会资本合作模式操作指南指引（试行）〉的通知》（财金〔2014〕113号），PPP项目具体运作方式的选择主要由收费定价机制、项目投资收益水平、风险分配基本框架、融资需求、改扩建需求和期满处置等因素决定。常用运作模式有委托运营、管理合同、建设—运营—移交、建设—拥有—运营、建设—拥有—运营—移交、转让—运营—移交、改建—运营—移交，可根据项目具体情况选择适当运作模式】

2. 运作模式规划

_____

_____

【描述项目全生命周期的运作模式，并画出项目合同结构图】

（四）交易结构

1. 投融资结构

_____

_____

【描述项目资本性支出的资金来源、性质和用途、项目资产的形成和转移等】

2. 回报机制

_____

_____

【描述社会资本取得投资回报的资金来源，包括使用者付费、可行性缺口补助和政府付费等支付方式】

二、物有所值定性论证

物有所值定性分析重点关注项目采用 PPP 模式与采用政府传统采购模式相比能否增加公共供给、优化风险分配、提高效率、促进创新和公平竞争、有效落实政府采购政策等。

（一）定性评价指标及其权重选取

按照财政部《关于印发〈PPP 物有所值评价指引（试行）的通知〉》（财金〔2015〕167 号）中列明的基本指标及其权重确定。定性评价基本指标包括全生命周期整合程度、风险识别与分配、绩效导向与鼓励创新、潜在竞争程度、政府机构能力、可融资性 6 项基本评价指标。在各项评价指标中，6 项基本评价指标权重为 80%，其中任意指标权重一般不超过 20%。

补充评价指标主要是 6 项基本评价指标未涵盖的其他影响因素，包括项目规模大小、预期使用寿命长短、主要固定资产种类、全生命周期成本测算准确性、运营收入增长潜力、行业示范性等。

【组织确定不少于两项补充指标及其权重，补充指标建议从推荐的补充指标中选取，如项目特点突出也可以另行提出，但不可与基本指标重复，补充指标权重之和为20%。补充评价指标权重为20%，其中任意指标权重一般不超过10%。另行提出补充指标的，应一并提出相应的评分参考标准】

本项目物有所值定性评价指标及其权重如表4-14所示。

表4-14　项目物有所值定性评价指标及其权重表

指标		权重/%
基本指标 （任意指标权重不超过20%）	①全生命周期整合程度	
	②风险识别与分配	
	③绩效导向与鼓励创新	
	④潜在竞争程度	
	⑤政府机构能力	
	⑥可融资性	
	基本指标小计	80
附加值表 （任意指标权重不超过10%）	……	
	附加指标小计	20
合计		100

（二）定性评价专家论证会情况

根据项目具体情况，选取财政、资产评估、会计、金融等经济方面专家，以及行业、工程技术、账目管理和法律方面专家等，其中＿＿＿＿为财政专家、＿＿＿＿为资产评估专家、＿＿＿＿为会计专家、＿＿＿＿为金融专家、＿＿＿＿为行业专家、＿＿＿＿为工程技术专家、＿＿＿＿为项目管理专家以及＿＿＿＿为法律专家。

专家在充分讨论项目情况后，按指标对项目进行评分，收集以上专家评分表（见本节的表4-21，评分参考表见4-22）。针对每个指标求专家评分的总分，计算每个指标对应的平均分，再对平均分按照指标权重计算加权分，得到评分结果如表4-15所示。

表 4 – 15 项目物有所值定性分析评分结果计算表

指标		权重 A/%	总分 B	加权分 C = B × A	平均分 D = C/专家数
基本指标	①全生命周期整合程度				
	②风险识别与分配				
	③绩效导向与鼓励创新				
	④潜在竞争程度				
	⑤政府机构能力				
	⑥可融资性				
	基本指标小计	80	—	—	—
加指标（不少于两项）					
	附加值指标小计	20	—	—	—
评分结果		100	—	—	—

根据以上评分结果，形成专家小组意见，如表 4 – 16 所示。

表 4 – 16 项目物有所值定性分析专家意见表

项目名称	
委托单位	
评分结果	

专家小组意见，如表 4 – 17 所示。

表 4 – 17 专家小组意见

	姓名	单位	专业领域	签名
专家				
专家				
专家				
专家				

续表

	姓名	单位	专业领域	签名
专家				
专家				
专家				

组长签名：

年　　　　月　　　　日

（三）定性评价结论

项目本级财政部门会同行业主管部门严格按照财政部《关于印发〈PPP 物有所值评价指引（试行）〉的通知》（财金〔2015〕167 号）中相关要求和程序进行了物有所值定性分析，现做出以下定性分析结论。

本项目定性分析评分结果为＿＿＿＿＿＿分，项目通过物有所值定性分析。【不小于60分的情况】

或本项目定性分析评分结果为＿＿＿＿＿＿分，项目未通过物有所值定性分析，项目不宜采用 PPP 模式。【小于60分的情况】

三、物有所值定量分析

物有所值定量分析是在假设采用 PPP 模式与政府传统模式的产出绩效相同的前提下，通过对 PPP 项目全生命周期内政府支出成本的净现值（PPP）与公共部门比较值（PSC）进行比较，判断 PPP 模式能否降低项目全生命周期成本。

（一）公共部门比较值（PSC）计算

PSC 值是指政府采用传统采购模式提供与 PPP 项目产出说明要求相同的基础设施或公共服务的全生命周期成本的净现值。

PSC 值是 PPP 项目物有所值定量分析的比较基准，假设前提是采用政府传统采购模式与 PPP 模式的产出绩效相同。计算 PSC 主要考虑以下因素：①项目全生命周期内的建设、运营等成本；②现金流的时间价值；③竞争性中立调整、风险承担成本等。

PSC 值包括参照项目建设和运营维护净成本、可转移风险承担成本、自留风险承担成本和竞争性中立调整值。PSC 值计算公式如下：

PSC 值 = 参照项目建设和运营维护净成本 + 竞争性中立调整值 + 项目全部风险成本 (4-1)

1. 设定参照项目

参照项目可根据具体情况确定为：

假设政府采用现实可行的、最有效的传统投资方式实施的、与 PPP 项目产出相同的虚拟项目；

近 5 年内，相同或相似地区采用政府传统投资方式实施的、与 PPP 项目产出相同或非常相似的项目。

2. 计算参照项目建设和运营维护净成本

参照项目建设和运营维护净成本 =（建设成本 C_1 - 资本性收益 R_1）+（运营维护成本 C_2 - 第三方收入 R_2）+ 其他成本 C_3 (4-2)

（1）建设成本为 _____ 万元，属于 _____。【项目设计、施工等方面投入的现金以及固定资产、土地使用权等实物和无形资产】

（2）资本性收益为 _____ 万元，属于 _____。【参照项目全生命周期内产生的转让、租赁或处置资产所获得的收益】

（3）运营维护成本为 _____ 万元，属于 _____。【参照项目全生命周期内运营维护所需的原材料、设备、人工等成本，以及管理费用、销售费用和运营期财务费用等。项目资产的升级、改造、大修费用不属于运营维护成本，应计入建设成本】

（4）使用者付费收入为 _____ 万元，属于 _____。【参照项目全生命周期内，假定政府按照 PPP 模式提供项目基础设施或公共服务从第三方获得的收入（如用户付费收入）。使用者付费收入应从运营维护成本中抵减。主要是政府向最终消费用户收取的、用以维护项目及可供分配的收入。假定政府向用户收

取费用，该项收入（用户付费收入）不得高于 PPP 模式下社会资本收取的使用者付费】

（5）其他成本为＿＿＿＿＿＿万元，属于＿＿＿＿＿＿。【未纳入建设成本的咨询服务费用等交易成本，项目连接设施和配套工程建设成本，以及为获取使用者付费收入所提供的周边土地或商业开发收益权等】

将上述成本及收益进行折现求和，根据公式（4-2）可算出参照项目的建设和运营维护成本 ＝ ＿＿＿＿＿＿。

3. 计算竞争性中立调整值

计算竞争性中立调整值主要是采用政府传统投资方式比采用 PPP 模式实施项目少支出的费用。

该项目竞争性中立调整值为＿＿＿＿＿＿万元，属于＿＿＿＿＿＿。【土地费用、行政审批费用、所得税等有关税费】

4. 风险承担成本

风险承担成本采用比例法计算，通常风险承担成本不超过项目建设运营成本的 20%，可转移风险承担成本占项目全部承担成本的比例为 70%~85%。结合本项目实际情况，设定本项目的风险承担成本的比例为＿＿＿＿＿＿，其中自留风险承担成本占项目全部承担成本的＿＿＿＿＿＿，可转移风险承担成本占＿＿＿＿＿＿。风险承担成本计算公式为：

风险承担成本 ＝ （项目建设成本 + 项目运营成本）× 风险承担比例　　（4-3）

由此计算得出风险承担成本为＿＿＿＿＿＿万元，其中可转移风险成本为＿＿＿＿＿＿万元，自留风险成本为＿＿＿＿＿＿万元。

5. 折现率

本项目折现率参考＿＿＿＿＿＿＿＿＿＿＿＿，确定为＿＿＿＿＿＿%。

【折现率通常参考资本加权平均成本、资本资产定价或无风险利率等确定。省级财政部门应会同行业主管部门根据行业、项目类型等因素确定基准收益率】

（二）政府实施 PPP 项目所承担的全生命周期成本（PPP）计算

PPP 值是指政府实施 PPP 项目所承担的全生命周期成本的净现值。PPP 值可等同于 PPP 项目全生命周期内股权投资、运营补贴、风险承担和配套投入等各项财政支出责任的现值，参照《政府和社会资本合作项目财政承受能力论证指引》（财金〔2015〕21号）及有关规定测算。【具体计算过程参照财政承受能力论证支出测算过程，并注意它们的区别：PPP 值中的股权投资、运营补贴、风险承担和配套投入均为现值】

$$PPP 值 = 股权投资 + 运营补贴 + 风险承担 + 配套投入 \qquad (4-4)$$

1. 股权投资

$$股权投资 = 项目资本金 \times 政府占项目公司股权比例 \qquad (4-5)$$

其中：本项目政府参与组建项目公司且股权投资支出为＿＿＿＿万元，占＿＿＿＿%，项目资本金为＿＿＿＿万元，可算出本项目股权投资支出为＿＿＿＿万元。

2. 运营补贴

【运营补贴支出应当根据项目建设成本、运营成本及利润水平合理确定，并按照不同付费模式分别测算】

（1）政府付费模式

根据《政府和社会资本合作项目财政承受能力论证指引》中的要求，对采用政府付费模式的项目，在项目运营补贴期间，政府承担全部直接付费责任。政府每年直接付费数额包括：社会资本方承担的年均建设成本（折算成各年度现值）、年度运营成本和合理利润。计算公式为：

$$当年运营补贴支出数额 = 项目全部建设成本 \times (1 - 合理利润率) \times (1 - 年度折现率)^n / 财政运营补贴周期（年）+ 年度运营成本 \times (1 + 合理利润率) \qquad (4-6)$$

其中：

①n 代表折现年数；

②年度折现率考虑财政补贴支出发生年份，并参照同期地方政府债券收益率合理确定，本项目年度折现率确定为＿＿＿＿%；

③财政运营补贴周期是指财政提供运营补贴年数。

（2）可行性缺口补助模式

根据《政府和社会资本合作项目财政承受能力论证指引》中的要求，对可行性缺口补助模式的项目，在项目运营补贴期间，政府承担部分直接付费责任。政府每年直接付费数额包括社会资本方承担的年均建设成本（折算成各年度现值）、年度运营成本和合理利润，再减去每年使用者付费的数额。计算公式为：

当年运营补贴支出数额＝项目全部建设成本×（1－合理利润率）×（1－年度折现率)^n/财政运营补贴周期（年）＋年度运营成本×（1＋合理利润率）－当年使用者付费数额　　　　　　　　　　　　　　　　　　　　　　　（4－7）

其中：

①n 代表折现年数；

②年度折现率考虑财政补贴支出发生年份，并参照同期地方政府债券收益率合理确定，本项目年度折现率确定为_____％；

③财政运营补贴周期是指财政提供运营补贴年数；

④当年使用者付费数额是指项目运营期_____的收入。

（3）使用者付费模式

根据《政府和社会资本合作项目财政承受能力论证指引》中的要求，对使用者付费模式的项目，在项目运营补贴期间，政府不承担直接付费责任。

3. 风险承担

风险承担支出采用比例法计算，通常风险承担成本不超过项目建设运营成本的20％，可转移风险承担成本占项目全部承担成本的比例一般为 70％～85％，结合本项目实际情况，设定本项目的风险承担成本的比例为_____，其中自留风险承担成本占项目全部风险承担成本的_____，可转移风险承担成本占_____。风险承担成本计算公式为：

风险承担成本＝（项目建设成本＋项目运营成本）×风险承担比例×自留风险承担比例　　　　　　　　　　　　　　　　　　　　　　　　　　　　（4－8）

由此计算得出风险承担成本_____万元。

4. 配套收入

根据项目实施方案，本项目配套收入有_____，政府拟提供的其他投入总成本为_____万元，社会资本方支付的费用为_____万元，根据以下公式：

配套收入支出数额 = 政府拟提供的其他投入总成本 − 社会资本方支付的费用

$$(4-9)$$

可计算出配套收入支出为_____万元。

5. 物有所值量值和指数计算

物有所值定量分析的结果通常以物有所值量值或物有所值指数的形式表示。

物有所值量值 = PSC 值 − PPP 值 $$(4-10)$$

物有所值指数 =（PSC 值 − PPP 值）/ PSC 值 × 100% $$(4-11)$$

综合上述 PSC 值和 PPP 值的分析，计算得到项目全生命周期 PSC 值和 PPP 值，具体计算结果如表 4 − 18 所示。

表 4 − 18　物有所值指标表

指标	单位	数值
PSC 值	万元	
PPP 值	万元	
物有所值量值	万元	
物有所值指数	%	

6. 物有所值定量评价结论

根据物有所值评价要求，当物有所值评价量值和指数为正时，说明项目适宜采用 PPP 模式，否则不宜采用 PPP 模式。物有所值量值和指数越大，说明 PPP 模式替代传统采购模式实现的价值越大。本项目物有所值量值和指数均为_____【正/负】，说明项目_____【适宜/不适宜】采用 PPP 模式。

四、财政承受能力论证

为了科学评估项目实施对当前及今后年度财政收支平衡状况的影响，并为 PPP 项目财政预算管理提供依据，需要对项目的各项财政支出责任进行清晰的识别和测算。

（一）责任识别

在 PPP 项目全生命周期的不同阶段，政府承担的不同义务、财政支出责任主要包括股权投资、运营补贴、风险承担以及配套设施的投入。

1. 股权投资支出责任

股权投资支出责任是指政府和社会资本共同组建项目公司的情况下，政府承担的股权投资责任。如果社会资本单独组建项目公司，政府不承担股权投资支出责任。本项目政府参与组建项目公司且股权投资支出为_____万元，占_____％。

2. 运营补贴支出责任

运营补贴支出责任是指在项目运营期间，政府承担的直接付费责任。不同付费模式下，政府承担的运营补贴支出责任不同。政府付费模式下，政府承担全部运营补贴支出责任；可行性缺口补助模式下，政府承担部分运营补贴支出责任；使用者付费模式下，政府不承担运营补贴支出责任。本项目属于_____【政府付费模式/可行性缺口补助/使用者付费模式】，因此政府_____【承担全部运营补贴支出责任/承担部分运营补贴支出责任/不承担运营补贴支出责任】。

3. 风险承担支出责任

风险承担支出责任是指项目实施方案中政府承担风险带来的财政或支出责任。通常由政府承担的风险有法律风险、政策风险、最低需求风险等，不可抗力等风险由政府和社会资本合理共担，以上风险会产生财政或支出责任。本项目由政府承担的风险为_____。

4. 配套投入支出责任

配套投入支出责任是指政府提供的项目配套工程等其他投入责任，通常包括土地征收和整理、建设部分项目配套措施、完成项目与现有相关基础设施和公用事业的对接、投资补助、贷款贴息等。配套投入支出应依据项目实施方案合理确定。根据项目实施方案，本项目配套投入有_____。

（二）支出测算

1. 股权投资支出测算

股权投资支出应当依据资本金要求以及项目公司股权结构合理确定。股权投资支出责任中的土地等实物投入或无形资产投入，应依法进行评估，合理确定价值。计算公式为：

股权投资支出＝项目资本金×政府占项目公司股权比例 　　　（4－12）

本项目政府参与组建项目公司且股权投资支出为＿＿＿＿＿＿万元，占＿＿＿＿＿＿％，项目资本金为＿＿＿＿＿＿万元，可算出本项目股权投资支出为＿＿＿＿＿＿万元。

2. 运营补贴支出

运营补贴支出应当根据项目建设成本、运营成本及利润水平合理确定，并按照不同付费模式分别计算。

（1）政府付费模式

根据《政府和社会资本合作项目财政承受能力论证指引》中的要求，对采用政府付费模式的项目，在项目运营补贴期间，政府承担全部直接付费责任。政府每年直接付费数额包括社会资本方承担的年均建设成本（折算成各年度现值）、年度运营成本和合理利润。计算公式为：

当年运营补贴支出数额＝项目全部建设成本×（1－合理利润率）×（1－年度折现率)^n/财政运营补贴周期（年）＋年度运营成本×（1＋合理利润率）　　（4－13）

其中：

①n代表折现年数；

②年度折现率考虑财政补贴支出发生年份，并参照同期地方政府债券收益率合理确定，本项目年度折现率确定为＿＿＿＿＿＿％；

③财政运营补贴周期是指财政提供运营补贴年数。

（2）可行性缺口补助模式

根据《政府和社会资本合作项目财政承受能力论证指引》中的要求，对可行性缺口补助模式的项目，在项目运营补贴期间，政府承担部分直接付费责任。政府每年直接付费数额包括：社会资本方承担的年均建设成本（折算成各年度现值）、年度运营成本和合理利润，再减去每年使用者付费的数额。计算公式为：

当年运营补贴支出数额＝项目全部建设成本×（1－合理利润率）×（1－年度折现率)^n/财政运营补贴周期（年）＋年度运营成本×（1＋合理利润率）－当年使用者付费数额 　　　　　　　　　　　　　　　　　　　　　　（4－14）

其中：

①n 代表折现年数；

②年度折现率考虑财政补贴支出发生年份，并参照同期地方政府债券收益率合理确定，本项目年度折现率确定为_____%；

③财政运营补贴周期是指财政提供运营补贴年数；

④当年使用者付费数额是指项目运营期_____的收入。

（3）使用者付费模式

根据《政府和社会资本合作项目财政承受能力论证指引》中的要求，对使用者付费模式的项目，在项目运营补贴期间，政府不承担直接付费责任。

3. 风险承担支出测算

风险承担支出采用比例法计算，通常风险承担成本不超过项目建设运营成本的 20%，可转移风险承担成本占项目全部承担成本的比例一般为 70% ~ 85%，结合本项目实际情况，设定本项目的风险承担成本的比例为_____，其中自留风险承担成本占项目全部风险承担成本的_____，可转移风险承担成本占_____。风险承担成本计算公式为：

风险承担成本 =（项目建设成本 + 项目运营成本）×风险承担比例×自留风险承担比例

(4 - 15)

由此计算得出风险承担成本_____万元。

4. 配套收入支出

根据项目实施方案，本项目配套收入有_____，政府拟提供的其他投入总成本为_____万元，社会资本方支付的费用为_____万元，根据以下公式：

配套收入支出数额 =政府拟提供的其他投入总成本 - 社会资本方支付的费用

(4 - 16)

可计算出配套收入支出为_____万元。

（三）能力评估

根据《政府和社会资本合作项目财政承受能力论证指引》规定，PPP 合同项目全生命周期过程的财政支出责任，主要包括股权投资、运营补贴、风险承担及配套投入等。财政部门识别和测算单个项目的财政支出责任后，汇总年度全部已实施和拟实施的 PPP 合作项目，每一年度全部 PPP 项目从预算中安排的支出责任占一般公共预算支出比例应当不超过 10%。依据这一原则，对本项目全生命周期内的市级财政收支及承受能力评估情况进行如下分析：

市级财政收支及本项目财政补贴支出情况

20 ____—20 ____年_____市地方公共财政预算支出情况如表 4 – 19 所示。

表 4 – 19 20 ____—20 ____年_____市地方公共财政预算支出情况

名称	20 ____	20 ____	20 ____	20 ____	20 ____
市级财政支出					
环比增长					

根据表 4 – 19 中_____市级财政近_____年收支情况，平均按_____% 的增长率（环比）估算，预测该市未来_____年市级财政公共预算支出情况，以及本项目从运营补贴年份起每一年财政补贴支出占市级公共财政支出比例情况如表 4 – 20 所示。

表 4 – 20 财政补贴支出情况预测

名称	20 ____	20 ____	20 ____	20 ____	20 ____
公共财政支出（万元）					
本项目财政补贴支出（万元）					
比例					

由表 4 – 20 可看出，本项目的财政支出与公共财政支出比例_____【超过/不超过 10%】，财政承受能力_____【未通过论证/通过论证】，本项目_____【不适宜/适宜】采用 PPP 模式。

五、附表

专家评分表、PPP 项目物有所值定性分析评分表如表 4 – 21 和表 4 – 22 所示。

表 4 - 21 专家评分表

指标		权重（%）	评分
基本指标	①全生命周期整合程度		
	②风险识别与分配		
	③绩效导向与鼓励创新		
	④潜在竞争程度		
	⑤政府机构能力		
	⑥可融资性		
	基本指标小计	80	——
补充指标 （不少于两项）	……		
	补充指标小计	20	——
合计		100	——

专家签字：

年　　月　　日

表 4 - 22 PPP 项目物有所值定性分析评分参考

编号	指标	评分	评分参考标准
1	全生命周期整合程度	81~100	项目资料表明，设计、融资、建造和全部运营、维护将整合到一个合同中；对于存量项目采用 PPP 模式，至少有融资和全部运营、维护整合到一个合同中
		61~80	项目资料表明，设计、融资和建造以及核心服务或大部分非核心服务的运营、维护将整合到一个合同中；对于存量项目采用 PPP 模式，至少有融资和核心服务到大部分非核心服务的运营、维护将整合到一个合同中
		41~60	项目资料表明，设计、融资、建造和维护将整合到一个合同中，但不包括运营；或融资、建造、运营和维护等将整合到一个合同中，但不包括设计；对于存量项目采用 PPP 模式，仅运营和维护整合到一个合同中
		21~40	项目资料表明，融资、建造和维护将整合到一个合同中，但不包括设计和运营
		0~20	项目资料表明，设计、融资、建造三个或其中更少的环节将整合到一个合同中

续表

编号	指标	评分	评分参考标准
2	风险识别与分配	81~100	项目资料表明，已进行较为深入的风险识别工作，预计其中的绝大部分风险或全部主要风险将在政府与社会资本合作方之间明确和合理分配
		61~80	项目资料表明，已进行较为深入的风险识别工作，预计其中的大部分风险可以在政府与社会资本合作方之间明确和合理分配
		41~60	项目资料表明，已进行初步的风险识别工作，预计这些风险可以在政府与社会资本合作方之间明确和合理分配
		21~40	项目资料表明，已进行初步的风险识别工作，预计这些风险难以在政府与社会资本合作方之间明确和合理分配
		0~20	项目资料表明，尚未开展风险识别工作，或没有清晰识别风险
3	绩效导向与鼓励创新	81~100	绝大部分绩效指标符合项目具体情况，全面合理，清晰明确；项目产出说明中提出了较为全面、清晰和可测量的产出规格要求，没有对如何交付提出要求
		61~80	大部分绩效指标符合项目具体情况，全面合理，清晰明确
		41~60	绩效指标比较符合项目具体情况，但不够全面和清晰明确，缺乏部分关键绩效指标
		21~40	已设置的绩效指标比较符合项目具体情况，但主要关键绩效指标未设置
		0~20	未设置绩效指标或绩效指标不符合项目具体情况，不合理、不明确
4	潜在竞争程度	81~100	项目将引起社会资本（或其联合体）之间竞争的潜力大，且已存在明显的证据或迹象，例如参与项目推介会的行业领先的国内外企业数量较多
		61~80	项目将引起社会资本（或其联合体）之间竞争的潜力较大，预期后续通过采取措施可进一步提高竞争程度
		41~60	项目将引起社会资本（或其联合体）之间竞争的潜力一般，预期后续通过采取措施可能提高竞争程度
		21~40	项目将引起社会资本（或其联合体）之间竞争的潜力较小，预期后续通过采取措施可能提高竞争程度
		0~20	项目将引起社会资本（或其联合体）之间竞争的潜力小，预期后续不大可能提高竞争程度

续表

编号	指标	评分	评分参考标准
5	政府机构能力	81～100	项目具备较为全面、清晰的 PPP 理念，且本项目相关政府部门及机构具有较强的 PPP 能力
		61～80	政府的 PPP 理念一般，但本项目相关政府部门及机构具有较强的 PPP 能力
		41～60	政府的 PPP 理念一般，且本项目相关政府部门及机构的 PPP 能力一般
		21～40	政府的 PPP 理念较缺乏，且本项目相关政府部门及机构的 PPP 能力较欠缺且不易较快获得
		0～20	政府的 PPP 理念缺乏，且本项目相关政府部门及机构的 PPP 能力欠缺且难以获得
6	可融资性	81～100	预计项目对金融机构的吸引力很高，或已有具备强劲实力的金融机构明确表达了对项目的兴趣
		61～80	预计项目对金融机构的吸引力较高
		41～60	预计项目对金融机构的吸引力一般，通过后续进一步准备，可提高吸引力
		21～40	预计项目对金融机构的吸引力较差，通过后续进一步准备，可提高吸引力
		0～20	预计项目对金融机构的吸引力很差
7	项目规模大小	81～100	新建项目的投资或存量项目的资产公允价值在 10 亿元以上
		61～80	新建项目的投资或存量项目的资产公允价值为 2 亿元～10 亿元
		41～60	新建项目的投资或存量项目的资产公允价值为 1 亿元～2 亿元
		21～40	新建项目的投资或存量项目的资产公允价值为 5000 万元～1 亿元
		0～20	新建项目的投资或存量项目的资产公允价值小于 5000 万元 （注：可根据具体项目的类型、所在地区等因素重新设定金额大小）
8	预计使用寿命长短	81～100	资产的预计使用寿命大于 40 年
		61～80	资产的预计使用寿命为 31 年～40 年
		41～60	资产的预计使用寿命为 21 年～30 年
		21～40	资产的预计使用寿命为 11 年～20 年
		0～20	资产的预计使用寿命小于 10 年 （注：可根据具体项目的类型、所在地区等因素重新设定年限长短）

续表

编号	指标	评分	评分参考标准
9	主要固定资产种类	81～100	项目资产种类在三个以上
		61～80	项目是两类较复杂或技术要求较高资产的组合
		41～60	项目是两类中等复杂程度资产的组合，或者是若干个同类资产打包项目
		21～40	项目是两类复杂程度较低资产的组合，或者项目是一个较为复杂的资产
		0～20	项目只包括一个较为简单的资产
10	全生命周期成本测算准确性	81～100	项目相关信息表明，项目的全生命周期成本已被很好地理解和认识，并且被准确预估的可能性很大
		61～80	项目相关信息表明，项目的全生命周期成本已被很好地理解和认识，并且被准确预估的可能性较大
		41～60	项目相关信息表明，项目的全生命周期成本已被很好地理解和认识，但尚无法确定能否被准确预估
		21～40	项目相关信息表明，项目的全生命周期成本理解和认识还不够全面清晰
		0～20	项目相关信息表明，项目的全生命周期基本上没有得到理解和认识
11	资产利用及收益	81～100	预计社会资本在满足公共需求的前提下，非常有可能充分利用资产增加额外收入
		61～80	预计社会资本在满足公共需求的前提下，较有可能充分利用资产增加额外收入
		41～60	预计社会资本在满足公共需求的前提下，利用项目资产增加额外收入的可能性一般
		21～40	预计社会资本利用项目资产获得额外收入的可能性较小
		0～20	预计社会资本利用项目资产获得额外收入的可能性非常小
12	行业示范性	81～100	预计项目具有很好的行业示范性，项目成立并实施后成为行业标杆
		61～80	预计项目具有行业示范性，项目成立并实施后起到行业参照作用
		41～60	预计项目起到行业示范作用的可能性一般，成为行业标杆的可能性一般
		21～40	预计项目起到行业示范作用的可能性较小，成为行业标杆的可能性较小
		0～20	预计项目能够在行业中达到基本水平，不能起到行业标杆作用

第五章　PPP 项目准备阶段

第一节　PPP 项目实施方案编写

PPP 项目实施方案是对 PPP 项目实施内容、实施方法、实施步骤等做出全面、具体、明确安排的计划文书，用以指导 PPP 项目的开展。一般由项目实施机构组织编写，项目实施机构可借助第三方的力量（如委托 PPP 咨询公司）辅助编写。

一、项目实施方案的内容

（一）项目概况

项目概况主要包括基本情况、经济技术指标和项目公司股权情况等。

基本情况主要说明项目提供的公共产品和服务内容、项目采用政府和社会资本合作模式运作的必要性和可行性，以及项目运作的目标和意义。

经济技术指标主要说明项目区位、占地面积、建设内容或资产范围、投资规模或资产价值、主要产出说明和资金来源等。

项目公司股权情况主要说明是否要设立项目公司以及公司的股权结构。

（二）风险分配基本框架

按照风险分配优化、风险收益对等和风险可控等原则，综合考虑政府风险管理能力、项目回报机制和市场风险管理能力等要素，充分识别 PPP 项目所存在的风险，并在政府和社会资本间合理分配。

（三）项目运作方式

项目运作方式主要包括委托运营、管理合同、建设—运营—移交、建设—拥有—运营、转让—运营—移交等。具体运作方式的选择主要由收费定价机制、项目投资收益水平、风险分配基本框架、融资需求、改扩建需求和期满处置等因素决定。项目实施方案中必须明确项目的运作方式，并对运作方式进行阐述。

（四）交易结构

交易结构主要包括项目投融资结构、项目回报机制和相关配套安排。

项目投融资结构主要说明项目资本性支出的资金来源、性质和用途，项目资产的形成和转移等。

项目回报机制主要说明社会资本取得投资回报的资金来源，包括使用者付费、可行性缺口补助和政府付费等支付方式。

相关配套安排主要说明由项目以外相关机构提供的土地、水、电、气和道路等配套设施及项目所需的上下游服务。

（五）合同体系

合同体系主要包括项目合同、股东合同、融资合同、工程承包合同、运营服务合同、原料供应合同、产品采购合同和保险合同等。项目合同是其中最核心的法律文件。

项目边界条件是项目合同的核心内容，主要包括权利与义务、交易条件、履约保障和调整衔接等边界。

权利与义务边界主要明确项目资产权属、社会资本承担的公共责任、政府支付方式和风险分配结果等。

交易条件边界主要明确项目合同期限、项目回报机制、收费定价调整机制和产出说明等。

履约保障边界主要明确强制保险方案以及由投资竞争保函、建设履约保函、运营维护保函和移交保函组成的履约保函体系。

调整衔接边界主要明确应急处置、临时接管和提前终止、合同变更、合同展期、项目新增及改扩建需求等对应措施。

（六）监管架构

监管架构主要包括授权关系和监管方式。授权关系主要是政府对项目实施机构的授权以及政府直接或通过项目实施机构对社会资本的授权；监管方式主要包括履约管理、行政监管和公众监督等。

（七）采购方式选择

项目采购应根据《中华人民共和国政府采购法》及相关规章制度执行，采购方式包括公开招标、竞争性谈判、邀请招标、竞争性磋商和单一来源采购。项目实施机构应根据项目采购的需求特点，说明社会资本需要具备的条件，并依法选择适当的采购方式。

除上述内容外，项目实施方案还应根据情况对项目的产品及服务质量和标准、财务测算与风险分析、技术及经济可行性论证等内容进行说明。

（八）相关法律规定

关于 PPP 项目实施方案的内容，主要的法律规定有以下几个。

（1）《政府和社会资本合作模式操作指南（试行）》。项目实施方案包括项目概况、风险分配基本框架、项目运作方式、交易结构、合同体系、监管架构、采购方式选择。

（2）《基础设施和公用事业特许经营管理办法》。特许经营项目实施方案应当包括以下内容：①项目名称；②项目实施机构；③项目建设规模、投资总额、实施进度以及提供公共产品或公共服务的标准等基本经济技术指标；④投资回报、价格及其测算；⑤可行性分析，即降低全生命周期成本和提高公共服务质量及效率的分析估算等；⑥特许经营协议框架草案及特许经营期限；⑦特许经营者应当具备的条件及选择方式；⑧政府承诺和保障；⑨特许经营期期限届满后的资产处置方式；⑩应当明确的其他事项。

（3）《关于市政公用领域开展政府和社会资本合作项目推介工作的通知》。对拟采用 PPP 模式的市政公用项目，实施方案应包含项目实施内容、产品及服务质量和标准、投融资结构、财务测算与风险分析、技术及经济可行性论证、合作伙伴要求、合同结构、政府支持方式、必要的配套措施等。

（4）《关于推进水污染防治领域政府和社会资本合作的实施意见》。对拟采用 PPP 模式的水污染防治项目，具体实施方案应包含项目实施内容、产品及服务质量和标准、投融资结构、财务测算与风险分析、技术及经济可行性论证、合作伙伴要求、合同结构、权益分配和风险分担、政府支持方式、配套措施等。

（5）《关于在收费公路领域推广运用政府和社会资本合作模式的实施意见》。对于实施 PPP 模式的收费公路项目，实施方案应包含项目实施内容、产品及服务质量和标准、投融资结构、财务测算与风险分析、技术及经济可行性论证、合作伙伴要求、合同结构、政府组织方式、必要的配套措施等。

（6）《关于开展社会资本参与重大水利工程建设运营第一批试点工作的通知》。对于拟采用 PPP 模式的重大水利工程项目，实施方案应包含项目基本情况、合作伙伴选择、项目公司组件及运作、融资运营模式和融资方案、财务测算、风险分析、政府支持方式、必要的配套措施等。

PPP 项目实施方案需要根据项目的具体情况，对项目概况、运作方式等内容做出详细的、具有可操作性的说明。总的来说，PPP 项目实施方案应包括的内容有项目基本情况、风险分配基本框架、项目运作方式、交易结构、合同体系、监管架构、采购方式选择。

二、项目实施方案的审核

项目实施方案编制完成后，需要完成物有所值评价和财政承受能力论证。财政部门（或政府和社会资本合作中心）应对项目实施方案进行物有所值评价和财政承受能力论证。

通过论证的，由项目实施机构报政府审核；未通过论证的，可在调整实施方案后重新论证；经重新论证仍不能通过的，不再采用政府和社会资本合作模式，如图 5 - 1 所示。

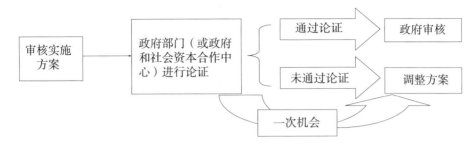

图 5 - 1　实施方案审核流程

模板四　PPP 项目实施方案

PPP 项目在通过物有所值评价与财政承受能力论证的识别阶段后，将迎来 PPP 项目的准备阶段。在此阶段项目参与各方都将围绕 PPP 项目的风险分配、最佳运作模式选择、有效交易结构明确等问题展开工作，PPP 项目实施方案则为上述问题与解决方案的总括。PPP 项目实施方案由项目实施机构编制，交由财政部门（政府和社会资本合作中心）审核，其中政府方指定的相关职能部门或事业单位作为项目实施机构。

目　录
一、项目概况
（一）基本情况
（二）经济技术指标
（三）项目公司股权情况
二、风险分担基本框架
三、项目运作模式
四、交易结构
（一）项目融资情况
（二）项目回报机制
（三）相关配套安排

五、合同体系

（一）合同体系概述

（二）项目边界

六、监管架构

（一）授权关系

（二）监管方式

七、采购方式选择

一、项目概况

（一）基本情况

【基本情况需对项目最终形成的公共资产及相关服务内容进行描述，分析采用政府与社会资本合作的必要性与可行性，同时阐述项目运作的目标与意义】

1. 公共产品与服务内容

_____项目的建设范围包括_____，形成公共资产后所提供的服务内容为_____。

2. 采用 PPP 模式的必要性

（1）基础设施及公共服务类项目的基本特点确定了采用 PPP 模式的必要性

_____项目拥有投资规模较大，需求长期稳定、价格调整机制灵活、市场化程度较高等特点，适宜采用政府与社会资本合作模式。

（2）采用 PPP 模式可以有效减轻财政负担

_____项目采用 PPP 模式与传统政府采购模式相比，投资主体多元化，促成更多的资金来源，在提高政府财政资金利用率的同时，缓解了财政负担。

（3）采用 PPP 模式可以提高公共服务效率

_____项目采用 PPP 模式选择的社会资本方将具有丰富的建设管理经验，社会资本的全过程参与，一方面优化了项目风险的合理分配，另一方面保证了项目全生命周期的建设效率与运营服务效率。

（4）采用 PPP 模式可以助推社会资本发展

_____项目采用 PPP 模式，在解决政府融资问题的同时，可以推动本项目社会资本在基础设施建设项目中的发展。

（5）_____

_____

_____

3. 采用 PPP 模式的可行性

（1）政府层面

_____项目已通过物有所值评价和财政承受能力论证。物有所值定性评价部分，确定了本项目增加供给、优化风险分配、提高运营效率、促进创新和公平竞争等内容；同时本项目已通过物有所值定量评价，由此，本项目可采用 PPP 模式。_____项目的财政承受能力论证说明，项目实施对当前及今后年度财政支出的影响合理、可行。本项目可采用 PPP 模式。

（2）社会资本层面

_____项目采用 PPP 模式，社会资本可以通过使用者付费、政府付费、可行性缺口补助等形式获取收益。本项目财政承受能力论证给出了_____为社会资本的补偿方式，并保障了社会资本的合理收益率。因此，本项目以 PPP 模式可行。

4. 项目运作的目标及意义

（1）项目运作目标

①合理风险分担目标

合理风险分担目标为确定最佳合理风险承担者，有效降低项目全生命周期的风险成本。本项目风险合理分担依据为：建设、运营与维护、_____等风险由社会资本承担；法律法规变化、_____等风险由政府承担；不可抗力、_____等风险由双方共担。

②最佳运作方式目标

_____项目以项目投融资比例合理化、回报机制有序化、相关配套全面化为目标，实现有效的交易结构。

③_____

_____

_____

（2）项目运作的意义

①提升财政投资资金的使用效率

_____项目通过确定合理的融资比例，引入社会资本投资，提升财政投资资金的使用效率。

②改善公共基础设施的服务质量

_____项目通过将投资、建设、运营一体化，最大程度提升社会资本能动性，改善公共基础设施的服务质量。

③实现政府和社会资本互利双赢

_____项目通过实现风险的合理分配、收益的合理共享、收费标准的合理规制实现政府和社会资本互利共赢。

④_____

_____

_____

（二）经济技术指标

【经济技术指标方面需要进行项目区位、占地面积、建设内容或资产范围、投资规模或资产价值、主要产出说明和资金来源等内容的论述。主要参考项目可研报告、项目区位分析报告、产出说明、物有所值评价及财政承受能力论证等报告中的相关内容】

1. 项目区位

_____项目的规划依据包括_____。

【规划依据参考国家及地方的区域规划依据，以具体项目为准】

_____项目位于_____，东起_____，西至_____，南邻_____，北往_____，东西相距_____，南北相距_____。

2. 项目占地面积

＿＿＿＿＿＿＿＿＿＿＿＿项目占地面积为＿＿＿＿＿＿＿＿＿＿＿＿。

3. 项目建设规模

＿＿＿＿＿＿＿＿＿＿＿＿项目建设规模为＿＿＿＿＿＿＿＿＿＿＿＿。

4. 项目产出说明

＿＿＿＿＿＿＿＿＿＿＿＿项目建成后提供的产品或服务应满足＿＿＿＿＿＿标准，并达到要求等级，＿＿＿＿＿＿＿＿＿＿＿＿。

5. 项目资金来源

＿＿＿＿＿＿＿＿＿＿＿＿项目资金来源为＿＿＿＿＿＿＿＿＿＿万元为社会资本融资，＿＿＿＿＿＿＿＿＿＿＿＿万元为政府出资。

（三）项目公司股权情况

根据本项目前期沟通调研和投融资需求，拟由＿＿＿＿＿＿＿＿＿＿公司作为政府制定的实施机构，并和本项目社会资本方共同成立项目公司（详见本实施方案"交易结构"）。

二、风险分担基本框架

【PPP 项目的风险分担以最佳风险承担、风险收益对等为原则，综合考虑 PPP 合作主体的风险管控能力与项目回报机制等要素，在政府和社会资本之间合理分配项目风险。原则上，建设与运营类风险（包括设计风险、建造风险、财务风险与运营风险）由社会资本承担，法律、政策和最低需求风险由政府承担，不可抗力等风险由双方共同承担】

1. 风险分担原则

原则上，项目设计、建造、财务和运营维护等商业风险由社会资本承担，法律、政策和最低需求风险由政府承担，不可抗力等风险由政府和社会资本合理共担。

（1）风险由最佳承担者承担

准经营性基础设施建设采用 PPP 模式的目的之一，是将项目中政府无法承担的项目风险转移至富有工程经验的社会资本。为使＿＿＿＿＿＿＿＿＿＿项目最大程度降低风险成本，采用风险由最佳承担者承担原则。

（2）风险承担与回报收益匹配

_____项目进行风险分配时综合考虑风险发生概率、损失程度、风险自留成本等要素，当社会资本承担的风险成本高于项目收益时，政府将选择提高补偿或自留风险。

（3）_____

_____

2. 风险分担框架

详见表 5 - 1。

表 5 - 1　　_____项目的风险分担框架

类别	风险因素	承担者		
		政府	社会资本	共担
政策风险	政府换届	√		
	征用/公有化	√		
	各种反对	√		
	政府无作为或负面行为	√		
	税收调整	√		
	审批延误	√		
法律风险	法律变更	√		
	法律监管体制不完善	√		
金融风险	外汇可兑换性			√
	通货膨胀			√
	费率调整	√		
	利率变化	√		
市场风险	动力、人工费用上涨			√
	收益不足			√
	市场需求变化			√

续表

类别	风险因素	承担者		
		政府	社会资本	共担
融资风险	融资可行性		√	
	融资成本高		√	
建设风险	设计变更		√	
	工程设计变更		√	
	分包商违约		√	
	工程安全		√	
	设备的获取		√	
	地质条件		√	
	场地可及性		√	
	项目运营变更	√		
	建设成本超支		√	
	完工风险		√	
	建设质量		√	
	公共设备服务提供	√		
	技术风险		√	
运营风险	运营、维修成本高		√	
	运营效率低		√	
	移交设备状况		√	
	设备维修状况		√	
	配套设施无法满足	√		
不可抗力	不可抗力			√
	天气/环境恶劣			√
—	—	—	—	—
—	—	—	—	—
—	—	—	—	—

三、项目运作模式

【PPP 模式主要适用于政府负有提供责任又适宜市场化或政府采购运作的公共服务、基础设施类项目。项目运作方式主要包括委托运营、管理合同、建设—运营—移交、建设—拥有—运营、转让—运营—移交、改建—运营—移交等。运作方式选择的依据包括收费定价机制、项目投资收益水平、风险分担基本框架、融资需求、改扩建需求和期满处置等】

1. PPP 项目运作模式简介

推荐使用的运作模式包括委托运营（O&M）、管理合同（MC）、建设—运营—移交（BOT）、建设—拥有—运营（BOO）、转让—运营—移交（TOT）、改建—运营—移交（ROT）。

（1）委托运营是指政府将存量公共资产的运营维护职责委托给社会资本或项目公司，社会资本或项目公司不负责用户服务的政府和社会资本合作项目运作方式。政府保留资产所有权，只向社会资本或项目公司支付委托运营费。

（2）管理合同是指政府将存量公共资产的运营、维护及用户服务职责授权给社会资本或项目公司的项目运作方式。政府保留资产所有权，只向社会资本或项目公司支付管理费。管理合同通常作为转让—运营—移交的过渡方式。

（3）建设—运营—移交是指由社会资本或项目公司承担新建项目设计、融资、建造、运营、维护和用户服务职责，合同期满后项目资产及相关权利等移交给政府的项目运作方式。

（4）建设—拥有—运营是由 BOT 方式演变而来，二者的区别主要是 BOO 方式下社会资本或项目公司拥有项目所有权，但必须在合同中注明保证公益性的约束条款，一般不涉及项目期满移交。

（5）转让—运营—移交是指政府存量资产所有权有偿转让给社会资本或项目公司，并由其负责运营、维护和用户服务，合同期满后资产及其所有权等移交给政府的项目运作方式。

（6）改建—运营—移交是指政府在 TOT 模式的基础上，增加改扩建内容的项目运作方式。

2. PPP 运作模式选择

_____项目依据融资需求、改扩建需求和期满处置等项目信息，选择适用于本项目的 PPP 运作模式。具体根据项目是否为存量项目、是否存在建设融资需求、是否为改扩建项目、是否需要期满移交等条件采用 PPP 运作模式，并根据收费定价机制、投资收益水平及风险分担框架选择运作模式投资回报的资金来源，包括政府付费、使用者付费与可行性缺口补助（详见本实施方案"交易结构"）。表 5-2 所示为 PPP 运作模式的判断条件与选择。

表 5-2　PPP 运作模式的判断条件与选择

运作模式＼判断条件	为存量项目	存在建设融资需求	为改扩建项目	需要期满移交
O&M	√			
MC	√	√		
BOT		√		√
BOO		√		
TOT	√	√		
ROT	√	√	√	

根据本项目的具体情况，并依据表 5-2 选择结果为：_____项目最终采用_____运作模式。

四、交易结构

【交易结构主要包括项目投融资机构、回报机制和相关配套安排。项目投融资结构主要说明项目资本性支出的资金来源、性质和用途以及项目资产的形成和转移等。项目回报机制主要说明社会资本取得投资回报的资金来源，包括使用者付费、可行性缺口补助和政府付费等支付方式。相关配套安排主要说明由项目以外相关机构提供的土地、水、电、气和道路等配套设施和项目所需的上下游服务】

209

（一）项目融资情况

1. 项目资本性支出的资金来源、性质和用途

_____项目依据_____【项目建议书】、_____【项目概算批复】等内容，核定本项目概算额为_____万元。_____项目政府方（或指定的项目实施机构）_____参与融资_____万元，出资比例为_____%，社会资本方_____参与融资_____万元，出资比例为_____%，其中_____万元为项目公司申请银行贷款的方式获得。资金用途为，_____万元（或全部）用于项目建设投资，_____万元（或无）用于项目运营投资。

2. 项目资产的形成和移交

（1）项目资产的形成

项目资产的形成包括两种方式，即建设期内投资建设的项目资产形成，以及项目运营期内因更新重置或升级改造投资的项目资产形成。根据本项目采用的_____运作模式，项目资产的形成为_____（或无项目资产形成）。

（2）项目资产的移交

根据_____项目 PPP 项目识别阶段的物有所值评价及财政承受能力论证，确定本项目期限为_____年，合作期限届满或政府方（或指定的项目实施机构）_____按约定提前结束项目公司的特许经营资格的，项目公司按照项目资产全部移交给政府方（或指定的项目实施机构）_____或其指定的其他机构。移交标准包括设备完好率和最短可使用年限等指标。采用有偿移交的，项目合同中应明确约定补偿方案；没有约定或约定不明的，项目实施机构应按照"恢复相同经济地位"原则拟定补偿方案，报政府审核同意后实施。

（二）项目回报机制

_____项目的性质为_____【准经营性项目/非经营性项目】，根据本项目的物有所值评价及财政承受能力论证，确定本项目的项目回报机制包括_____【政府付费/使用者付费/可行性缺口补助】，其中政府付

费为_____，使用者付费为_____，可行性缺口补助为_____【根据项目实际情况选填】。

（三）相关配套安排

_____项目的相关配套安排，由_____机构（或政府方）负责向项目公司提供满足开工条件的相关建设用地（土地使用权属于政府或项目实施机构），并负责项目征地、拆迁及相关手续办理；由_____等相关机构负责向项目公司提供满足本项目建设及运营需要的水、电、气和道路等配套设施；由_____机构负责向项目公司提供满足项目所需的_____等其他上下游服务【其他上下游服务可根据项目具体情况选填】。

五、合同体系

【PPP 项目合同体系，是指项目各参与方通过签订系列合同划分与明确各方的权利与义务，其中以 PPP 项目合同为核心文件，同时包括股东合同、融资合同、工程承包合同、运营服务合同、原料供应合同、产品采购合同和保险合同等。PPP 项目合同体系还应明确本项目的边界条件，主要包括权利义务、交易条件、履约保障和调整衔接等边界】

（一）合同体系概述

_____项目根据选择采用的_____运作模式、各阶段参与方主体、项目运营期限及融资情况等因素，确定本项目合同体系，主要包括 PPP 项目合同、_____等。

【根据项目需求选填股东合同、融资合同、工程承包合同、运营服务合同、原料供应合同、产品采购合同和保险合同等】

1. PPP 项目合同

_____项目 PPP 项目合同是 PPP 项目的核心合同，用于约定政府方（或指定实施机构）_____与社会资本_____双方的项目合作内容和基本权利义务。PPP 项目合同的签订方式有以下两种。

方式一：政府指定的项目实施机构与项目公司签订 PPP 项目合同；

方式二：政府指定的项目实施机构与中标社会资本签订 PPP 项目合同，项目公司成立后，项目公司书面确认对 PPP 项目合同的权利义务予以承继。

本项目采用方式_____，由项目实施机构_____与社会资本_____双方签订 PPP 项目合同，并用于_____项目的 PPP 项目合同主体、项目的风险分担、项目范围和期限、项目的融资、项目的运营、项目的维护、项目的移交及相关专用性条款等内容的描述与约定。

2. 股东协议

_____项目根据项目资金来源情况，确定股东协议由项目公司中_____股东签订，用以在股东之间建立长期的、有约束力的合约关系。本项目股东协议包括以下主要条款：_____
_____。

【根据项目具体情况确定是否签署股东协议，并选填以下条款：前提条件、项目公司的设立与融资、项目公司的经营范围、股东权利、履行 PPP 合同的股东承诺、股东的商业计划、股权转让、股东会、董事会、监事会组成及其职权范围、股息分配、违约、终止及终止后处理机制、不可抗力、适用法律和争议解决等】

3. 工程承包合同

项目公司本身不具备项目根据项目选择的_____运作模式，本项目存在建设阶段，且由于项目公司本身不具备自行设计、采购、建设项目的条件，因此确定将部分或全部设计、采购、建设工作委托_____工程承包商，并由项目公司与该承包商签订工程承包合同（或委托给_____等公司，并由项目公司分别与上述公司签署设计、采购、建设合同）。

【根据项目具体情况与项目公司具体情况确定是否需要签订工程承包合同，同时根据项目需求及项目公司需求，确定采用的工程承包合同模式，如 PPP + EPC 模式，即由项目公司与工程承包商之间签订工程承包合同，并由其同时完成设计、采购、建设等内容】

4. 运营合同

_____项目根据项目选择的_____运作模式，本项目存在运营阶段，且由于项目公司本身无法完成项目的运营与维护事务，本项目公司将相应的运营与维护事务外包给_____专业运营公司，并与其签订运营服务合同。

【根据项目具体情况与项目公司具体情况确定是否需要签订运营合同】

5. 融资合同

_____项目的融资安排作为 PPP 项目实施的关键环节，具体包括项目公司与_____融资方签订的项目贷款合同、担保人就项目贷款与融资方签订的担保合同、政府与融资方和项目公司签订的直接介入协议等多个合同。

6. 保险合同

由于_____项目资金规模大、生命周期长，负责项目实施的项目公司及其他相关参与方通常需要对项目进行融资、建设。运营等不同阶段的不同类型的风险分别进行投保。本项目的保险合同涉及_____等。

【根据项目需求选填以下内容：货物运输险、工程一切险、针对设计或其他专业服务的职业保障险、针对间接损失的保险、第三方责任险】

7. 其他合同

_____

_____

【除上述合同之外，政府与项目公司还需要同其他专业中介机构签订咨询合同，根据项目需求选填以下方面的咨询服务合同：投资、法律、技术、财务、税务等】

（二）项目边界

1. 权利义务边界

（1）项目资产权属

项目资产包括两种形式：建设期内投资建设形成的项目资产、项目运营期内因更新重置或升级改造形成的项目资产。项目资产权属根据项目采用的运作模式、社会资本是否拥有项目土地使用权等内容确定。_____项目的建设期内投资建设形成的项目资产权属为_____，项目运营期内因更新重置或升级改造投资形成的项目资产权属为_____。

（2）社会资本承担的公共责任

_____

_____

【社会资本承担的公共责任一般包括完成项目建设、接受项目机构的监督与监管、制定合理的票价、妥善运营与维护等内容，根据项目具体情况选填】

（3）政府支付方式

_____

_____

【政府支付方式通常包括政府付费与可行性缺口补助，根据项目具体情况选填】

（4）风险分配结果

_____项目的风险分配结果详见本实施方案的"风险分担基本框架"。

2. 交易条件边界

（1）项目合同期限

_____项目的合同期限为_____年。

（2）项目回报机制

_____项目的回报机制详见本实施方案的"交易结构"。

（3）收费定价调整机制

_____项目收费标准将根据运营维护期间的通货膨胀情况、市场需求、相关政策等，设定相应的调价周期及启动机制，即在运营期内以_____年为一周期，项目公司可向政府或其指定机构申请启动调价程序，由政府或其指定机构组织相关政府部门审核通过后调价。

（4）产出说明

_____项目详见本项目产出说明报告。

3. 履约保障边界

（1）强制保险方案

_____项目的强制保险主要包括建筑施工企业必须为从事危险职工办理的意外伤害保险。

（2）建设履约保函

_____项目根据项目需要，由项目公司（或工程承包商）提供相应建设履约保函。

（3）运营维护保函

_____项目根据项目需要，由项目公司（或专业运营公司）提供相应运营维护保函。

（4）移交维修保函

_____项目根据项目需要，由项目公司（或专业运营公司）提供相应移交维修保函。

4. 调整衔接边界

（1）应急处置

_____项目将根据《中华人民共和国突发事件应对法》相关条文，结合项目自身需求，项目公司及相关参与方将建立健全安全管理制度，定期检查各项安全防范措施的落实情况，及时消除事故隐患；掌握并及时处理本单位存在的可能引发社会安全事件的问题，防止矛盾激化和事态扩大；对本项目可能发生的突发事件和采取安全防范措施的情况，按照规定及时向所在地人民政府或者人民政府有关部门报告。

（2）临时接管和提前终止

_____项目自PPP项目合同体系中相关合同于协议生效后，符合国家或本地区相关特许经营条例中涉及的临时接管情形的，政府方有权依法提前终止项目协议，取消并负责临时接管经营权。

（3）合同变更

_____项目的合同变更依照《中华人民共和国合同法》相关条款进行。

（4）_____项目根据项目实际情况，由非社会资本方原因导致资金到位延期、项目工期延误的，或经双方协商一致的，可考虑项目合同展期。

（5）项目新增改扩建需求

_____项目出现项目新增改扩建需求的，根据双方协商意见，并满足相关法律法规规定，可考虑新增改扩建内容。

六、监管架构

【监管架构主要包括授权关系和监管方式。授权关系主要是政府对实施机构的授权，以及政府直接或通过项目实施机构对社会资本的授权；监管方式主要包括履约管理、行政监管和公众监督等】

（一）授权关系

_____项目由_____市人民政府授权，_____作为项目实施机构负责实施项目准备、采购、监管和移交等工作。项目公司将由项目实施机构进行授权，即项目公司的特许经营权，并负责项目的_____【建设/运营/管理】等工作。

（二）监管方式

1. 履约管理

（1）一般情况下，履约管理最主要的方式就是合同控制，因此为保证项目公司严格按照特许经营权的范围履约，授权方可根据合同内容对社会投资人的融资、建设、运营维护和移交等义务进行定期监测。对项目产出的绩效指标编制季报和年报，并报财政部门（政府和社会资本合作中心）备案。

（2）在项目协议中设置相应的履约条款是十分必要的。履约管理在合同控制中主要体现为履约条款及履约担保，即在特许经营协议生效后，由项目公司向授权方出具可接受格式的履约保函，以保证项目公司履行本协议项下建设、运营维护项目设施等的义务。项目公司在特许经营期内应保持保函数额的固定性及保函的有效性。此项目中保函的受益人应为_____。

2. 行政监管

行政监管是政府对其辖内某些事物的控制，有别于行政管理及司法监管。行政监管主要分为两个阶段，一是项目采购方式的监管，二是项目建设运营移交时期的绩效监管（包括质量、价格、服务水平和财务等方面的监管）。

项目采购实施阶段要严格按照《中华人民共和国政府采购法》以及财政部《政府和社会资本合作模式操作指南（试行）》《政府采购竞争性磋商采购方式管理暂行办法》等相关规定，按照"公开""公平""规范"的原则实施PPP项目投资人的选择。

项目运营阶段会同行业主管部门（＿＿＿＿＿＿＿）、项目实施主体对PPP项目进行中期评估，重点分析项目运行的合规性、适应性、合理性，科学评估风险，制定应对措施。

项目移交阶段会同行业主管部门（＿＿＿＿＿＿＿）、项目实施主体按合同规定对PPP项目进行整体移交，做好资产评估、性能测试及资金补偿工作，妥善办理过户及管理权移交手续。

3. 公众监督

建立舆论监督和委托第三方监督工作机制，建立健全社会监督网络和舆论监督反馈，形成有效的、完善的社会监督。

＿＿＿＿＿＿＿＿＿项目将采用履约管理、行政监管、公众监督等管理方式。①履约管理，将根据项目需求，由项目公司制订本项目PPP合同体系履约的工作管理计划，并由项目实施机构进行监督，保障合同的严格执行。②行政监管，为保障项目公司提供项目资产的质量、运营服务质量，项目实施机构及相关部门将对本项目进行行政监管。③公众监督，本项目将设立公众新项目，满足项目的公共监督需求。

七、采购方式选择

根据文件规定，PPP项目采用根据《中华人民共和国政府采购法》及相关规章制度执行。采购方式包括公开招标、竞争性谈判、邀请招标、竞争性磋商和单一来源采购。

1. 采购方式的定义及选择

公开招标是指在公开媒介上以招标公告的方式邀请不特定的法人或其他组织参与投标，并从符合条件的投标人中择优选择中标人的一种招标方式。主要适用于核心边界条件和技术经济参数明确、完整，符合国家法律法规和政府采购政策，且采购中不做更改的项目。

竞争性谈判是指采购人通过与多家供应商（不少于三家）进行谈判，最后从中确定成交供应商的一种采购方式，主要适用于有竞争（参与谈判的供应商不少于三家）、有谈判（最终的结果必须要在谈判的基础上确定）的项目。

邀请招标是指按照事先规定的条件选定合格供应商或承包商，接到邀请者方才有资格参与投标，主要适用于技术复杂、有特殊要求，或者受自然环境限制，只有少量潜在投标人可供选择的情形。

竞争性磋商采购方式是指采购人、政府采购代理机构通过组建竞争性磋商小组（以下简称磋商小组）与符合条件的供应商就采购货物、工程和服务事宜进行磋商，供应商按照磋商文件的要求提交响应文件和报价，采购人从磋商小组评审后提出的候选供应商名单中确定成交供应商的采购方式，主要适用于政府购买服务项目；技术复杂或者性质特殊，不能确定详细规格或者具体要求的；因艺术品采购、专利、专有技术或者服务的时间、数量事先不能确定等原因不能事先计算出价格总额的；市场竞争不充分的科研项目，以及需要扶持的科技成果转化项目；按照《中华人民共和国招标投标法》及其实施条例必须进行招标的工程建设项目以外的工程建设项目。

单一来源采购是指只能从唯一供应商处采购或不可预见的紧急情况，主要适用于采购人向特定的一个供应商采购的情形。

按照《中华人民共和国政府采购法》《政府和社会资本合作模式操作指南（试行）》等政策文件的有关规定，并结合_____项目实际情况和采购需求，_____项目拟采用竞争性磋商方式，分析情况如表 5 - 3 所示。

表 5 - 3　PPP 项目采购需求与方式的选择情况

项目需求 / 采购方式	长期复杂性	公益性	需要风险共担	不确定性	政府推荐	非必须招标
公开招标	'					
竞争性谈判						
邀请招标						
竞争性磋商						
单一来源采购						

注：根据项目特点对表格内容勾选。

2. 采用竞争性磋商的可行性

根据财政部《关于印发〈政府采购竞争性磋商采购方式管理暂行办法〉的通知》，竞争性磋商方式是为了深化政府制度改革，适应推进政府购买服务。推广政府和社会资本合作（PPP）模式等工作需要而进行的制度创新。

实施方案中所述的_____项目均属于政府购买服务项目，符合竞争性磋商所适用的范围。

鉴于_____项目对投资人的资金实力、技术实力、投资运营能力、建设实施能力、高端设备制造能力都有较高要求，选用竞争性磋商形式可由采购人和评审专家分别以书面推荐方式选择供应商。

3. 竞争性磋商采购程序

根据《政府采购竞争性磋商方式管理暂行办法》的规定，竞争性磋商的磋商程序如图 5-2 所示。

4. 采购合同的签订

采购人与成交供应商应在成交通知书发出之日起 30 日内，按照磋商文件确定的合同文本以及采购标的、规格型号、采购金额、采购数量、技术和服务要求等事项签订政府采购合同。

采购人不得向成交供应商提出超出磋商条件以外的任何要求作为签订合同的条件，不得与成交供应商订立背离磋商文件确定的合同文本以及采购标的、规格型号、采购金额、采购数量、技术和服务等实质性内容的协议。

5. 竞争性磋商保证金

采购人或者采购代理机构应当在采购活动结束后及时退换供应商的磋商保证金，但因供应商自身原因导致无法及时退还的除外。未成交供应商的磋商保证金应当在成交通知书发出后 5 个工作日内退还，成交供应商的磋商保证金应当在采购合同签订后 5 个工作日内退还。

有下列情形之一的，磋商保证金不予退还：

（1）供应商在提交响应文件截止时间后撤回响应文件的。

（2）供应商在响应文件中提供虚假材料的。

（3）除因不可抗力或磋商文件认可的情形以外，成交供应商不与采购人签订

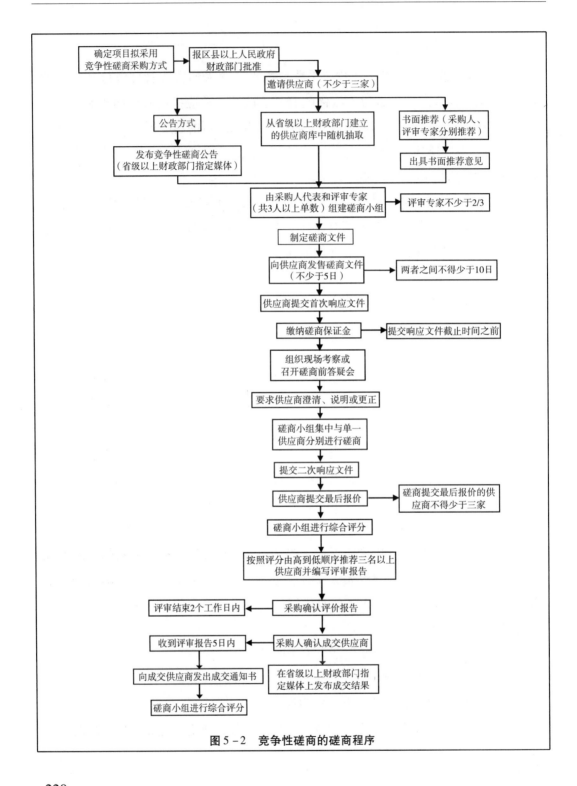

图 5 - 2　竞争性磋商的磋商程序

合同的。

（4）供应商与采购人、其他供应商或者和采购代理机构恶意串通的。

（5）磋商文件规定的其他情形。

6. 竞争性磋商偏离处理办法

除资格性检查认定错误、分值汇总计算错误、分项评分超出评分标准范围、客观分评分不一致、经磋商小组一致认定评分畸高或畸低的情形外，采购人或者采购代理机构不得以任何理由组织重新评审。采购人、采购代理机构发现磋商小组未按照磋商文件规定的评审标准进行评审的，应当重新开展采购活动，并同时书面报告本级财政部门。

采购人或者采购代理机构不得通过对样品进行检测、对供应商进行考察等方式改变评审结果。

成交供应商拒绝签订政府采购合同的，采购人可以按照《政府采购竞争性磋商采购方式管理暂行办法》第二十八条第二款规定的原则确定其他供应商作为成交供应商并签订政府采购合同，也可以重新开展采购活动。拒绝签订政府采购合同的成交供应商不得参与对该项目创新开展的采购活动。

7. 竞争性磋商程序的终止

出现以下情形之一的，采购人或者采购代理机构应当终止竞争性磋商采购活动，发布项目终止公告并说明原因，重新开展采购活动：

（1）因情况变化不再符合规定的竞争性磋商采购方式适用情形的。

（2）出现影响采购公正的违法、违规行为的。

（3）除《政府采购竞争性磋商采购方式管理暂行办法》第二十一条第三款规定的情形外，在采购过程中符合要求的供应商或者报价未超过采购预算的供应商不足三家的。

在采购过程中因重大变故，采购任务取消的，采购人或者采购代理机构应当终止采购活动，通知所有参加采购活动的供应商，并将项目实施情况和采购任务取消原因报送本级财政部门。

第二节　PPP 项目合同体系

PPP 项目的参与人主要包括政府、社会资本、融资方、承包商和分包商、原料供应商、运营商、保险公司以及专业机构等，如图 5 - 3 所示。PPP 项目合同体系以项目合同为核心，涵盖相关的各类合同，解决了各参与主体间的权利与义务问题。

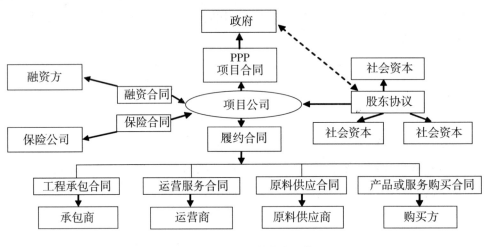

图 5 - 3　PPP 项目基本合同体系

一、PPP 项目合同

在 PPP 项目中，政府参与方通过签订一系列合同来确立和调整彼此之间的权利与义务的关系，由此构成了 PPP 项目合同体系。PPP 项目的合同通常包括 PPP 项目合同、股东协议、履约合同（包括工程承包合同、运营服务合同、原料供应合同、产品和服务购买合同等）、融资合同和保险合同等。其中，PPP 项目合同是整个合同体系的基础和核心。在 PPP 项目合同体系中，各个合同之间并非是完全独立、互不影响，而是紧密衔接、相互贯通的一个整体。

（一）PPP 项目合同

PPP 项目合同是政府与社会资本签订的约定项目合作主要内容和双方基本权利

与义务关系到协议。其目的是在政府与社会资本之间合理分配项目风险，明确双方的权利与义务关系，保障双方能够依据合同约定合理主张权利，妥善履行义务，确保项目在全生命周期内顺利实施。PPP 项目合同是其他合同的基础，也是 PPP 项目合同体系的核心。

在项目初期，当项目公司尚未成立时，政府先与社会资本（项目投资人）签订意向书、备忘录或者框架协议，以明确双方的合作意向，详细约定双方有关项目开发的关键权利与义务。待项目公司成立后，由项目公司与政府重新签署正式 PPP 项目合同或者签署关于承继上述协议的补充合同。在 PPP 项目合同中通常也会对 PPP 项目合同生效后政府与项目公司及其母公司之前就本项目所达成的协议是否存续进行约定。

（二）股东协议

股东协议是由项目公司的股东签订，用以在股东之间建立长期的、有约束力的合约关系。股东协议通常包括以下主要条款：前提条件，项目公司的设立和融资，项目公司的经营范围，股东权利，履行 PPP 项目合同的股东承诺，股东的商业计划，股权转让，股东会、董事会、监事会的组成及其职权范围，股息分配，违约，终止及终止后的处理机制，不可抗力，适用法律和争议解决等。

项目投资人订立股东协议的主要目的在于设立项目公司，由项目公司负责项目的建设、运营和管理。因此，项目公司的股东可能会包括希望参与项目建设各运营的承包商、原料供应商、运营商、融资方等主题。在政府直接参股项目公司的情况下，政府与其他股东相同，享有作为股东的基本权益，同时也需要履行股东的相关义务并承担项目风险。股东协议除了包括规定股东之间权利与义务关系的一般条款外，还可能包括与项目实施相关的特殊规定。例如，在承包商作为项目公司股东时，承包商的双重身份可能会导致股东之间一定程度的权益冲突并会在股东协议中予以反映，进而在一定程度上限制承包商的股东权利。

（三）履约合同

1. 工程承包合同

项目公司一般只作为融资主体和项目管理者而存在，本身不一定具备自行设计、采购、建设项目的条件，因此可能会将部分或全部设计、采购、建设工作委托给工程承包商并签订工程承包合同。项目公司既可以与单一承包商签订总承包合同，也可以分别与不同承包商签订合同。当然，对于承包商的选择要遵循相关法律法规的规定。由于工程承包合同的履行情况往往直接影响 PPP 项目合同的履行，进而影响项目的贷款偿还和收益情况，因此，为了有效转移项目建设时期的风险，项目公司通常会与承包商签订一个固定价格、固定工期的"交钥匙"合同，将工程费用超支、工期延误、工程质量不合格等风险全部转移给承包商。此外，工程承包合同妥善履行合同义务。

2. 运营服务合同

根据 PPP 项目运营内容和项目公司管理能力的不同，项目公司有时会考虑将项目全部或部分的运营和文化事务外包给有经验的运营商，并与其签订运营服务合同。在个案中，运营维护事务外包可能需要事先取得政府的同意。但是，PPP 项目合同中约定的项目公司的运营和维护义务并不因项目公司将全部或部分运营维护事务分包给其他运营商实施而得到豁免或解除。

3. 原料供应合同

有些 PPP 项目在运营阶段对原料的需求量很大，而且原料成本在整个项目运营成本中的占比很大，同时受到价格波动、市场供给不足等因素影响，并且无法保证能够随时在公开市场上以平稳价格获取，继而可能会影响到整个项目的持续稳定运营。因此，为了防控原料供应风险，项目公司通常会与原料主要供应商签订长期原料供应合同，并且约定一个相对稳定的原料价格。原料供应合同通常会包括以下条款：交货地点和供货期限、供货要求和价格、质量标准和验收、结算和支付、合同双方的权利与义务、违约责任、不可抗力、争端解决等。除上述一般性条款外，原料供应合同通常还会包括"照供不误"条款，即要求供应商以稳定的价格、稳定的质量及品质为项目提供长期稳定的原料。

4. 产品或服务购买合同

在 PPP 项目中，项目公司的主要投资收益来源于项目提供的产品或服务的销售收入，因此保证项目产品或服务有稳定的销售对象对于项目公司十分重要。根据 PPP 项目付费机制的不同，项目产品或服务的购买者可能是政府，也有可能是最终使用者。此外，在一些产品购买合同中还会包括"照付不议"条款，即项目公司与产品购买者约定一个最低采购量。只要项目公司按照最低采购量供应产品，不论购买者是否需要采购该产品，均应按照最低采购量支付相应价款。

（四）融资合同

从广义上来讲，融资合同可能包括项目公司与贷款方签订的项目贷款合同、担保人就项目贷款与贷款方签订的担保合同、政府与贷款方和项目公司签订的直接介入协议等多个合同。其中，项目贷款合同是最主要的融资合同。

项目贷款合同通常包括以下条款：陈述与保证、前提条件、偿还贷款、担保与保障、抵销、违约、适用法律与争端解决等。同时，出于贷款安全性的考虑，贷款方往往要求项目公司以其财产或其他权益作为抵押或质押，或由其母公司提供某种形式的担保或由政府做出某种承诺。这些融资保障措施通常会在担保合同、直接介入协议以及 PPP 项目合同中具体体现。

（五）保险合同

由于 PPP 项目通常资金规模大、生命周期长，负责项目实施的项目公司及其他相关参与方通常需要对项目融资、建设、运营等不同阶段的不同类型风险分别进行投保。通常来说，PPP 项目可能涉及的保险种类包括货物运输险、建筑工程险、针对设计或其他专业服务的专业保障险、针对间接损失的保险、第三者责任险、政治风险保险、运营期保险等。

（六）其他合同

在 PPP 项目中可能还会涉及其他合同，比如与专业中介机构签署的投资、法律、技术、财务、税务等方面的咨询服务合同。

案例 5.1 *广西来宾 B 电厂的项目合同结构*

广西来宾 B 电厂总投资额为 6.16 亿美元，项目特许期为 18 年，其中建设期为 2 年 9 个月，运营期为 15 年 3 个月。特许期满后，项目公司将项目无偿移交给广西壮族自治区政府，并承担移交后 12 个月的质量保证义务。其具体合同结构如图 5-4 所示。

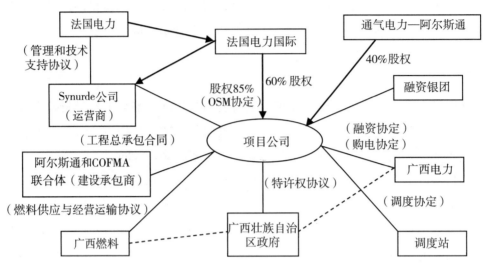

图 5-4 广西来宾 B 电厂项目合同体系

二、PPP 项目合同的边界条件

在 PPP 项目中，多数合同纠纷都是由于对项目边界条件的约定不明确。项目边界条件主要包括权利与义务边界、交易条件边界、履约保障边界和调整衔接边界等。

（一）权利与义务边界

权利与义务边界主要包括项目资产权属、社会资本承担的公共责任、政府支付方式和风险分配结果。

项目资产权属是指明确合作各阶段项目有形及无形资产的所有权、使用权、收益权、处置权的归属。项目资产主要包括土地和土地上的附着物、设施报备等。

社会资本承担的公共责任通常约定得比较原则化，大致内容包括政府本着尊重社会公众的知情权，鼓励公众参与监督的原则，有权及时将项目公司的产品和服务质量检查、监测、评估结果和整改情况以适当的方式向社会公布；受理公众对项目公司的投诉，并进行核实处理；遇紧急情况，在可能严重影响公众利益的情况下，可依法对项目进行临时接管。

政府支付方式在项目合同中一般约定得比较清晰，通常涵盖了支付通知、付款、异议处理、违约金计算方式等广义的支付方式。一般项目合同中都约定将付费纳入本级财政预算。

风险分配结果的边界一般很清晰，但很多项目合同具体条款的规定有悖于风险分配原则。在实务操作中，各方应严格按照《PPP 项目合同指南（试行）》等规定，合理、公平地分配风险。

（二）交易条件边界

交易条件边界主要包括项目合同期限、项目回报机制、收费定价调整机制。

项目合同期限的具体内容将在后面详细阐述。值得注意的是，PPP 项目在分别设置设计建设期间和运营期间的情况下，当出现工期延误时，需要判断是否属于合同约定的延长期限情形以及相应的处理办法。《基础设施和公用事业特许经营事业管理办法》规定，特许经营期最长不超过 30 年。这 30 年是否包含建设期，目前各地实行的标准都不一致。

项目回报机制是指项目收入的来源方式，主要包括使用者付费、可行性缺口补助和政府付费三种方式。从目前 PPP 项目的操作情况来看，一些 PPP 项目合同中的回报机制不完善，双方的权利与义务不平衡。PPP 模式仍需不断探索适合具体项目的回报机制。

收费定价调整机制有公式调整机制和协商调整机制两种。目前采用较多的是公式调整机制，通常会以电费、人工费、化学药剂费、企业税收等作为主要的调价因子。当上述因子变动达到约定的幅度时即可触发调价程序，按调价公式自动调整定价。这里面需要关注的有两点：一是各调价因子在总调价公式中的占比目前没有统一的比例。对于同类项目，有的地方人工费因子占比较大，有的地方电费因子占比较大。所以，合理确定权重是一项重要的工作，目前尚缺乏权威部门的指导意见。二是调价频率。目前，有的地方是一年一次，有的是两年或三年一次。项目产出说明应明确产出规模（服务能力）和产出技术标准，两者缺一不可。

（三）履约保障边界

履约保障边界包括各类保险问题。在发改委和财政部两份合同指南中都专门提到了项目保险。能够获得相关保险、保险覆盖的范围等问题恰恰是项目风险的核心。保险方案需要政府与项目公司在谈判中予以足够关注并尽量明确。

（四）调整衔接边界

调整衔接边界主要包括应急处置、临时接管和提前终止、合同变更、合同展期、项目新增改扩建需求等应对措施。

应急处置、临时接管和提前终止这三项内容合并起来看，实质上是出于维护社会公众利益的需要而实施的一种政府介入机制。在项目合同中约定介入机制，应区分项目公司违约和未违约两种情况。同时，应明确政府介入后的法律后果。

项目合同变更、合同展期、项目新增改扩建三项内容实质上都是合同的变更。在具体设置时应详细明确以下三个方面：一是变更触发条件，如因政策或外部环境发生重大变化，需要变更运营服务标准等；二是变更程序，包括变更的提出、评估、批准、认定等；三是新增投资和运营费用的承担责任；四是各方利益调整方法或处理机制。这三个方面在《PPP 项目合同指南（试行）》中都有较明确的指引条款，可参考引用。

三、PPP 项目合同的主要内容

不同行业、不同付费机制、不同运作方式的具体 PPP 项目合同可能千差万别，但它们包括一些具有共性的条款和机制。本节将详细介绍 PPP 项目合同中具有共性的主要内容。

（一）PPP 项目合同概述

本部分内容包括合同主体、合同主要内容和条款、风险分配、法律适用几部分。

1. 合同主体

PPP 项目合同通常由政府和社会资本签署。政府是指签署 PPP 项目合同的政府一方的签约主体（合同当事人）。在我国，PPP 项目合同通常根据政府职权分工，由项目所在地相应级别的政府或者政府授权机构以该级政府或该授权机构自己的名义签署。例如，某省高速公路项目的 PPP 项目合同由该省交通厅签署。项目公司是社会资本方为实施 PPP 项目而专门成立的公司，通常独立于社会资本而运营。根据项目公司股东国籍的不同，项目公司可能是内资企业，也有可能是外商投资企业。

2. 合同主要内容和条款

PPP 项目合同通常会包括以下核心条款：引言、定义和解释；项目范围和期限；前提条件；项目的融资；项目用地；项目的建设；项目的运营；项目的维护；股权变更限制；付费机制；履约担保；政府承诺；保险；守法义务及法律变更；不可抗力；政府的监督和介入；违约、提前终止及终止后的处理机制；项目的移交；适用法律及争议解决；合同附件等。除上述核心条款外，PPP 项目合同通常还会包括其他一般合同中的常见条款，如著作权和知识产权、环境保护、声明与保证、通知、合同可分割、合同修订等。

3. 风险分配

本部分内容包括风险分配原则与常见风险安排。PPP 项目合同的目的就是要在政府和项目公司之间合理分配风险，明确合同当事人之间的权利与义务关系，以确保 PPP 项目顺利实施和实现物有所值。

4. 法律适用

对于在我国实施的 PPP 项目，除说明和借鉴国际经验的表述外，有关 PPP 项目合同条款的分析和解释均以我国法律作为适用依据。

（二）引言、定义和解释

引言、定义和解释是所有 PPP 项目合同中均包含的内容，一般会放在 PPP 项目合同的初始部分，用以说明该合同的签署时间、签署主体、签署背景以及该合同中涉及的关键词语的定义和条款的解释方法等。

（1）引言。引言部分，即在 PPP 项目合同具体条款前的内容，主要包括签署时间及签署主体的信息、签约背景及签约目的等内容。

（2）定义。在 PPP 项目中通常还会包括定义条款，对一些合同中反复使用的关键名词和术语进行明确的定义，以便于快速索引相关定义和术语，并确保合同用语及含义的统一性，避免将来产生争议。定义部分通常会包括"政府方""项目公司""工作日""生效日""运营日""移交日""不可抗力""法律变更""融资交割""技术标准""服务标准""性能测试"等 PPP 项目涉及的专业术语及合同用语。

（3）解释。为了避免合同条款因不同的解释而引起争议，在 PPP 项目合同中通常会专门约定该合同的解释方法。常见的解释包括：标题仅为参考所设，不应影响条文的解释；一方、双方是指本协议的一方或双方，并且包括经允许的替代该方的人或该方的受让人；一段时间（包括一年、一个季度、一个月和一天）是指按公历计算的该时间段；包括是指"包括但不限于"；任何合同或文件包括经修订、更新、补充或替代后的该合同或文件等。

（三）项目的范围和期限

1. 项目的范围

项目的范围条款用以明确约定在项目合作期限内政府与项目公司的合作范围和主要合作内容，是 PPP 项目合同的核心条款。政府与项目公司的合作范围可能包括设计、融资、建设、运营、维护某个基础设施或提供某项公共服务等，具体内容视项目运作方式和具体情况而不同。通常项目的合作是排他的，即政府在项目合作期限内不会就该 PPP 项目合同项下的全部成本或部分内容与其他任何一方合作。

2. 项目的合作期限

项目的合作期限通常应在项目前期论证阶段结合政府所需要的公共产品或服务的供给期间、项目资产的经济生命周期以及重要的整修时点、项目资产的技术生命周期、项目的投资回报收期等内容进行评估。

根据项目运作方式和付费机制的不同，项目合作期限的规定方式也不同，常见的项目合作期限规定方式包括以下两种：一是自合同生效之日起一个固定的期限（如 25 年）；二是分别设置独立的设计建设期间和运营期间，并规定运营期间为自项目开始运营之日起的一个固定期限。这两种项目合作期限的规定方式各有优劣，实践中应当根据项目的风险分配方案、运作方式、付费机制和具体情况选择合理的项目合作期限规定方式。基本的原则是，项目合作期限可以实现物有所值的目标并且形成对项目公司的有效激励。需要注意的是，项目的实际期限还会受制于提前终止的规定。

由于 PPP 项目的实施周期通常较长，为了确保项目实施的灵活性，PPP 项目合同中还可能包括关于延长项目合作期限的条款。在因政府违约导致项目公司延误履行其义务，或者因发生政府应承担的风险而导致项目公司延误履行其义务等情况下，在法律允许的范围内，应允许项目公司请求延长项目合作期限。

依有关项目期限结束的条款，导致项目合作期限结束有两种情形：项目合作期限届满或者项目提前终止。

（四）前提条件

前提条件，也称为先决条件，是指 PPP 项目合同的某些条款生效所必须满足的特定条件。在一般情况下，PPP 项目合同的条款并不会在合同签署时全部生效，其中部分特定条款的生效会有一定的前提条件。只有这些前提条件被满足或者被豁免的情况下，PPP 项目合同的全部条款才会生效。如果某前提条件未能被满足且未被豁免，PPP 项目合同的有关条款将无法生效，并有可能进一步导致合同终止，而未能满足该前提条件的一方将承担合同终止的后果。

根据项目具体情况的不同，在项目正式实施之前需要满足的前提条件也不尽相同。实践中常见的前提条件包括：完成融资交割；获得项目相关审批；保险已经生效；与项目实施相关的其他主要合同已经签订等。上述前提条件可以被豁免，但只有负责满足该前提条件的一方的相对方拥有该豁免权利。

若前提条件未得以满足，可能会产生合同终止的后果，具体包括合同项下的权利和义务终止、经济赔偿、提取保函等后果。

（五）项目的融资

PPP 项目合同中有关项目融资的规定，不一定会规定在同一条款中，有可能散见在不同条款项下，通常包括项目公司的融资权利和义务、融资方权利以及再融资等内容。

（六）项目用地

PPP 项目合同中的项目用地条款是在项目实施中涉及土地方面的权利与义务规定，通常包括土地权利的取得、相关费用的承担以及土地使用权利及限制等内容。

（七）项目建设

保护新建或改建内容的 PPP 项目，通常采用 BOT、BOO 或 ROT 等运作方式，项目建设是这类 PPP 项目合同的必备条款。有关项目建设的条款通常会包括设计和建设两部分内容。设计的范围、设计工作的分工、项目设计要求、设计的审查、项目涉及责任等项目设计内容，都应在合同中予以明确。项目的建设涵盖项目建设要求、项目建设责任、政府对项目建设的监督和介入等。

（八）项目的运营

在 PPP 项目中，项目的运营不仅关系到公共产品或服务的供给效率和质量，而且关系到项目公司的收入，因此对于政府和项目公司而言都非常关键。有关项目运营的条款通常包括开始运营的时间和条件、运营期间的权利与义务以及政府和公众对项目运营的监督等内容。

（九）项目的维护

在 PPP 项目合同中，有关项目维护的权利与义务规定在很多情况下是与项目运营的有关规定重叠和相关的，通常会与项目运营放在一起统一规定，但也可以单列条款。有关项目维护的条款通常会规定项目维护义务和责任以及政府对项目维护的监督和介入等内容。

（十）股权变更限制

在 PPP 项目中，项目公司自身或其母公司的股权结构发生变化，可能会导致不合适的主体成为 PPP 项目的投资人或实际控制人，进而有可能会影响项目的实施。有鉴于此，为了有效控制项目公司股权结构的变化，在 PPP 项目合同中一般会约定限制股权变更的条款。该条款通常包括股权变更的含义与范围以及股权变更的限制等内容。

（十一）付费机制

常见的付费机制有政府付费、使用者付费、可行性缺口补助三种，需要根据各方的合作预期和承受能力，结合项目所涉及的行业、运作方式等实际情况，因地制宜地设置合理的付费机制。

（十二）履约担保

为了确保项目公司能够按照合同约定履约，政府通常会希望项目公司或其他承包商、分包商就其履约义务提供一定的担保。履约担保的方式通常包括履约保证金、履约保函以及其他形式的保证等。实务中常见的履约方式是履约保函，包括投标保函、建设期的履约保函、运营维护期的履约保函、移交期的履约保函等。

（十三）政府承诺

为了确保PPP项目的顺利实施，在PPP项目合同中通常会包括政府承诺的内容，用以明确约定政府在PPP项目实施过程中的主要义务。一般来说，政府承诺需要同时具备以下两个前提条件：一是如果没有该政府承诺，将会导致项目的效率降低、成本增加甚至无法实施；二是政府有能力控制和承担该义务。

由于PPP项目的特点和合作内容各有不同，需要政府承担的义务有可能完全不同。在不同的PPP项目合同中，政府承诺有可能集中规定在同一条款项下，也有可能散见于不同条款中。实践中较为常见的政府承诺有：付费或补助；负责或协助获取项目相关土地权利；提供相关链接设施；办理有关政府审批手续；防止不必要的竞争性项目等。

（十四）保险

在项目合同谈判中，通常只在最后阶段才会谈及与项目有关的保险问题，因此这一问题也极易被有关各方所忽略。然而，能否获得相关保险、保险覆盖的范围等问题恰恰是项目风险的核心所在，需要政府与项目公司在谈判中予以重点关注。在该条款中，政府和社会资本应就保险义务，包括购买和维持保险义务、对保单的要求、保险合同变更等内容做出规定。在PPP项目中，常见的保险种类有货物运输保险、建筑工程一切险、安装工程一切险、第三者责任险、施工机具综合保险、雇主责任险等。

（十五）守法义务及法律变更

PPP项目合同中的守法义务及法律变更机制可能会规定在同一条款中，也可能散见于不同条款项下，通常包括以下几部分内容：一是法律的含义（通常会规定在合同的定义中）；二是守法义务；三是"法律变更"的定义（通常会规定在合同的定义中）；四是法律变更的后果。

（十六）不可抗力

不可抗力条款是 PPP 项目合同中一个重要的免责条款，用于明确一些双方均不能控制又无过错的事件的范围和后果，通常包括不可抗力的定义和种类与不可抗力的法律后果两部分内容。

（十七）政府的监督和介入

由于 PPP 项目通常是涉及公共利益的特殊项目，从履行公共管理职能的角度出发，政府需要对项目执行的情况和质量进行必要的监控，甚至在特定情形下，政府有可能临时接管项目。PPP 项目合同中关于政府的监督和介入机制，通常包括政府在项目实施过程中的监督权以及政府在特定情形下对项目的介入权两部分内容。

（十八）违约、提前终止及终止后的处理机制

违约和提前终止条款是 PPP 项目合同中的重要条款之一，通常会规定违约事件、终止事由以及终止后的处理机制等内容。

（十九）项目的移交

本部分主要约定项目移交的范围、移交的条件和标准、移交的程序、转让、风险转移等内容。

（二十）适用法律及争议解决

在一般的商业合同中，合同各方可以选择合同的管辖法律（准据法），但在 PPP 项目合同中，由于政府是合同当事人之一，同时 PPP 项目属于基础设施和公共服务领域，涉及社会公共利益，因此在管辖法律的选择上应坚持属地原则，即在我国境内实施的 PPP 项目的合同通常应适用我国法律并按照我国法律进行解释。由于 PPP 项目涉及的参与方众多、利益关系复杂且项目期限较长，因此在 PPP 项目所涉及的合同中，通常都会规定争议解决条款，就如何解决各方在合同签订后可能产生

的合同纠纷进行明确的约定。尽管没有规定明确的争议解决条款并不意味着各方对产生的纠纷不享有任何救济，但规定此类条款有助于明确纠纷解决的方式及程序。

（二十一）合同附件

PPP 项目所涉及的合作内容和具体要求通常较为庞杂，一般会在 PPP 项目合同正文之后附加一系列的附件，用以进一步明确合同中涉及的具体技术标准、条件要求、计算公式、文书格式等。

第三节　PPP 项目监管

公共事业和基础设施领域引入 PPP 模式是政府的必然选择。PPP 项目事关公共利益和公共安全，各方主体必须对 PPP 项目进行监管以保证项目的顺利实施以及提供产品和服务的质量与效率。项目监管基本内容如图 5 - 5 所示。

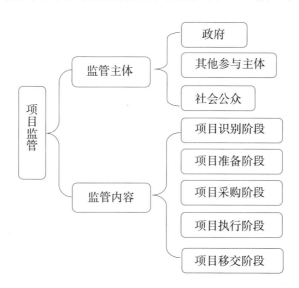

图 5 - 5　项目监管基本内容

一、PPP 项目监管主体

PPP 项目监管是政府、公众等监管主体根据法律法规的规定及合同的约定，对项目全生命周期内的各事项进行监管，以保证项目的合法合规性，促进项目按约完成。一般来说，PPP 项目的监管主体有以下几类。

（一）政府

政府作为社会的管理者，有权利与职责监管与公共利益有关的一切事项。同时，政府是 PPP 项目合同的签订主体，有权利也有义务要求社会资本提供符合合同要求的公共产品和服务。政府各部门除亲自监管 PPP 项目外，还可以授权其他主体（如项目实施机构）行使监管权。

政府作为 PPP 项目最主要的监管主体，在推动项目安全有序的进行上发挥着重要作用。但是，现今政府对 PPP 项目的监管仍存在着一些不足：一是安全生命周期监管的不完善性。目前，政府最重视 PPP 项目的识别阶段、准备阶段和采购阶段，一旦将项目的特许经营权交给社会资本后便放松监管，导致政府监管角色缺失。二是各监管部门分工不清、职责不明。PPP 项目的行政监管职能分散在多个不同的行政部门，财政部门、审计部门等在现行 PPP 项目监管体系中都扮演着非常重要的角色，但它们之间的监管责任边界不清，在监管职能方面存在相互交叉的现象，最终导致 PPP 项目的行政监管效率不高。

（二）其他参与主体

除政府和社会资本外，PPP 项目中还有很多参与主体，他们对 PPP 项目的监管主要基于社会资本或项目公司签订的各类协议。例如，投资者根据他们与社会资本或项目公司签订的融资协议对资金的用途、还款来源、还款进度等进行的监管。PPP 项目的其他参与主体具有双重身份，作为社会公众的一部分，其监管依据来源于他们是公共利益的享有者，可以对项目进行过程中的所有事项进行监管。

（三）社会公众

社会公众作为公共产品和公共服务的购买者以及公用事业和基础设施的主要服务对象，需要在 PPP 项目实施过程中监督项目的各项内容，以保证自己的需求和利益得到满足。若发现社会资本提供的公共产品和公共服务不符合要求，社会公众可以采取向有关部门投诉和提起公益诉讼等方式维护自身的合法权益。

但是，由于许多地方的社会监督体系不完善，造成公共产品和服务的质量及效率受到威胁。一方面，由于公众对PPP项目的监督责任意识不足，未把自己作为项目的参与者，进而对项目进行监督并提出合理化建议；另一方面，地方政府缺少社会监督机制，公众不能采取切实有效的方式对PPP项目出现的问题进行监督，无法将发现的问题及时反映到相关部门。因此，PPP项目所在地的社会监督体系不完善导致需要发挥重要作用的社会监督流于形式。

二、政府监管的具体内容

在项目监管的几方主体中，项目的其他参与主体的监管范围过于狭隘，仅限于已签订协议约定的内容，社会公众的监管意识不强且效力较弱，唯有政府可以进行全方位的、带有强制效力的监管。PPP项目的全部生命周期可分为项目识别、项目准备、项目采购、项目执行和项目移交五个阶段。政府各部门在各个阶段的监管内容各有侧重。

在项目识别阶段，主要由财政部门对项目是否物有所值和财政承受能力进行审批，并对PPP项目的预算进行监管。

在项目准备阶段，监管的重点在于工作进程和合法合规性方面。

在项目采购阶段，审计部门负责社会资本准入资质审查以及对PPP项目立项投资进行审计监管等；建设部门负责政府承建商准入监管，如招标过程的监管。社会资本准入监管要保证采购流程的公平性和合理性。

在项目执行阶段，审计部门主要对PPP项目合同及其相关工程合同进行审计监管，对工程款支付和工程造价进行跟踪审计监管，对PPP项目各参与方财务状况进行审计监管；环境保护部门对项目实施过程中项目公司的环境行为进行监管；消防部门主要对项目建设主体的消防设施设备进行验收监管。在项目建设过程中，政府监管的重点内容在于工程进度、建设质量和资金的监管。监管者在对项目进度进行监管时，可以要求项目公司定期提交《建设工程进度报告》，确保项目施工进度与合同中约定的进程安排一致。在工程质量和资金监管方面，要求外部工程监理单位和受托银行定期向综合性独立机构提交相关报告。项目运营阶段是指PPP项目建成投入使用直至特许期结束。运营阶段监管的重点在于对项目公司整个运营过程进行控制和管理，除了对其进行绩效考核、价格监管、质量控制和财务监控外，还需要通过制度化监管来加以补充。制度化监管包括：一是设立例会制度。监管部门定期与项目公司或委托运营单位召开例会，方便监管机构及时了解项目的运营状况。二是财务事项需要定期报送。项目公司或委托运营单位定期向监管机构提供财务报告，防止出现重大的财务危机。三是设立公共账户制度。要求运营阶段所设计的重要款项必须通过公共账户进出，便于监管机构实时监控财务状况。

在项目移交阶段，监管的重点方向是对项目的产权监督和合同执行情况的监督，并对项目移交时项目整体情况做出评估，以确保广告部门的利益。

三、PPP 项目监管案例

众所周知，北京地铁 4 号线是成功的 PPP 项目，该项目的持续运转离不开相对完备的监管体系，如图 5-6 所示。

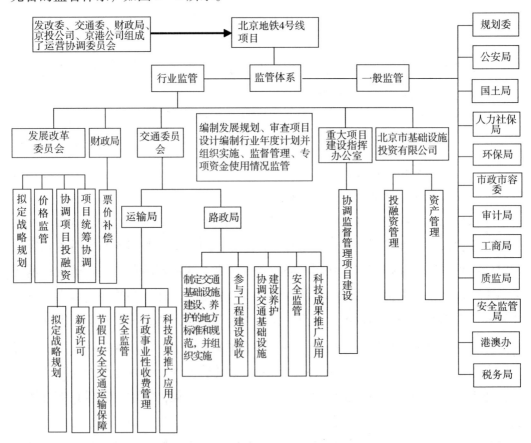

图 5-6　北京地铁 4 号线项目监管体系

在北京地铁 4 号线项目中,政府的监督主要体现在文件、计划、申请的审批、建设、试运营的验收、备案,运营过程和服务质量的监督检查三个方面,既体现了不同阶段的控制,也体现了事前、事中、事后的全过程控制。

北京地铁 4 号线的监管范围包括投资、建设、运营的全过程;在监管时序上,包括事前监管、事中监管和事后监管;在监管标准上,结合具体内容,遵守了能量化的尽量量化,不能量化的尽量细化的原则。

第六章　PPP 项目采购阶段

第一节　PPP 项目采购概述

项目采购是 PPP 项目进入实质操作的前提条件，也是社会资本依法合规参与 PPP 项目的进入方式。采购是否成功及采购结果的优劣直接关系到项目的成败。

PPP 项目采购是指政府为提供高效优质的公共产品和公共服务并降低成本，遵循公开、公平、公正和诚实信用原则，按照相关法律法规的要求依法选择社会资本合作者的过程。PPP 项目采购要遵循有关法律政策的规定，综合评估项目合作伙伴的专业资质、技术能力、管理经验和财务实力等因素，择优选择诚实守信、安全可靠的合作伙伴。此外，在项目采购的过程中，还需要明确如下内容。

一、项目采购的对象

项目采购的对象是社会资本，目的之一是为政府选择合适的合作伙伴，双方达成权利与义务平衡、物有所值的 PPP 项目合同。项目采购会在多个竞选者之间综合资质、技术、资金等要素，考虑最合适该项目的社会资本。选择合适的社会资本后，政府会根据与社会资本谈定的条件，签订 PPP 项目合同。

二、项目采购的操作形式

在操作形式上，项目采购既包括政府直接采购社会资本，也包括政府授权的 PPP 项目实施机构在项目实施过程中选择与社会资本合作。PPP 项目实施机构还可以委托政府采购代理机构办理 PPP 项目采购事宜。从事 PPP 项目采购业务的 PPP 项目咨询服务机构，应当按照政府对于采购代理机构管理的有关要求及时进行网上登记。

三、项目采购前双方主体的提前接触

在实际的 PPP 项目中，社会资本可能在项目采购前（如识别阶段、准备阶段）就与政府就项目各方面事宜进行过一定的接触与商谈。鉴于 PPP 项目期限长、投资量大等特性，应该特别注重政府与社会资本的合作与契合，因此政府与潜在社会资本在项目采购前的接触也是有一定意义的，但政府要依据公平、公正的原则对待所有参与采购主体，避免偏向任何参与竞争的社会资本，也要防止潜在社会资本为自身利益对 PPP 项目进行操纵。

四、项目采购与传统采购的区别

与传统的政府采购相比，PPP 项目采购有以下特点：第一，PPP 项目的采购需求非常复杂，难以一次性地在采购文件中完整、明确、合规地描述，往往需要合作者提供设计方案和解决方案，由项目实施机构根据项目需求设计提出采购需求，并通过谈判不断地修改采购需求，直至合作者提供的设计方案和解决方案完全满足采购需求为止。第二，PPP 项目采购的金额大，交易风险和采购成本远高于传统采购项目，竞争程度较传统采购项目低，出现采购活动失败情形的概率也比传统采购要高。第三，PPP 项目的采购合同比传统的采购合同更为复杂，对采购双方履行合同的法律要求非常高，后续的争议解决也较传统采购复杂。第四，许多 PPP 项目属于面向社会公众提供公共服务，采购结果的效益需要通过服务受益对象的切身感受来体现，无法像传统采购那样根据采购合同规定的每一项技术、服务指标进行履约验收，而是结合预算绩效评价、社会公众评价、第三方评价等其他方式完成履约验收。

五、适用法律的差异

《中华人民共和国招标投标法》（以下简称《招标投标法》）是为了规范"必须招投标项目"的招标、投标活动而制定的法律，而《中华人民共和国政府采购法》（以下简称《政府采购法》）是为了规范政府采购行为而制定的法律，两者都规范着 PPP 项目的采购行为，但在以下两方面有所差异。

（一）适用对象的差异

《政府采购法》第二条规定："在中华人民共和国境内进行的政府采购适用本法。本法所称政府采购，是指各级国家机关、事业单位和团体组织，使用财政性资金采购依法制定的集中采购目录以内的或者采购限额标准以上的货物、工程和服务行为""本法所称采购，是指以合同方式有偿取得货物、工程和服务的行为，包括购买、租赁、委托、雇用等。"《招标投标法》第三条规定："在中华人民共和国境内进行下列工程建设项目包括项目的勘察、设计、施工、监理以及与工程建设有关的重要设备、材料等的采购，必须进行招标：①大型基础设施、公用事业等关系社会公共利益、公众安全的项目；②全部或者部分使用国有资金投资或者国家融资的项目；③使用国际组织或者外国政府贷款、援助资金的项目。前款所列项目的具体范围和规模标准，由国务院发展计划部门会同国务院有关部门制定，报国务院批准。法律或者国务院对必须进行招标的其他项目的范围有规定的，依照其规定。"由此可见，《政府采购法》主要适用于使用财政性资金的行为，而《招标投标法》主要适用于工程建设类项目。

（二）选择合作对象的方式不同

《政府采购法》与《招标投标法》都规定了选择合作对象的具体方式，但两者的差异较大。《政府采购法》第二十六条规定："政府采购采用以下方式：①公开招标；②邀请招标；③竞争性谈判；④单一来源采购；⑤询价；⑥国务院政府采购监督管理部门认定的其他采购方式。公开招标应作为政府采购的主要采购方式。"《招标投标法》仅规定了招标的选择方式，包括公开招标和邀请招标。这两部法律都将公开招标作为主要选择方式，而且对于招标方法的规定基本一致，如招标需要发布招标文件，禁止就投标价格、投标方案等实质性内容进行谈判，投标人不足三家的应予废标等。然而，在采购方式上，《政府采购法》还规定了竞争性谈判等采购方式，因此在对接 PPP 项目的采购上更具灵活性。

第二节　PPP 项目采购程序

项目采购是 PPP 项目的第三阶段，主要工作内容是通过适宜的采购方式选择合适的社会资本。PPP 项目的采购方式包括招标、竞争性谈判、竞争性磋商和单一来源采购。项目实施机构应当根据 PPP 项目的采购需求特点，依法选择适当的采购方式。根据《政府和社会资本合作项目政府采购管理办法》的规定，PPP 项目采购主要包括以下程序。

一、资格预审

资格预审是采购人从业务资质、财务状况、经营业绩、法律诉讼情况等方面对申请人进行考察，排除条件一般、不符合条件的投资人，以保证下一步的投资竞争在较高水平上开展的活动。PPP 项目采购应当实行资格预审。资格预审包括以下内容。

（一）资格预审文件的准备与公告

项目实施机构应当根据项目需要准备资格预审文件，发布资格预审公告，要求社会资本和与其合作的金融机构参与资格预审，验证项目能否获得社会资本响应和实现充分竞争。资格预审公告应当在省级以上人民政府财政部门指定的政府采购信息发布媒体上发布。资格预审合格的社会资本在签订 PPP 项目合同前资格发生变化的，应当通知项目实施机构。

资格预审公告应当包括项目授权主体、项目实施机构和项目名称、采购需求、对社会资本的资格要求、是否允许联合体参与采购活动、是否限定参与竞争的合格社会资本的数量及限定的方法和标准，以及社会资本提交资格预审申请文件的时间和地点。提交资格预审申请文件的时间自公告发布之日起不得少于 15 个工作日。

（二）评审小组的成立

项目实施机构、采购代理机构应当成立评审小组，负责 PPP 项目采购的资格预审和评审工作。评审小组由项目实施机构代表和评审专家 5 人以上的单数人员组成，其中评审专家人数不得少于评审小组成员总数的 2/3。评审专家可以由项目实施机构自行评选，但评审专家中至少应当包含 1 名财务专家和 1 名法律专家。项目实施机构代表不得以评审专家身份参加项目的评审。

（三）资格预审的结果

项目有 3 家以上社会资本通过预审的，项目实施机构可以继续开展采购文件准备工作；项目通过资格预审的社会资本不足 3 家的，项目实施机构应当在调整资格预审公告内容后重新组织资格预审；项目经重新资格预审后合格社会资本仍不足 3 家的，可以依法变更采购方式，如图 6 - 1 所示。

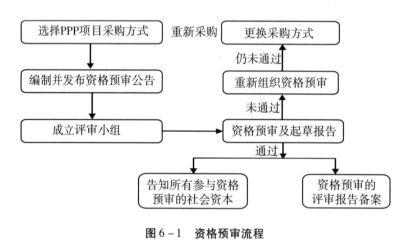

图 6 - 1　资格预审流程

二、采购文件编制

项目实施机构在资格预审完成后，应进行采购文件的准备和组织社会资本进行现场考察或者召开采购前答疑会等工作。

（一）项目采购文件的内容

项目采购文件应当包括四大项内容：一是投资人须知。该部分应详细介绍采购活动的规则，主要内容包括项目采购具体内容、对潜在投资人的基本要求、投资竞争保证金的提交、采购响应文件的相关事项、评审小组组建及评审原则、合同的谈判等。二是采购前置条件，主要包括特许经营期限、项目的一些边界条件、税务政策、土地使用权、运营期监管、特许期满后的移交标准等。三是采购响应文件格式。本部分主要提供采购响应文件的格式，包括投资申请函、授权委托书、投资竞争报价表、投资竞争保证金声明和银行保函的格式，技术与运营方案的基本格式，财务方案需要提交股权结构、融资、成本费用、固定资产投资等表格格式，法律方案偏差表等内容。四是各类合同文本，主要包括各类合同的内容，如股东协议、PPP项目合同及附件。采购文件编制完成后上报PPP项目领导小组及政府批示，再根据批示对采购文件做最后修正后即可定稿，在精装印刷后发售，并以书面形式通知投资人购买采购文件的价格、时间和地点。

采用竞争性谈判或者竞争性磋商采购方式的，项目采购文件除上述条款规定的内容外，还应明确评审小组根据社会资本谈判情况可能实质性变动的内容，包括采购需求中的技术、服务要求以及项目合同草案条款。

（二）现场考察和答疑会

采购文件发售后，项目实施机构应当组织社会资本进行现场考察和答疑的时间及地点准备相关工作，拟定现场勘察和答疑的时间安排，并书面通知各投资人。购买采购文件的投资人在现场勘察前提交问题清单，收集汇总后按问题的性质进行分类并准备回答文稿。在现场勘察后安排项目答疑会，咨询服务机构及采购人代表对投资人提出的问题予以解答，如图6-2所示。

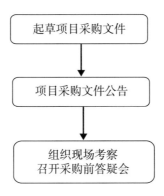

图6-2　现场考察和答疑会

三、响应文件评审

评审小组成员应当按照客观、公正、审慎的原则，根据采购文件规定的程序、方法和标准进行独立评审。已进行过资格预审的，评审小组在评审阶段可以不再对社会资本进行资格审查。允许进行资格后审的，由评审小组在响应文件评审环节对社会资本进行资格审查。

评审是对通过资格预审的社会资本的投标方案进行评审，也是公开招标的核心，主要从建设方案、财务方案、运营管理方案、竞争标的四大方面进行评审。建设方案主要是项目建设期的工程建设方案，包括施工设计图、工程时间安排、设备采购、工程建设单位招标、工程汇报、工程监理等工作的设计方案以及项目所需的技术方案。财务方案与建设方案相匹配，主要是整个项目建设所需的总投资以及各建设阶段的资金来源与融资方案，同时还包括后期运营涉及的财务相关方案，如还款方案等。运营管理方案是指项目建成后项目运营和管理的设计方案，包括运营管理机构设置、运营监管体制、运营成本控制、服务质量提高等。竞争标的可以是总价、单价、收益率等各种情况。各个部分的权重设置根据项目的具体情况而有所不同，但一般每个单项不超过50%。如果项目更注重某个方面，则对应方面的权重就会比较大，即按照项目的重视程度排序，再根据行业认知设置权重；如果注重项目的技术方案，则建设方案的权重就比较大；如果是价格敏感型项目，则报价所占的权重较多。

评审小组成员应当在评审报告上签字，表明自己的评审意见承担法律责任。对资格预审报告或者评审报告有异议的，应当在报告上签署不同意见并说明理由，否则视为同意资格预审报告和评审报告。评审小组发现采购文件内容违反国家有关强制性规定的，应当停止评审并向项目实施机构说明情况。

评审专家应当遵守评审工作纪律，不得泄露评审情况和评审中获悉的国家机密、商业秘密。评审小组在评审过程中发现社会资本有行贿、提供虚假材料或者串通等违法行为的，应当及时向财政部门报告。评审专家在评审过程中受到非法干涉的，应当及时向财政、监察等部门举报。

四、谈判与 PPP 项目合同签署

在响应文件评审完成后，采购进入最后的谈判与合同签署程序。

（一）采购结果确认谈判

PPP 项目采购评审结束后，项目实施机构应当成立专门的采购结果确认谈判工作组，负责采购结果确认前的谈判和最终的采购结果确认工作。采购结果确认谈判工作组成员及数量由项目实施机构确定，但应当至少包括财政预算管理部门、行业主管部门代表，以及财务、法律等方面的专家。涉及价格管理、环境保护的 PPP 项目，谈判工作组还应当包括价格管理、环境保护行政执法机关代表。评审小组成员可以作为采购结果确认谈判工作组成员参与采购结果确认谈判。

1. 谈判对象的顺序

采购结果确认谈判工作组应当按照评审报告推荐的候选社会资本排名，依次与候选社会资本及与其合作的金融机构就项目合同中可变的细节问题进行项目合同签署前的确认谈判，率先达成一致的候选社会资本即为预中标、成交社会资本。确认谈判不得涉及项目合同中不可谈判的核心条款，不得与排序在前但已终止谈判的社会资本进行重复谈判。

2. 相关文件公示

项目实施机构应当在预中标、成交社会资本确认后 10 个工作日内，与预中标、成交社会资本签署确认谈判备忘录，并将预中标、成交结果与根据采购文件、响应文件及有关补遗文件和确认谈判备忘录拟定的项目合同文本在省级以上人民政府财政部门指定的政府采购信息发布媒体上进行公示，公示期不得少于 5 个工作日。项目合同文本应当将预中标、成交社会资本响应文件中的重要承诺和技术文件等作为附件。项目合同文本涉及国家秘密、商业秘密的内容可以不公示。

3. 采购结果公告

项目实施机构应当在公示期满无异议后 2 个工作日内，将中标、成交结果在省级以上人民政府财政部门指定的政府采购信息发布媒体上进行公告，同时发出中标、成交通知书。

中标、成交结果公告内容应当包括：项目实施机构和采购代理机构的名称、地址和联系方式；项目名称和项目编号；中标或者成交社会资本（包括但不限于合作期限、服务要求、项目概算、回报机制）等；评审小组和采购结果确认谈判工作组成员名单。

（二）项目合同签署

项目实施机构应当在中标、成交通知书发出后 30 日内，与招标、成交社会资本签订经本级人民政府审核同意的 PPP 项目合同。

需要为 PPP 项目设立专门项目公司的，待项目公司成立后，由项目公司与项目实施机构重新签署 PPP 项目合同，或者签署关于继承 PPP 项目合同的补充合同。

项目实施机构应当自 PPP 项目合同签订之日起 2 个工作日内，将 PPP 项目合同在省级以上人民政府财政部门指定的政府采购信息发布媒体上公告，但 PPP 项目合同中涉及的国家秘密、商业秘密的内容除外。

项目实施机构应当在采购文件中要求社会资本缴纳参加采购活动的保证金和履约保证金。社会资本应当以支票、汇票、本票或者金融机构、担保机构出具的保函等非现金形式缴纳保证金。参加采购活动的保证金数额不得超过项目预算金额的 2%，履约保证金的数额不得超过 PPP 项目初始投资总额或者资产评估值的 10%，无固定资产投资或者投资额不大的服务型 PPP 项目，履约保证金的数额不得超过平均 6 个月服务收入额。

至此，PPP 项目采购完成，如图 6-3 所示。

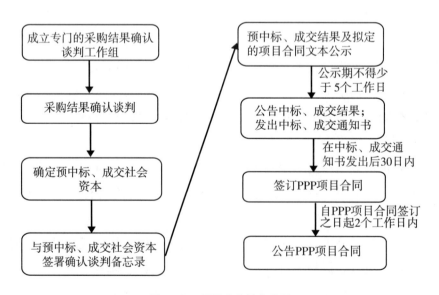

图 6-3 项目采购基本流程

案例 6.1　鸟巢招标项目

国家体育馆（鸟巢）PPP 项目是采用公开招标采购方式的大型 PPP 项目，其操作规范，社会效益和经济效益好，得到了国家发展改革委员会、财政部及北京市政府的充分肯定，对现金 PPP 项目采购具有引导和启发作用。

一、项目总体情况

（一）招标情况

项目名称：国家体育馆项目法人合作方招标（PPP 项目）

招标人：北京市人民政府

咨询服务及招标机构：国信招标集团（原名为"国信招标有限责任公司"）。

资格预审公告：在中国采购与招标网、《人民日报》《中国日报》等发布。

发标时间：2003 年 4 月 21 日

开标时间：2003 年 6 月 30 日

招标方式：公开招标，"一次招标、两步进行"。

第一步招商，先进行资格预审和意向征集，对全球 39 家申请人的投标资格、建设方案设想、融资计划思路、运营方案意向等进行评估，确定 5 名投标入围者。

第二步招标，对投标人递交的优化设计方案、建设方案、融资方案、运营方案以及移交方案等进行综合评审，最终确定项目法人合作方。

中标单位：中国中信集团联合体。投标单位有中国中信集团联合体、北京建工集团联合体、筑巢国际联合体、MAX BOEGL 联合体（德国）四家单位。

签约仪式：2003 年 8 月 9 日上午在人民大会堂举行，北京奥组委常务副主席、北京市副市长刘敬民、国信招标集团董事长叶青和中标人代表参加签约仪式。

（二）特许经营期

2008 年奥运会后 30 年。

（三）融资情况

招标控制价：中标人出资不得超过 49%（政府出资比例不得低于 51%）。

融资比例：中标人出资 42%（政府出资 58%）。

北京市政府的投资部分注入项目公司，委托北京市国有资产公司作为出资人代表。

（四）相关权利

政府按出资比例拥有项目所有权、决策权、监管权，但不参与项目的收益分配；中标人有经营权、收益权，但没有项目的处置权。经营期满，项目公司向北京市政府移交全部资产。

二、招标服务机构在本招标活动中提供的服务

鸟巢项目采购的招标服务机构是国信招标集团，下面列举国信招标集团在其中的工作内容，为法律实务工作者在 PPP 项目采购活动中可以提供的法律服务提供一些借鉴。

（一）编制《特许经营实施方案》

首先，通过市场调研，组织潜在投资人开展尽职调查，让投资人了解项目情况，以利于做出科学的投资决策；政府也能了解投资人的实力及投资意愿，便于制定对策。然后，编制《特许经营实施方案》，内容包括工作计划、实施步骤、边界条件、风险分析等。

（二）发布信息，进行全球招商

国家体育馆 PPP 项目招标公告在中国采购与招标网、《人民日报》等媒体同时发布，吸引全球 39 家投资人参与竞争。各投资人提交了项目初步方案，包括建设方案设想、融资思路、运营方案等。

（三）编制招标文件

国家体育馆 PPP 项目招标文件包括《资格预审文件》《招标文件》《合作经营合同》《特许权协议》《国家体育场协议》等中英全套法律文件。

（四）组织招标投标文件

经过资格预审确定了 5 家合格投标人，有 4 家投标单位参加了投标。评标委员会由北京市政府出资人代表和技术、经济、法律、财务、体育设施运营及国际奥林匹克事务管理等方面的专家组成，成员人数为 17 人。评标委员会依照评标方法，针对各投资人的上述评审因素进行了综合评审，编写了中英文《评标报告》，并推荐了中标人。

（五）由于招标文件中附有《合同经营合同》《特许权协议》及《国家体育场协议》，投标人均做出了充分响应，谈判时没有出现实质性修改，双方只就细节问题进行讨论并很快达成一致，因而合同谈判愉快且高效。

第三节　PPP 项目采购方式

我国涉及采购的法律规范很多。综合《政府采购法》《招标投标法》《基础设施和公用事业特许经营管理办法》《政府和社会资本合作项目政府采购管理办法》等规定，PPP 项目的主要采购方式有四类：招标、竞争性谈判、竞争性磋商及单一来源采购。

一、招标

招标是由交易活动的发起方在一定范围内公布标的特征和部分交易条件，按照一定的规则和程序，对多个响应方提交的方案及报价进行评审，择优选择交易主体并确定全部交易条件的一种交易方式。招标是我国法律明文规定的政府采购方式，也是在 PPP 实务中使用得最多的采购方式。

（一）招标适用的项目

《招标投标法》第三条规定："在中华人民共和国境内进行下列工程建设项目包括项目的勘察、设计、施工、监理以及工程建设有关的重要设备、材料等的采购，必须进行招标：①大型基础设施、公用事业等关系社会公共利益、公众安全的项目；②全部或者部分使用国家资金投资或者国家融资的项目；③使用国际组织或者外国政府贷款、援助资金的项目。前款所列项目的具体范围和规模标准，由国务院发展计划部门会同国务院有关部门制定，报国务院批准。法律或者国务院对必须进行招标的其他项目的范围有规定的，依照其规定。"

（二）招标的方式

根据《招标投标法》的规定，招标分为公开招标和邀请招标。

1. 公开招标

公开招标是指招标人以招标公告的方式邀请不特定的法人或者其他组织投标。招标人采用公开招标方式的，应当发布招标公告。依法必须进行招标的项目的招标公告，应当通过国家指定的报刊、信息网络或者其他媒介发布。招标公告应当载明招标人的名称和地址，招标项目的性质、数量、实施地点和时间以及获取招标文件的办法等事项。

（1）公开招标的相关规定

《政府采购法》规定："公开招标应作为政府采购的主要采购方式。"

《政府采购货物和服务招标投标管理办法》规定："货物服务采购项目达到公开招标数额标准的，必须采用公开招标方式。"

《政府和社会资本合作模式操作指南（试行）》规定："公开招标主要适用于核心边界条件和技术经济参数明确、完整、符合国家法律法规和政府采购政策，且采购中不做更改的项目。"

《政府和社会资本合作项目政府采购管理办法》规定："公开招标主要适用于采购需求中核心边界条件和技术经济参数明确、完整、符合国家法律法规及政府采购政策且采购过程中不做更改的项目。"

（2）PPP 项目采购适用公开招标的几点认识

部分 PPP 项目可以适用公开招标的采购方式。在进入采购阶段时，由于物有所值评价、财政承受能力论证都已完成，因而大多数 PPP 项目的经济技术指标、公司股权情况、风险分配基本情况、项目运作方式、交易结构等均已明确，有的甚至连合同草案也经过了多次修改完善，核心边界条件清晰，具备采用公开招标方式的法定要求。

采购需求不明确的项目可采用两阶段招标的方式。对于部分进入采购阶段但因项目需求复杂或者首次采购无法明确采购需求，招标人不能准确拟定和提出项目范围、技术标准、报价规则或者商务条件的 PPP 项目来说，采购人可按相关规定采用两阶段的招标方式。在第一阶段，采购人通过发布公告，向潜在投资人征集商务和技术方案建议，并将征集到的商务技术建议书汇总梳理后形成第二阶段招标文件中的条件，正式编制和提交投标文件及其报价，并对外公开招标。两阶段招标方式有效地避免了传统招标程序过于刚性的弊病，起到了类似竞争性磋商方式的边采购边明晰需求的实际效果。

公开招标有利于规避风险。公开招标作为我国有关法律首推的采购方式，相关法律规定及程序已相对完善。同时，当众开封响应文件等机制使公开招标的过程更为规范透明，能够在一定程度上避免其他采购方式带来的道德风险和法律风险，如账外回扣、私下交易等。

（3）公开招标的优缺点

公开招标有三大优势：一是社会资本竞争充分。公开招标通过社会媒体发出公告及公开发售标书，宣传范围广，能够尽量扩大和保障社会资本的知情权，使符合条件的社会资本都有充分竞争的机会和权利。二是程序公开透明。在全国范围内发布招标公告，开标时当众开封投标响应文件，开标结束后立即交予专家评审，并最后确定候选人，这个过程透明规范。三是公开招标能降低合作成本。因为社会投资人的范围扩大，符合条件的社会资本会更加多样化，报价也多样化，从而能够寻找到最佳的社会资本，进而降低成本。

但是，公开招标也存在一些缺陷：一是有部分 PPP 项目不适用公开招标的采购方式。目前，PPP 模式在我国处于大力推广、积累经验的阶段，尚未成熟，完全满足公开招标条件的 PPP 项目不多。二是公开招标中投标人众多，一般耗时较长、花费较大，对于采购标的较小的招标来说，尤其不利。三是还有些专业性强的项目，由于有资格承接的潜在投标人较少，或者还需要在较短时间内完成采购任务等，不宜采用公开招标的采购方式。

2. 邀请招标

邀请招标是指招标人以投标邀请书的方式邀请特定的法人或者其他组织投标。国务院发展计划部门确定的国家重点项目和省、自治区、直辖市人民政府确定的地方重点项目不适宜公开招标的，经国务院发展计划部门或者省、自治区、直辖市人民政府批准，可以进行邀请招标。招标人采用邀请招标方式的，应当向三个以上具备承担招标项目的能力、资信良好的特定法人或者其他组织发出投标邀请书。

《中华人民共和国招标投标法实施条例》对邀请招标的范围做出了明确的规定：

"（一）技术复杂、有特殊要求或者受自然环境限制，只有少量潜在投标人可供选择；（二）采用公开招标方式的费用占项目合同金额的比例过大。"《政府采购法》规定："符合下列情形之一的货物或者服务，可以依照本法采用邀请招标方式采购：（一）具有特殊性，只能从有限范围的供应商处采购的；（二）采用公开招标方式的费用占政府采购项目总价值的比例过大的。"

邀请招标的优势在于所需时间较短、工作量小、目标集中，从而降低了时间成本和经济成本。总体来说，邀请招标在一定程度上弥补了公开招标的缺陷。其缺点在于投标单位的数量少、竞争性较差，不利于招标单位获得最优报价和最佳投资效益，而且有可能滋生不法行为。

（三）招标的流程

通过招标方式采购 PPP 项目的流程如图 6-4 所示。

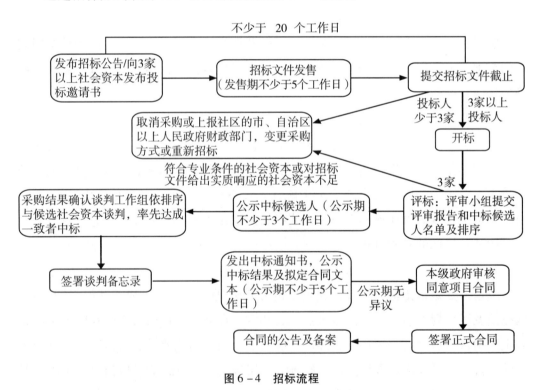

图 6-4　招标流程

二、竞争性谈判

竞争性谈判是由采购人或者和采购代理机构直接邀请三家以上的供应商就采购事宜按照法定程序进行谈判的采购方式。

(一) 竞争性谈判的法律规定

《政府采购法》规定："符合下列情形之一的货物或服务，可以依照本法采用竞争性谈判方式采购：①招标后没有供应商投标或者没有合格标的或者重新招标未能成立的；②技术复杂或者性质特殊，不能确定详细规格或者具体要求的；③采用招标所需时间不能满足用户紧急需要的；④不能事先计算出价格总额的。"

《政府采购非招标采购方式管理办法》规定："采购人、采购代理机构采购以下货物、工程和服务之一的，可以采用竞争性谈判、单一来源采购方式采购；采购货物的，还可以采用询价采购方式：①依法制定的集中采购目录以内，且未达到公开招标数额标准的货物、服务；②依法制定的集中采购目录以外、采购限额标准以上，且未达到公开招标数额标准的货物、服务；③达到公开招标数额标准、经批准采用非公开招标方式的货物、服务；④按照招标投标法及其实施条例必须进行招标的工程建设项目以外的政府采购工程。"

《政府采购非招标采购方式管理办法》还规定："符合下列情形之一的采购项目，可以采用竞争性谈判方式采购：①招标后没有供应商投标或者没有合格标的，或者重新招标未能成立的；②技术复杂或者性质特殊，不能确定详细规格或者具体要求的；③非采购人所能预见的原因或者非采购人拖延造成采用招标所需时间不能满足用户紧急需要的；④因艺术品采购、专利、专有技术或者服务的时间、数量事先不能确定等原因不能事先计算出价格总额的。公开招标的货物、服务采购项目，招标过程中提交投标文件或者经评审实质性响应招标文件要求的供应商只有两家时，采购人、采购代理机构按照本办法第四条经本级财政部门批准后可以与该两家供应商进行竞争性谈判采购，采购人、采购代理机构应当根据招标文件中的采购需求编制谈判文件，成立谈判小组，由谈判小组对谈判文件进行确认。符合本款情形的，本办法第三十三条、第三十五条中规定的供应商最低数量可以为两家。"

（二）竞争性谈判的具体流程

竞争性谈判可以缩短准备期、减少工作量，同时省去了大量的开标、投标工作，有利于提高工作效率、减少采购成本。供求双方能够进行更为灵活的谈判，能够激励供应商自觉将高科技应用到采购产品中，同时又能降低采购风险。但是，竞争性谈判的竞争范围小，而且需要经过审批，一般在公开招标失败后进行。

竞争性谈判的具体流程如图 6-5 所示。

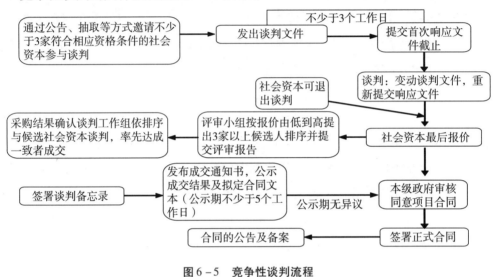

图 6-5　竞争性谈判流程

三、竞争性磋商

竞争性磋商是指采购人、政府采购代理机构通过组建竞争性磋商小组与符合条件的供应商就采购货物、工程和服务事宜进行磋商，供应商按照磋商文件的要求和报价，采购人从磋商小组评审后提出的候选供应商名单中确定成交供应商的采购方式。竞争性磋商是财政部为了适应推进政府购买服务、推广 PPP 模式所进行的一项制度创新，属于《政府采购法》第二十六条规定的"国务院政府采购监督管理部门认定的其他采购方式"。

（一）竞争性磋商适用的法律

《政府采购竞争性磋商采购方式管理暂行办法》规定："符合下列情形的项目，

可以采用竞争性磋商方式开展采购：①政府购买服务项目；②技术复杂或者性质特殊，不能确定详细规格或者具体要求的；③因艺术品采购、专利、专有技术或者服务的时间、数量事先不能确定等原因不能事先计算出价格总额的；④市场竞争不充分的科研项目，以及需要扶持的科技成果转化项目；⑤按照招标投标法及其实施条例必须进行招标的工程建设项目以外的工程建设项目。"

（二）竞争性磋商的适用情况

竞争性磋商比较适合当前我国的 PPP 项目。在目前项目数量多、投资金额巨大、政府快速推进的情况下，PPP 项目需要在较短时间内通过充分协商谈判确定采购需求。面对不同项目需求各异的情况，采用竞争性磋商的方式更能灵活应对。

竞争性磋商在很多方面与竞争性谈判相似，但两者之间的主要区别是在报价竞争阶段，竞争性谈判采用的是"最低评标价"法，而竞争性磋商则采用"综合评分法"确定最后的中标单位。

（三）竞争性磋商的流程

竞争性磋商流程如图 6-6 所示。

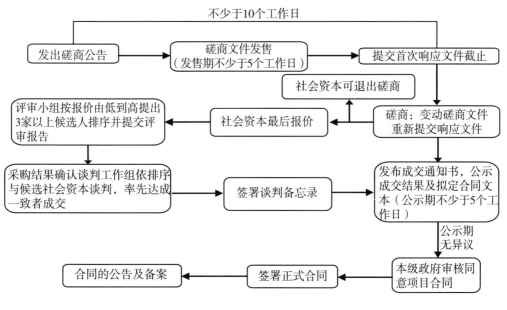

图 6-6 竞争性磋商流程

四、单一来源采购

顾名思义，单一来源采购是由于种种原因只从某一供应商处直接购买的采购方式。

（一）单一来源采购的相关规定

《政府采购法》规定："符合下列情形之一的货物或服务，可以依照本法采用单一来源方式采购：①只能从唯一供应商处采购的；②发生了不可预见的紧急情况不能从其他供应商处采购的；③必须保证原有采购项目一致性或者服务配套的要求，需要继续从原供应商处添购，且添购资金总额不超过原合同采购金额百分之十的。"

《政府采购非招标采购方式管理办法》规定："采购人、采购代理机构采购以下货物、工程和服务之一的，可以采用竞争性谈判、单一来源采购方式采购；采购货物的，还可以采用询价采购方式：①依法制定的集中采购目录以内，且未达到公开招标数额标准的货物、服务；②依法制定的集中采购目录以外、采购限额标准以上，且未达到公开招标数额标准的货物、服务；③达到公开招标数额标准、经批准采用非公开招标方式的货物、服务；④按照招标投标法及其实施条例必须进行招标的工程建设项目以外的政府采购工程。"

（二）单一来源采购方式的优缺点

单一来源采购方式的优势在于供货渠道稳定和采购程序及操作时间相对较短。在单一来源采购中，采购、主体与供应商一般具有长期稳定的合作关系，供货渠道稳定。项目采购过程中只针对一家供应商，无须经过竞标比价等复杂环节，因此单一来源采购程序较为简化，大大缩短了采购时间。

单一来源采购有四大局限：一是采购价格较高。单一来源采购的过程中不存在比较机制，不能形成有效的竞争。二是供货周期较长，不能保证配件的及时供给，需要提前储备，因此存在占用采购方库存资金的现象。三是过于依赖特定的供货商，如果供货商缺货或在运送过程中出现问题则不能保证采购标的的及时供给，存在一定的风险。四是容易滋生索贿受贿现象。

在 PPP 项目中，除了发生不可预见的紧急情况外，采购人应当尽量避免采用单一来源采购方式。如果采购对象确实特殊，确有采取单一来源采购方式进行采购的必要，应当深入了解供应商提供的产品性能和成本，以便有效地与供应商就价格问题进行协商，尽量减少采购支出。

（三）单一来源采购的具体流程

单一来源采购的具体流程如图 6-7 所示。

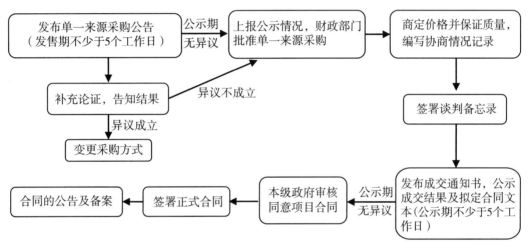

图 6-7 单一来源采购流程

模板五 PPP 项目资格预审公告

按照《中华人民共和国政府采购法》和《政府和社会资本合作项目政府采购管理办法》的规定，PPP 项目在采购阶段需对项目进行资格预审，只有资格预审合格后才可进行项目报价。提交资格预审申请文件的时间自公告发布之日起不得少于 15 个工作日。

目　录
一、项目资格预审报告

（一） 招标文件

（二） 项目概况与招标范围

（三） 申请人资格

（四） 资格预审方法

（五） 申请报名和文件获取

（六） 资格预审申请文件的递交

（七） 发布公告的媒介

（八） 投标保证金的提交

（九） 联系方式

（十） 附件：《投资申请》格式

二、申请人须知

（一） 总则

（二） 项目概况

（三） 申请人提交的资格预审申请书的内容

（四） 申请人不得存在的情形

（五） 语言文字

（六） 费用承担

（七） 资格预审申请书的份数及签署

（八） 资格预审申请书资料的有效性

（九） 资格预审申请书的装订、密封和递交

（十） 资格预审审查

（十一） 通知与确认

一、项目资格预审公告

（一） 招标文件

根据_____【会议、文件】精神，_____政府决定采用 PPP（政府和社会资本合作模式）模式建设_____项目。目前各项目已具备招标条件，

_____授权_____为本项目实施机构及招标人，授权_____为政府出资人代表，委托_____为本项目顾问咨询（含招标代理）机构，对一揽子项目的社会资本进行联合公开招标，特邀请具备相应资格条件的社会资本提出资格预审申请。

（二）项目概况与招标范围

（1）项目名称：_____PPP项目（以下简称本项目）

（2）项目地点：_____

（3）项目概况：_____

（4）项目SPV公司组建情况：

①项目公司名称：_____

②项目公司注册资本金为_____万元，注册住所为_____。

③项目公司股东结构为：_____，出资比例为_____，出资形式为_____。

（5）投资回报机制：_____【使用者付费、政府付费、可行性缺口补助】

（6）资金来源：_____

（7）特许经营期限：_____

（8）招标内容及范围：招标内容_____，招标范围_____。

【本项目的投融资、工程建设、运营维护、移交，工程范围以招标人下达的任务书、本项目各类设计文件、施工图纸及相关技术标准为准】

（三）申请人资格

凡有投资意向并是正式成立且有效存在，具有相应的综合实力、财务能力、投融资能力和投资建设经验的中国境内企业法人，均可对本招标项目向招标人提出资格审查申请，只有资格预审合格并被列入投标申请人入围名单的投标申请人才能申请投标。

投标申请人基本资格情况如下。

（1）投标申请人必须是在中国境内注册成立并有效存续的企业法人（或是该

等企业组成的联合体）。

（2）投标申请人基本资格情况如下。

①投标申请人近_____年净资产不少于_____元，近_____年平均资产负债率不高于_____%（若为联合体申请的，联合体牵头人需满足本条款要求）。

②投标申请人提供不少于_____万元的贷款意向证明或银行授信额度（若为联合体申请的，联合体各方提供的贷款意向证明或银行授信额度的累加值需满足本条款要求）。

③申请人承诺：申请人负责本项目所有自有资本资金的筹集，除自有资本资金以外的资金由项目公司负责融资，申请人根据需要提供金融机构认可的融资担保；若除自有资本资金以外的资金无法实现项目融资，由申请人负责资金到位，保障项目建设进度需要（若为联合体申请的，由联合体各方共同承诺）。

（3）投标申请人具备行政主管部门核发的市政公用工程施工总承包二级及以上建筑业企业资质证书和《施工企业安全生产许可证》（若为联合体申请的，联合体一方需满足本条款要求）。

（4）投标申请人必须具备如下项目经验和业绩：_____。【根据项目性质填写】

本项目接受联合体招标（其他资格预审合格条件详见本项目《资格预审文件》）。本次招标不分标段，各投标申请人应对上述招标范围进行全部投标。

（四）资格预审方法

本次资格预审采用合格制。招标人将依法组建资格审查委员会，根据本《资格预审文件》中规定的资格预审标准和办法，对各投标申请人按时提交的资格预审申请文件进行审查，并确定投标申请人入围名单。资格预审结果将及时告知投标申请人，向进入投标申请人入围名单的投标申请人发出《投标通知书》。投标申请人凭《投标通知书》购买《招标文件》。

（五）申请报名和文件获取

凡有意向申请资格预审者，请独立申请人或联合体牵头人的法定代表人或其授权代理人于_____年_____月_____日至_____年_____月_____日（法定公休日、法定节假日除外），每日上午_____时_____分至_____时_____分，下午_____时_____分至_____时_____分（北京时间，下同），携带下述资料至_____【公司名称】_____【地点】报名。资格预审文件每套_____元，售后不退。

（1）投资申请原件（须加盖单位公章和法定代表人签名，如为联合体申请，联合体各方均需加盖单位公章和各法定代表人签名）；

（2）申请人对其授权代理人出具的授权委托书原件（如为联合体申请，由联合体牵头人出具；如联合体牵头人法定代表人参加报名，则不需要提交授权委托书）；

（3）申请人法定代表人或其授权代理人的有效身份证件原件和复印件（加盖公章。如为联合体申请，加盖联合体牵头人公章）；

（4）营业执照副本原件和复印件（加盖公章。如为联合体申请的，应携带联合体各方营业执照副本原件，复印件加盖联合体牵头人公章）。

（六）资格预审申请文件的递交

（1）递交资格预审申请文件截止时间：_____年_____月_____日_____时_____分，提交地点为_____【公司名称】_____【地点】。

（2）逾期送达或者未送达指定地点的资格预审申请文件，招标人不予受理。

（七）发布公告的媒介

本次资格预审公告同时在_____【省级以上人民政府财政部门指定的媒体】发布。

（八）投标保证金的提交

（1）投标保证金提交的时间及金额：投标保证金_____元，投标申请人提交资格审查文件截止时间前提交人民币_____元，通过资格预审并参加投标的投标人在招标文件规定的时间前提交剩余保证金。

（2）资格预审阶段投标保证金提交的方式：应从申请人企业基本账户银行以电汇或银行转账的形式，汇到指定的保证金账户。

（3）资格预审阶段投标保证金汇款凭证上用途栏应注明本项目招标编号（标准格式：投标保证金_____）。

备注：若为联合体申请的，应由联合体牵头人按照上述要求提交投标保证金。

（九）联系方式

（1）招标人：_____

联络机构：_____

地址：_____

联系人：_____

电话：_____

传真：_____

（2）顾问咨询（含招标代理）机构：_____

地址：_____

联系人：_____

联系电话：_____

传真：_____

保证金账户：_____

开户名：_____

开户行：_____

账号：_____

（十）附件：《投资申请》格式

投资申请

招标编号：_____

项目名称：_____

致：_____

我方在了解_____项目（以下简称"本项目"）概况，并认真阅读分析本项目《资格预审公告》所说明的全部内容后，对本项目很感兴趣，按照资格预审公告的要求，特此提出本项目投资申请。我方并做出如下承诺：

（1）本投资申请是我方真实意愿的表达，并经过有效的内部决策及批准，我方对所提交材料及投资申请内容的真实性、完整性、合法性、有效性承担相应的法律责任。

（2）我方是在中华人民共和国境内注册并有效存在的公司法人；无任何重大违法行为，具有良好的财务状况、投融资能力、商业信誉和项目经验，且资金来源合法，符合有关法律、法规及本项目对申请人的资格条件的所有要求。

（3）我方已充分了解并接受《资格预审公告》全部内容和要求，已认真考虑了本项目市场、政策及其他不可预计的各项风险因素，愿意承担可能存在的一切投资风险。

（4）我方承诺，与招标人聘请的为此项目提供咨询服务的公司及任何附属机构均无关联，我方不是招标人的附属机构。

我方保证遵守以上承诺，如违反上述承诺或有违规行为，给招标人造成损失的，我方愿意承担法律责任及相应的经济赔偿责任。

（本页为签字页）

投标申请人名称（全称并加盖公章）：_____

投标申请人法定代表人签字：_____

_____年_____月_____日

（以下内容适用于投标申请人为联合体的）

投标申请人联合体牵头人名称（全称并加盖公章）：_____

投标申请人联合体牵头人法定代表人签字：_____

投标申请人联合体成员名称（全称并加盖公章）：_____

投标申请人联合体牵成员法定代表人签字：_____

_____年_____月_____日

二、申请人须知

（一）总则

_____受_____委托，对_____项目组织资格预审，欢迎符合条件的供应商参加。采购人将对本项目申请人进行资格预审，申请人可对本次采购项目提出资格预审申请。

（二）项目概况

（1）采购人：_____

（2）采购代理机构：_____

（3）项目名称：_____

（4）采购内容：_____

（三）申请人提交的资格预审申请书的内容

应包括下列资格资质证明文件，以证明其符合资格要求和具备履行合同的能力。

（1）资格预审申请函。

（2）法定代表人身份证明或法定代表人授权委托书原件及代理人身份证复印件。

（3）企业营业执照原件。

（4）住建部颁发的环境工程乙级（含）以上设计资质证书原件或省环保产业

协会颁发的环境污染治理乙级（含）以上资质证书原件。

（5）环保工程专业承包三级（含）以上资质证书原件。

（6）质量、环境体系认证证书原件。

（7）A级（含）以上资信证明原件。

（8）_____年至_____年具备资质的中介机构出具的财务审计报告原件。

（9）_____年_____月_____日至今完成的类似项目的合同书原件。

（10）申请人认为有必要提供的其他资料。

（11）申请人若为联合体，除应符合上述要求外，还应遵守以下规定：

①联合体各方必须签订联合体协议书，明确联合体牵头人和各方的权利义务；

②由同一专业的单位组成的联合体，按照资质等级较低的单位确定资质等级；

③通过资格预审的联合体，其各方组成结构或职责，以及财务能力、信誉情况等资格条件不得改变；

④联合体各方不得再以自己名义单独或加入其他联合体参加资格预审。

注意：申请人必须按要求提供上述所有资料，另外所有资料的复印件必须加盖单位公章后附在资格预审申请书中，否则导致的后果由申请人自负，申请人对其真伪、有效性负相应法律责任。

（四）申请人不得存在的情形

（1）为采购人不具有独立法人资格的附属机构（单位）。

（2）为本项目提供采购代理服务的。

（3）被责令停业的。

（4）被暂停或取消投标资格的。

（5）财产被接管或冻结的。

（6）在最近三年内有骗取中标或严重违约或重大事项质量问题的。

（五）语言文字

除专用术语外，来往文件均使用中文。必要时专用术语应附有中文注释。

（六）费用承担

申请人准备和参加资格预审发生的费用自理。

（七）资格预审申请书的份数及签署

（1）资格预审申请书正本一份，副本四份。

（2）资格预审申请书的正本和副本均需打印或使用不褪色的蓝、黑墨水书写，字迹应清晰易于辨认并在正本和副本的封面上清楚地标记"正本"或"副本"字样。当正本和副本不一致时，以正本为准。

（3）资格预审申请书封面或扉页应加盖申请人单位公章。

（八）资格预审申请书资料的有效性

（1）资格预审申请人必须使用本文件所附的统一格式（表格可扩展），全部资料应当准确详细，以便采购人做出正确的判断。

（2）参加资格预审时，申请人应携带本须知"（三）"要求的所有证件、证明的原件，以备资格预审评审委员会当场查验，不能当场提供原件者按无效申请资料处理。

（3）资格预审申请书提供的全部资料必须完全真实，如发现所提供材料不实或有弄虚作假行为，将取消其参加资格预审的资格。

（4）资格预审将完全依据资格预审文件对资格预审申请书中提供的全部资料进行审查，如果资格预审申请书不符合资格预审文件要求，将导致资格预审不合格。

（九）资格预审申请书的装订、密封和递交

（1）资格预审申请书和相关资料必须装订成册，按要求签署后密封。

（2）密封袋的封口处加盖申请人单位公寓，封面应注明"＿＿＿＿＿＿项目资格预审申请书"字样。

（3）资格预审申请书在＿＿＿年＿＿＿月＿＿＿日＿＿＿时（北京时间）之

前递交。

（4）递交申请书地点：_____。

（5）逾期送达的资格预审申请书将被拒绝并退还申请人，其资格预审资格将被取消。

（6）未递交资格预审申请书的，视为放弃参与资格审查和后期报价资格。

（7）资格预审申请书不予退还，采购人及参与审查人员应对申请人所提交的资格预审申请书内容予以保密。

（十）资格预审审查

1. 审查机构

（1）资格预审审查由采购人组建的评审机构负责，评审机构由采购人代表和随机抽取的专家组成，成员为 5 人。

（2）审查机构成员应当客观、公正地履行职责，遵守职业道德。按照本预审文件规定的评审标准和方法进行。本预审文件未规定的标准和条件，不能作为审查的依据。

2. 审查原则

本次资格预审采用合格制，凡符合资格预审文件审查标准的申请人均通过资格预审。根据国家相关法律、法规，结合本项目特点，遵循公平、公正、客观、准确的原则，选择具有良好信誉和能力的申请人参加本项目后期报价。通过资格预审的申请人的数量不足 3 个的，采购人将重新组织资格预审。

3. 审查程序

（1）符合性审查，审查资格预审申请书的完整性。

（2）对资格预审必要合格条件进行审查。

（3）确定合格供应商。

（4）编制资格审查报告，并由审查机构所有成员签字。

（十一）通知与确认

（1）只有资格预审合格的申请人才能参加本项目的报价。

（2）资格预审结果通知：

①采购人将于_____年_____月_____日向所有通过资格预审的申请人发出《资格预审合格通知书》及《采购邀请书》，同时向所有未通过资格预审的申请人发出《资格预审结果通知书》，书面通知未通过资格预审的原因。

②凡资格预审合格被允许参加报价的申请人，在领取《资格预审合格通知书》的同时购买采购文件及相关资料。

模板六　PPP 项目竞争性磋商文件

目　录

一、竞争性磋商公告

二、竞争性磋商须知

三、项目情况说明

四、合同文本

五、附件：响应文件格式

_____项目竞争性磋商文件

一、竞争性磋商公告

1. 采购项目名称：_____

2. 采购项目标号：_____

3. 采购项目概况：_____

（1）建设内容：_____

（2）建设周期：_____

（3）合作模式：_____

①运作模式：_____

②投资收益：_____

③保障措施：_____

4. 获取竞争性磋商文件

（1）时间：_____

（2）地点：_____

（3）方式：获取竞争性磋商文件时需要携带以下证件：

①营业执照（复印件加盖公章）、供应商资格要求中的相关资质证书及业绩证明（复印件加盖公章）、单位基本账户开户证明复印件、税务登记证复印件、法定代表人身份证复印件、法定代表人授权委托书及委托代理人身份证复印件；

②提供财务报告或财务报告表复印件加盖公章；

③提供缴纳增值税或营业税的证明，为税务部门出具的税单或交税证明或银行出具的"银行电子缴税付款凭证"复印件加盖公章；

④提供社会保障部门出具的本单位职工社会保障缴费证明或本单位交费清单复印件加盖公章。

以上资料合格方发售采购文件。但最终资格是否合格由评审小组在评审时确定。

（4）售价：_____元/份，售后不退。

5. 递交响应文件时间及地点

时间：_____至_____（北京时间）

地点：_____

6. 磋商时间及地点

时间：_____

地点：_____

联系方式：_____

采购人：_____ 地址：_____

7. 联系方式

（1）采购人：_____ 地址：_____

联系人：_____ 联系方式：_____

（2）采购代理人：_____

地址：_____

联系人：_____ 　　联系方式：_____

　　_____年_____月_____日

二、竞争性磋商须知

（一）使用范围

本磋商文件仅适用于本次磋商所叙述的_____政府与社会资本合作（PPP）项目采购。

（二）定义

（1）"采购人"是指：_____。

（2）"采购代理机构"是指：_____。

（3）"供应商"是指无条件接受磋商文件的各项要求，具备相应履约能力、具有《中华人民共和国政府采购法》第 22 条规定的相关条件并向磋商小组提交响应文件的供应商。

（三）合格供应商的范围

（1）具有独立承担民事责任的能力

①法人或者其他组织的营业执照等证明文件，自然人的身份证明；

②财务状况报告，依法缴纳税收和社会保障资金的相关材料；

③具备履行合同所必需的设备和专业技术能力的证明材料；

④参加政府采购活动前三年内在经营活动中没有重大违法记录的书面声明；

⑤具备法律、行政法规规定的其他条件的证明材料。

（2）具有良好的商业信誉和健全的财务会计制度。

（3）具有履行合同所必需的设备和专业技术能力。

（4）有依法缴纳税收和社会保障资金的良好记录。

（5）参加政府采购活动前三年内，在经营活动中没有重大违法记录。

（6）具备法律、行政法规规定的其他条件。

（7）完全满足磋商文件的实质性要求。

（8）凡具备磋商文件要求资格，有服务能力的供应商均可参加。

如不具备以上条件则按《中华人民共和国政府采购法》第七十七条规定处理。

（四）磋商代表

磋商代表必须是法定代表人，或持有《法定代表人授权委托书》的被授权代表人。

（五）费用

（1）无论磋商结果如何，供应商自行承担所有与参加磋商有关的全部费用。

（2）采购代理机构按成交金额的一定比例向成交供应商收取代理服务费。

（六）踏勘现场

（1）供应商自行踏勘现场。

（2）供应商踏勘现场发生的费用自理。

（3）供应商在踏勘现场中所发生的人员伤亡和财产损失由供应商负责。

（4）采购人在踏勘现场中介绍的工程场地和相关的周边环境情况，供应商在编制投标文件时参考，采购人不对供应商据此做出的判断和决策负责。

（七）响应文件

1. 响应文件的组成

（1）磋商函。

（2）法定代表人身份证明。

（3）授权委托书。

（4）项目管理机构。

（5）针对本项目的总体项目进度计划实施方案。

（6）企业本身资金实力分析及针对本项目的融资实施方案。

（7）针对本项目的建设实施方案。

（8）针对本项目的运营管理方案。

（9）针对本项目的财务管理方案。

（10）市场风险分析及利益分配方案分析。

（11）社会资本投资回报率保证措施。

（12）针对本项目的移交方案。

（13）资格审查资料。

①投资人的简介及经营状况介绍（包括综合实力、企业规模和信誉及有效证明）；

②《营业执照》副本复印件；

③《税务登记证》副本复印件；

④《组织机构代码证》副本复印件；

⑤法定代表人资格证明书或法定代表人授权委托书及全权代表养老保险证明复印件；

⑥法定代表人或全权代表身份证复印件；

⑦投资人认为有必要提交的有关企业信誉、荣誉证书及获奖资料等复印件，投资人认为需提交的其他资料。

2. 响应文件编制要求

（1）响应文件按相应文件顺序组成，装订成册。

（2）响应文件一式五份，其中正本一份，副本四份。如果正本与副本不符，以正本为准。响应文件应字迹清楚、内容齐全、数字准确，不应有涂改增删处。如修改时，修改处须有响应文件全权代表印章。

（3）响应文件必须用不褪色的墨水笔填写或打印，并注明"正本""副本"字样。响应文件正副本均需采用 A4 纸装订且胶装成册，不得出现散页、重页、掉页现象，不得采用活页夹装订。外套应写明：供应商的全称、地址、邮编、项目编号及项目名称，并在骑缝上加盖公章。

（4）响应文件中报价表必须加盖供应商公章和全权代表签章。

（5）供应商在提交响应文件截止时间前，可以对所提交的响应文件进行补充、修改或者撤回，并书面通知采购人、采购代理机构。补充、修改的内容作为响应文件的组成部分。补充、修改的内容与响应文件不一致的，以补充、修改的内容为准。

3. 响应文件必须在_____年_____月_____日上午时前送达磋商地点

（八）保证金

（1）投标保证金为_____元（大写：_____万元），投标保证金必须经投标单位基本账户提交。投标人可以电汇、支票、网银等方式（不接受以现金方式）缴纳。在规定的期限内将投标保证金足额缴入保证金专用账户。

账户：_____

账号：_____

开户行：_____

缴纳起始时间：自领取招标文件起至_____年_____月_____日下午_____时_____分。投标单位在规定的期限内将投标保证金足额缴入保证金专用账户。

（2）未按要求提交磋商保证金的将被视为报价无效。在下列情况下磋商保证金不予返还：

①供应商在提交响应文件截止时间后撤回响应文件的；

②供应商在响应文件中提供虚假材料的；

③除因不可抗力或磋商文件认可的情形以外，成交供应商不与采购人签订合同的；

④供应商与采购人、其他供应商或者和采购代理机构恶意串通的；

⑤磋商文件规定的其他情形。

（3）成交供应商的磋商保证金应当在签订采购合同并提交了履约保证金 5 个工作日内无息退还。

（4）未成交供应商的磋商保证金应当在成交通知书发出后 5 个工作日内无息退还。

（九）评审工作程序

（1）供应商全权代表向磋商小组递交响应文件。

（2）按签到顺序决定供应商磋商次序。

（3）磋商小组审阅响应文件。

磋商小组依据磋商文件的规定，对响应文件的有效性、完整性和对磋商文件的响应程度进行审查，以确定是否对磋商文件的要求做出实质性响应。未对磋商文件的要求做出实质性响应的供应商，不得进入具体磋商程序。

在磋商文件及程序符合法律规定的前提下，递交响应文件或对磋商文件做出实质响应的供应商不少于 3 家时，在书面征得供应商及采购人同意的情况下，并报经财政部门核准后，可以按照公平、公正和竞争原则，继续进行磋商采购；如果少于两家，应终止磋商，重新组织采购。

（4）磋商开始，与供应商谈各项内容。

磋商小组所有成员集中与单一供应商按照签到顺序确定的磋商次序分别进行磋商。磋商小组可根据供应商的报价、响应内容及磋商的情况，给予每个正在参加磋商的供应商相同的机会。

①在磋商过程中，磋商小组可以根据磋商文件和磋商情况实质性变动采购需求中的技术、服务要求及合同草案条款，但不得变动磋商文件中的其他内容。实质性变动的内容须经采购人代表确认。

②对磋商文件做出的实质性变动是磋商文件的有效组成部分，磋商小组应当及时以书面形式同时通知所有参加磋商的供应商。

③供应商应当按照磋商文件的变动情况和磋商小组的要求重新提交响应文件，并由其全权代表签章。

（5）各供应商进行报价。

磋商结束后，参加磋商的供应商应当对磋商的承诺以书面形式确认，并由其全权代表签章。

（6）由磋商小组采用综合评分法对提交最后报价的供应商的响应文件和最后报价进行综合评分。

（7）确定成交供应商。

（8）采购人与成交供应商签订合同，政府采购监督管理办公室备案。

（十）磋商内容

采购项目的质量、价格及其他条件等。

（十一）评审原则与评审方法

1. 评审原则

（1）本次磋商遵循公开透明、公平竞争、公正和诚实信用的原则。磋商小组成员按照客观、公正、审慎的原则。根据磋商文件规定的评审程序、评审方法和评审标准进行独立评审。未实质性响应磋商文件的响应文件按无效响应处理，并告知提交响应文件的供应商。

（2）磋商小组应当根据综合评分情况，按照评审得分由高到低顺序推荐 3 名以上成交候选供应商，并编写评审报告。评审得分相同的，按照最后报价由低到高的顺序推荐。评审得分且最后报价相同的，按照技术指标优劣顺序推荐。

（3）评审报告应当由磋商小组全体人员签字认可。措施小组成员对评审报告有异议的，磋商小组按少数服从多数的原则推荐成交候选供应商，采购程序继续进行。对评审报告有异议的磋商小组成员，应当在报告上签署不同意见并说明理由，由磋商小组书面记录相关情况。磋商小组成员拒绝在报告上签字又不书面说明其不同意见和理由的，视为同意评审报告。

2. 评审标准

根据《中华人民共和国政府采购法》《中华人民共和国政府采购法实施条例》及省、区、市有关规定，磋商小组成员按照客观、公正、谨慎的原则，根据磋商文件规定的评审程序、评审方法和评审标准进行独立评审。根据排名先后确定成交候选供应商。

（十二）磋商小组

磋商小组由采购人代表和评审专家共同组成，采购人代表不得担任评审委员会主要负责人、评审专家，应当从政府采购评审专家库内相关专业的专家名单中随机抽取。

（十三）磋商评审纪律

（1）磋商小组成员内部讨论的情况和意见必须保密，任何人不得以任何形式透露给供应商或供应商有关的单位或个人。

（2）在磋商过程中，供应商不得以任何形式对磋商小组成员进行旨在影响磋商结果的私下接触，否则取消其磋商资格。

（3）磋商小组及与磋商有关的人员应当对评审情况和评审过程中获悉的国家机密、商业秘密予以保密。

（十四）无效报价情况说明

响应文件有下列情况之一的，应当按照无效响应文件处理：

（1）在规定的截止时间之后递交的；

（2）未按采购文件规定要求密封、签署、盖章的；

（3）未按规定缴纳保证金的；

（4）不具备采购文件中规定的资格要求的；

（5）未经财政部门核准，提供进口产品的；

（6）报价超过采购预算的；

（7）未全部响应采购文件规定的实质性要求的；

（8）不符合法律、法规规定的其他情形。

（十五）对响应文件的修正

磋商中，对价格的计算错误按下述原则修正。

（1）磋商时，响应文件中措施报价表内容与响应文件中明细表内容不符的，以磋商报价表为准。

（2）响应文件的大写和小写金额不一致的，以大写金额为准；总价金额与按单价汇总金额不一致的，以单价金额计算结果为准；单价金额小数点有明显错位的，应以总价为准，并修改单价；对不同文字文本投标文件的解释发生异议的，以中文文本为准。

（3）供应商不同意以上修正，则其响应文件将被拒绝。

（十六）成交公示

成交公告内容应当包括采购人和采购代理机构的名称地址、联系方式，项目名称和项目编号，成交供应商及其地址和成交金额，主要成交标的的名称、规格型号、单价、服务要求及磋商小组成员。

（十七）成交通知

（1）在磋商有效期内，采购代理机构以书面形式通知所选定的成交供应商。通知也可用传真的形式，但需要书面确认。

（2）当成交供应商按规定与采购人签订合同后，采购代理机构将向其他供应商发出落标通知，并退还投标保证金。采购代理机构对落标的供应商不做落标原因的解释。

（十八）成交通知书

成交通知书将是合同的一个组成部分。

（十九）合同授予

（1）磋商文件、响应文件及磋商过程中的有关补充文件均作为合同附件，并与合同具有相同的法律效力。

（2）按照合同履行义务，完成磋商项目。未经采购人同意，成交供应商不得向他人转让成交项目。

（二十）有效期

本项目磋商有效期为 30 个日历天。

（二十一）履约保证金

签订合同前，成交供应商以单位账户电汇形式按照成交金额的 5% 向采购人交纳履约保证金。

(二十二) 签订合同

(1) 成交供应商应按成交通知书中规定的时间、地点与采购人签订合同,否则按违约处理,其磋商保证金不予退还,并补偿本次及再次采购所发生的费用。

(2) 磋商文件、成交供应商的响应报价及评审过程中的有关澄清文件均应作为合同附件,并与合同具有相同的法律效力。

(二十三) 合同公示

采购人应当签订合同之日起 2 个工作日内,将政府采购合同在省级以上人民政府财政部门指定的媒体上公告,但政府采购合同中涉及国家机密、商业秘密的内容除外。

三、项目情况说明

项目概况:
(1) 项目基本情况:_____
(2) 项目建设必要性:_____
(3) 项目建设进程:_____

四、合同文本

根据《中华人民共和国政府采购法》《中华人民共和国合同法》《中华人民共和国政府采购法实施条例》等法律、法规的规定,经双方充分协商,特订立本合同,以资共同遵守。

下列文件构成本合同的组成部分:
(1) 竞争性磋商文件。
(2) 响应文件。
(3) 竞争性磋商报价表等。
(4) 竞争性磋商项目清单及技术要求等。

（5）质疑澄清表及承诺。

（6）成交通知书。

（7）履约保证金。

具体根据PPP项目通用合同体系双方协商后拟定，以财政部《关于规范政府和社会资本合作合同管理工作的通知》为基础。

五、附件：响应文件格式

_____项目名称

竞争性磋商响应文件

投资人：_____（盖单位章）

法定代表人或其委托代理人：_____（签字）

_____年_____月_____日

（一）磋商函

（本承诺书装订于响应文件首页）

_____：

_____（投资人全称）授权_____（职务、职称）为全权代表，参加贵方组织的_____（项目编号、项目名称）磋商的有关活动，并对项目投资收益率（_____％/年）进行报价（不超过12％/年，投资回收期不超过12年）。为此：

（1）我方承诺已经具备《中华人民共和国政府采购法》中第二十二条中规定的参加政府采购活动的投标供应商应当具备的条件：

①具有独立承担民事责任的能力；

②具有良好的商业信誉和健全的财务会计制度；

③具有履行合同所必需的设备和专业技术能力；

④有依法缴纳税收和社会保障资金的良好记录；

⑤参加政府采购活动前3年内，在经营活动中没有重大违法记录；

⑥法律、行政法规规定的其他条件。

（2）我方严格遵守《中华人民共和国政府采购法》的有关规定，若有下列情形之一，将被处以采购金额 5‰以上 10‰以下的罚款，列入不良行为记录名单，在 1~3 年内禁止参加政府采购活动，有违法所得的，并处没收违法所得，情节严重的，由工商行政管理机关吊销营业执照；构成犯罪的，依法追究刑事责任：

①提供虚假材料谋取中标、成交的；

②采取不正当手段诋毁、排挤其他供应商的；

③与采购人、其他供应商或者采购代理机构恶意串通的；

④向采购人、采购代理机构行贿或者提供其他不正当利益的；

⑤在磋商采购过程中与采购人进行协商谈判的；

⑥拒绝有关部门监督检查或者提供虚假情况的。

（3）完全满足磋商文件中全部实质性要求。

（4）提供规定的全部投标文件：正本_____份、副本_____份。

（5）保证遵守磋商文件中的有关规定。

（6）保证严格执行双方所签订的采购合同，并承担合同规定的责任义务。

（7）愿意向贵方提供任何与磋商有关的资料、情况和技术资料。

（8）本报价响应文件自磋商之日起_____日内有效。

（9）若我方成交，我方愿意按相关文件规定交纳履约保证金。

（10）与本磋商有关的一切来往通信请寄：

地址：_____ 邮编：_____

电话：_____ 传真：_____

供应商全称（公章）：_____

全权代表（签字或盖章）：_____

日期：_____

（二）法定代表人身份证明

投资人名称：_____

单位性质：_____

地址：＿＿＿＿＿＿＿＿＿＿＿＿＿＿＿＿＿＿

成立时间：＿＿＿＿＿年＿＿＿＿＿月＿＿＿＿＿日

经营期限：＿＿＿＿＿＿＿＿＿＿＿＿＿＿＿＿

＿＿＿＿＿＿＿＿＿（姓名），＿＿＿＿＿＿（性别），＿＿＿＿＿＿（年龄），＿＿＿＿＿＿（职务），系＿＿＿＿＿＿＿＿＿（响应人名称）的法定代表人。

特此证明。

响应人（单位公章）

＿＿＿＿＿年＿＿＿＿＿月＿＿＿＿＿日

（三）授权委托书

本人＿＿＿＿＿＿＿＿＿（姓名）系＿＿＿＿＿＿＿＿＿（投资人名称）的法定代表人，现委托＿＿＿＿＿＿＿＿（姓名）为我方代理人。代理人根据授权，以我方名义签署、澄清、说明、不正、递交、撤回、修改＿＿＿＿＿＿＿＿（项目名称）响应文件、签订合同和处理有关事宜，其法律后果由我方承担。

委托期限：＿＿＿＿＿＿＿＿＿＿＿＿＿＿＿＿

代理人无转委托权

附：法定代表人身份证明

投资人：＿＿＿＿＿＿＿＿＿＿＿＿＿＿＿（盖单位章）

法定代表人：＿＿＿＿＿＿＿＿＿＿＿＿（签字）

身份证号：＿＿＿＿＿＿＿＿＿＿＿＿＿＿

委托代理人：＿＿＿＿＿＿＿＿＿＿＿＿（签字）

身份证号：＿＿＿＿＿＿＿＿＿＿＿＿＿＿

＿＿＿＿＿年＿＿＿＿＿月＿＿＿＿＿日

（四）项目管理机构

1. 项目管理机构组成表

如表6-1所示。

表6-1 项目管理机构组成表

职务	姓名	职称	执业或职业资格证明					备注
			证书名称	级别	证号	专业	养老保险	

2. 项目负责人简历表

应附资格证书、身份证、职称证、学历证、养老保险复印件，管理过的项目业绩须附合同协议书复印件。项目负责人简历表如表6-2所示。

表6-2 项目负责人简历表

姓名		年龄		学历	
职称		职务		拟在本合同任职	
毕业学校		年毕业于	学校	专业	
主要工作经历					
时间	参加过的类似项目		担任职务	委托人及联系电话	

（五）针对本项目的总体项目进度计划实施方案

（六）企业本身资金实力分析及针对本项目的融资实施方案

（七）针对本项目的建设实施方案

（八）针对本项目的运营管理方案

（九）针对本项目的财务管理方案

（十）市场风险分析及利益分配方案分析

（十一）社会资本投资回报率保证措施

（十二）针对本项目的移交方案

（十三）资格审查资料

1. 基本情况表

如表 6 - 3 所示。

表 6 - 3　基本情况表

企业名称					
注册地址			邮政编号		
联系方式	联系人		电话		
	传真		网址		
组织结构					
法定代表人	姓名		技术职称		电话	
技术负责人	姓名		技术职称		电话	
成立时间			职工总人数		
企业资质等级		其中	项目经理	
营业执照号			高级职称人员	
注册资金			中级职称人员	
开户银行			初级职称人员	
账号			技工	
经营范围					
备注					

2. 近年财务状况表

3. 近年完成的类似项目情况表

如表 6 - 4 所示。

表6-4 近年完成的类似项目情况表

项目名称	
项目所在地	
发包人名称	
发包人地址	
发包人电话	
合同价格	
开工日期	
竣工日期	
承担的工作	
工程质量	
项目经理	
技术负责人	
项目描述	
备注	

4. 正在实施的和新承接的项目情况表

如表6-5所示。

表6-5 正在实施的和新承接的项目情况表

项目名称	
项目所在地	
发包人名称	
发包人地址	
发包人电话	
合同价格	
开工日期	
竣工日期	
承担的工作	

续表

工程质量	
项目经理	
技术负责人	
项目描述	
备注	

5. 其他资格审查资料

竞争性磋商公告应包括项目实施机构和项目名称、项目结构和核心边界条件、是否允许未进行资格预审的社会资本参与采购活动，以及审查原则、项目产出说明、对社会资本提供的响应文件要求、获取采购文件的时间、地点、方式及采购文件的售价、提交响应文件截止时间、开启时间及地点。竞争性磋商公告应在省级以上人民政府财政部门指定的媒体上发布。提交响应文件的时间自公告发布之日起不得少于 10 日。

模板七　PPP 项目竞争性磋商公告

目　录

一、项目的用途、数量、简要技术要求或招标项目的性质

二、对供应商资格要求（供应商资格条件）

三、磋商和响应文件时间及地点等

四、其他补充事宜

五、项目联系方式

六、采购项目需要落实的政府采购政策

_____项目竞争性磋商公告

_____受委托_____，根据《中华人民共和国政府采购法》等有关规定，现对_____项目进行竞争性磋商，欢迎

合格的供应商前来投标。

项目名称：_____

项目编号：_____

项目联系方式：_____

项目联系人：_____

项目联系电话：_____

采购人联系方式：_____

采购人：_____

地址：_____

联系方式：_____

代理机构：_____

代理机构联系人：_____

代理机构地址：_____

一、项目的用途、数量、简要技术要求或招标项目的性质

_____【根据项目性质和要求填写】

二、对供应商资格要求（供应商资格条件）

【根据项目共性和特性要求填写】

（1）《中华人民共和国政府采购法》第二十二条规定的条件（并根据《中华人民共和国政府采购法》提供的相关证明资料）：

①具有独立承担民事责任的能力（请提供法人或者其他组织的营业执照等证明文件，自然人的身份证明）；

②具有良好的商业信誉和健全的财务会计制度（请提供财务状况报告，依法缴纳税收和社会保障资金的相关材料）；

③具有履行合同所必需的设备和专业技术能力（请提供具备履行合同所必需的设备和专业技术能力的证明文件）；

④有依法缴纳税收和社会保障资金的良好记录；

⑤参加政府采购活动前 3 年内，在经营活动中没有重大违法记录（请提供参加政府采购活动前 3 年内在经营活动中没有重大违法记录的书面声明）；

⑥法律、行政法规规定的其他条件（请提供具备法律、行政法规规定的其他条件的证明材料）。

（2）采购人根据采购项目的特殊要求规定的特定条件，供应商提供相关证明文件：_____。

三、磋商和响应文件时间及地点等

预算金额：_____

谈判时间：_____年_____月_____日_____：_____

获取磋商文件时间：_____年_____月_____日_____：_____
至_____年_____月_____日_____：_____（双休日及法定节假日除外）

获取磋商文件地点：_____

获取磋商文件方式：_____【按照竞争性磋商的规定获取】

磋商文件售价：_____元（人民币）

响应文件递交时间：_____年_____月_____日_____：_____
至_____年_____月_____日_____：_____（双休日及法定节假日除外）

响应文件递交地点：_____

响应文件开启时间：_____年_____月_____日_____：_____

响应文件开启地点：_____

四、其他补充事宜

磋商文件的获取方式：

出售时间：_____

出售地点：_____

售价：_____

【可根据项目填写相关补充事宜】

五、项目联系方式

项目联系人：_____

招募联系方式：_____

六、采购项目需要落实的政府采购政策

_____

【根据当地政策选择填写】

模板八　PPP 项目谈判备忘录

PPP 项目谈判备忘录是在业务磋商过程中的一种提示或记事性文书，是在 PPP 项目谈判时，经过初步讨论后，即在双方的内容与承诺，为进一步洽谈时做参考。谈判备忘录一般不具备合同效力，备忘录所记录的是双方各自的意见、观点，它有待于在下一次洽谈时进一步磋商。

_____项目谈判备忘录

_____年_____月_____日

谈判时间：_____

谈判地点：_____

谈判双方：_____

_____

与会人员：_____

内容概述：(1) _____

　　　　　(2) _____

　　　　　(3) _____

　　　　　(4) _____

（5）＿＿＿＿＿＿＿＿＿＿＿＿＿＿＿＿＿＿＿＿＿＿＿＿

……

双方签字：

甲方：　　　　　　　　　　　乙方：

＿＿＿＿年＿＿＿＿月＿＿＿＿日　　　　＿＿＿＿年＿＿＿＿月＿＿＿＿日

模板九　PPP项目采购文件补遗公告

PPP项目采购文件补遗是针对PPP项目采购文件中的遗漏信息进行的补充，在补遗文件中注明需要补充的信息位置，确保采购文件的信息准确、完整，以免造成由于信息不完整导致的问题。

＿＿＿＿＿＿＿＿＿＿＿＿＿＿＿采购文件补遗公告

各潜在投标人：

根据采购单位采购需求及工作实际需要，现对项目编号＿＿＿＿＿＿＿＿采购文件进行补遗公告。补遗内容如下：

采购文件补遗：＿＿＿＿＿＿＿＿＿＿【补遗内容位置】改动如下：

（1）＿＿＿＿＿＿＿＿＿＿＿＿＿＿＿＿＿＿＿＿＿＿＿＿

（2）＿＿＿＿＿＿＿＿＿＿＿＿＿＿＿＿＿＿＿＿＿＿＿＿

……【补遗内容】

本项目其他采购要求按原采购文件＿＿＿＿＿＿＿＿＿＿＿的规定执行。

特此公告

＿＿＿＿＿＿＿＿＿＿＿＿＿＿＿＿＿【单位】

＿＿＿＿＿＿年＿＿＿＿＿月＿＿＿＿＿日

模板十　PPP 项目投资合作协议

PPP 项目投资合作协议是政府和社会资本相互之间对某一个 PPP 项目有合作意向，经过共同协商后，订立的共同遵守和执行的条文。协议书不具有违约责任规定，包含内容范围广但不具体。

目　录
一、项目内容
（一）项目概况
（二）项目合作范围
（三）项目批准文件
二、项目公司
（一）项目公司成立条件
（二）项目公司注册
（三）项目公司的出资方式
（四）项目公司成立时限
（五）项目公司组织结构
（六）项目公司的运营
（七）项目公司财务管理
（八）项目公司风险
（九）项目移交
（十）其他

_____项目投资合作协议

本 PPP 项目协议于_____年_____月_____日由以下双方订立：

甲方（政府主体）：_____（以下简称"甲方"）

乙方（社会资本主体）：_____（以下简称"乙方"）

根据《中华人民共和国招标投标法》《中华人民共和国政府采购法》《中华人民共和国合同法》及《中华人民共和国招标投标法实施条例》等法律、法规，结合：＿＿＿＿＿＿＿＿项目的具体情况，本着"政企合作、互惠互利、合作共赢"的原则，本协议由：＿＿＿＿＿＿＿授权委托＿＿＿＿＿＿（下称"甲方"），与＿＿＿＿＿＿＿（下称"乙方"）于＿＿＿＿年＿＿＿＿月＿＿＿＿日在＿＿＿＿＿＿＿签署。

鉴于：

（1）＿＿＿＿＿＿＿经过物有所值论证及财政承受能力评估，批准＿＿＿＿＿＿＿项目采用 PPP 模式（政府与社会资本合作模式），引进有实力的投资合作人进行本项目投资建设合作。

（2）甲方于＿＿＿年＿＿＿月＿＿＿日至＿＿＿年＿＿＿月＿＿＿日对本项目遵循公开、公平、公正和利益共享、风险共担的原则，进行公开招标。经过法定程序，确定乙方＿＿＿＿＿＿＿为本项目投资人和施工总承包单位。

（3）甲方与乙方共同签署《＿＿＿＿＿＿＿项目 PPP 投资合作协议》（以下简称"本协议"），双方合作进行本项目的投资建设合作和运营。

（4）根据本协议约定，由甲方和乙方在项目所在地合资成立项目公司，＿＿＿＿＿＿＿授权＿＿＿＿＿＿签署《＿＿＿＿＿＿项目协议》（以下简称"《协议》"），以规定授予项目公司对本项目投资建设合作特许经营权。项目公司负责对本项目进行融资、建设、运营维护、移交并承担风险。

（5）本协议是甲乙双方合作实施本项目的投资、建设、运营的原则依据，双方将共同维护和遵守。

甲乙双方在此达成如下条款：

①＿＿＿＿＿＿＿＿＿＿＿＿＿＿＿＿＿

②＿＿＿＿＿＿＿＿＿＿＿＿＿＿＿＿＿

③＿＿＿＿＿＿＿＿＿＿＿＿＿＿＿＿＿

④＿＿＿＿＿＿＿＿＿＿＿＿＿＿＿＿＿

【本部分根据达成协议填写】

一、项目内容

（一）项目概况

（1）项目建设规模：_____【项目建设成本、规划面积、建筑面积等】

（2）项目公司融资利息：_____【项目公司的融资利息以项目公司融资实际发生的费用为准，计入项目公司的投资总费用】

（3）项目实施：计划_____年_____月开工建设，_____年_____月建成使用。本项目特许经营期_____年，其中计划建设期_____年，运营期_____年。

（二）项目合作范围

（1）_____项目下的投融资、施工总承包建设（含土建工程、机电工程、弱电工程、专业设备设施、室外工程及其他工程等）、竣工移交及质量缺陷责任期内的整改修复、项目运营、维护管理等。具体工程范围以本项目经有资质单位审核的设计文件、施工图纸及相关技术标准和要求为准。

（2）甲乙双方按照本协议的约定负责项目合作期间涉及的债务偿还、风险承担及享受相应的运营收益。

（3）项目运营期的绩效考评。

（三）项目批准文件

（1）_____建议书的批复文件。

（2）发改委的招标核准文件。

（3）由甲方建设_____的政府会议纪要。

二、项目公司

（一）项目公司成立条件

（1）项目公司必须按本协议约定的条件设立。

（2）甲方应协助项目公司获得项目公司所需的政府有关部门的批文，以使项目公司能够按照《中华人民共和国公司法》等相关法律、法规的要求，办理组建、设立项目公司的工商登记手续。

（二）项目公司注册

项目公司注册资本金为项目总投资的_____%（_____元），其中：甲方出资_____元，占项目公司_____%的股权；乙方出资_____元，占项目公司_____%的股权。

【股东注册资本金根据项目实施的资金需求，同时同股权比例到位，具体事项在项目公司章程中约定。项目公司注册资本的增加或减少、股东变更、股权转让等，应按照国家有关规定及本协议相关条款执行】

（三）项目公司的出资方式

甲方_____【出资方式】，乙方_____【出资方式】，甲乙方按照本协议支付给项目公司的注册资本金以外的款项作为甲乙方各自对项目公司的债权。

（四）项目公司成立时限

乙方必须保证配合甲方在本协议签订之日起30日内设立项目公司完毕，获得企业法人营业执照、组织机构代码证、税务登记证等，并达到可以对外营业的法定条件。

（五）项目公司组织结构

项目公司采用现代法人治理结构，成立股东会、董事会或执行董事、监事会，保证项目公司顺利运行。

1. 股东会

由甲乙双方组成，是本协议项下项目公司的最高权力机构，具体职权按照《中华人民共和国公司法》的有关规定执行。

下列事项由股东会决定，并由全体股东一致同意才能发生法律效力：

（1）任何一方转让所持有的全部或部分股权，或在全部或部分股权上设置担保的；

（2）项目公司对与本项目建设、运营无关的融资及担保的；

（3）对公司增加或者减少注册资本的；

（4）对公司合并、分立、解散、清算或者变更公司形式的；

（5）选举和更换非由职工代表担任的董事、监事。

2. 董事会

项目公司设立董事会，董事会由_____人组成，甲方委派_____人，乙方委派_____人。董事会按照《中华人民共和国公司法》的有关规定执行。

下列事项由董事会决定，并经董事会投票过半数后生效：

（1）选举公司董事长、副董事长、总经理、财务总监；

（2）制定项目运作方案和管理团队考核目标；

（3）制定项目运营方案；

（4）决定项目公司员工的劳动报酬。

3. 监事会

项目公司设立监事会，监事会由_____名监事组成，其中一人任监事会主席。甲方委派_____人，乙方委派_____人。监事会主席由_____委派的监事担任。除本协议约定外，监事会按照《中华人民共和国公司法》的有关规定执行。

4. 总经理

总经理由公司董事会选聘。

（六）项目公司的运营

（1）项目公司成立后，_____方负责组织项目施工管理团队，负责合作项目的建设、管理和运营。

（2）项目管理团队应当接受董事会、监事会的监督。

（七）项目公司财务管理

（1）项目公司所涉的会计、税务由项目公司统一处理。

（2）项目所需资金实行统一管理、统一支出的原则。

（八）项目公司风险

除本协议另有约定外，因项目风险而形成的损失由甲乙双方按项目公司股权比例进行负担。

（九）项目移交

特许经营期届满，项目_____【有偿或者无偿】移交给政府，政府也可以根据实际需要和项目公司运营情况提前接受，但因此给乙方造成的全部损失由甲方全额承担。

1. 移交范围

在移交日期，乙方应向接收人移交：

（1）项目设施或项目资产的所有权利和利益；

（2）本项目_____个月内正常需要的消耗性备件和事故修理备品、备件；

（3）甲方可以合理要求的，且此前乙方未曾按照本协议规定交付的运营、维护、修理记录及移交记录和其他资料，以使其能够直接或通过其指定机构继续本项目的运营。

【在向甲方移交项目设施或项目资产时，应解除和清偿完毕乙方设置的所有债务、抵押、质押、留置、担保物权，以及源自本项目的建设、运营和维护的由乙方引起的环境污染及其他性质的请求权】

2. 最后恢复性大修和移交验收

（1）最后恢复性大修

在移交日期前不早于_____个月，乙方应对本项目设施进行一次最后恢复性大修，确保本项目设备的整体完好率达到100％，但此大修应不迟于移交日期_____个月之前完成。大修的具体时间和内容应于移交日期前_____个月时由移交委员会核准。

最后恢复性大修应包括：

①消除实际存在的缺陷；

②检修、探伤、检测等；

③甲方合理要求的其他检修项目；

④乙方有义务将甲方合理提出的检修项目列入其最后恢复性大修计划；

⑤如果乙方不能进行最后恢复性大修，甲方可以自行或委托第三方进行大修，由乙方承担费用和风险。

（2）移交验收

在最后恢复性大修后在移交日期之前，甲方应在乙方代表在场时对本项目进行移交验收。如发现存在缺陷的，则乙方应及时修复，如果乙方不能自前次验收日起_____日或双方同意的更长时间内修正任何上述缺陷，则甲方可以自行修正，由乙方承担风险和费用。

3. 移交程序

移交委员会应在移交日期_____个月前会谈并商定移交项目资产清单（包括备品、备件的详细清单）和移交程序。

乙方应提供移交必要的文件、记录、报告等数据，作为移交时双方的参考。

除本协议另有规定的以外，双方在完成项目资产移交程序前，均应继续履行本协议项下的义务。

（十）其他

（1）项目公司的章程及相关管理制度，均应当符合本协议的约定。

（2）除本协议约定外，甲乙双方根据项目公司的股权比例行使股东会的表决权；项目公司的成立时间及组织机构的设立、运作程序、利润分配等按本协议的有关约定执行。

（3）本项目合作期间，有关物业管理及其他相关方面的事宜，可通过补充合同条款来对本协议进行补充。

第七章　PPP 项目执行阶段

第一节　项目公司成立

项目公司是政府和社会资本合作的载体，是 PPP 项目的直接实施主体，可以由社会资本出资设立，也可以由政府和社会资本共同出资设立。

一、项目公司概述

在 PPP 项目中，项目公司是为具体实施项目融资、建设、运营管理等而成立的，自主运营、自负盈亏的且具有独立法人资格的经营实体。

现行法律、法规关于 PPP 项目设立项目公司的规定为"可设立项目公司""通常设立项目公司"等。这表明在 PPP 项目中，项目公司不是必须成立的，国家将是否成立项目公司的决定权留给了具体项目。

关于项目公司设立与否的法律规定主要有：

（1）财政部规定，项目公司可依法成立，是否成立项目公司及公司的股权情况需要在项目实施方案中加以说明。《政府和社会资本合作模式操作指南（试行）》第十一条规定，项目实施机构在项目实施方案中应明确是否设立项目公司及项目公司股权结构；其第二十三条规定，社会资本可依法设立项目公司。

（2）《PPP 项目合同指南（试行）》指出，成立项目公司是社会资本在 PPP 项目实践中的通常做法。《PPP 项目合同指南（试行）》在"PPP 项目主要参与方"一节中指出，"社会资本方是指政府方签署 PPP 项目合同的社会资本或项目公司"；又进一步说明，"社会资本是 PPP 项目的实际投资人。但在 PPP 实践中，社会资本通常不会直接作为 PPP 项目的实施主体，而会专门针对该项目成立项目公司，作为 PPP 项目合同及项目其他相关合同的签约主体，负责项目具体实施"。

（3）《基础设施和公用事业特许经营管理办法》进一步明确项目公司不是必须

设立的，其第十六条规定："实施机构应当在招标或谈判文件中载明是否要求成立特许经营项目公司。"

（4）项目公司有其独特的优势。项目公司具有独特的优于一般公司的资本结构，在 PPP 项目中便于财务管理和融资。PPP 项目公司的股东构成多元化，各股东优势互补，有利于降低项目管理成本、提升项目效率。项目公司可实现股东间的风险分担，而且多方参与共同投资，可以合理分配风险。

实践中，大多数 PPP 项目成立了项目公司，也有部分项目未成立项目公司。

二、项目公司的设立形式

《PPP 项目合同指南（试行）》规定："项目公司是依法设立的自主运营、自负盈亏的具有独立法人资格的经营实体。"在我国实践中，项目公司多以有限责任公司的形式设立。

项目公司一般不采取合伙企业形式。在 PPP 项目中，政府和社会资本各自的职责及角色不同，政府不一定出资，而项目的建设、经营管理由社会资本完成，但项目风险实行分担制，这并不符合合伙企业的基本特征。因此，项目公司一般不采取合伙企业形式。

PPP 项目公司允许设立的公司类型至今尚无法律文件明确界定，在实践中主要以有限责任公司的形式设立。根据 PPP 模式的特点，社会资本需要通过政府采购程序才能成为项目公司的股东，项目公司具有典型的"人合"性质；PPP 项目的社会资本数量不多，项目公司股东人数不多；项目公司的股权转让受到公司法和 PPP 项目协议、股东协议的限制，无法自由转让；项目公司随项目存在而存在，随着 PPP 项目的结束，项目公司也会面临清算。因此，有限责任公司的形式更符合 PPP 项目的需要。

三、项目公司的注册资本

项目公司的注册资本需要满足《国务院关于调整和完善固定资产投资项目资本金制度的通知》的规定。《中华人民共和国公司法》（以下简称《公司法》）规定公司的注册资本实行认缴制，但其第二十六条规定："法律、行政法规以及国务院决定对有限责任公司注册资本实缴、注册资本最低限额另有规定的，从其规定。"国务院于 2015 年 9 月 9 日发布了《国务院关于调整和完善固定资产投资项目资本金制度的通知》，而 PPP 项目集中在基础设施和公共服务领域，一般会涉及固定资产投资，因此项目公司的注册资本往往需要满足固定资本投资对资本金的规定。

根据《国务院关于调整和完善固定资产投资项目资本金制度的通知》，各行业固定资产投资项目的最低资本金比例为：城市轨道交通项目为 20%；港口、沿海及内河航运、机场项目为 25%；铁路、公路项目为 20%；保障性住房项目为 20%；电力等项目为 20%；城市地下综合管廊、城市停车场项目，以及经国务院批准的核电站等重大建设项目，可以规定在最低资本金比例的基础上适当降低。

项目公司的注册资本金可以是实缴，也可以是认缴。在注册资本认缴中，各股东可根据项目进展和需要分期缴纳认缴资本。项目实施机构和部门应监督社会资本按照采购文件和项目合同的约定，按时足额出资。

四、项目公司的股权结构

对于项目公司的股权结构设计并没有普适性的法律、法规，各级政府需要综合考量监管环境、投资承受能力、投资人市场的接受程度及具体项目所在行业的特点等众多因素，做出合理的结构设计和权利与义务安排。在政府参与出资的情况下，需要考虑项目风险分配框架、财政承受能力、项目收益来源、利益分享等因素，进而合理设计出政府的出资比例。

但是，相关规定对项目公司股权结构比例的限制有两点：①在政府参与出资的情况下，政府在项目公司中的持股比例应低于 50%；②在特定领域，外资参与投资设立的项目公司，需要由中方控股。

第一，在政府参与出资的情况下，政府在项目公司中的持股比例应低于 50%。政府和社会资本合作的目的之一是改变传统的投融资模式，引进社会资本的资金，解决项目所需资金问题，减轻财政压力；将传统政府负债转为企业负债，以减轻政府债务。政府在项目公司中的投资比例过高，则引进的社会资金减少；项目公司在进行项目融资时，政府作为项目公司的大股东，对项目融资所负责任大，甚至出现以政府信用、政府担保、政府兜底承诺等对外融资，最终项目公司债务的偿还责任又归于政府。也就是说，项目融资、政府债务问题并没有得到实质性解决。此外，政府享有的股权比例过高，对项目公司具有控制力，不利于政府和社会资本分工合作，违背了 PPP 模式的初衷。

第二，在特定领域，外资参与投资设立的项目公司，需要由中方控股。我国《外商投资产业指导目录（2015 年修订）》中规定，有些行业必须由中方控股，这些行业中有些是可以采用 PPP 模式的，比如电网的建设、经营；城市人口 50 万以上的城市燃气、热力和供排水管网的建设、经营；铁路旅客运输公司等。

五、项目公司的组织机构与运作

（一）项目公司的组织结构

项目公司的组织结构是根据《公司法》的规定，再结合 PPP 项目实施的需要，进行相应的构建并分配职责。在实践中，项目公司的设立形式为有限责任公司，下面主要就有限责任公司的组织结构进行介绍。

有限责任公司的组织机构主要由股东会、董事会、监事会组成。其中，股东会是公司的权力机构，董事会是执行机构，监事会是监督机构。

1. 股东会

下面介绍股东会的地位和职权。股东会由全体股东组成，是有限责任公司的最高权力机构、必设机构。股东会行使下列职权：①决定公司的经营方针和投资计划；②选举和更换非由职工代表担任的董事、监事，决定有关董事、监事的报酬事项；③审议批准董事会的报告；④审议批准董事或者监事的报告；⑤审议批准公司的年度财务预算方案、决算方案；⑥审议批准公司的利润分配方案和弥补亏损方案；⑦对公司增加或者减少注册资本做出决议；⑧对发行公司债券做出决议；⑨对公司合并、分立、解散、清算或者变更公司形式做出决议；⑩修改公司章程，以及公司章程规定的其他职权。

股东会由股东按照出资比例行使表决权，但公司章程另有规定的除外。股东会的议事方式和表决程序，除《公司法》另有规定的外，由公司章程规定。股东会做出修改公司章程、增加或减少注册资本的决议，以及公司合并、分立、解散或者变更公司形式的决议，必须经代表 2/3 以上表决权的股东通过。

公司为股东或实际控制人提供担保的，该股东或实际控制人不得参与股东会决议事项的表决，该项表决由出席会议的其他股东过半数通过。

2. 董事会

（1）董事会的组成及职责

有限责任公司设立董事会，其成员为 3~13 人，人数较少或者公司较小的可不设董事会，而是选一名执行董事。

两个以上的国有企业或者两个以上的其他国有投资主体投资设立的有限责任公司，董事会成员应当有公司职工代表。董事会决议的表决实行一人一票，董事会做出决议须经全体董事过半数通过。董事会对股东会负责，行使下列职权：①召集股东会会议，并向股东会报告工作；②执行股东会的决议；③决定公司的经营计划和投资方案；④制订公司的年度财务预算方案、决算方案；⑤制订公司的利润分配方案和弥补亏损方案；⑥制订公司增加或者减少注册资本，以及发行公司债券的方案；⑦制订公司合并、分立、解散或者变更公司形式的方案；⑧决定公司内部管理机构的设置；⑨决定聘任或者解聘公司经理及其报酬事项，并根据经理的提名决定聘任或者解聘公司副经理、财务负责人及其报酬事项；⑩制定公司的基本管理制度；⑪公司章程规定的其他职权。

（2）经理部门的设置及经理职责

项目公司可根据项目需求设立经理部门，由董事会决定聘任或者解聘经理。经理列席董事会会议，对董事会负责，行使下列职权：①主持公司的生产经营管理工作，组织实施董事会决议；②组织实施公司年度经营计划和投资方案；③拟订公司内部管理机构设置方案；④拟订公司的基本管理制度；⑤制定公司的具体规章；⑥提请聘任或者解聘公司副经理；⑦决定聘任或者解聘除应由董事会决定聘任或者解聘以外的管理人员；⑧董事会授权的其他职权。公司章程对经理职权另有规定的，从其规定。

3. 监事会

（1）监事会的组成

有限责任公司设立监事会，其成员不得少于 3 人。股东人数较少或者规模较小的有限责任公司，可以设 1~2 名监事，不设立监事会。监事会应当包括股东代表和适当比例的公司职工代表，其中职工代表的比例不得低于 1/3，具体比例由公司章程规定。董事、高级管理人员不得兼任监事。

（2）监事会的职责

监事会对公司的监事行使下列职权：①检查公司财务；②对董事、高级管理人员执行公司职务的行为进行监督，对违反法律、行政法规、公司章程或者股东会决议的董事、高级管理人员提出罢免的提议；③当董事、高级管理人员的行为损害公司的利益时，要求董事、高级管理人员予以纠正；④提议召开临时股东会，在董事会不履行召集和主持股东会职责时召集和主持股东会；⑤向股东会提出提案；⑥依照法律规定，对董事、高级管理人员提起诉讼；⑦公司章程规定的其他职权，如图7-1所示。

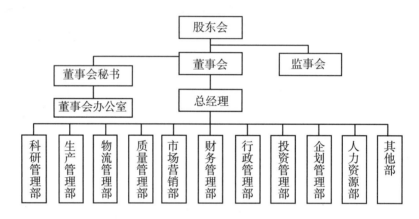

图7-1　有限责任公司组织结构图（通常）

（二）股东权利的行使

1. 股东权利的一般行使

项目公司股东的权利包括管理权、表决权、选择管理权、利润分配权等，在公司章程没有进行约定的情况下，应按照《公司法》的规定行使。其中，股东按其股权比例享有相应的公司决策参与权、利润分配权、优先认股权、剩余资产分配权。

公司章程可对股东权利的形式进行约定。根据《公司法》的规定，利润分配权、股东会职权、表决权等股东权利，可不按出资比例行使，由公司章程另行约定。

政府参与出资是政府提供"可行性缺口补助"的途径之一，也是政府参与项目风险分担的一种方式，政府可放弃部分或全部的分红权、优先认股权、表决权等股东权利。政府参与出资的项目一般为准经营性项目或非经营性项目。政府可同股同权，亦可放弃部分或全部的分红权、优先认股权、表决权等股东权利。若政府放弃分红权，则项目收益都归社会资本，这在无形中增加了社会资本的收益；若政府放弃表决权，将"专业的事交给专业的人做"，可以让社会资本发挥其在管理、运营方面的优势，政府仅负责职责范围内监督，这更有利于提高项目供给效率和质量。政府参与出资也是从风险负担的角度出发，当项目经营不好或失败时，政府也将面临投资无法挽回的局面，进而与社会资本共同承担风险，这无疑增加了社会资本参与的积极性。为了避免公众利益受损、国有资产流失，政府肯定会加强监管，并严格项目风险管理。

2. 股东权利的行使限制

第一，政府不得有实际控制力和管理权。在 PPP 模式下，政府和社会资本之间有明显的分工，项目的融资、建设、运营应由社会资本负责。项目公司是为具体实施项目融资、建设、运营、管理等事务而成立的经营实体，这并不意味着将项目的融资、建设等具体实施责任转移给了项目公司。

PPP 项目与传统的建设采购项目完全不同，PPP 项目是政府和社会资本合作，双方的职能、分工不同，政府不能过多干预项目的建设、运营、管理。政府过多的干预既有可能影响项目公司正常的运营管理及项目的建设和运营，还可能将本已交由项目公司承担的风险和管理角色又揽回到政府身上，从而违背了设立 PPP 项目的初衷。这不是真正的政府和社会资本合作。

政府对项目公司不得有实际控制力和管理权的表现包括：①政府的出资比例不得高于50%；②股东表决权在不按出资比例行使时，公司章程不得约定政府享有公司的控制权、管理权。

第二，股东转让股权受限制。股东持有的项目公司股权不得随意转让。项目公司的股权转让受《公司法》和 PPP 项目合同、股东协议的多重约束，社会资本必须通过 PPP 采购才能成为项目公司的股东。股权转让意味着 PPP 项目社会资本的变更，这对 PPP 项目将产生重大影响。因此，项目公司的股权不得随意转让。

六、项目公司的主要责任

项目公司是政府和社会资本合作的载体，也是 PPP 项目的直接实施主体。PPP 项目成立项目公司后，项目公司将接手项目的大小事宜，包括签订 PPP 项目合同，负责项目融资、建设、运营、维护及移交等，成为项目的管家。

（一）与政府签订 PPP 项目合同

项目公司应与政府签订 PPP 项目合同，履行合同义务。在项目初期、项目公司尚未成立时，政府先与社会资本签订意向书、备忘录或者框架协议，以明确双方的合作意向，详细约定双方有关项目开发的关键权利与义务。待项目公司成立后，由项目公司与政府签署正式的 PPP 项目合同，或者签署关于承继上述协议的补充合同。

与政府签订 PPP 项目合同后，项目公司应按照合同约定，履行合同约定的义务和职责。

（二）负责项目融资

签订合同后，项目公司还应该负责项目融资。在 PPP 项目中，通常项目公司有权利有义务负责项目的融资，包括初始融资、再融资，以便满足整个项目的投资需求。项目公司的融资除了各股东的股权投资外，还可以通过债权、资产证券化、项目收益等方式进行融资。

项目公司在进行融资时，主要按照项目实施方案中的交易结构进行。项目公司应按照交易结构开展融资方案设计、机构接洽、融资谈判、合同签订和融资交割等工作。

为了实现项目顺利融资，项目公司可将项目资产进行抵押和质押。项目公司可将其有权进行抵押或质押的资产用以抵押或质押，以获取融资。项目资产主要包括：项目公司享有所有权的设备、装置等动产，项目公司可享有所有权的构筑物、建筑物等不动产，能在未来产生现金流的收益权等。将项目土地使用权用于抵押需要按照《中华人民共和国土地管理法》的规定进行，划拨国有土地使用权在依法报批并补缴土地使用权出让金后，可以进行抵押。

社会资本有义务协助项目公司完成融资，在必要时可承担项目融资的责任，项目融资实质上是社会资本的职责和义务，项目公司实施和资本投资 PPP 项目的实施载体。项目公司在进行融资时，社会资本有义务按照金融机构的要求，提供相应的抵押、担保、回购等担保责任。在项目公司无法完成融资的情况下，社会资本需要承担项目融资的责任。

政府作为项目公司的股东，按照风险分配框架的规定，一般无义务承担融资责任，并需要防范项目公司将企业债务转为政府债务的风险。在项目执行的过程中，政府需要严格控制融资风险，不得新增政府债务。

项目公司未按要求完成融资的，政府可提取履约保函直至终止项目合同；遇到系统性金融风险或不可抗力的风险时，双方可根据约定协商，修订PPP项目合同中关于融资的条款。

（三）负责PPP项目的建设、运营、维护和移交等工作

项目公司应负责项目的建设、运营、维护和移交等工作。项目公司应按照PPP项目合同的约定，进行项目的建设、运营和维护。

在项目移交阶段，项目公司应按照合同及移交方案等文件，将项目资产移交给政府或政府指定机构。

（四）承担项目风险

项目公司是项目风险最直接的承担主体。项目公司负责项目的融资、建设、运营，当项目出现各种风险时，项目公司是项目风险最直接的承担主体，项目公司需以其资产对风险承担责任。

但是，项目公司承担项目风险，并不等于社会资本仅就其认缴的出资额对项目风险承担有限责任。虽然《公司法》规定，有限责任公司的股东就其认缴出资额对公司承担有限责任，但是PPP项目的风险还基于项目风险分配框架的规定、项目实施方案的安排、项目协议和股东协议的约定等，故项目风险最终的承担主体是政府和社会资本，因此社会资本应按照风险分配框架承担相应的风险，不能因项目公司的成立而逃避风险的分担及损害公共利益。

在政府参与出资的情况下，并不意味着政府在项目中所承担的风险增加或项目风险被不合理地转移给政府。政府参与出资及成立项目公司，是对项目实施方案的执行，也是政府参与项目风险分担的体现，并非增加政府风险。项目公司成立后，项目风险依照分配框架进行，由政府和社会资本分担，并不存在项目风险被不合理地转移给政府的情况。

在项目执行的过程中，项目公司应加强对项目风险的管理和控制，政府也应加强监督，防止风险被不合理地转移、社会资本逃避其风险承担责任。

(五) 其他职责

项目公司的其他职责包括：在项目公司存续期间，项目公司应按照《公司法》等法律法规的规定，进行公司管理，开展经营活动；根据《中华人民共和国税法》（以下简称《税法》）的相关规定依法纳税；根据财务管理的相关规定进行财务管理等。

项目公司将项目成功移交后，一般会进行清算和解散。在项目进行期间，我们也不排除因项目风险、股东决策、政府干预等原因导致的项目公司重组和破产等情况。项目公司应按照相关法律的规定，进行相应事项的处理。

第二节 项目建设、运营与维护

项目建设、运营、维护是 PPP 项目执行阶段重要的事项，直接关系到项目的产出效率、社会公众获得的服务质量、社会资本的投资回报等。项目建设、运营、维护由社会资本或项目公司负责实施，政府相关职能部门、项目实施机构和公众进行监督。

一、项目执行阶段的采购

(一) 项目建设、运营、维护相应的采购简介

项目建设、运营、维护相应的采购是指在项目建设、运营、维护中，社会资本根据需要进行勘察、设计、施工、监理，以及与项目建设、运营、维护有关的采购。

这一阶段的采购与政府采购、PPP 项目采购不同。PPP 项目采购是政府按照相关法规要求完成 PPP 项目识别和准备等前期工作后，依法选择社会资本合作者的过程，实质是政府采购。项目建设、运营、维护相应的采购属于一般的采购，不受政府采购相关法律、法规的约束，其采购方法可为招标、竞争性谈判、竞争性磋商、

单一来源采购等方法，也可采用其他符合法律的采购方法。

项目建设、运营、维护相应的采购一般采用招标方式进行。《中华人民共和国招标投标法》（以下简称《招标投标法》）第三条规定："在中华人民共和国境内进行下列工程建设项目包括项目的勘察、设计、施工、监理以及与工程建设有关的重要设备、材料等的采购，必须进行招标：①大型基础设施、公用事业等关系社会公共利益、公众安全的项目；②全部或者部分使用国有资金投资或者国家融资的项目；③使用国际组织或者外国政府贷款、援助资金的项目。"鉴于PPP项目集中在基础设施和公共服务领域，通常都是关系社会公共利益、公众安全的项目，因此与项目建设、运营、维护相应的采购一般都是采用招标的方式进行。招标分为公开招标和邀请招标。社会资本或项目公司采用招标方式进行项目建设、运营、维护相应的采购时，必须严格按照《招标投标法》等相关法律法规进行，遵循公开、公平、公正和诚实信用的原则，严格按照规定的程序和要求进行采购，不得将依法必须进行招标的项目化整为零或者以其他任何方式规避招标。

（二）可以不进行招标的情况

法律规定PPP项目建设、运营、维护相应的采购中，可以有不进行招标的情形。《中华人民共和国招标投标法实施条例》第九条规定：项目建设、运营、维护相应的采购中可以不进行招标的情形为：①需要采用不可替代的专利或者专有技术；②已通过招标方式选定对特许经营项目投资人依法能够自行建设、生产或者提供；③采购人依法能够自行建设、生产或者提供；④国家规定的其他特殊情形。

需要使用专利或者专有技术的项目不适宜招标，要同时满足以下三个方面的条件：第一，项目功能的客观定位决定必须使用指定的专利或者专有技术，而非招标人的主观要求。第二，项目使用的专利或者专有技术具有不可替代性。项目功能定位必须使用特定的专利或者专有技术，而且没有可以达到项目功能定位同样要求的其他替代技术方案。如果可以使用不同的专利或者专有技术替代，能够满足相同或相似的项目功能定位的技术需求目标，并且不影响项目的质量和使用效率，就可以通过招标选择供应商或承包人。第三，项目使用的专利或者专有技术无法由其他单位分别实施或提供。大部分产品或生产工艺的专利或者专有技术具有独占性，专利或者专有技术具有独占性决定了特定的专利或者专有技术只能由1家或少数几家特定的单位提供,无法通过招标选择项目供应商或承包商。在 PPP 项目中,有很多关于专利、专有技术方面的采购,符合上述规定情况的,社会资本或项目公司可不进行招标,选择其他合法的方式采购。

已通过招标方式选定的特许经营项目投资人依法能够自行建设、生产或者提供,可以不进行招标。这种可以不进行招标的情况需要注意三点:①项目必须为特许经营项目。②特许经营项目的投资人(社会资本)是通过招标确定的,政府采用招标竞争方式选择项目的投资人,中标的项目投资人组建项目公司法人,并按照与政府签订的项目特许经营协议负责项目的融资、建设和特许经营。③特许经营项目的投资人(非投资人组建的项目公司)依法能够自行建设、生产和提供。需要说明的是,特许经营项目的投资人可以是法人、联合体,也可以是其他经济组织和个人。在实践中,PPP 项目的投资人多数为联合体,联合体的某个投资成员只要具备相应的资格和能力,不论其投资比例大小,经联合体各成员同意,就可以由该成员自行承担项目建设、生产或提供。这种情况被称为"两标并一标",即社会资本的采购和项目建设、运营、维护相应的采购一并进行。

采购人依法能够自行建设、生产或者提供的,可以不进行招标。也就是说,在 PPP 项目中,社会资本或其他联合体成员有相应能力可以自行建设、提供或生产的,可以不进行招标。符合本项目规定的条件可以不进行招标,主要目的是为了降低成本。但是,必须注意以下三点:①采购人是指符合民事主体资格的法人、其他组织,不包括与其相关的母公司、子公司,以及与其具有管理或利害关系的、具有独立民事主体资格的法人和其他组织。②采购人自身具有工程建设、货物生产或者服务提供的资格和能力。③采购人不仅要具备自行建设、生产或者提供的资格和能力,还应当符合法定要求。

(三)顾虑及分歧

PPP 项目实施机构通过招标方式选择社会资本,社会资本自身或其联合体成员有相应能力可以自行建设、提供或生产的,相关采购不再进行招标这一做法符合法律规定,具有合法性、合理性、可行性。但是,实践中的各方存在顾虑和分歧。

第一,PPP 项目的风险分担机制为其提供的可行性。在 PPP 项目中,社会资本在承担融资风险的同时,还要承担项目质量、进度、成本、安全、环境保护等项目建设与管理风险。在这种风险分担机制下，社会资本为了获取投资回报，必定会重视项目的建设管理。社会资本自行建设、运营项目，也必定会对项目进行严格把关。

第二，在 PPP 项目采购社会资本时，对社会资本的资质条件已经进行了严格把关。在社会资本的选择上既要考察社会资本的投融资能力，还要考虑社会资本的项目建设与管理能力。政府通过事先审查，判断社会资本是否已具备进行 PPP 项目融资建设等工作所需的资质、能力，在社会资本成为中选方的同时，其为该项目配备的资源和力量也成为 PPP 项目实施的重要组成部分。

第三，从 PPP 项目全生命周期成本降低、项目管理效率提高的角度来说，这也是可行的。从招标公告到投标、评标、定标，完成全部流程一般不少于 30 天。若招标人不具备法律规定的招标文件编制能力和评标能力，则依法尚需委托招标代理机构，并需要邀请外部评标专家。各方均将为此耗费大量的资源和时间。非招标方式与招标方式都是竞争性采购方式，在 PPP 项目采购社会资本时，已通过招标选择了有优势的社会资本。因此，在进行项目建设、运营、维护相应的采购且符合法律、法规的情况下，可以不再进行招标。

第四，可以提高社会资本投资的积极性。实践中，参与 PPP 项目的工程企业很多，工程企业通过投资带动施工主营业务，除追求合理的投资利润外，十分重视施工利润。当工程企业通过 PPP 项目采购成为 PPP 项目的社会资本时，工程企业希望通过一定的方式参与建设、运营、维护相应的采购，若不进行招标就能取得相应建设、运营、维护业务，则对工程企业是最有利的。若强制要求项目公司通过招标选定承包商，因为社会资本还是项目公司股东，此时招标会产生一些法律障碍。若因程序性问题无法确保社会资本承接后续项目施工，则工程企业类的社会资本投资目的得不到实现，其投资积极性肯定会降低。即使他们通过招标获得了项目建设、运营、维护相应的主体资格，也会因为招标而耗费大量的时间、资源和精力。

至于竞争性谈判、竞争性磋商等非招标方式选择的社会资本，对于 PPP 项目建设、运营、维护相应的采购，是否也可以不进行招投标呢？目前，各方争议较大。从提高社会资本的投资积极性、降低 PPP 项目的交易成本角度看，不进行招投标具有合理性，但它需要 PPP 领域相关的立法进一步完善。

二、项目建设

在包含新建或改扩建事项的 PPP 项目中，项目建设是 PPP 项目执行中的重要环节和重要内容。国家规定，基本建设程序包括项目建议书、可行性研究报告、初步设计、施工和竣工验收等工作环节，它们可大致分为项目设计、项目施工与验收两部分。

（一）项目设计

根据项目的规模和复杂程度，一般来说，设计可分为三个或四个阶段。对于土建工程，设计通常分为可行性研究、初步设计（或初始设计）和施工图设计（或施工设计）三个阶段；对于工业项目（包括工艺装置设施）以及复杂的基础设施项目，通常还要在上述初步设计和施工图设计阶段之间增加一个扩初设计（或技术设计）阶段。

根据项目具体情况的不同，PPP 项目合同中对于设计工作的分工往往会不同。常见的设计工作分工包括：①可行性研究报告、项目产出说明由项目发起方负责。如果 PPP 项目由政府发起，则应由政府自行完成可行性研究报告和项目产出说明的编制工作；如果 PPP 项目由社会资本发起，则可行性研究报告和项目产出说明由社会资本完成。②初步设计和施工图设计一般由项目公司完成。在 PPP 项目合同签署后，项目公司负责编制或最终确定初步设计和施工图设计，并完成全部的设计工作。项目公司可以根据法律规定，通过采购等方式选择合适的设计单位，委托专业的设计单位进行设计。

项目设计必须符合建筑法等相关法律法规的规定，符合项目所在地和行业的强制性规定，同时必须符合约定的技术性标准和规范。

在 PPP 项目中，虽然设计工作通常由项目公司承担，但政府享有在一定的期限内审查设计文件并提出意见的权利，这也是政府控制设计质量的重要途径。审查通常包括以下内容：第一，政府有权审查由项目公司制作的任何设计文件（特别是初步设计及施工图设计），项目公司有义务将上述文件提交政府审查。第二，政府应当在约定期限内（通常在合同中明确约定）审查设计文件。如果设计文件中存在任何不符合合同约定的内容，政府可以要求项目公司对不符合合同约定的部分进行修正，而有关修正的风险、费用由项目公司承担；如果政府在上述约定期限内未提出审查意见，则约定审查期限届满后，项目公司即可实施项目设计方案并开始项目建设。第三，如果项目公司对政府提出的意见存在异议，可以提交争议解决程序处理。同时，项目公司应依法履行相关设计审批程序的义务。

在PPP项目中，通常由社会资本对其做出的设计承担全部责任。该责任不因该设计已由社会资本分包给其他设计单位或者已经政府审查而被豁免或解除。

（二）项目施工与验收

在PPP项目中，通常由项目公司负责按照约定的要求和时间完成项目的施工并开始运营。项目公司可根据法律规定和PPP项目协议的约定，通过采购等方式选择合适的承包商、原材料供应商等，并由承包商完成项目施工，而项目公司在项目施工中担任组织、管理、监督等角色。

项目的施工应当依照项目设计文件的要求进行，并且严格遵守建筑法、环境保护法、产品质量法等相关法律法规的规定以及国家、地方及行业强制性标准的要求。常见的施工标准和要求包括：①设计标准，包括设计生产能力或服务能力、使用年限、工艺路线、设备选型等；②施工标准，包括施工用料、设备、工序等；③验收标准，包括验收程序、验收方法、验收要求；④安全生产要求；⑤环境保护要求等。

工程质量直接决定了工程竣工后的使用价值，因此项目工程在建设的全过程中都必须非常重视质量管理。对于PPP项目来说更是如此，因为PPP项目具有一定的经营期限，所以一些项目公司在工程质量的控制上，在材料的选购、施工工艺的质量、机械设备的选型等方面，较多注重特许经营期内的利益，可能难以保证经营期满及项目移交后的工程质量。PPP项目往往是国家的基础设施，其质量好坏关乎国家财产和公民的利益，因此应当特别注意。PPP项目中的质量缺陷常常表现在项目融资建设成本影响质量、违规分包影响工程质量、管理和监督不力影响工程质量三个方面。

在PPP项目中，可以通过两个方面的措施加大对工程质量的保证，分别是以法律及合同约束各方影响质量的行为及加强政府对PPP项目的监督和管理。

在项目施工过程中，政府享有监督权和介入权。为了及时了解项目建设情况，确保项目能够按时开始运营并满足合同约定的全部要求，政府往往希望对项目建设进行必要的监督和介入。但是，PPP 项目与传统的建设采购项目完全不同，政府的参与必须有一定的限度，过度干预不仅会影响项目公司正常的经营管理以及项目的建设和投运，而且还可能将本已交由项目公司承担的风险和管理角色又揽回到政府身上，从而违背 PPP 项目的初衷。因此，政府的监督权和介入权有一定的限度。一般来说，政府对项目建设的监督权和介入权主要有：定期获取有关项目计划和进度报告及其他相关资料；在不影响项目正常施工的前提下进场检查和测试；对建设承包商的选择进行有限的监控（如设定资质要求等）；在特定情形下，介入项目的建设工作等。

竣工验收是项目建设过程中的最后一个环节，是全面考核项目建设成果、检验设计和工程质量的重要步骤，也是项目转入生产和使用的标志。项目验收要由建设单位向组织验收的机关报送竣工验收报告和工程竣工图，然后由验收机关邀请有关部门参加并组成验收小组进行验收。工程验收后要根据验收结论办理工程竣工验收备案表。工程验收后，要及时办理工程结算手续和交付使用或投入运营。

项目施工与验收的风险一般由项目公司承担。项目公司可与承包商、供应商等签订合同，约定相应风险的分担，将某些风险分散给其他主体。项目公司也可以购买相应的商业保险，将风险转移给保险公司。

三、项目运营、维护与中期评估

在 PPP 项目中，项目的运营、维护与中期评估不仅关系到公共产品和服务的供给效率和质量，而且关系到项目公司的收入，因此对于政府和项目公司都非常关键。

（一）项目运营和维护

PPP 项目关系到公众利益，必须符合运营条件才能持续运营。一般情况下，当项目建设基本完工后，应按要求完成试运营。若 PPP 项目具备了开始运营的性能，并且项目运营所需的审批手续已经完成，那么项目才能运营。

项目运营一般由项目公司负责，项目公司可与委托专业运营机构进行运营。项目运营必须符合 PPP 协议约定的标准。PPP 模式的优势和目的之一是利用社会资本的管理。在项目运作过程中，项目公司应充分发挥技术、管理、市场等优势，提高公共产品或服务的供给效率和质量。

在项目运营期间可能会涉及项目更新改造、追加投资、运营标准改变等，PPP协议应对项目运营期间可能进行的事项进行约定。发生相应变更或需要变更的事项后，项目公司应与政府进行沟通协调，对合同的相应内容进行修订。

项目运营期可能长达 10 ~ 30 年，运营期间长、变化大、风险因素多将直接影响到社会资本的投资收益。项目公司在项目运作过程中需要重视项目风险的防控和管理。当项目出现重大经营或财务风险，并且威胁到或侵害到债权人的利益时，债权人可依据合同约定的介入条款，要求项目公司改善管理等；在约定介入期内，风险得以解除的债权人应停止介入。

PPP 项目的维护是项目公司的责任和义务。项目公司应根据合同约定及维护方案和手册的要求对项目设施进行维护及修理，该责任不因项目公司将部分或全部维护事务分包给其他运营维护商实施而豁免或解除。

在项目运营期间，PPP 项目应接受公众和政府部门的监督。项目公司等参与主体应依法公开披露项目相关信息，保障社会公众的知情权。社会公众发现项目运营有违法、违约等情形，可向政府职能部门提请监督检查。政府相关部门应根据国家相关法律、法规对项目进行监管，在特定情况下，可介入项目的经营管理和维护事项。

（二）中期评估

项目实施机构应在 3 ~ 5 年内对项目进行中期评估，重点分析项目运作状况和项目合同的合规性、适应性及合理性。

中期评估方式主要有两种：一是政府公用事业主管部门组织相关人员对特许经营项目进行中期评估；二是政府公用事业主管部门委托咨询机构作为第三方对特许经营项目进行中期评估。

中期评估是完善政府监管的必要手段。通过中期评估工作，政府主管部门可以全面了解项目运营、管理、财务等方面的真实状况，了结公众对项目的看法、态度和期望，为下一步监管工作指明方向，可以明确对项目的监管方式、监管范围、监管力度等，从而更好地促进和规范项目发展。

中期评估是激励社会资本或项目公司发展的有效动力。中期评估基本涵盖了企业运营的各个方面，社会资本或项目公司可以借此了解项目行业的客观情况，发现自身运营和管理中的优势和不足；同时，根据中期评估报告提出的调整和修改意见，社会资本和项目公司可以及时进行整改，提升运营和管理水平。

中期评估是维护公众利益的重要保障。PPP 项目涉及公众的切身利益，中期评估可以检查社会公众对 PPP 项目服务质量的满意状况及社会资本或项目公司在公众咨询、投诉和处理机制、公众监督方面的工作成效，真正了解项目是否向公众提供了优质的服务。与此同时，通过中期评估可以建立、健全项目的公示制度，完善公众咨询、投诉和处理机制，鼓励公众参与监督，进而保证项目的透明度，并进一步加强公众的外在监督。

第三节　项目违约与争议解决

PPP 项目持续时间长、市场等因素变化大，加之政府和社会资本在合作中各自追求的目的不同（社会资本追求经济效益，而政府追求公众利益），在合作过程中，难免出现违约、项目提前终止、社会资本提前退出及在执行中产生争议的情况。

一、项目违约

在 PPP 项目合同中，政府和社会资本通常会就违约事项、违约责任等进行相应约定。违约事件是指合同一方不履行合同义务或者履行的合同义务不符合约定条件的事件。在 PPP 项目中，当事人违约的形态有不能履行、迟延履行、不完全履行、拒绝履行等。违约事件的发生并不直接导致项目合同终止。

（一）违约事件

1. 政府违约事件

政府违约事件主要是指处于政府能够控制的范围内并且属于项目下政府应当承担的风险事件。常见的政府违约事件包括：①未按合同约定向项目公司付费或提供补助达到一定期限或金额的。②违反合同约定，转让 PPP 项目合同项下义务。③发生政府可控的对项目设施或项目公司股份的征收或征用的（是指因政府导致的或在政府控制下的征收或征用，如非因政府原因且不在政府控制下的征收、征用，则可以视为政治不可抗力）。④发生政府可控的法律条文变更，导致PPP项目合同无法继续履行的。⑤其他违反PPP项目合同项下义务，并导致项目公司无法履行合同的情形。

2. 社会资本违约事件

社会资本违约事件应当属于该项目下社会资本应当承担的风险事件。常见的社会资本违约事件包括但不限于：①社会资本破产或资不抵债的。②社会资本未在约定时间内实现约定的建设进度或者项目完工或开始运营，且逾期超过一定期限的。③社会资本未按照规定的要求和标准提供产品或服务，情节严重或造成严重后果的。④社会资本违反合同约定变更股权的。⑤未按照合同约定为PPP项目或未为相关资产购买保险的。⑥其他违反PPP项目合同项下义务，并导致合同无法继续履行的情形。

（二）违约处理

在通常情况下，合同违约方应按照PPP项目合同的约定承担违约责任。按照财政部《PPP项目合同指南（试行）》和发改委《政府和社会资本合作项目通用合同指南（2014年版）》，政府和社会资本违反PPP项目合同的处理方式有提取保函、继续履行、赔偿损失、支付违约金、临时接管及其他补救措施。政府和社会资本可在PPP项目合同中就违约处理方式进行约定。

1. 预防违约——提供保函

提供保函主要是由社会资本提供保函。为了确保社会资本按时、按约履行合同，预防社会资本违约，政府会要求社会资本以履约保函等形式提供履约担保。常见的保函包括以下几种。

（1）投标保函

在许多PPP项目中，政府会要求参与项目采购的社会资本提供一个银行保函，作为防止恶意参与采购的一项保障（如社会资本参与采购程序只是为了获取商业信息，而没有真正的签约意图）。这类保函通常在采购程序结束并且选定社会资本同意或正式签署PPP项目合同时才会予以返还。

（2）担保合同前提条件实现的履约保函

在一些 PPP 项目中，为了确保项目公司能够按照规定的时间达成融资交割等 PPP 项目合同中约定的前提条件，政府可能会要求项目公司在签署 PPP 项目合同之前向政府提交一份履约保函，以担保合同前提条件实现。该保函通常在 PPP 项目合同条款全部生效之日返还并失效。

（3）建设期的履约保函

建设期的履约保函是比较常见的一种保函，主要用于担保项目公司在建设期能够按照合同约定的标准进行建设，并且能够按时完工。该保函的有效期一般是从项目公司全部生效之日起到建设期结束。

（4）运营维护期的履约保函（维护保函）

运营维护期的履约保函也称为维护保函，主要用于担保项目公司在运营维护期内按照项目合同的约定履行运营维护义务。该保函的有效期通常视具体情况而定，可以一直到项目期限终止。在项目期限内，项目公司有义务保证该保函项下的金额一直保持在一个规定的金额，一旦低于该金额，项目公司应当及时将该保函恢复至规定金额。

（5）移交维修保函

在一些 PPP 项目中，还可能会约定移交维修保函。移交维修保函的提交点一般在期满终止日 12 个月之前，担保至期满移交后 12 个月届满。

2. 违约事件发生——承担违约责任

当事人一方不履行合同义务或者履行的合同义务不符合约定的，应当按合同约定，承担违约责任。

（1）继续履行

PPP 项目合同可约定违约方在特定违约情况下继续履行合同义务。当然，继续履行必须建立在能够并应该实际履行的基础上。对于 PPP 项目中的金钱债务违约，无条件适用继续履行。对于 PPP 心目中的非金钱债务违约，原则上可以请求继续履行，但下列情况除外：①法律或者事实上不能履行（履行不能）；②债务的标的不适用强制履行或者强制履行费用过高；③债权人在合理期限内未请求履行。

（2）限期补救

采取补救措施作为一种独立的违约责任形式，是指矫正不适当履行、使履行缺陷得以消除的具体措施。这种责任形式与继续履行和赔偿损失具有互补性。

如果 PPP 项目合同履行过程中发生违约事件。未违约的合同相应方应及时通知违约方，并要求违约方在限期内进行补救。社会资本违约事件发生且在限期内无法补救时，可允许融资方或其指定的第三方进行补救。

（3）赔偿损失

赔偿损失是合同当事人由于不履行合同义务或者履行的合同义务不符合约定，给对方造成财产上的损失时，由违约方以其财产赔偿对方所受财产损失的一种违约责任形式。

在 PPP 项目中，违约的损失赔偿一般是以违约所造成的损失为标准，政府和社会资本可在 PPP 项目合同中约定违约产生的损失赔偿额的计算方法。

（4）支付违约金

支付违约金是指当事人在合同中或合同订立后约定因一方违约而应向另一方支付一定数额的金钱。

在 PPP 项目合同中，双方可以约定一方违约时应当根据违约情况向对方支付一定数额的违约金。约定的违约金低于所造成损失的，当事人可以请求人民法院或者仲裁机构予以增加；约定的违约金远超所造成损失的，当事人可以请求人民法院或者仲裁机构予以适当减少。当事人就迟延履行约定违约金的，违约方支付违约金后，还应当履行债务。

损害赔偿与支付违约金都是合同责任的主要方式。前者主要是一种补偿性的责任形式，而后者则具有补偿性和惩罚性双重属性。损害赔偿通常要与实际损害相结合，而支付违约金的数额与实际损害之间并无必要联系。即使在没有损害情况下，也应支付违约金。如果支付补偿性违约金不足以补偿受害人遭受的损失，债务人还需承担损害赔偿责任，以弥补违约金的不足部分，即违约金可与赔偿损失并用。但在两者并用的情况下，应以受害方的损失为责任的最高限。

（5）临时接管

社会资本违反项目合同规定，威胁公共产品和服务持续、稳定、安全供给，或危及国家安全和重大公共利益的，政府有权临时接管项目，直至启动项目提前终止程序。临时接管项目所产生的一切费用，将根据项目合同的约定，由违约方单独承担或由责任方分担。社会资本应承担的临时接管费用，可以从其应获终止补偿中扣减。政府可以指定合格的第三方机构实施临时接管。

（6）其他补救措施

其他补救措施可由政府和社会资本进行约定，常见的其他补救措施有延长运营期限、视为开始运营、免除违约责任等。

（三）不可抗力导致违约

1. 不可抗力的情形

不可抗力是指不能预见、不能避免并不能克服的客观情况。不可抗力包括政治不可抗力和自然不可抗力。在 PPP 项目中，不可抗力主要包括以下几种情形：①自然灾害，如台风、冰雹、地震、海啸、洪水、火山爆发、山体滑坡。②政府行为，如征收、征用。③社会异常事件，如战争、武装冲突、罢工、骚乱、暴动等。

2. 不可抗力的法律后果

（1）免于履行

如果在 PPP 项目合同履行过程中发生了不可抗力并导致一方完全或部分无法履行其合同义务时，根据不可抗力的影响可全部或部分免除该方在合同项下的相应义务。但在一些 PPP 项目，特别是采用政府付费机制的项目中，有可能在 PPP 项目合同中约定由政府承担全部或部分不可抗力风险；在不可抗力影响持续期间，政府仍有义务履行全部或部分付款义务。

（2）延长期限

如果不可抗力发生在建设期或运营期，则项目公司有权根据不可抗力的影响期间申请延长建设期或运营期。

（3）免除违约责任

不可抗力条款启动后，在不可抗力事件持续期间（或双方另行约定的期间），受影响方无须为其终止履约或履约延误承担违约责任。

（4）费用补偿

对于不可抗力发生所产生的额外费用，原则上由各方自行承担，政府不会给予项目公司额外的费用补偿。

（5）解除合同

如果不可抗力持续超过一定期间，任何一方均有权提出解除合同。

二、项目提前终止

在实践中，由于某些严重的违约事件或社会因素，PPP 项目将无法继续进行，并面临提前终止的情况。

（一）提前终止的事由

提前终止的事由主要有以下几种。

（1）政府违约事件

发生政府违约事件后，政府在一定期限内未能补救的，项目公司可根据合同约定主张终止 PPP 项目合同。

（2）社会资本违约事件

发生社会资本违约事件后，社会资本和融资方或融资方指定的第三方均未能在规定的期限内对该违约事件进行补救的，政府可根据合同约定主张终止 PPP 项目合同。

（3）政府选择终止

由于 PPP 项目涉及公共产品或服务的供给，关系社会公众利益，因此在 PPP 项目合同中，政府应当享有在特定情形下（例如，PPP 项目所提供的公共产品或服务已经不合适或者不再需要，或者会影响公共安全和公共利益）单方面终止项目的权利。但在 PPP 项目实践中，政府的此项权利应当予以明确限定，以免被政府滥用，打击社会资本参与 PPP 项目的积极性；同时，政府在选择终止时需要给予项目公司足额的补偿。

（4）不可抗力事件

发生不可抗力事件持续或累计达到一定期限，任何一方均可主张终止 PPP 项目合同。

（二）提前终止的处理

因违约事件导致项目提前终止，项目提前终止后通常会涉及项目回购。在我国，政府回购的 PPP 项目有长春汇污水处理 PPP 项目、上海大场水厂项目、延安东路隧道等项目。

通常来说，回购是政府的义务，在特殊情况下是政府的权利。如果因政府违约事件、政府选择终止、不可抗力事件导致项目提前终止，政府有义务回购项目。在社会资本违约导致项目终止的情形下，政府可以选择是否回购该项目。但是，对于一些涉及公共安全和公众利益的、需要保障持续供给的 PPP 项目，也可能在合同中约定，即使是在社会资本违约导致项目终止的情形下，政府仍有回购的义务。

根据项目终止事由的不同，项目终止后的回购补偿范围也不相同，在具体的项目中，双方应对补偿的金额进行合理的评估。常见的安排如下：

（1）政府违约事件、政治不可抗力及政府选择终止导致的提前终止的补偿安排

对于因政府违约事件、政治不可抗力及政府选择终止所导致的项目合同终止，一般的补偿原则是确保社会资本不会因项目提前终止而受损或获得额外利益（社会资本获得的补偿等于假设该 PPP 项目按原计划继续实施的情形下社会资本能够获得的经济收益）。补偿的范围可能包括：①社会资本尚未偿还的所有贷款（其中，可能包括剩余贷款本金和利息、逾期偿还的利息及罚息、提前还贷的违约金等）；②社会资本在项目终止之前投资项目的资金总和（必要时需要进行审计）；③因项目提前终止所产生的第三方费用或其他费用（如支付承包商的违约金、雇员的补偿金等）；④社会资本的利润损失（双方通常会在 PPP 项目合同中约定利润损失的界定标准及补偿比例）。

（2）项目公司违约导致提前终止的补偿安排

在实践中，对于因社会资本违约事件导致的项目合同终止，如果政府有义务回购或者选择进行回购，政府需要就回购提供相应补偿。常见的回购补偿计算方法包括：①市场价值法，即按照项目终止时合同的市场价值（再进行项目采购的市场价值）计算补偿金额。这种方法相对比较公平，并且在项目回购后，政府必然要在市场上重新进行采购，因此通常适用于 PPP 市场相对成熟的国家。②账面价值方法，即按照项目资产的账面价值计算补偿金额。与市场价值方法不同，该计算方法主要关注资产本身的价值而非合同的价值。这种计算方法比较简单明确，可避免纠纷，但有时可能导致项目公司获得的补偿与其实际投资和支付的费用不完全一致。在具体项目中适用哪一种计算方法，需要进行专项评估，但一般的原则是，尽可能避免政府不当得利并且能够吸引融资方的项目融资。此外，根据上述计算方法计算出的补偿金额，通常还要扣减政府因该终止而产生的相关费用和损失。

（3）自然不可抗力导致项目提前终止的补偿安排

由于自然不可抗力属于双方均无过错的事件，因此对于自然不可抗力导致的项目终止，一般的原则是由双方共同分摊风险。通常来讲：①补偿范围一般会包括未偿还融资方的贷款、项目公司股东在项目终止前投入项目的资金以及欠付承包商的款项；②补偿一般会扣除保险理赔金额，并且不包括预期利润损失。

三、社会资本提前退出

社会资本退出 PPP 项目主要有项目期满移交退出，项目提前终止、政府回购退出，项目执行期间退出。

由于 PPP 项目持续时间长，在项目持续期间可能出现社会资本提前退出项目的情况。完善、可行的社会资本提前退出机制是社会资本参加 PPP 项目不可或缺的重要保障，也是提高社会资本投资 PPP 项目积极性的有效途径。放宽市场准入门槛和健全市场退出机制是建立健全 PPP 机制的重要组成部分。

社会资本的提前退出安排已经作为国家和各部委关于 PPP 机制的应有内容，并成为 PPP 合同管理和文本的重要组成部分。《国务院关于创新重点领域投融资机制鼓励社会投资的指导意见》明确要求："政府要与投资者明确 PPP 项目的退出路径，保障项目持续稳定进行。"《国家发展改革委关于开展政府和社会资本合作的指导意见》将退出渠道作为加强 PPP 项目规范管理的重要部分，提出项目提前终止和移交推出的处理，并提出政府要依托各类产权、股权交易市场，为社会资本提供多元化、规范化、市场化的退出渠道。财政部下发的系列文件也对社会资本的退出方式提供了指导。

实践中，受国家和各部委的框架性规定及财政部《PPP 项目合同指南（试行）》等影响，社会资本提前退出方式十分有限且缺乏可行性，主要体现为：①退出方式少、规定模糊、操作性不强。相关规定仅指出要依托各类产权、股权交易市场，为社会资本提供多元化、规范化、市场化的退出渠道，并没有提出实际可行的退出方式及操作。②社会资本的主要退出方式——股权转让。受 PPP 项目合同及 PPP 项目采购相关规定的限制。《PPP 项目合同指南（试行）》关于股权转让提出了若干限制，规定了股权转让的锁定期、要求股权的受让方一般需要具备一定的条件、股权转让必须经批准等；PPP 项目采购的相关规定明确了社会资本需要经过政府采购才能参与 PPP 项目，社会资本进行股权转让意味着新的社会资本进入，这与 PPP 项目采购法不符。

在推进 PPP 的进程中，应建立起可行的社会资本提前退出机制，既能实现社会资本的安全退出，也能保证项目的持续正常运营。

优化股权转让的限制，为社会资本通过股权转让方式退出提供可操作的路径。在 PPP 项目执行的不同阶段，对社会资本能力的要求是有差别的，融资阶段需要社会资本具备较强的融资能力，运营阶段需要社会资本的运营、管理能力。可针对具体项目，将限制股权转让的管制点转到融资能力、技术能力、管理能力等 PPP 项目所需的重点上来，使股东的变更符合项目实际所需，这有利于增强政府对公共产品和服务质量的保障，增强项目对社会资本的吸引力，确保社会资本的灵活性。

对于经营性的 PPP 项目公司，可在规范管理、提高效率的基础上，积极参与区域股权交易市场、新三板等多层次资本市场，这有助于社会资本在不干扰项目公司正常运转的情况下，实现低成本、高收益的正常提出。

可积极创新切实可行的退出方式，如通过资产证券化方式使社会资本提前收回投资。

四、争议的解决途径

PPP 项目涉及的参与方众多、利益关系复杂且项目期限较长，因而在项目执行期间由于各方的利益诉求不同，必然会产生争议。争议如何解决关系到争议各方的利益和项目的进展。PPP 项目争议的解决途径主要有协商、调解、仲裁、诉讼。

（一）协商

发生争议时，当事人可以再行协商，在尊重各方利益的基础上，就争议的事项达成一致，从而解决纠纷。协商是灵活、方便、快捷的处理方式。在大多数 PPP 项目合同中，都会约定在发生争议后先由双方通过友好协商的方式解决纠纷，防止双方在尝试通过协商解决争议之前直接启动正式的法律程序。诉讼和仲裁是非常耗时和昂贵的，而且一旦开始往往很难停止。协商应当是保密并且"无损实体权利"的，当事人在协商过程中所说的话或所提供的书面文件不得用于此后的法律程序。

(二) 调解

发生争议时，各方可以在第三方的调解下解决纠纷。第三方既可以是项目专门协调机制，也可以是专家等。项目专门协调机制是由县级以上地方政府建立的，其职责之一是组织协调，发生争议时可以由项目专门协调机制参与调解。对于 PPP 项目中涉及的专业性或技术性纠纷，也可以通过专家裁决的方式解决。

(三) 仲裁

仲裁是以双方书面合意进入仲裁程序为前提，即合同双方必须书面约定争议提交仲裁，并以此替代诉讼的纠纷解决方式，仅适用于平等的民事主体之间的财产权益类纠纷。仲裁具有灵活性、保密性、快捷性等优势。依照我国法律，仲裁裁议与民事裁决一样，具有终局性和法律约束力。

(四) 诉讼

发生争议时，当事人也可向有管辖权的法院提起诉讼。诉讼是以司法方式解救纠纷，具有程序性、中立性、国家强制性等特点。

当事人就民事合同产生纠纷，可向有管辖权的法院提起民事诉讼。在 PPP 合同体系中，股东协议、合作协议、履约合同、保险合同等都属于民事合同。政府和社会资本在政府购买服务、委托管理等非特许经营方式合作模式下，双方地位平等，没有政府授权等行政行为，双方签订的 PPP 项目合同为民事合同。

当事人就行政合同等有关行政方面产生的纠纷，可向有管辖权的法院提起行政诉讼。根据《中华人民共和国行政许可法》《中华人民共和国行政诉讼法》《行政诉讼法司法解释》等规定，政府授予社会资本特许经营权的行为属于行政行为；政府通过授予社会资本特许经营权的方式与社会资本合作，双方签订的 PPP 项目合同的性质为特许经营合同，属于行政合同；产生纠纷后，应向法院提起行政诉讼。此外，就政府监管、政府行政处罚等行政行为产生的纠纷，当事人可按法律规定提起行政复议或行政诉讼。

模板十一　PPP 项目融资方案

项目融资由社会资本或项目公司负责。社会资本或项目公司应及时开展融资方案设计、机构接洽、合同签订和融资交割等。PPP 项目融资方案研究，需要充分调查项目的运行和投融资环境基础，需要向政府、社会资本投资方、融资方征询意见，不断修改完善项目的融资方案，最终拟定出一套或几套融资方案。最终提出的融资方案应当是保证公平性和融资效率且风险可接受的融资方案。

目　录
一、项目概况
二、融资组织与机构
三、融资方式
四、资金来源
五、融资监管

一、项目概况

【简单描述项目的基本情况、项目名称、项目建设的背景条件、项目的规模、投资规模、项目法人等】

（1）项目名称：_____

（2）项目位置：_____

（3）建设用地：_____

（4）建设工期：_____

（5）建设规模：_____

二、融资组织与机构

1. 融资主体

项目融资由社会资本或者项目公司负责。

2. 项目投资机构

股权式投资，股东为甲方_____%，乙方_____%，丙方_____%。

3. 项目融资结构

PPP 模式即公共部门与私人企业合作模式，是指政府、营利性企业和非营利性企业以某个项目为基础而形成的相互合作关系的模式。合作各方参与某个项目时，政府并不是把项目的责任全部转移给私人企业，而是由参与合作的各方共同承担责任和融资风险。

三、融资方式

1. 融资方式类别

（1）BOT 融资模式。

（2）ABS 融资模式。

（3）直接融资。

2. 退出方案

由于各方面原因，公司股东自愿放弃持有的所有股份时，经股东会议研究，根据公司当时盈亏情况进行协商，如果公司盈利退股，公司按各股东占有股份进行分配，公司盈利分配比率按股东协议进行分配；如果公司亏损退股，股东自愿放弃所有股份时，按亏损弥补比例拿出相关费用弥补公司亏损。

四、资金来源

1. 项目总投资

根据项目的投资概算项目总投资为_____万元。建设投资_____万元，设备及工器具购置费_____万元，工程建设费用_____万元，预备费_____万元。流动资金为_____万元。

2. 资金来源

本项目由丙方以现金的方式出资_____%，由乙方以现金的方式出资_____%。本项目的总投资分为项目公司股东出资和项目公司贷款融资两部分。丙方和乙方另行签订《出资协议》，并按照其约定将承担的投资金额缴付或转账到项目公司指定账户。

3. 政府提供的其他投融资支持

在本项目中，甲方不提供投资补助和基金注资，同时对各参与方的资金支出不提供担保补贴、贷款贴息等优惠条件。但甲方应当在其权限范围内协助项目公司积极申请相关的政府补贴和税收优惠。项目公司根据相关政府补贴的批复及税收优惠的法律、法规享有相关利益。甲方确认不会以该等政府补贴和税收优惠为由调整项目公司的费用。

五、融资监管

（1）在项目公司中设立资金监管小组，专门负责项目建设资金的监督与管理。

（2）在项目投融资阶段，资金监管小组应当严格按照约定执行，监督项目各参与方的资金交付情况，并在最终交付时间截止前催促和提醒各方资金交付情况。

（3）在项目建设阶段，资金监管小组应当严格按照项目实施计划和资金使用计划监督项目资金的拨付情况，保证资金使用的合理性。本资金监管小组的费用作为项目公司的管理费用支出计算。

（4）资金监管小组共由_____人组成，其中甲方委派_____人，乙方委派_____人，丙方委派_____人。

模板十二　PPP 项目合同（一）

【PPP 项目合同（一）以《国家发改委关于开展政府和社会资本合作的指导意见》（发改委投资〔2014〕2724 号）为指导，以该《意见》附件《政府和社会资本合作项目通用合同指南》为体例进行编写。该模板较适用于国家发改委PPP 项目库中的项目】

目 录

引言

一、总则

二、合同主体

三、合作关系

四、投资计划及融资方案*

五、项目前期工作

六、工程建设*

七、政府移交资产*

八、运营和服务*

九、社会资本主体移交项目*

十、收入和回报

十一、不可抗力和法律变更

十二、合同解除

十三、违约处理

十四、争议解决

十五、其他约定

*代表本部分不是通用条款，在合同编制时可根据实际选择性使用。

引 言

按照相关法律、法规、标准和规范的要求，根据_____【根据项目具体情况，简单介绍本协议签署的目的、原则和法律依据】，经_____市人民政府授权，本合同由_____（下称"甲方"），地址：_____，被授权代表：_____，职务：_____，与_____（下称"乙方"），注册地点：_____，注册号：_____，法定代表人：_____，职务：_____，国籍：_____。于___年___月___日在_____市签署。

鉴于：

（1）_____市人民政府决定以特许经营方式实施_____项目。该项目已于___年___月___日，获得___人民政府或有关部门的批准，或者纳入___规划（批文或规划见附件___）；

（2）_____（甲方）于___年___月至___年___月对_____项目遵循公开、公平、公正和公众利益优先的原则，经过_____，确定由_____（乙方）承担本项目的建设。双方在此达成如下条款：

一、总则

第 1 条　术语定义和解释

1.1　定义

除非本合同特别说明，或存在明显相反的意思表示，本合同有关词语的定义如下。

1.1.1　项目：指_____项目，建设规模为_____，建设地点为_____。

1.1.2　本合同：指甲方与乙方之间签订的本 PPP 项目合同，包括附件_____至附件_____，以及日后可能签订的任何本 PPP 项目合同之补充修改协议和附件，上述每一文件均被视为并入本合同。

1.1.3　生效日期：约定的合同生效日期。

1.1.4　法律适用：指适用所有的中国法律、法规、规章和政府部门颁布的所有技术标准、技术规范以及其他所有的强制性要求。

1.1.5　法律变更：指（a）在本合同签署之后，本合同适用的法律被修改、废除或重新解释以及新颁布的任何法律；或者（b）甲方的任何上级政府部门在本合同签署日之后修改、批准的重要条件或增加的任何重要的额外条件。并且，上述任何一种情况导致：(i) 适用于乙方或由乙方承担的税收、税收优惠或关税发生任何变化；或 (ii) 对项目的融资、建设、运营维护和移交的要求发生的任何变化。

1.1.6　工作日：指法定的工作日。

1.1.7　投标保函：指投标人按照投标人须知，与投标书同时提交的保函。

1.1.8　土地使用权：由_____市土地行政管理部门划拨给项目的土地使用权或通过招拍挂方式取得的土地使用权。

1.1.9　土地使用权证明：指由_____市土地行政管理部门核发的土地使用权证。

1.1.10　批准：指根据本合同的规定，乙方为项目进行融资、建设、拥有、运营、维护/移交，而需要从政府部门获得的审批、审查、许可、登记、核准、核备、备案等。

1.1.11　融资完成：指乙方与贷款人签署并递交所需的有效融资文件（包括满足或放弃该融资文件要求的获得首笔资金的每一前提条件），用以证明乙方为本项目获得举债融资所需的全部交易办理完毕，同时乙方应一并收到本协议和融资文件可能要求的股权投资人的认股书（或股权出资）。

1.1.12　融资文件：指与项目的融资或再融资相关的贷款协议、保函、外汇套期保值协议和其他文件，但不包括：（a）与股权投资人的认购书或股权出资相关的任何文件，或（b）与提供履约保函和维护保函相关的文件。

1.1.13　开工日期：指颁布项目施工许可证之日，或按约定方式确定的日期：（a）本合同生效后_____天，（b）____年____月____日，（c）其他条件。

1.1.14　最终竣工日：指实质上完成项目施工并合格地通过交工验收后，在交工证书中标明的日期。

1.1.15　其他：_____。

1.2　解释

在本合同中，除非本合同另有明确规定，有关词语的释义如下：

1.2.1　标题仅为参考所设，不应影响条文的解释。

1.2.2　一方、双方指本合同的一方或双方，并且包括允许的替代该方的人或该方的受让人。

1.2.3　一段时间（包括一年、一个季度、一个月和一天）指按公历计算的该时间段。

1.2.4　除非本合同另有明确约定，"包括"指包括但不限于；除本合同另有明确约定，"以上""以下""以内"或"内"均含本数，"超过""以外"不含本数。

1.2.5 合同或文件包括经修订、更新、补充或替代后的该合同或文件。

第 2 条 合同背景和目的

【根据本项目情况简要说明】

2.1 合同签署的背景

_____

_____

2.2 合同签署的目的

_____

_____

第 3 条 声明和保证

3.1 甲方的声明

甲方在此向乙方声明,在生效日期:_____。

3.1.1 甲方已获_____市人民政府授权管理本项目,有权签署本合同,并可以履行其在本合同项下的各项义务。

3.1.2 甲方已经获得本合同附件_____列出的应在生效日期前获得的所有批准。

3.1.3 如果甲方在此所做的声明被证实在做出时存在实质方面的不属实,并且该等不属实声明严重影响本合同项下的项目顺利进行,乙方有权终止本合同。

3.2 乙方的声明

乙方在此向甲方声明,在生效日期:_____。

3.2.1 乙方是依据中华人民共和国法律正式成立的合法机构,具有签署和履行本合同、其他项目合同和融资文件的法人资格和权利。

3.2.2 乙方已经获得本协议附件_____列出的应在生效日期前获得的所有批准。

3.2.3 乙方应确保在特许经营期内的任何时候,在项目中的投资股本金数额高于或等于届时项目投资额的_____%。

3.2.4　如果乙方在此所做的声明被证实在做出时存在实质方面的不属实，并且该等不属实声明严重影响本合同项下的项目顺利进行，甲方有权终止本合同。

第4条　合同生效条件

【参考财政部印发的《PPP项目合同指南（试行）》（财金［2014］156号，以下简称《合同指南》）第二章第四节中的"一、前提条件"，根据有关法律、法规及相关约定和项目实际情况予以明确】

_____

第5条　合同构成及优先次序

合同文件构成及优先次序为：_____

二、合同主体

第6条　政府主体

6.1　主体资格

名称：_____

住所：_____

法定代表人：_____

政府主体出现机构调整时的延续或承继方式：_____

6.2　权利界定

政府监管的权利：_____

项目合同约定的权利：_____

6.3　义务界定

需要承担的义务：_____

_____

【概括约定政府主体需要承担的主要义务，如遵守项目合同、及时提供项目

配套条件、项目审批协调支持、维护市场秩序等】

第7条　社会资本主体

7.1　主体资格

名称：_____

住所：_____

法定代表人：_____

项目合作期间社会资本主体应维持的资格和条件：_____

7.2　权利界定

按约定获得政府支持的权利：_____

按项目合同约定实施项目、获得相应回报的权利：_____

7.3　义务界定

【明确社会资本主体在合作期间应履行的主要义务，如按约定提供项目资金，履行环境、地质、文物保护及安全生产等义务，承担社会责任等】

应履行的义务：_____

_____

7.4　对项目公司的约定

【如果政府参股项目公司，还应明确政府出资人代表、投资金额、股权比例、出资方式等；政府股份享有的分配权利，如是否享有与其他股东同等的权益，在利润分配顺序上是否予以优先安排等；政府股东代表在项目公司法人治理结构中的特殊安排，如在特定事项上是否拥有否决权等】

注册资金：_____

住所：_____

组织形式：_____

项目公司股东结构、董事会、监事会及决策机制安排：_____

项目公司股权、实际控制权、重要人事发生变化的处理方式：_____

三、合作关系

第8条 合作内容

8.1 项目范围

甲方按照有关法律、法规的规定授予乙方在特许经营期内独家行使的权利，以使乙方进行_____【融资、建设、运营和维护】项目设施的建设并取得经营收费。

乙方的特许经营权在整个特许经营期内始终持续有效。

8.2 政府提供的条件

8.2.1 授予乙方特许经营权。

8.2.2 根据本合同的规定按时向乙方支付_____。

8.2.3 在特许经营期内，非经甲方同意，并仅限于本项目的融资担保所需，乙方不得擅自就本特许经营权及相关权益向任何第三方进行转让、出租、质押或其他任何处置。

8.2.4 在特许经营期内，协助乙方办理有关政府部门要求的各种与本项目有关的批准和保持批准有效。

8.2.5 对乙方特许经营过程实施监管，包括产品和服务质量、项目经营状况和安全防范措施，以及协助相关部门核算和监控企业成本等。

8.2.6 甲方本着尊重社会公众的知情权，鼓励公众参与监督的原则，有权及时将产品和服务质量检查、监测、评估结果和整改情况以适当的方式向社会公布。受理公众对乙方的投诉，并进行核实处理。

8.2.7 遇紧急情况，在可能严重影响公众利益的情况下，可依法对乙方进行临时接管。

8.3 社会资本主体承担的任务

8.3.1 乙方在特许经营期内享有特许经营权。

8.3.2　根据本合同的规定，乙方应在特许经营期内自行承担费用、责任和风险，负责进行项目的＿＿＿＿＿＿＿【融资、建设及项目设施的运营与维护】。

8.3.3　按照本协议规定的方式取得＿＿＿＿＿＿＿【经营性收费或政府补贴】。

8.3.4　接受政府部门的行业监管。服从社会公众利益，履行对社会公益性事业所应尽的义务。

8.4　回报方式

社会资本主体在合作期间获得回报的具体途径有：＿＿＿＿＿＿＿＿＿＿＿。

【根据项目性质和特点，项目收入来源主要包括使用者付费、使用者付费与政府补贴相结合、政府付费购买服务等方式】

8.5　项目资产权属

关于合作各阶段项目有形及无形资产的所有权、使用权、收益权、处置权的归属：＿＿＿＿＿＿＿＿＿＿＿＿＿＿＿＿＿＿＿＿＿＿＿＿。

8.6　土地获取和使用权力

8.6.1　土地使用权

在本协议生效后，以＿＿＿＿＿＿＿【视具体情况而定】形式由甲方向乙方提供或乙方自行取得项目用地的土地使用权（以下简称"土地使用权"），并确保乙方在特许经营期内独占性地使用土地。

8.6.2　对使用土地的限制

不经甲方事先书面同意，乙方不得将第 8.6.1 条项目土地用于项目之外的其他任何目的。

第 9 条　合作期限

项目合作期限：＿＿＿＿＿＿＿＿＿＿＿。

＿＿＿＿＿＿＿＿＿＿＿＿＿＿＿＿＿＿＿＿＿＿＿＿＿＿＿＿＿＿＿。

【可参考《政府和社会资本合作项目通用合同指南》第二章第三节中的"二、项

目合作期限"，并根据项目实际情况予以填写】

第 10 条　排他性约定

_____

_____。

【如有必要，可做出合做期限内的排他性约定，如对政府同类授权的限制等】

第 11 条　合作履约担保

11.1　建设期的履约担保

乙方注册登记并完成项目批准手续后_____个工作日内，应向甲方提交按照_____的格式出具的履约保函。履约保函的金额为相应工程项目资本金的_____％，以保证乙方履行本合同项下有关设计和建设义务。

11.2　运营期的履约保函

乙方应在每个运营年的_____月_____日前向甲方交纳上一年度运营收入的_____％作为乙方在运营期的履约担保的组成部分，直到孕育期的履约担保金额达到_____为止。履约保证金可专项用于项目的_____，最低额度应保持在_____以上。

四、投资计划及融资方案*

【本章适用于包含新建、改扩建工程，或政府向社会资本主体转让资产（或股权）的合作项目】

第 12 条　项目总投资

12.1　投资规模及其构成

工程建设总投资及构成：_____。

【对于包含新建、改扩建工程的合作项目，应在合同中明确工程建设总投资及构成，包括建筑工程费、设备及工器具购置费、安装工程费、工程建设其他费用、基本预备费、价差预备费、建设期利息、流动资金等。合同应明确总投资的认定依据,如投资估算、投资概算或竣工决算等。对应于包含政府向社会资本主体转让资产(或股权)的合作项目,应在合同中明确受让价款及其构成】

12.2 项目投资计划

项目的分年度投资计划:＿＿＿＿＿＿＿＿＿＿＿＿＿＿＿＿＿＿＿＿＿。

第 13 条 投资控制责任

社会资本主体对约定的项目投资控制责任:＿＿＿＿＿＿＿＿＿＿＿＿＿。

【根据合作项目特点,可约定社会资本主体承担全部超支责任、部分超支责任,或不承担超支责任】

第 14 条 融资方案

14.1 项目资本金比例及出资方式:＿＿＿＿＿＿＿＿＿＿＿＿＿＿＿。

14.2 债务资金的规模、来源及融资条件:＿＿＿＿＿＿＿＿＿＿＿＿。

【如有必要,可约定政府为债务融资提供的支持条件】

14.3 各类资金的到位计划:＿＿＿＿＿＿＿＿＿＿＿＿＿＿＿＿＿。

第 15 条 政府提供的其他投融资支持

政府提供的其他投融资支持:＿＿＿＿＿＿＿＿＿＿＿＿＿＿＿＿＿。

【如政府为合作项目提供的投资补助、基金注资、担保补贴、贷款贴息等支持,应明确具体方式及必要条件】

第 16 条 投融资监管

关于监管主体、内容、方法和程序以及监管费用的约定:＿＿＿＿＿＿＿
＿＿＿＿＿＿＿＿＿＿＿＿＿＿＿＿＿＿。

第 17 条 投融资违约及其处理

关于各方投资违约行为的认定和违约责任:＿＿＿＿＿＿＿＿＿＿＿＿。

【可将违约行为划分为重大违约和一般违约,并分别约定违约责任】

五、项目前期工作

第 18 条 前期工作内容及要求

18.1 关于项目需要完成的前期工作内容、深度、控制性进度要求:＿＿＿＿＿
＿＿＿＿＿＿＿＿＿＿＿＿＿。

18.2　采用的技术标准和规范要求：_____。

【对于超出现行技术标准和规范的特殊规定，应予以特别说明。包含工程建设的合作项目，应明确可行性研究、勘察设计等前期工作要求；包含转让资产（或股权）的合作项目，应明确项目尽职调查、清产核资、资产评估等前期工作要求】

第 19 条　前期工作任务分担

19.1　政府负责的前期工作内容：_____。

19.2　社会资本主体负责的前期工作内容：_____。

第 20 条　前期工作经费

20.1　政府承担的前期工作费用：_____。

政府开展前期工作的经费是否需要社会资本主体承担：_____。

若需要，关于费用范围、确认和支付方式，以及前期工作成果和知识产权归属约定：_____。

20.2　社会资本主体承担的前期工资费用_____。

第 21 条　政府提供的前期工作支持

政府应对项目前期工作提供支持，包括但不限于：

（1）协调相关部门和利益主体提供必要资料和文件；

（2）对社会资本主体的_____（合理诉求）提供支持；

（3）组织召开项目协调会。

第 22 条　前期工作监管

关于监管内容、方法和程序，以及监管费用的约定：_____。

第 23 条　前期工作违约及处理

23.1　政府方违约行为的认定和违约责任：_____。

23.2　社会资本主体违约行为的认定和违约责任：_____。

【可参考《政府和社会资本合作项目通用合同指南》第二章第十八节中"一、违约事件"，并根据项目实际情况予以填写。可视影响将违约行为划分为重大违约和一般违约，并分别约定违约责任】

六、工程建设 *

【本章适用于包含新建、改扩建工程的合作项目】

第 24 条　政府提供的建设条件

_____

_____。

【项目合同可约定政府为项目建设提供的条件，如建设用地、交通条件、市政配套等】

第 25 条　进度、质量、安全及管理要求

25.1　关于项目控制性进度计划，包括项目建设期各阶段的建设任务、工期等要求的约定：_____。

25.2　关于项目达标投产标准，包括生产能力、技术性能、产品标准等的约定：_____。

25.3　关于项目技术标准，包括技术标准、工艺路线、质量要求等的约定：_____。

25.4　关于项目安全要求，包括安全管理目标、安全管理体系、安全事故责任等的约定：_____。

25.5　关于工程建设管理要求，包括对招投标、施工监理、分包等的约定：_____。

【项目合同应约定项目建设进度、质量、安全及管理要求。详细内容可在合同附件中描述】

第 26 条　建设期的审查和审批事项

26.1　不可免除

26.1.1　甲方或相关主管部门未监督、检验建设工程的任何部分或未书面通知项目公司不符合本合同约定的任何工程、材料或设备不应视为放弃其在本合同下的任何权利，也不能免除项目公司在本合同下的任何义务。

26.1.2　尽管有上述规定，为尽量减少纠正缺陷的费用，甲方或相关主管部门在知悉任何缺陷之后应及时将该缺陷书面通知项目公司，要求项目公司尽快采取补救措施。

26.2　项目公司在建设工程建设期对建设工程的主要义务

26.2.1　项目公司应依据适用的法律规定及时申请并获得项目的建设用地规划许可证、建设工程规划许可证及其他必需的批准。

26.2.2　项目公司应通过招投标的方式确定承担建设工程施工设计、土建施工、设备供应、安装的相应主体，并在建设工程竣工后完成竣工验收工作。

26.2.3　除本合同第 18.1 款约定的前期工作外，项目公司应进行其他所有场地准备工作。

26.2.4　项目公司应选择经招标确认的有相应资质的监理公司，并承担相应费用。

26.2.5　项目公司应在签署、取得或完成（视情况而定）下列文件后 30 个工作日内，将下列有关建设工程的文件复印件报_____市相关主管部门：①设计委托合同；②项目初步设计和施工设计文件；③规划主管部门批准的设计施工图和审批意见及建设工程施工许可证；④甲方或相关主管部门合理要求的其他资料。

26.2.6　项目公司应促使相关施工主体在适用的进度日期当日或之前完成建设工程。项目公司应在每月 10 日前向甲方或相关主管部门提交的上个月的工程进度报告和监理月报，并加盖相应公章。

26.2.7　项目公司应在建设工程最终完工之后，按照本合同约定交付有关图纸和技术细节。

26.3　甲方在建设工程建设期对建设工程的主要义务

26.3.1　配合项目公司在项目开工日前获得地址详勘、建设用地规划许可证、建设工程规划许可证、施工许可证及其他根据适用法律需取得的证书，并在该等证书的有效期届满后配合项目公司进行续期。

26.3.2　给予并维持应由甲方给予的批准。

26.3.3　在使用的进度日期当日或之前，按照本合同的约定完成前期工作，并在完成时书面通知项目公司并提供有关的政府批文或许可证等的复印件。

26.3.4 确保及时地按照本合同第8.6.1款的约定将项目用地的＿＿＿＿＿办理至项目公司名下，并确保项目公司能够出入和占用。

第27条 工程变更管理

项目公司应在指定项目建设区域范围进行项目建设，并达到技术要求和建设质量标准，在出现以下情况时，进行变更处理。

27.1 工程范围的变化：＿＿＿＿＿＿＿＿＿＿＿＿＿＿＿＿＿＿＿＿。

27.2 工艺技术方案的变化：＿＿＿＿＿＿＿＿＿＿＿＿＿＿＿＿＿＿。

27.3 设计标准或建设标准变化：＿＿＿＿＿＿＿＿＿＿＿＿＿＿＿＿。

27.4 关于项目实质性内容的其他变动：＿＿＿＿＿＿＿＿＿＿＿＿＿。

27.5 项目公司应当按照项目建设进度计划进行工程建设，如果需要调整项目进度计划，项目公司应当提前向甲方和乙方发出变更通知单，并详细说明变更实施方案，在得到甲乙双方同意后，项目公司方能调整项目实施进度。

第28条 实际投资认定

＿＿＿＿＿＿＿＿＿＿＿＿＿＿＿＿＿＿＿＿＿＿＿＿＿＿＿＿＿＿＿＿＿

＿＿＿＿＿＿＿＿＿＿＿＿＿＿＿＿＿＿＿＿＿＿＿＿＿＿＿＿＿＿＿＿＿

【项目合同应根据投资控制要求，约定项目实际投资的认定方法，以及项目投资发生节约或出现超支时的处理方法，并视需要设定相应的激励机制】

第29条 征地、拆迁和安置

甲方应协调好有关部门和单位，协助乙方进行本项目工程建设用地征地拆迁工作。征地拆迁的有关费用包括＿＿＿＿＿＿＿等由乙方承担。征地标准按照批复的初步设计概算的标准执行。

【项目合同应约定征地、拆迁、安置的范围、进度、实施责任主体及费用负担，并对维护社会稳定、妥善处理后续遗留问题提出明确要求】

第30条 项目验收

30.1 专项验收

关于验收计划、标准、费用和工作机制等的要求：＿＿＿＿＿＿＿＿＿＿。

30.2　竣工验收

关于验收计划、标准、费用和工作机制等的要求：＿＿＿＿＿＿＿＿＿＿＿＿＿。

【项目验收应遵照国家及地方主管部门关于基本建设项目验收管理的规定执行。如有必要，应针对特定环节做出专项安排】

第31条　工程建设保险

关于工程建设保险的约定：＿＿＿＿＿＿＿＿＿＿＿＿＿＿＿＿＿＿＿。

【项目合同应约定建设期需要投保的相关险种，如建设工程一切险、安装工程一切险、建筑施工人员团体意外伤害保险等，并落实各方的责任和义务，注意保险期限与项目运营期相关保险在时间上的衔接】

第32条　工程保修

项目合同应约定工程完工之后的保修安排，内容包括但不限于：

（1）保修期限和范围：＿＿＿＿＿＿＿＿＿＿＿＿＿＿＿＿＿＿＿＿；

（2）保修期内的保修责任和义务：＿＿＿＿＿＿＿＿＿＿＿＿＿＿；

（3）工程质保金的设置、使用和退还：＿＿＿＿＿＿＿＿＿＿＿＿；

（4）保修期保函的设置和使用：＿＿＿＿＿＿＿＿＿＿＿＿＿＿。

第33条　建设期监管

关于监管主体、内容、方法和程序以及费用安排的约定：＿＿＿＿＿＿＿。

【若需要，可对项目建设招标采购、工程投资、工程质量、工程进度，以及工程建设档案资料等事项安排特别监管措施】

第34条　建设期违约和处理

34.1　甲方违约

甲方违约的情形：＿＿＿＿＿＿＿＿＿＿＿＿＿＿＿＿＿＿＿＿＿＿。
甲方违约的责任：＿＿＿＿＿＿＿＿＿＿＿＿＿＿＿＿＿＿＿＿＿＿。

34.2　乙方违约

乙方违约的情形：＿＿＿＿＿＿＿＿＿＿＿＿＿＿＿＿＿＿＿＿＿＿。

乙方违约的责任：_____。

七、政府移交资产 *

【本章适用于包含政府向社会资本主体转让或出租资产的合作项目】

第 35 条　移交前准备

项目合同应对移交前准备工作做出安排，以保证项目顺利移交，内容一般包括：

35.1　准备工作的内容和进度安排：_____。

35.2　各方责任和义务

甲方责任和义务：_____。

乙方责任和义务：_____。

35.3　负责移交的工作机构和工作机制：_____。

第 36 条　资产移交

36.1　移交范围

在特许经营期结束当日（移交日），乙方应向甲方无偿移交：

（1）乙方对项目设施的所有权和利益，包括：

①项目设施的建筑物和构建物；

②与项目设施使用相关的所有机械和设备；

③其他动产：_____；

④运营和维护项目设施所要求的所有技术和技术诀窍、知识产权等无形资产（包括以许可方式取得的）。

（2）在用的各类管理章程和运营手册，包括专有技术。生产档案、技术档案、文秘档案、图书资料、设计图纸、文件和其他资料，以使项目能平稳、正常地继续运营。

（3）土地使用权及与项目场地有关的其他权利。

这些资产在向甲方移交时应不存在任何留置权、债券、抵押、担保物权或任何种类的其他请求权。项目场地在移交日应不存在任何环境问题和环境遗留问题。

甲乙双方在办理移交工作的同时，应明确特许经营期结束后妥善安置原项目公司雇员的办法。

36.2 进度安排：＿＿＿＿＿＿＿＿＿＿＿＿＿＿＿＿＿＿＿＿＿＿＿。

36.3 移交验收程序：＿＿＿＿＿＿＿＿＿＿＿＿＿＿＿＿＿＿＿＿＿。

36.4 移交标准：＿＿＿＿＿＿＿＿＿＿＿＿＿＿＿＿＿＿＿＿＿＿＿。

36.5 移交的责任和费用：＿＿＿＿＿＿＿＿＿＿＿＿＿＿＿＿＿＿＿。

36.6 其他事项：＿＿＿＿＿＿＿＿＿＿＿＿＿＿＿＿＿＿＿＿＿＿＿。

【其他事项，如项目人员安置方案、项目保险的转让、承包合同和供货合同的转让、技术转让及培训要求等】

第37条 移交违约及处理

37.1 甲方违约

甲方违约的情形：＿＿＿＿＿＿＿＿＿＿＿＿＿＿＿＿＿＿＿＿＿＿。
甲方违约的责任：＿＿＿＿＿＿＿＿＿＿＿＿＿＿＿＿＿＿＿＿＿＿。

37.2 乙方违约

乙方违约的情形：＿＿＿＿＿＿＿＿＿＿＿＿＿＿＿＿＿＿＿＿＿＿。
乙方违约的责任：＿＿＿＿＿＿＿＿＿＿＿＿＿＿＿＿＿＿＿＿＿＿。

八、运营和服务*

【本章适用于包含项目运营环节的合作项目】

第38条 政府提供的外部条件

项目合同应约定政府为项目运营提供的外部条件，包括但不限于以下内容：

（1）关于项目运营所需的外部设施、设备和服务及其具体内容、规格、提供方式（无偿提供、租赁等）和费用标准等的约定：＿＿＿＿＿＿＿＿＿＿＿。

（2）关于项目生产运营所需特定资源及其来源、数量、质量、提供方式和费用标准等的约定：＿＿＿＿＿＿＿＿＿＿＿＿＿＿＿＿＿＿＿＿＿。

【如污水处理厂的进水来源、来水量、进水水质】

（3）关于对项目特定产出物的处置方式及配套条件等的约定：＿＿＿＿＿＿＿＿

＿＿＿＿＿＿＿＿＿＿＿＿＿＿＿＿＿＿＿＿＿＿＿＿＿＿＿＿＿＿＿＿＿＿。

【如污水处理厂的出水、污泥的处置，垃圾焚烧厂的飞灰、灰渣的处置等】

（4）道路、供水、供电、排水等其他保障条件的约定：＿＿＿＿＿＿＿＿＿。

第 39 条　试运营和正式运营

项目合同应约定试运营的安排，包括但不限于以下内容：

（1）试运营的前提条件和技术标准：＿＿＿＿＿＿＿＿＿＿＿＿＿＿＿＿。

（2）试运营的期限：＿＿＿＿＿＿＿＿＿＿＿＿＿＿＿＿＿＿＿＿＿＿＿。

（3）试运营期间的责任安排：＿＿＿＿＿＿＿＿＿＿＿＿＿＿＿＿＿＿＿。

（4）试运营的费用和收入处理：＿＿＿＿＿＿＿＿＿＿＿＿＿＿＿＿＿＿。

（5）正式运营的前提条件：＿＿＿＿＿＿＿＿＿＿＿＿＿＿＿＿＿＿＿＿。

（6）正式运营的开始时间和确认方式等：＿＿＿＿＿＿＿＿＿＿＿＿＿＿。

第 40 条　运营服务标准

项目合同约定项目运营服务标准，包括但不限于以下内容：

（1）服务范围、服务内容：＿＿＿＿＿＿＿＿＿＿＿＿＿＿＿＿＿＿＿＿。

（2）生产规模或服务能力：＿＿＿＿＿＿＿＿＿＿＿＿＿＿＿＿＿＿＿＿。

（3）技术标准：＿＿＿＿＿＿＿＿＿＿＿＿＿＿＿＿＿＿＿＿＿＿＿＿＿。

【如污水厂的出水标准，自来水厂的水质标准等】

（4）服务质量：＿＿＿＿＿＿＿＿＿＿＿＿＿＿＿＿＿＿＿＿＿＿＿＿＿。

【如普遍服务、持续服务等】

（5）其他要求：＿＿＿＿＿＿＿＿＿＿＿＿＿＿＿＿＿＿＿＿＿＿＿＿＿。

【如运营机构资质、运营组织模式、运营分包等】

【项目合同应从维护公共利益、提高运营效率、节约运营成本等角度，约定项目运营服务标准。详细内容可在合同附件中描述】

第 41 条　运营服务要求变更

项目合同应约定运营期间服务标准和要求的变更安排，包括但不限于以下内容：

（1）变更触发条件：＿＿＿＿＿＿＿＿＿＿＿＿＿＿＿＿＿＿＿＿＿＿＿。

【如因政策或外部环境发生重大变化，需要变更运营服务标准等】

（2）变更程序：_____。

【包括变更提出、评估、批准、认定等】

（3）新增投资和运营费用的承担责任：_____。

（4）各方利益调整方法或处理措施：_____。

第 42 条　运营维护与修理

项目合同应约定项目运营维护与设施修理事项：

（1）项目日常运营维护的范围和技术标准：_____。

（2）项目日常运营维护记录和报告制度：_____。

（3）大中修资金的筹措和使用管理等：_____。

【详细内容可在合同附件中描述】

第 43 条　更新改造和追加投资

关于更新改造和追加投资的范围、触发条件、实施方式、投资控制、补偿方案等的约定：_____。

第 44 条　主副产品的权属

关于在运营过程中产生的主副产品的权属和处置权限的约定：_____。

第 45 条　项目运营服务计量

项目所提供服务（或产品）的计量方法、计量标准、计量程序、计量争议解决、责任和费用划分等事项的约定：_____。

第 46 条　运营期的特别补偿

关于运营期间由于政府特殊要求造成社会资本主体支出增加、收入减少的补偿方式、补偿金额、支付程序及协商机制等的约定：_____。

第 47 条　运营期保险

项目合同应约定运营期需要投保的险种、保险范围、保险责任期间、保额、投保人、受益人、保险赔偿金的使用等的约定：_____。

第 48 条　运营期政府监管

政府有关部门依据自身行政职能对项目运营进行监管，社会资本主体应当予以配合。政府可在不影响项目正常运营的原则下安排特别监管措施，并与社会资本主体议定费用分担方式，包括但不限于以下内容：

（1）委托专业机构开展中期评估和后期评价。

（2）关于政府临时接管的触发条件、实施程序、接管范围和时间、接管期间各方的权利义务等的约定：_____。

第 49 条　运营支出

社会资本主体承担的成本和费用范围：_____。

第 50 条　运营期违约事项和处理

50.1　甲方违约

甲方违约的情形：_____。
甲方违约的责任：_____。

50.2　乙方违约

乙方违约的情形：_____。
乙方违约的责任：_____。

九、社会资本主体移交项目 *

【本章适用于包含社会资本主体向政府移交项目的合作项目】

第 51 条　项目移交前过渡期

项目合同应约定项目合作期届满前的____个月作为过渡期，并约定过渡期安排，以保证项目顺利移交。内容一般包括但不限于：

（1）过渡期的起止日期、工作内容和进度安排：_____。

（2）各方责任和义务，包括移交期间对公共利益的保护：_____。

（3）负责项目移交的工作机构和工作机制：_____。

【如移交委员会的设立、移交程序、移交责任划分等】

第 52 条　项目移交

对于合作期满时的项目移交，项目合同应约定以下事项：

（1）移交方式：_____。

【明确资产移交、经营权移交、股权移交或其他移交方式】

（2）移交范围：_____。

【如资产、资料、产权等】

（3）移交验收程序：_____。

（4）移交标准：_____。

【如项目设施设备需要达到的技术状态、资产法律状态等】

（5）移交的责任和费用：_____。

（6）移交的批准和完成确认：_____。

（7）其他事项：_____。

【如项目人员安置方案、项目保险的转让、承包合同和供货合同的转让、技术转让及培训要求等】

第53条　移交质量保证

项目合同应明确如下事项：

（1）移交保证期的约定：_____。

【包括移交保证期限、保证责任、保证期内各方权利和义务等】

（2）移交质保金或保函的安排：_____。

【可与履约保证结合考虑，包括质保金数额和形式、保证期限、移交质保金兑取条件、移交质保金的退还条件等】

第54条　项目移交违约及处理

54.1　甲方违约

甲方违约的情形：_____。

甲方违约的责任：_____。

54.2　乙方违约

乙方违约的情形：_____。

乙方违约的责任：_____。

十、收入和回报

第55条　项目运营收入

项目合同应按照合理收益、节约资源的原则，约定社会资本主体的收入范围、计算方法等事项。内容一般包括但不限于：

（1）社会资本主体提供公共服务而获得的收入范围及计算方法：_____。

（2）社会资本主体在项目运营期间可获得的其他收入：_____。

（3）分成机制：_____。

【如涉及政府与社会资本主体收入分成的，应约定分成机制，如分成计算方法、支付方式、税收责任等】

【详细内容可在合同附件中描述】

第56条　服务价格及调整

56.1　执行政府定价的价格及调整

（1）执行政府批准颁布的项目服务或产品价格。

（2）遵守政府价格调整相关规定，配合政府价格调整工作，如价格听证等。

56.2　项目合同约定的价格及调整

（1）初始定价及价格水平年：_____。

（2）运营期间的价格调整机制：_____。

【包括价格调整周期或调价触发机制、调价方法、调价程序及各方权利和义务等】

第57条　特殊项目收入

_____。

【若社会资本主体不参与项目运营或不通过项目运营获得收入的，项目合同应在法律允许框架内，按照合理收益原则约定社会资本主体获取收入的具体方式】

第 58 条 财务监管

政府和社会资本合作项目事关公共利益，项目合同应约定对社会资本主体的财务监管制度安排，明确社会资本主体的配合义务，内容一般包括但不限于：

（1）成本监管和审计机制：＿＿＿＿＿＿＿＿＿＿＿＿＿＿＿＿＿＿＿。

（2）年度报告及专项报告制度：＿＿＿＿＿＿＿＿＿＿＿＿＿＿＿。

（3）特殊专用账户的设置和监管等：＿＿＿＿＿＿＿＿＿＿＿＿。

第 59 条 违约事项及其处理

59.1 甲方违约

甲方违约的情形：＿＿＿＿＿＿＿＿＿＿＿＿＿＿＿＿＿＿＿＿＿＿。

甲方违约的责任：＿＿＿＿＿＿＿＿＿＿＿＿＿＿＿＿＿＿＿＿＿＿。

59.2 乙方违约

乙方违约的情形：＿＿＿＿＿＿＿＿＿＿＿＿＿＿＿＿＿＿＿＿＿＿。

乙方违约的责任：＿＿＿＿＿＿＿＿＿＿＿＿＿＿＿＿＿＿＿＿＿＿。

【项目合同应明确各方在收入获取、补贴支付、价格调整、财务监管等方面的违约行为的认定和违约责任。可视影响将违约行为划分为重大违约和一般违约，并分别约定违约责任】

十一、不可抗力和法律变更

第 60 条 不可抗力事件

不可抗力是指在签订本协议时不能合理预见、不能克服或不能避免的事件或情形。以满足上述条件为前提，不可抗力包括但不限于：

（1）雷电、地震、火山爆发、滑坡、水灾、暴雨、海啸、台风、龙卷风或旱灾；

（2）流行病、瘟疫爆发；

（3）战争行为、武装冲突或外敌入侵行为、封锁或军事力量的使用、暴乱或恐怖行为；

（4）全国性、地区性、城市性或行业性罢工；

（5）由于不能归因于甲乙方的原因引起的工程供电中断。

第 61 条　不可抗力事件的认定和评估

不可抗力事件发生后，双方应本着诚信平等的原则，立即就此等不可抗力事件进行协商：

（1）如果双方在____日内达成一致意见，继续履行在本合同项下的义务，则甲方应按照_____的规定向乙方进行补偿。

（2）如果双方不能够在上述____日期限内达成一致意见，则任何一方可送达终止通知。

【项目合同应约定不可抗力事件的认定及其影响后果评估程序、方法和原则。对于特殊项目，应根据项目实际情况约定不可抗力事件的认定标准】

第 62 条　不可抗力事件发生期间各方权利和义务

（1）尽快向对方通告事件或情况的发生，对事件或情况的预计持续时间和其在本合同项下履行义务的可能影响做出估计。

（2）做出一切合理努力以继续履行其在本合同项下的义务。

（3）尽快采取行动纠正或补救造成免于履行义务的事件或情况。

（4）做出一切合理努力以减轻或限制对对方造成的伤害。

（5）将其根据上述（2）（3）和（4）采取的行动或行动计划定期通告对方，并在导致其免于履行义务的事件或情况不再存在时立即通知对方。

第 63 条　不可抗力事件的处理

（1）本合同生效日之后发生的不可抗力事件完全地或部分地阻碍一方履行其在本合同项下的义务时，可在不可抗力影响的范围内，全部或部分阻碍免除该方在本合同项下的相应义务。

（2）除本合同或双方另有约定外，发生不可抗力时，双方应各自承担由于不可抗力对其造成的费用损失。

（3）如果声称遭受不可抗力影响的一方已履行了通知程序，并且在不可抗力事件影响项目进展的情况下，已履行了请求延长进度日期的程序，则本合同中规定的履行某项义务的任何期限，经受到影响的一方请求，应根据不可抗力对履行该项义务产生影响的相同时间相应顺延。

第 64 条 法律变更

64.1 本合同生效后，适用法律发生了任何变化，包括颁布任何新法规、修改或撤销法律法规的某些条款或对任何法律法规做出不同解释或采取不同的实施办法，也包括任何与本项目的批准有关的实质性条件发生变化，这些变化使项目公司在本合同项下的经济利益产生实质性有利或不利影响，项目公司可用提出改变本合同的条款或通过协商以政府特别补贴及其他双方认可的方式进行合同的变更或解除。

64.2 处理程序

政府和社会资本主体组织专家评估法律、法规和法令的变化对本项目的影响程度。评估结果应通过各专家认可。

64.3 根据评审结果变更或解除合同

变更或解除项目合同触发条件包括但不限于：

（1）法律、法规变更致使本项目无法继续进行，如国家取消了 PPP 项目，收回项目运营权；

（2）法律法规的变更使合同的履行出现了不可逾越的客观障碍，在客观上会使合同的基础和预期的目的发生了根本性的动摇。如继续履行合同，将对一方当事人明显不利，而对一方当事人明显有利或者不能实现合同的目的，会产生显失公平的效果，与诚实信用原则相违背；

（3）适用于项目公司或由项目公司承担的税收（除所得税外）发生变化；

（4）项目融资、建设、运营、维护和移交要求发生变化；

（5）任何与本项目的批准有关的实质性条件发生变化；

（6）其他触发条件。

十二、合同解除

第 65 条 合同解除的事由

项目合同应约定各种可能导致合同解除的事由，包括：

（1）发生不可抗力事件，导致合同履行不能或各方不能就合同变更达成一致；

（2）发生法律变更，各方不能就合同变更达成一致；

（3）合同一方严重违约，导致合同目的无法实现；

（4）社会资本主体破产清算或类似情形；

（5）合同各方协商一致；

（6）法律规定或合同各方约定的其他事由。

第66条　合同解除程序

项目合同应约定合同解除程序：_____。

第67条　合同解除的财务安排

_____。

【按照公平合理的原则，在项目合同中具体约定各种合同解除情形时的财务安排，以及相应的处理程序。如：①明确各种合同解除情形下，补偿或赔偿的计算方法，赔偿应体现违约责任及向无过错方的利益让渡。补偿或赔偿额度的评估要坚持公平合理、维护公益性原则，可设计具有可操作性的补偿或赔偿计算公式。②明确各方对补偿或赔偿计算成果的审核、认定和支付程序】

第68条　合同解除后的项目移交

【项目合同应约定合同解除后的项目移交事宜，可参照本《政府和社会资本合作项目通用指南》"项目移交"条款进行约定】

第69条　合同解除的其他约定

【结合项目特点和合同解除事由，可分别约定在合同解除时项目接管、项目持续运行、公共利益保护及其他处置措施等】

十三、违约处理

其他章节关于违约的未约定事项，在本章中予以约定；也可将关于违约的各种约定在本章集中明确。本章为项目合同的必备篇章。

第70条　违约行为认定

关于违约行为的认定及免除责任或限制责任的约定：_____。

第71条　违约责任承担方式

71.1　赔偿

任何一方有权获得因违约方而使该方遭受的任何损失、支出和费用的赔偿，该项赔偿由违约方支付。

71.2　减轻损失的措施

由于另一方违约而遭受损失的一方应采取合理行动减轻损失。如果一方未能采取此类措施，违约方可以请求从赔偿金额中扣除应能够减轻或减少的损失金额。

受损害的一方有权从另一方获得为减轻损失而采取行动所发生的合理费用。

71.3　由于受损害原因造成的损失的扣除

如果造成损失的部分原因是受损害方的作为或不作为造成的，赔偿的数额应扣除这些因素。

71.4　对间接损失不负责任

除非本合同另有规定，各方均不应对由于或根据合同产生的或与其相关的任何索赔作为对方的任何间接、特殊、利润损失或附带损失或惩罚性损害赔偿负责。

【项目合同应明确违约行为的承担方式，如继续履行、赔偿损失、支付违约金及其他补救措施等】

第72条　违约行为处理

违约行为的处理程序：＿＿＿＿＿＿＿＿＿＿＿＿＿＿＿＿＿＿＿＿。

【如违约发生后的确认、告知、赔偿等救济机制，以及上述处理程序的时限】

十四、争议解决

第73条　争议解决方式

73.1　协商

若双方对于由于本合同条款或与本合同有关条款的解释（包括关于其存在、有效或终止的任何问题）产生任何争议、分歧或索赔，则应尽力通过友好协商的方式解决该争议、分歧或索赔。

除非双方届时另有约定，若在尝试友好协商解决后 30 日内该争议、分歧或索赔未能根据上述条款得到解决，则应使用本合同 73.2 款的约定。

73.2　调解

_____。

【项目合同可约定采用调解方式解决争议，并明确调解委员会的组成、职权、议事原则、调解程序、费用的承担主体等内容】

73.3　仲裁或诉讼

73.3.1　仲裁

双方同意本合同引起的或与本合同有关的所有争议，均提交给_____仲裁委员会裁决，仲裁裁决对双方均有约束力。

73.3.2　诉讼

若双方未能根据上述第 73.2 款解决争议、分歧或索赔，双方均可向项目所在地法院提起诉讼。

第 74 条　争议期间的合同履行

在争议、分歧或索赔做出最终裁决前，各方应继续履行其在本协议项下的所有义务并继续享有其在本协议项下的所有权利，任何一方不得以发生争议为由，停止项目运营服务、停止项目运营支持服务或采取其他影响公共利益的措施，在最终裁决做出后按裁决进行最终调整。

十五、其他约定

第 75 条　合同变更与修订

_____。

【可对项目合同变更的触发条件、变更程序、处理方法等进行约定。项目合同的变更与修订应以书面形式做出】

第 76 条　合同的转让

_____。

【项目合同应约定合同权利和义务是否允许转让；如允许转让，应约定需满足的条件和程序】

第77条 保密

_____。

【项目合同应约定保密信息范围、保密措施、保密责任。保密信息通常包括项目涉及国家安全、商业秘密或合同各方约定的其他信息】

第78条 信息披露

_____。

【为维护公共利益、促进依法行政、提高项目透明度，合同各方有义务按照法律法规和项目合同约定，向对方或社会披露相关信息。详细披露事项可在合同附件中明确】

第79条 廉政和反腐

_____。

【项目合同应约定各方恪守廉洁从政、廉洁从业和防范腐败的责任】

第80条 不弃权

_____。

【合同应声明任何一方均不被视为放弃本合同中的任何条款，除非该方以书面形式做出放弃。任何一方未坚持要求对方严格履行本合同中的任何条款，或未行使其在本合同中规定的任何权利，均不应被视为对任何上述条款的放弃或对今后行使任何上述权利的放弃】

第81条 通知

【项目合同应约定通知的形式、送达、联络人、通信地址等事项】

第82条 合同适用法律

【项目合同适用中华人民共和国法律】

第83条 适用语言

【项目合同应约定合同订立及执行过程中所采用的语言。对于采用多种语言订立的，应明确以中文为准】

第 84 条 适用货币

【明确项目合同所涉及经济行为采用的支付货币类型】

第 85 条 合同份数

【项目合同应约定合同的正副本数量和各方持有份数，并明确合同正本和副本具有同等法律效力】

第 86 条 合同附件

【项目合同可列示合同附件名称】

模板十三 PPP 项目合同（二）

【PPP 项目合同（二）以财政部《关于规范政府和社会资本合作合同管理工作的通知》（财金〔2014〕156 号）为指导，以该《通知》附件《PPP 项目合同指南（试行）》为体例进行编写。该模板较适用于各级财政部门所推进的 PPP 项目】

目　录

第 1 章　引言、定义和解释

第 1 条　签署时间及签署主体信息

1.1　签署时间

本合同签署时间为＿＿＿＿＿＿＿＿＿＿＿＿＿＿＿＿＿＿＿＿＿＿＿。

1.2　签署主体信息

1.2.1　政府方

名称：＿＿＿＿＿＿＿＿＿＿＿＿＿＿＿＿＿＿＿＿＿＿＿＿。

住所：＿＿＿＿＿＿＿＿＿＿＿＿＿＿＿＿＿＿＿＿＿＿＿＿。

法定代表人：＿＿＿＿＿＿＿＿＿＿＿＿＿＿＿＿＿＿＿＿＿。

1.2.2　项目公司

名称：＿＿＿＿＿＿＿＿＿＿＿＿＿＿＿＿＿＿＿＿＿＿＿＿。

住所：＿＿＿＿＿＿＿＿＿＿＿＿＿＿＿＿＿＿＿＿＿＿＿＿。

法定代表人：＿＿＿＿＿＿＿＿＿＿＿＿＿＿＿＿＿＿＿＿＿。

第 2 条　签署背景及签署目的

2.1　经＿＿＿＿＿＿＿批准，＿＿＿＿＿＿＿＿＿项目（项目编号＿＿＿＿＿＿）采用 PPP 模式建设和运营。

2.2　＿＿＿＿＿＿＿作为本项目的发起人，确保在特许经营期内为本项目提供必要的＿＿＿＿＿＿＿＿＿＿等支撑。由＿＿＿＿＿＿＿组织成立＿＿＿＿＿＿＿项目推进领导小组，全面负责_____。

2.3 ____年____月，_____项目完成物有所值及财政承受能力评价报告。

2.4 ____年____月，_____项目编制完成 PPP 实施方案。

2.5 ____年____月，_____发布竞争性磋商公告。_____于____年____月____日通过本项目对竞争性磋商，被确定为本项目的投资人，并取得成交通知书。

2.6 ____年____月，_____和_____成立项目公司。

第 3 条 定义与解释

3.1 定义

3.1.1 政府方：_____。

3.1.2 项目公司：_____。

3.1.3 社会资本：_____。

3.1.4 项目实施机构：_____。

3.1.5 工作日：指中国法定节假日和公休日以外的公历日。

3.1.6 生效日：指双方当事人签署合同当日日期。

3.1.7 运营日：指运营期内每日从 00：00 时开始至同日 24：00 时结束的 24 小时期间。

3.1.8 移交日：指特许经营期结束后的第一个工作日，或经双方书面同意的移交项目设施的其他日期。

3.1.9 不可抗力：指在签订本合同时不能合理预见的、不能克服或不能避免的事件。以满足上述条件为前提，包括但不限于台风、地震、洪水等自然灾害；战争、罢工、骚乱等社会异常现象；征收、征用等政府行为，以及双方不能合理预见和控制的任何其他事件。

3.1.10 政治不可抗力：指包括非因政府原因导致的且不在其控制下的征收征用、根据本合同第3.1.13款规定的法律变更、未获审批等政府行为引起的不可抗力事件。

3.1.11　自然不可抗力：指除根据本合同第3.1.10款规定以外，根据本合同第3.1.9款规定的不可抗力事件。

3.1.12　广义的法律：指全国人民代表大会制定的法律；全国人民代表大会常务委员会制定的法律解释；国务院制定的行政法规，各省、自治区、直辖市人民代表大会及其常务委员会制定的地方性法规、自治条例、单行条例；国务院各部委、中国人民银行、审计署和具有行政管理职能的直属机构制定的部门规章；省、自治区、直辖市和较大市的人民政府指定的地方政府规章。

3.1.13　法律变更：指在PPP项目合同生效日之后颁布的各级人民代表大会或其常务委员或有关政府部门对任何法律的施行、修订、废止或对其解释或执行的任何变动。

3.1.14　融资交割：指项目公司为项目建设融资的目的签署并向融资方进行所有融资文件的提交，并且融资文件要求的就本项目获得资金的所有前提条件得到满足或被豁免。

3.1.15　本合同：指_____和_____共同签订的_____。

3.2　解释

在本合同中，除非本合同另有明确规定，下述词语的解释如下。

3.2.1　标题仅为参考所设，不应影响条文的解释。

3.2.2　一方、双方指本合同的一方或双方，并且包括经允许的替代该方的人或该方的受让人。

3.2.3　一段时间（包括一年、一个季度、一个月和一天）指按公历计算的该时间段。

3.2.4　"包括"是指"包括但不限于"。

3.2.5　任何合同或文件包括修订、更新、补充或替代后的该合同或文件。

第 2 章　项目范围和期限

第 4 条　项目范围

4.1　项目合作内容

项目公司负责本项目的＿＿＿＿＿＿＿＿＿，项目建成后的服务对象为＿＿＿＿＿＿＿＿＿。

4.2　政府提供的条件

4.2.1　政府方授权项目公司在特许经营期内＿＿＿＿＿＿＿＿。项目公司有权在特许经营地域范围内＿＿＿＿＿＿＿＿＿＿＿＿＿＿＿＿＿＿。

4.2.2　项目公司有权根据政府方授予的特许经营权＿＿＿＿＿＿＿＿＿。

4.3　项目公司主体承担的任务

4.3.1　项目公司在特许经营期内自行承担＿＿＿＿＿＿＿。在特许经营期满后，项目公司将前述设施完好、无偿地移交给政府方或政府方指定的第三方。

4.3.2　除了为本项目根据《PPP 项目合同指南（试行）》第 9 条规定进行融资和根据《PPP 项目合同指南（试行）》第 12 条规定进行再融资的，项目公司不得为其他项目抵押、质押本项目的收费权、在项目公司名下的全部资产、设施和设备。

4.3.3　抵押、质押本项目的资产、设施、设备，在特许经营期内，项目公司不得改变本项目场地的用途。

4.4　回报方式

项目公司的收入来源为＿＿＿＿＿＿＿＿＿＿＿＿＿＿＿＿＿＿＿＿＿。

4.5　账目资产权属

在特许经营期内，项目公司拥有本项目的＿＿＿＿＿＿＿＿＿＿＿＿＿＿。

第 5 条   项目合作期限

5.1   期限

本项目的合作期限为_____起到_____为止，暂定为___年。

5.2   期限的延长

在法律允许的范围内，对于项目合作期限内发生非项目公司应当承担的风险而导致项目公司损失的情形下，项目公司可以请求延长项目合作期限。请求延长项目合作期限的情形包括：

（1）因政府方违约导致项目公司延误履行其义务；

（2）因发生政府方应承担的风险导致的项目公司延误履行其义务；

（3）根据 42.1 款规定导致的项目公司延误履行其义务；

（4）根据 41.2 款规定导致的项目公司延误履行其义务；

（5）经双方合意且在合同中约定的其他事由。

5.3   期限的结束

项目合作期限届满或者项目提前终止，项目合作期限结束。

第 3 章   前提条件

第 6 条   前提条件

6.1   完成融资交割

项目公司已为根据合同第 9 条规定的融资方案签署并向融资方提交所有融资文件，并且融资文件要求的就本项目获得资金的所有前提条件得到满足或被豁免。

6.2   获得项目相关审批

项目公司审批手续满足可以正式实施项目。

6.3 保险已经生效

项目公司已根据本合同第 38 条规定购买保险，且保单已经生效，并向政府方提交了保单的复印件，以此作为 PPP 项目合同的生效条件。

第 7 条 前提条件豁免

上述前提条件可以被豁免，但只有负责满足该前提条件的一方的相对方拥有该豁免权利。

第 8 条 未满足前提条件的后果

8.1 合同终止

如果双方根据本合同第 6 条的规定前提条件未满足，并且拥有豁免权利的合同方同意豁免或延长期限，则该合同方有权终止项目合同。

8.2 合同终止的效力和后果

8.2.1 合同项下的权利和义务将终止

如果由于未满足前提条件而导致合同终止，除根据本合同 47.2 款规定的回购补偿外，其他权利和义务将终止。

8.2.2 经济赔偿

如因合同一方未能在规定的时间内满足其应当满足的前提条件而导致合同终止的，合同另一方有权向其主张一定的经济赔偿，但经济赔偿的额度应当与合同另一方因此所遭受的损失相匹配，并符合我国合同法关于损害赔偿的规定。

8.2.3 提取保函

如果项目公司未能按照约定的时间和要求达成前提条件，且政府方未同意豁免该前提条件的，政府方有权提取根据本合同第 31 条规定保函项下的金额。

第 4 章 项目的融资

第 9 条 项目融资方案

9.1 项目公司总资本_____，其中_____为项目公司自有资金，

_____由项目公司申请银行贷款融资。项目公司的自有资金由项目实施机构以_____的方式出资_____%（约_____万元），由社会资本以_____的方式出资_____%（约_____万元）。项目公司的融资利息以项目公司融资实际发生的费用为准，计入项目公司的投资总费用。

9.2　本项目的总投资分为_____出资和_____融资。社会资本和项目实施机构应另行签订《出资协议》，并按照该协议的约定将承担的投资金额缴付或转账到项目公司指定账户。

第 10 条　项目公司融资权利和义务

10.1　项目公司有权通过资产和权益上设定抵押、质押担保的方式获得项目融资。

10.2　除根据本合同第 26 条规定的股权变更限制外，项目公司有权以通过转让项目公司股权，以及处置项目相关资产或权益的方式实现投资的退出。

第 11 条　融资方权利

11.1　融资方的主债权和担保债权

项目公司有权以_____、社会资本有权以_____担保，向融资方申请融资。融资方在提供融资时具有_____权，政府方可以接受融资方行使_____权所可能导致的法律后果。

11.2　融资方的介入权

融资方在发生项目公司违约事件且项目公司无法在约定期限内补救时，可以自行或委托第三方在根据本合同第 46 条规定终止合同前，对项目进行补救。

第 12 条　再融资

12.1　项目公司的再融资应增加项目收益且不影响项目的实施，签署再融资协议需经过政府的批准。

12.2　政府方对于因再融资所节省的财务费用享有按融资比例分成的权利。

第 5 章　项目用地

第 13 条　土地权利取得

政府方应自本合同生效日起____日内，本合同根据第 53 条规定的适用法律，将建设工程涉及根据附件____规定土地的土地使用权证办理至项目公司名下，土地使用权证办理的相关费用由项目公司承担。

第 14 条　取得土地使用权或其他相关权利的费用

14.1　项目公司应根据本合同第 53 条规定的适用法律承担项目用地的土地使用税等相关税费。

14.2　项目公司负责及完成根据本合同附件____规定土地的征用和平整工作，并承担费用支出。

14.3　项目公司对土地使用权证办理至项目公司名下之前发生根据本合同附件____规定土地的环境污染不承担责任；土地使用权证办理至项目公司名下起由项目公司导致的，或因项目公司作为或不作为的行为而加重的项目用地之上的环境污染，项目公司应依法承担相应的责任。

第 15 条　土地使用的权利及限制

15.1　项目公司对土地使用权

项目公司有权为本项目特许经营之目的合法、独占性地使用根据本合同附件____规定土地进行以实施项目为目的的活动。

15.2　项目公司土地使用权的权限

15.2.1　项目公司未经政府方批准，项目公司不得将根据本合同附件____规定土地使用权转让给第三方或用于该项目以外的其他用途。

15.2.2　项目公司的土地使用权受根据本合同第 53 条规定适用法律的约束。

第 16 条　政府方场地出入权

16.1　政府方有权出入设施场地

为了保证政府对项目的开展拥有足够的监督权，政府方有权出入根据本合同附件＿＿规定的土地。

16.2 条件和限制

政府方行使根据第 16.1 款规定的权利需要满足下述的条件和限制：

（1）仅在检查建设进度、监督项目公司履行本合同项下的义务等特定目的，有权进入场地；

（2）政府方在通知项目公司后有权进入场地；

（3）政府方在不影响项目的正常建设和运营的条件下，有权进入场地。

第 6 章　项目的建设

第 17 条　项目设计

17.1　涉及的范围及工作分工

项目公司承担可行性研究报告、总体规划任务、初步设计和施工图设计等工作。

17.2　项目设计要求

项目公司完成的设计工作应依据以下内容：

（1）项目公司编制并经政府方审查同意的可行性研究报告和项目产出说明；

（2）双方约定的其他技术标准和规范；

（3）＿＿＿＿＿省地区和行业的强制性技术标准；

（4）建筑法、环境保护法、产品质量法等相关法律、法规的规定。

17.3　项目设计审查

17.3.1　政府方有权审查由项目公司制作的任何设计文件，项目公司有义务将上述文件提交政府方审查。

17.3.2　设计文件中存在任何不符合根据本合同第 17.2 款规定的内容，政府方可以要求项目公司对不符合合同的部分进行修正，有关修正的风险、费用由项目公司承担。

17.3.3 项目公司对政府方提出的意见存在异议，可根据本合同第 54 条规定提交争议解决处理。

17.3.4 政府方的设计审查不能减轻或免除项目公司根据本合同第 53 条规定的适用法律履行相关设计审批程序的义务。

17.4 项目设计责任

项目公司对其所做出的设计承担全部责任。该责任不因该设计已由项目公司分包给其他设计单位或已经政府方审查而被豁免或解除。

第 18 条 项目建设

18.1 项目建设时间

本项目特许经营期为____年，自____至____。其中包含建设期____年，自____至____，运营期____年，自____至____。

18.2 项目建设责任

项目公司负责根据本合同第 18.1 款规定的时间完成项目的建设并开始运营，该责任不因项目建设已由项目公司部分或全部分包给施工单位或承包商实施而豁免或解除。

18.3 政府方对项目建设的监督和介入

18.3.1 政府方有权在不影响建设工程建设进度的情况下对建设工程进行监督和检查，并提前通知项目公司有关监督和检查事宜。

18.3.2 政府方承担监督和检查的费用和责任。

18.3.3 政府方对项目建设的监督和介入权利包括：

(1) 定期获取有关项目计划和进度报告及其他相关资料；

(2) 在不影响项目正常施工的前提下进场检查和测试；

(3) 对建设承包商的选择进行有限的监控（包括资质的设定）。

18.3.4　项目公司应提供或责成建设承包商提供政府方进行检查所需的与检查目的相关的资料及资料复印件。

第7章　项目的运营

第19条　开始运营

19.1　开始运营的条件

满足以下条件可开始运营。

（1）项目的建设已经基本完工或部分可运营建设已基本完工，并且已经达到满足＿＿＿＿＿＿＿＿＿＿＿＿＿＿＿＿＿＿＿＿＿＿＿＿＿＿＿＿＿＿＿水平；

（2）项目运营所需的审批手续已经完成；

（3）其他需要满足项目开始运营条件的测试和要求已经完成或具备。

19.2　开始运营的安排

本项目运营期＿＿＿年，自＿＿＿＿＿＿＿至＿＿＿＿＿＿。项目公司满足根据合同第19.1款规定的条件下，经双方合意后，项目建设期第二年可开始进行部分已完工程的运营。

19.3　因项目公司原因导致无法按期开始运营的后果

无法按时获得付费、运营期缩短。如果项目公司未能按照合同约定开始运营，开始获得厂房租赁费时间的延迟，并且在没有正当理由可以展期的情况下，项目合作期限固定、不分别设置建设期和运营期。

19.4　因政府方原因导致无法按期开始运营的后果

因政府方原因导致项目公司无法按期开始运营的，项目公司有权主张延迟开始运营日并向政府方索赔额外费用。

19.5　因自然不可抗力导致无法按期开始运营的后果

因根据本合同第3.1.11款规定的自然不可抗力导致政府方或项目公司不能按

期开始运营的，受到影响的一方或双方均可以免除根据本合同第 45.3 款规定的违约赔偿，可根据影响期间申请延迟开始运营日。

第 20 条　运营期间权利与义务

20.1　项目运营的内容

项目公司运营期内的内容为＿＿＿＿＿＿＿＿＿＿＿＿＿＿＿＿＿＿。

20.2　项目运营的标准和要求

20.2.1　项目的建设已经基本完工（除了一些不影响运营的部分）并且已经达到满足＿＿＿＿＿＿＿＿＿＿＿＿＿＿＿＿＿＿目的的水平。

20.2.2　项目公司应编制运营与维护手册，载明生产运营、日常维护以及设备检修的内容、程序和频率等，并在开始运营之前报送政府方审查。

20.3　运营责任划分

项目的运营由＿＿＿＿＿＿负责，＿＿＿＿＿＿应提供与本项目进行配套或对接的设施与服务。

20.4　暂停服务

20.4.1　计划内的暂停服务

（1）项目公司应在报送运营维护计划时提前向政府方报告计划内的暂停服务，政府方应在暂停服务开始之前给予书面答复或批准。发生计划内的暂停服务，项目公司不承担违约责任。

（2）项目公司应于每年＿＿月＿＿日之前提交下一运营年的维护计划，将其重大维护和更新的计划通知支付方或相关主管部门。如果有计划内暂停服务，项目公司应至少提前＿＿日将暂停服务的预定日期通知政府方。政府方应在预定日期之前至少＿＿个工作日确认批准或不批准提议的计划内暂停服务。如果政府方或相关主管部门没有在计划内暂停服务之前＿＿个工作日给予书面答复，计划内暂停服务应被视为获得批准。

（3）每一运营年计划内暂停服务不得超过____日。

20.4.2 计划外的暂停服务

发生突发的计划外暂停服务，项目公司应立即通知政府方。对于计划外的暂停服务的责任划分如下：

（1）因项目公司原因造成，由项目公司承担责任并赔偿相关损失；

（2）因政府方原因造成，由政府方承担责任，项目公司有权向政府方索赔因此造成的费用损失并申请延展项目期限；

（3）因自然不可抗力原因造成，双方共同分担该风险，均不承担对对方的任何根据本合同第45.3款规定的违约补偿。

第21条 政府方对项目运营监督和介入

政府方对于项目运营享有一定的监督和介入权，包括：

（1）在不影响项目正常运营的情况下入场检查；

（2）定期获得有关项目运营情况的报告，包括运营维护计划、经审计的财务报告、事故报告；

（3）审阅项目公司拟定的运营方案并提出意见；

（4）委托第三方机构开展项目中期评估和绩效评价。

第22条 公众监督

项目公司接受社会监督，除根据本合同第53条规定的适用法律规定的可以不予公开的信息外，经双方合意后，项目公司在运营期间应公开披露项目产出标准、运营绩效的信息。

第8章 项目的维护

第23条 项目维护义务和责任

23.1 项目维护责任

项目公司根据本合同第23.2款规定的维护方案和手册，负责本项目的设施维护和修理，该责任不因项目公司将部分或全部维护事务分包给其他运营维护商实施而豁免或解除。

23.2　维护方案和手册

23.2.1　维护方案

项目公司在合同生效后、开始运营日之前编制项目维护方案并提交政府方审核，政府方有权对该方案提出意见。在双方共同确定维护方案后，项目公司做出重大变更，均须提交政府方。维护方案应包括项目运营期间计划内的维护、修理和更换的时间与费用，以及上述维护、修理和更换可能对项目运营产生的影响等内容。维护方案应在本项目开始运营前 30 天完成。

23.2.2　维护手册

项目公司应根据项目需要、政府方意见，确定是否编制除维护方案外的维护手册。如需编制维护手册，应包括日常维护和设备检修的内容、程序及频率，并在本项目开始运营前 30 天完成。

23.3　计划外的维护

23.3.1　发生意外事故或其他紧急情况，需进行维护方案之外的维护或修复工作的，项目公司应书面通知政府方，并在双方另行约定的时间内完成修复工作。

23.3.2　对于计划外的维护事项，根据本合同第 20.4.2 款规定进行责任划分。

第 24 条　政府方对项目维护监督和介入

政府方对项目维护享有一定的监督和介入权，包括：

（1）在不影响项目正常运营和维护的情形下入场检查；

（2）定期获得有关项目维护情况的报告；

（3）审阅项目公司拟定的维护方案并提供意见。

第 9 章　股权变更性质

第 25 条　股权变更范围

25.1　直接或间接转让股权

在合同生效日起直至项目缺陷责任期届满，项目公司的股权变更及其各级控股母公司的控股股权变更均须经过政府方的事前书面批准。

25.2 并购、增发方式导致的股权变更

以收购其他公司股权或者增发新股等方式导致或可能导致项目公司股权结构或母公司控股股东发生变化的情形。

25.3 股份相关权益的变更

除包括普通股、优先股等股份的持有权变更以外，还包括股份上附着的其他相关权益的变更（包括表决权）。

25.4 兜底规定

其他任何可能导致股权变更的事项。

第 26 条 股权变更限制

26.1 锁定期

26.1.1 在锁定期内，未经政府方批准，项目公司及其母公司不得发生根据本合同第 25 条规定的任何除根据本合同第 26.1.3 款规定的股权变更情形。

26.1.2 锁定期限为本合同生效日起直至项目缺陷责任期届满。

26.1.3 例外情形

在锁定期内，发生以下特殊情形，并满足根据本合同第 26.2 款规定的限制可以允许发生股权变更：

（1）项目贷款人为履行本项目融资项下的担保而涉及的股权结构变更；

（2）将项目公司及其母公司的股权转让给社会资本的关联公司；

（3）政府方转让其在项目公司股权的，不受上述股权变更限制。

26.2 其他限制

受让方需具备相应的履约能力及资格，并继承转让方相应的权利义务。

26.3 违反股权变更限制的后果

一旦发生违反本合同项下的股权变更限制的情形，将直接认定为项目公司的

违约行为，政府方有权根据本合同第 46.2 款规定终止本合同。

第 10 章　付费机制

第 27 条　项目付费机制

项目公司在特许经营期内的收入来源主要为＿＿＿＿＿＿＿＿＿＿＿＿＿＿＿＿＿。

第 28 条　定价机制

28.1　＿＿＿＿＿费基准值：＿＿＿＿＿＿＿＿＿＿＿＿＿＿＿＿＿＿＿＿＿＿＿＿。

28.2　＿＿＿＿＿率基准值：＿＿＿＿＿＿＿＿＿＿＿＿＿＿＿＿＿＿＿＿＿＿＿＿。

28.3　可行性缺口补助基准值：＿＿＿＿＿＿＿＿＿＿＿＿＿＿＿＿＿＿＿＿＿＿。

第 29 条　调价机制

29.1　若实际运营中发生下述事件，则应考虑到项目公司先期投入以及各方的资金占用等情况，支付方承诺使用财政预算内资金对项目公司进行额外的可行性缺口补助，补助额度按照下述有关规定执行。本条款的实际发生与否，不影响根据本合同第 28.3 款规定的可行性缺口补助基准值的额度与拨付。

29.2　＿＿＿＿＿费下浮引起的可行性缺口补助调整：＿＿＿＿＿＿＿＿＿＿＿＿。

29.3　＿＿＿＿＿率下浮引起的可行性缺口补助调整：＿＿＿＿＿＿＿＿＿＿＿＿。

29.4　＿＿＿＿＿费与＿＿＿＿＿率同时出现下浮引起的可行性缺口补助调整：＿＿＿＿＿＿。

分别执行根据本合同第 29.2 和第 29.3 款规定的调整规则，将计算结果进行累加，并减去一次可行性缺口补助基准值。

29.5　其他因素变化引起的可行性缺口补助调减、调增。

根据实际情况，调整可行性缺口补助额度以保障项目公司合理的年收益率。并由项目公司董事会出具可行性缺口补助调整意见，供各方协商解决。如仍有争议，则使用争议解决条款。

第 11 章　履约担保

第 30 条　履约担保方式

本项目选用的担保方式为＿＿＿＿＿＿＿＿＿＿＿＿＿＿＿＿＿＿＿＿＿＿＿＿。

第31条　保函

31.1　建设期的履约保函

本合同生效日后____日内，项目公司应向政府方提交建设期内的履约保函，以用于担保项目公司在建设期能够按照合同约定的标准进行建设，并且能够按时完工。保函的金额及返还事宜双方另行协商确定。

31.2　运营维护期的履约保函/维护保函

项目运营开始日____日之前，项目公司应向政府方提交运营维护期的履约保函/维护保函，以用于担保项目公司在运营维护期内能够按照项目合同的约定履行运营维护义务。保函的有效期直至项目期限终止。保函的金额及返还事宜双方另行协商确定。

31.3　移交维修保函

期满终止日____个月之前，项目公司应向政府方提交移交维修保函，担保至期满移交后____个月届满。保函的金额及返还事宜双方另行协商确定。

第12章　政府承诺

第32条　付费或补助

支付方承诺在特许经营期内为本项目提供必要的政策引导、计入年度财政预算的可行性缺口补助、中长期财政规划等支撑。

第33条　负责或协助获取项目有关土地权利

政府方承诺根据本合同第13条规定提供土地的使用权。

第34条　提供相关链接设施

政府方承诺给予项目公司_____。政府方组织成立_____项目推进领导小组及管理委员会，全权负责本项目的全部招商与招租、引租工作。

第35条　办理有关政府审批手续

政府方承诺协助项目公司获得有关的政府审批。

第 36 条　防止不必要的竞争性项目

政府方承诺自本项目合同签订之日起＿＿＿年内，不在＿＿＿＿＿＿内兴建任何有竞争性的项目，以避免过度竞争引起项目公司经营收益下降。

第 13 章　保险

第 37 条　保险义务

37.1　购买和维持保险义务

项目公司承担购买和维持保险的义务，包括如下内容。

37.1.1　在整个 PPP 项目合作期限内，购买并维持项目合同约定的保险，确保其有效且达到最低保险金额，最低保险金额由双方另行商定。

37.1.2　督促保险人或保险人的代理人在投保或续保后尽快向政府提供保险凭证，以证明项目公司已按合同规定取得保单并支付保费。

37.1.3　如果项目公司没有购买或维持合同约定的某项保险，则政府可以投保该项保险，并从履约保函项下扣抵其所支付的保费或要求项目公司偿还该项保费。

37.1.4　向保险人或保险代理人提供完整、真实的项目信息。

37.1.5　在任何时候不得做出或允许任何其他人做出任何可能导致保险全部或部分失效、撤销、中止或受损害的行为。

37.1.6　当发生任何可能影响保险或其项下的任何权利主张的情况或事件时，项目公司应立即书面通知政府方。

37.1.7　尽一切努力协助政府或其他被保险人及时就保险提出索赔或理赔。

37.2　保单要求

37.2.1　项目公司应当以政府方作为被保险人进行投保。

37.2.2　保险人同意放弃对政府方行使一些关键性权利，包括代位权、抵扣权及多家保险公司共同分担保险赔偿的权利。

37.2.3　在取消保单、不续展保单或对保单做重大修改等事项发生时提前向政政府方发出书面通知。

37.3　保险条款变更

未经政府方同意，不得对保险合同的重要条款（包括保险范围、责任限制及免赔范围）做出实质性变更。

第 38 条　保险种类

项目公司应当和确定的承包商协商投保_____，投保期限从_____至_____。

第 14 章　守法义务及法律变更

第 39 条　守法义务

项目公司在实施 PPP 项目的过程中有义务遵守根据合同第 3.1.13 款规定的广义"法律"。

第 40 条　法律变更后果

40.1　政府方可控的法律变更的后果

40.1.1　由该政府方或其内设政府部门或其下级政府所颁行的法律及规范性文件发生根据本合同第 3.1.13 款规定的法律变更，认定政府方可控的法律变更。

40.1.2　在建设期间，因发生根据本合同第 40.1.1 款规定的法律变更导致项目发生额外费用或工期延误的，项目公司有权向政府方索赔额外费用或要求延长工期。

40.1.3　在运营期间，因发生根据本合同第 40.1.1 款规定的法律变更导致项目公司运营成本费用增加的，项目公司有权向政府方索赔额外费用或申请延长项目合作期限。

40.1.4　因发生根据本合同第 40.1.1 款规定的法律变更导致合同无法继续履行，则构成根据本合同第 45.1 款规定的政府方违约事件，项目公司有权根据本合同第 45.3 款规定要求违约赔偿及根据本合同第 46.1 款规定要求终止本合同，并通过违约条款及提前终止机制等进行救济。

40.2　政府方不可控的法律变更的后果

对于超出根据本合同第 40.1.1 款规定的法律变更的，包括国家或上级政府统一颁行的法律，视为政治不可抗力，项目公司可根据本合同第 42 条规定获得相应补偿。

第 15 章　不可抗力

第 41 条　自然不可抗力的法律后果

41.1　免于履行

发生不可抗力并导致一方完全或部分无法履行其合同义务时，根据不可抗力的影响可全部或部分免除该方在合同项下的相应义务。

41.2　延长期限

如果不可抗力发生在建设期或运营期，则项目公司有权根据该不可抗力的影响期间申请延长建设期或运营期。

41.3　免除违约责任

不可抗力条款启动后，在不可抗力事件持续期间，受影响方无须为其终止履约或履约延误承担违约责任。

41.4　费用补偿

对于不可抗力发生所产生的额外费用，由各方自行承担，政府方不给予项目公司额外的费用补偿。

41.5　解除合同

不可抗力发生持续超过____个月的，任何一方均有权提出解除合同。

第42条 政治不可抗力的法律后果

42.1 延长期限

发生政治不可抗力事件,项目公司有权要求延长工期、获得额外补偿或延长项目合作期限。

42.2 项目提前终止

政治不可抗力事件导致项目提前终止,项目公司可根据本合同第42条规定获得回购补偿。

第16章 政府方的监督和介入

第43条 政府方的监督权

43.1 政府方的监督权必须在不影响项目正常实施的前提下行使。

43.2 支付方拥有项目实施期间的知情权。

43.3 项目公司有义务定期向政府方提供有关项目实施的报告和信息,以便政府方及时了解项目的进展情况。

43.4 政府方的上述知情权贯穿项目实施的各个阶段。

43.4.1 建设期审阅项目计划和进度报告;

(1)在项目正式开工以前,项目公司有义务向政府提交项目计划书,对建设期间重要节点做出原则性规定,以保障按照该工程进度在约定的时间内完成项目建设并开始运营。

(2)在建设期间,项目公司还有义务定期向政府提交项目进度报告,说明工程进度及项目计划的完成情况。

43.4.2 运营维护期审阅运营维护手册和有关项目运营情况的报告:

(1)在开始运营之前,项目公司应编制项目运营维护手册,载明生产运营、日常维护以及设备检修的内容、程序和频率等,并在开始运营之前报送政府备查。

(2)在运营维护期间,项目公司应定期向政府报送有关运营情况的报告或其他相关资料，包括运营维护报告（说明设备和机器的现状以及日常检修、维护状况等）、严重事故报告。政府方有权要求项目公司定期提交经审计的财务报告、使用者相关信息资料。

43.5 进场检查和测试

政府方有权进入项目现场进行检查和测试。

43.6 政府方行使进场检查和测试权，受制于特定的条件：

（1）不得影响项目的正常建设和运营；

（2）通知项目公司后方可入场；

（3）仅在检查建设进度、监督项目公司履约情况等特定目的才有权进入场地。

43.7 对承包商和分包商选择的监控

政府方有权在建设承包商或者运营维护分包商的选择上把控。

43.7.1 建设承包商或者运营维护分包商的资质要求：＿＿＿＿＿＿＿。

43.7.2 项目公司在签订工程承包合同或运营维护合同前事先报告政府方，由政府方在 5 个工作日内确认该承包商或分包商是否符合上述合同约定的资质要求；如果在规定期限内，政府方没有予以正式答复，则视为同意项目公司所选择的承包商或分包商。

第 44 条 政府方的介入权

44.1 项目公司未违约情形下的介入

44.1.1 政府方可以介入的情形如下：

（1）存在危及人身健康或安全、财产安全或环境安全的风险；

（2）介入项目已解除或行使政府的法定责任；

（3）发生紧急情况，且政府合理认为该紧急情况将会导致人员伤亡、严重财产损失或造成环境污染，并且会影响项目的正常实施。

44.1.2 发生本合同第 44.1.1 款规定的情形，政府方可以选择介入项目的实施，但政府方在介入项目之前必须事先通知项目公司。

44.2 政府方介入的法律后果

发生本合同第 44.1 条规定的项目公司未违约情形下的介入，需提前通知项目公司其介入的计划以及介入的程度，该介入的法律后果如下。

44.2.1　在政府方介入的范围内，如果项目公司的任何义务或工作无法履行，该义务或工作将被豁免。

44.2.2　因政府方介入引发的所有额外费用均由政府方承担。

44.3　项目公司违约情形下的介入

44.3.1　政府方根据本合同第43条规定行使监督权时发现项目公司违约，政府方认为有可能需要介入的，在介入前书面通知项目公司并给予其一定期限自行补救；如果项目公司在约定的期限内仍无法补救，政府方才有权行使其介入权。

44.3.2　政府方在项目公司违约情形下介入的法律后果如下。

（1）政府方或政府方指定第三方将代项目公司履行其违约所涉及的部分义务。

（2）在项目公司为上述代为履行事项提供必要协助的前提下，在政府方介入的期间内，政府方仍应当根据本合同第28条、第29条规定就不受违约影响部分提供可行性缺口补助。

（3）任何因政府方介入产生的额外费用均由项目公司承担。

政府方的介入仍然无法补救项目公司的违约，政府方有权根据本合同第47条规定终止项目合同。

第17章　违约、提前终止及终止后处理机制

第45条　违约

45.1　政府方违约事件

45.1.1　未按合同约定向项目公司付费或提供补助达到一定期限或金额的。

45.1.2　违反合同约定转让PPP项目合同项下的义务。

45.1.3　发生政府方可控的对项目设施或项目公司股份的征收或征用的。

45.1.4　发生政府方可控的法律变更导致PPP项目合同无法继续履行的。

45.2　项目公司违约事件

45.2.1　项目公司破产或资不抵债的。

45.2.2　项目公司未在约定时间内实现约定的建设进度或项目完工或开始运营，且逾期超过一定期限的。

45.2.3　项目公司未按照规定的要求和标准提供产品和服务，情节严重或造成严重后果的。

45.2.4　项目公司违反合同约定的股权变更限制的。

45.2.5　未按合同约定为 PPP 项目或相关资产购买保险的。

45.3　违约赔偿

45.3.1　任意一方有权获得因违约方违约而使该方遭受的任何损失、支出和费用的赔偿，该项赔偿由违约方支付。

45.3.2　由于另一方违约而遭受损失的一方应采取合理行动减轻损失。如果一方未能采取此类措施，违约方可以请求从赔偿金中扣除应能够减轻或减少的损失金额。受损害的一方有权从另一方获得为减轻损失而采取行动所发生的合理费用。

第 46 条　提前终止事由

46.1　政府方违约

发生根据本合同第 45.1 款规定的政府方违约事件，政府方在一定期限内未能根据本合同第 45.3 款规定进行违约赔偿的，项目公司可主张终止本合同。

46.2　项目公司违约

发生根据本合同第 45.2 款规定的项目公司违约时间，项目公司未能根据本合同第 45.3 款规定进行违约赔偿的，项目公司可主张终止本合同。

46.3　不可抗力事件

发生不可抗力事件持续或累计达到____个月，任何一方可主张终止本合同。

第 47 条　终止后的处理机制

47.1　回购义务

根据本合同第 46 条规定发生的合同终止，政府仍有义务进行项目回购，并就回购提供相应补偿。

47.2　回购补偿范围

（1）项目公司尚未偿还的所有贷款；

（2）项目公司股东在项目终止之前投资项目的资金总和；

（3）因项目提前终止所产生的第三方费用或其他费用；

（4）除根据本合同第46.2款规定发生的合同终止外，补偿项目公司的利润损失。

47.3　补偿的支付

合同终止后的政府方回购补偿支付方式为一次性全额支付。支付方应在收到项目公司书面通知之日起____日内赔偿相关损失和预期可得的利润。

第18章　项目的移交

第48条　移交单位

48.1　移交的范围包括_____。

48.2　所有与移交的设施、权益、文件等有关的违约或侵权责任，应由_____全部清偿或赔偿完毕。

第49条　移交的条件和标准

49.1　项目公司应将项目无偿移交给政府方，并保证项目正常运行，没有任何负债违约等法律责任。

49.2　权利方面的条件和标准

项目设施、土地及所涉及的任何资产不存在权利问题，其上未设置任何担保及其他第三人的权利。

49.3　技术方面的条件和标准

项目设施应符合双方约定的技术、安全和环保标准，并处于良好的运营情况。

第 50 条　移交程序

50.1　评估和测试

50.1.1　由政府方委托的独立专家或者由政府方和项目公司共同组成的移交委员会负责项目移交事宜，并在各方同意的时间与地点举行会议商定项目移交的详尽程序、最后恢复性大修计划以及按照合同约定的移交范围与详细清单，并由移交委员会认可的有资质的评估机构对项目公司名下的固定资产、在建工程与无形及递延资产进行评估。

50.1.2　经评估和测试，项目状况不符合约定的移交条件和标准的，政府方有权提取移交维修保函，并要求项目公司对项目设施进行相应的恢复性修理、更新重置，以确保项目在移交时满足约定要求。

50.2　移交手续办理

移交相关的资产过户和合同转让等手续由项目公司负责。

50.3　移交费用（含税费）承担

50.3.1　由政府方和项目公司共同承担移交手续的相关费用。

50.3.2　如果因为一方违约事件导致项目终止而需要提前移交，可以约定由违约方来承担移交费用。

第 51 条　转让

51.1　项目相关合同的转让

51.1.1　在项目移交时同意项目公司将所涉合同转让给政府方或政府方指定的其他机构。

51.1.2 可转让的合同包括：_____。

51.1.3 如果可转让的合同中包含尚未期满的相关担保，应全部转让给政府方或者政府方指定的其他机构。

51.2 技术转让

51.2.1 项目公司应在移交时将项目运营和维护所需的所有技术，全部移交给政府方或政府方指定的其他机构，并确保政府方或政府方指定的其他机构不会因使用技术而遭受任何侵权索赔。

51.2.2 如果有关技术为第三方所有，项目公司应在第三方签署技术授权合同时即与第三方明确约定，同意项目公司在项目移交时将技术授权合同转让给本合同中的政府方或政府方指定的其他机构。

第52条 风险转移

52.1 在移交日期前，由项目公司承担项目设施的全部损失或损坏的风险，除非该损失或损坏是由政府方的过错或违约所致。

52.2 在移交日及其后，由政府方承担项目设施的全部损失或损坏的风险。

第19章 适用法律及争议解决

第53条 适用法律

本合同适用于中华人民共和国法律、法规、规章和政府部门颁布的所有技术标准、技术规范以及所有其他适用的强制性要求和规范性文件，并按照中华人民共和国法律进行解释。

第54条 争议解决

54.1 协商

在发生争议后先由双方通过友好协商的方式解决纠纷，双方必须在争议发生后____个工作日内进行协商，在该期限届满前双方不能进一步根据本合同第54.2款规定解决纠纷。

54.2 诉讼

根据本合同第 54.1 款规定的协商期限届满后，纠纷未能解决的，双方均可向项目所在地法院提起诉讼解决。

54.3 争议期间的合同履行

在发生争议期间，各方对于合同无争议部分应当继续履行，除法律规定或另有约定外，任何一方不得以发生争议为由，停止项目运营。

第20章 合同附件

略。

模板十四 修订 PPP 项目合同申请

修订项目合同申请

在 PPP 项目合同执行和管理过程中，项目实施机构应重点关注合同修订、违约责任和争议解决等工作。按照项目合同约定的条件和程序，项目实施机构和社会资本或项目公司可根据社会经济环境、公共产品和服务的需求量及结构等条件的变化，提出修订项目合同申请书，待政府审核同意后执行。后附修订项目合同申请表。

修改项目合同注意事项如下。

1. 合同法律关系合法

对于合同法律关系，应当分别从法律关系当中的主体、客体和权利义务内容，有无违反国家强制性规定之处着手。在进行合同修订前要明确合同主体、客体和双方的权利义务。

PPP 项目合同是政府方与社会资本依法就 PPP 项目合作所订立的合同。其目的是在政府方与社会资本方之间合理分配项目风险，明确双方权利义务关系，保障双方能够依据合同约定合理主张权利，妥善履行义务，确保项目全生命周期内的顺利实施。

2. 合同履行程序合规

在申请合同修改时，要明确合同履行程序，例如国有土地出让一般必须遵循"招拍挂"原则，在PPP合同修改中一定要明确履行程序，在合同中做出相应规定。

3. 合同生效条件明确

不同的生效条件，是签署生效、约定条件生效还是批准生效，这是影响合同双方权利义务的重要之处，在合同修订内容中要明确提出。

另外，合同修订不得违反国家现行法律法规的规定。

以下为修改合同申请表示例：

修改合同申请表

（1）原合同名称：＿＿＿＿＿＿＿＿＿＿＿＿＿＿＿＿＿＿＿＿＿

（2）原合同编号：＿＿＿＿＿＿＿＿＿＿＿＿＿＿＿＿＿＿＿＿＿

（3）修改原因：＿＿＿＿＿＿＿＿＿＿＿＿＿＿＿＿＿＿＿＿＿＿

【可根据社会经济环境、公共产品和服务的需求量及结构等条件的变化】

4. 修改内容

现对PPP合同、章程相关条款修改如下：

（1）合同

原第＿＿章第＿＿条为：＿＿＿＿＿＿＿＿＿＿＿＿＿＿＿＿＿＿

＿＿＿＿＿＿＿＿＿＿＿＿＿＿＿＿＿＿＿＿＿＿＿＿＿＿＿＿＿＿＿

现修改为：＿＿＿＿＿＿＿＿＿＿＿＿＿＿＿＿＿＿＿＿＿＿＿＿＿

＿＿＿＿＿＿＿＿＿＿＿＿＿＿＿＿＿＿＿＿＿＿＿＿＿＿＿＿＿＿＿

（2）章程

原第＿＿章第＿＿条为：＿＿＿＿＿＿＿＿＿＿＿＿＿＿＿＿＿＿

＿＿＿＿＿＿＿＿＿＿＿＿＿＿＿＿＿＿＿＿＿＿＿＿＿＿＿＿＿＿＿

现修改为：＿＿＿＿＿＿＿＿＿＿＿＿＿＿＿＿＿＿＿＿＿＿＿＿＿

＿＿＿＿＿＿＿＿＿＿＿＿＿＿＿＿＿＿＿＿＿＿＿＿＿＿＿＿＿＿＿

原合同、章程除以上条款修改外，其他条款不变，仍按原合同、章程执行。

本补充修改协议是原合同、章程的延续和补充，与原合同、章程具有同等的法律效力。

本补充修改协议一式＿＿份，于＿＿年＿＿月＿＿日于＿＿签订，经批准后生效。

甲方名称　　　　　　　　　乙方名称

签字（盖章）　　　　　　　签字（盖章）

　年　　月　　日　　　　　年　　月　　日

第八章　PPP 项目移交阶段

项目移交通常是指在项目合作期限结束或者项目合同提前终止后，项目公司将全部项目设施及相关权益以合同约定的条件和程序移交给政府或者政府指定的其他机构。PPP 项目特许经营期满后，项目公司便需要将项目的经营权（或所有权与经营权同时）向政府移交。项目移交的过程主要分为移交准备、项目资产评估、项目性能和功能测试、资产交割、项目绩效评价五个阶段。

项目移交的基本原则是：项目公司必须确保项目符合政府回收项目的基本要求。项目合作期限届满或项目合同提前终止后，政府需要对项目进行重新采购或自行运营的，项目公司必须尽可能减少移交对公共产品或服务供给的影响，确保项目持续运营。

第一节　移交准备

项目移交时，项目实施机构或政府指定的其他机构代表政府收回项目合同约定的项目资产。项目实施机构或政府指定的其他机构应组建项目移交工作组，根据项目合同约定与社会资本或项目公司确认移交情形和补偿方式，制定资产评估和性能测试方案。

项目合同中应明确约定移交形式、补偿方式、移交内容和移交标准。移交形式包括期满终止移交和提前终止移交；补偿方式包括无偿移交和有偿移交；移交内容包括项目资产、人员、文档和知识产权等；移交标准包括设备完好率和最短可使用年限等指标。

采用有偿移交的，项目合同中应明确约定补偿方案；没有约定或约定不明的，项目实施机构应按照"恢复相同经济地位"原则拟定补偿方案，报政府审核同意后实施。

一、移交内容

移交的范围通常包括:

(1) 项目设施;

(2) 项目土地使用权及项目用地相关的其他权利;

(3) 与项目设施相关的设备、机器、装置、零部件、备品、备件以及其他动产;

(4) 项目实施相关人员;

(5) 运营维护项目设施所要求的技术和技术信息;

(6) 与项目设施有关的手册、图纸、文件和资料(书面文件和电子文档);

(7) 移交项目所需的其他文件。

二、移交的条件和标准

通常包括以下两类条件和标准。

(一) 权利方面的条件和标准

项目设施、土地及所涉及的任何资产不存在问题,其尚未设置任何担保及其他第三人的权利。但在提前终止导致移交的情形下,如移交时尚有未清偿的项目贷款,就该未清偿贷款所设的担保除外。

(二) 技术方面的条件和标准

项目设施应符合双方约定的技术、安全和环保标准,并处于良好的运营状况。在一些 PPP 项目合同中,会对"良好运营状况"的标准做进一步明确,例如在不再维修的情况下,项目可以正常运营 3 年等。

第二节　项目资产评估

项目移交工作组应委托具有相关资质的资产评估机构,按照项目合同约定的评估方式,对移交资产进行资产评估,作为确定补偿金额的依据。

一、组建PPP项目公司所移交项目的价值评估机构

在PPP项目公司移交项目的价值评估工作中，由于所涉及的基础设施建设项目的规模较大、专业性较强，因此应按最初协议的规定由项目公司或所在政府出面聘用、双方均认同的第三方完成所移交项目的价值评估工作，也可以由项目公司与所在政府各自分别推荐若干专家组成评估机构完成相关的价值评估工作。

无论PPP项目公司移交项目的价值评估机构如何组成，PPP项目公司移交项目价值评估机构都要以公平公正为原则。这样，PPP项目公司移交项目价值评估机构才能真正站在第三方的角度对所移交项目在移交时的价值做出公允合理的评估结论。但由于评估结论对双方来说都会涉及利益问题，所以，PPP项目公司移交项目的价值评估机构欲做到公平公正还要克服来自各方面的压力与诱惑，这就对PPP项目公司移交项目价值评估机构提出了具体要求。

二、PPP项目公司移交项目价值评估

（1）由评估机构制订PPP项目公司移交项目价值评估的评估计划；

（2）遴选PPP项目公司移交项目价值评估所需资料；

（3）确定PPP项目公司移交项目价值评估的范围；

（4）完成评估报告。

模板十五　PPP项目资产评估报告

××评〔201×〕×××号

×××（PPP项目）资产移交评估报告

×××公司：

　　×××资产评估有限公司（以下简称"本公司"）接受贵单位的委托，根据法律、法规和资产评估准则、资产评估原则，采用成本法，按照必要的评估程序，对×公司拟实施×××PPP项目资产移交涉及的×××线路资产，在201×年6月30日的市场价值进行了评估。现将资产评估情况报告如下：

一、委托方、产权持有者和委托方以外的其他评估报告使用者

（一）委托方和委托方以外的其他评估报告使用者

委托方

名　　称：××××公司；

地　　址：××县××街道×××路；

成立日期：201×年6月29日；

工商注册号：331021000129998；

法定代表人：

经济性质：国有企业；

经营方式：直供；

经营范围：供电；

发照机关：某县工商行政管理局。

（二）产权持有者概况

产权持有者×××公司。

二、评估目的

为满足委托方拟实施农村农用电力线路资产移交的需要，提供移交资产价值的参考意见。

本次经济行为根据某省经济和信息化委员会与某省电力公司文件浙经信电力〔2013〕97号《关于开展农村农用电力线路改造移交工作的通知》执行。

三、评估对象和范围

（一）评估对象为国网某县供电公司拟实施农村农用电力线路资产移交而涉及的某村农排线路资产价值。

（二）评估范围为国网浙江玉环县供电公司拟实施农村农用电力线路资产移

交而涉及的陈屿火叉口村农排线路资产。

本次纳入评估范围的资产与经济行为涉及的评估对象和评估范围一致。

（三）评估对象概况

某村农排线路资产的投运时间为2011年7月13日。敷设JKLGYJ-4×35架空线4.593千米，敷设ZR-YJLV-4×35地埋电缆10米，立8米普通型电线杆88基，立12米普通型电线杆2基，制作GJ-35普通型拉线55组，杆对拉1组，自身拉1组，配绝缘子57只，拉线标志管56支；安装二级计量箱1套，安装农排插座箱57套，开挖单孔电缆沟2米。工程造价：304755.00元。

四、价值类型及其定义

本评估结论的价值类型为市场价值。

市场价值是指自愿买方和自愿卖方在各自理性行事且未受强迫的情况下，评估对象在评估基准日进行正常公平交易的价值估计数额。

五、评估基准日

评估基准日为2013年6月30日。

选取上述日期为评估基准日的理由是：

根据评估目的与委托方协商确定评估基准日。主要考虑使评估基准日尽可能与评估目的实现日接近，使评估结论较合理地为评估目的服务。

本次评估中所采用的取价标准是评估基准日有效的价格标准。

六、评估依据

（一）经济行为依据

某省经济和信息化委员会与某省电力公司文件浙经信电力〔2013〕97号《关于开展农村农用电力线路改造移交工作的通知》执行。

（二）法律、法规依据

（1）《中华人民共和国公司法》（2005年中华人民共和国主席令第42号）；

（2）《国有资产评估管理办法》（1991 年国务院第 91 号令）；

（3）《企业国有资产评估管理暂行办法》（2005 年国务院国资委第 12 号令）；

（4）《关于加强企业国有资产评估管理工作有关问题的通知》（国资发产权〔2006〕274 号）；

（5）《关于转发〈资产评估操作规范意见（试行）〉的通知》（国资办发〔1996〕23 号）；

（6）其他有关的法律、法规和规章制度。

（三）准则依据

（1）资产评估准则——基本准则；

（2）资产评估职业道德准则——基本准则；

（3）资产评估准则——评估报告；

（4）资产评估准则——评估程序；

（5）资产评估准则——工作底稿；

（6）资产评估准则——业务约定书；

（7）资产评估准则——不动产；

（8）资产评估准则——机器设备；

（9）资产评估准则——无形资产；

（10）企业国有资产评估报告指南；

（11）以财务报告为目的的评估指南（试行）；

（12）资产评估价值类型指导意见；

（13）注册资产评估师关注评估对象法律权属指导意见。

（四）权属依据

资产无偿移交协议书。

（五）取价依据

（1）评估基准日市场有关价格信息资料；

（2）移交单位与施工单位签订的施工合同及决算资料；

（3）委托单位提供的资产清查明细表；

（4）委托方提供的工程图纸；

（5）经实地盘点核实后填写的委估资产清单；

（6）评估人员收集的各类与评估相关的佐证资料。

七、评估方法

（一）结合本次评估目的及评估对象的具体情况，采用成本加和法，以重置各项生产要素为假设前提，根据分项资产具体情况选择适宜的方法分别评定估算出各项资产的价值并累加求和，得出范围内各项资产的评估价值。

重置成本法是用现时条件下重新购置或建造一个全新状态的被评资产所需的全部成本（重置完全价值），减去被评估资产已经发生的实体性陈旧贬值、功能性陈旧贬值和经济性陈旧贬值，得到的差额作为被评估资产评估值的一种评估方法。也可首先估算被评估资产与其全新状态相比有几成新，即求出成新率，然后用全部成本与成新率相乘，得到的乘积作为评估值。

重置成本法的基本计算公式为：

（1）评估值＝重置价值－实体性陈旧贬值－功能性陈旧贬值－经济性陈旧贬值

（2）评估值＝重置价值×综合成新率

单个工程重置成本主要由安装工程费及工程其他费用组成。安装工程费主要由工程直接费、间接费、利润及税金组成。其他费用主要由建设单位管理费、设计费及材料价差组成。

A. 对资产占有方能提供完整的竣工决算资料的工程，采用定额系数调整法确定工程造价，即以原工程竣工决算中的工程直接费为基础，根据有关部门颁布的建筑工程预算定额和有关的调价文件，取费标准、市场建材信息价格测定综合调价系数，进行调整评估。

对原竣工决算资料缺失、不完整或散失的建筑物进行评估时，采用类比法确定综合造价。

B. 其他费用主要由勘察设计费组成。根据《工程勘察设计收费标准（2002年修订本）》确定。

C. 资金成本。资金成本，是指建筑物正常建设工期内占有资金的筹资成本，即应计利息。其计息期按一般正常施工建设情况下所需的时间测算，利率按评估基准日金融机构同期贷款利率，资金视为在建设期内均匀投入，计息基数为前三项费用之和。

D. 成新率的确定：使用年限法确定。

使用年限法，是指利用建筑物的实际已使用年限占建筑物全部使用年限（寿命）的比率，作为建筑物有形损耗率；或以估测出的建筑物尚可使用年限占建筑物全部使用年限（寿命）的比率作为建筑物的成新率。

建筑物成新率 =（1 - 已使用年限 ÷ 经济寿命年限）× 100%

或建筑物成新率 = [尚可使用年限 ÷（已使用年限 + 尚可使用年限）] × 100%

（二）以委托方提供的资产清查明细表为依据，评估人员抽查部分工程并对资产进行实地勘查、鉴定、计算。

八、评估程序实施过程和情况

（一）接受委托

本公司与委托方、产权持有者协商，确定评估目的和评估对象及范围，选定评估基准日。听取资产管理、使用单位有关人员对委估资产历史和现状的介绍，拟订评估计划，组建评估小组。

（二）现场清查

评估小组于 2013 年 8 月 21 日进驻现场，对委托方填报的资产清查评估明细表进行现场调查，通过询问、核对、监盘、勘察、检查等方式，获取评估业务需要的基础资料，了解评估对象现状，关注评估对象的法律权属。项目小组于 2013 年 8 月 30 日结束现场工作。

（三）评定估算

评估小组根据评估业务的需要开展独立的市场调研，收集相关的信息资料，并进行必要筛选、分析、归纳和整理，并根据评估对象、价值类型、评估资料收集情况等相关条件，恰当选择评估方法；评估小组根据所选用的评估方法，选取相应的公式和参数进行分析、计算和判断，形成初步评估结果。

（四）形成报告

注册资产评估师对初步评估结果进行综合分析，确定最终评估结论。注册资产评估师在以上工作的基础上编制评估报告。评估报告经本公司三级复核，在与委托方和委托方许可的相关当事方就评估报告的有关内容进行必要的沟通后，向委托方提交正式评估报告。

九、评估假设

（一）市场假设：本次评估对象对应的市场交易条件为公开市场假设。

（二）使用假设：评估范围内的资产按现有用途不变并继续使用。

（三）外部环境假设：国家现行的有关法律、法规及方针政策无重大变化；本次交易各方所处的地区政治、经济和社会环境无重大变化；有关利率、汇率、赋税基准及税率、政策性征收费用等不发生重大变化。

（四）委托方（或产权持有者）及相关责任方提供的有关本次评估资料是真实、完整、合法、有效的。

（五）假定产权持有者对有关资产实行了有效地管理。评估对象在使用过程中没有任何违反国家法律、法规的行为。

（六）没有考虑将来可能承担的抵押、担保事宜，以及特殊的交易方式可能追加付出的价格等对评估结论的影响。

（七）没有考虑评估对象的流动性对评估结论的影响。

十、评估结论

（一）委托评估的用户资产工程造价304755.00元，评估原值299213.00元，评估净值 250172.00 元。

（二）评估值增减原因分析：

评估值减值 49041.00 元，减值率为 16.39%；评估减值主要原因为：工程造价为全新工程的价值，评估净值考虑了工程从新建到评估时点合理的损耗。

十一、特别事项说明

（一）本次评估的用户资产无发票。本次评估是根据委托方提供的委托评估资产明细表进行的，是对被评估资产的价值估算发表意见，而非对其完整产权的界定，报告使用者应注意其对评估结果的影响。

（二）本结论未考虑经济行为所涉及的税收问题，由资产接收方按税务部门的有关规定办理。

以上特别事项提请报告使用者予以关注。

十二、评估报告使用限制

（一）本评估报告只能用于评估报告载明的评估目的和用途。

（二）本评估报告只能由评估报告载明的评估报告使用者使用。

（三）评估报告的内容不得被摘抄、引用或披露于公开的媒体，法律、法规规定以及相关当事方另有约定的除外。

（四）本评估结论自评估基准日起一年内有效，本评估报告的使用有效期自 2013 年 9 月 6 日至 2014 年 6 月 29 日止。

十三、评估报告提出日期

本评估报告提出日期：2013 年 9 月 5 日。

××××资产评估有限公司　　　中国注册资产评估师：

法定代表人：　　　　　　　　　中国注册资产评估师：

地址：

邮编：

传真：

电话：

日期：

附件：

除特别注明的之外，其余均为复印件

（1）与评估目的相对应的经济行为文件；

（2）委托方法人营业执照；

（3）委托方承诺函；

（4）签字注册资产评估师承诺函；

（5）评估机构资格证书；

（6）评估机构营业执照副本；

（7）签字注册资产评估师资格证书；

（8）评估业务约定书；

（9）用户资产清查评估明细表。

第三节　项目性能测试

在 PPP 项目移交前，通常需要对项目的资产状况进行评估，并对项目状况能否达到合同约定的移交条件和标准进行测试。在实践中，上述评估和测试工作由政府和项目实施机构承担，通常由政府方委托的独立专家或者由政府方和项目公司共同组成的移交工作组负责。

一、测试主体

项目性能测试涉及的主要部门包括项目实施方、项目主要工作组和社会资本方。其中，性能测试的主体是项目工作组。

项目实施方或政府组建项目移交工作组，根据项目合同约定与社会资本方确定移交情况和补偿方式，制定资产评估和性能测试方案。项目移交工作组应委托具有相关资质的资产评估机构，按照项目合同约定的评估方式，对移交资产进行资产评估，作为确定补偿金额的依据。项目工作组应严格按照性能测试方案和移交标准对移交资产进行性能测试。

二、测试标准

项目实施方或政府组建项目移交工作组，根据项目合同约定与社会资本方确定移交情况和补偿方式，制定资产评估和性能测试方案。性能测试随项目约定而各有所异。

三、测试结果

性能测试结果不达标的，移交工作组应要求社会资本或项目公司进行恢复性修理、更新重置或提取移交维修保函。

经评估和测试，项目状况不符合约定的移交条件和标准的，政府方有权提取移交维修保函，并要求项目公司对项目设施进行相应的恢复性修理、更新重置，以确保项目在移交时满足约定要求。项目测试合格或标准的，按照正常程序进行资产移交。

模板十六　PPP 项目性能测试方案

×××项目性能测试方案

1. 概述

1.1 测试目的

本次性能测试的目的是检测×××项目中 A 资产的性能情况。即为了×××项目 A 资产投入使用后能够稳定运行，有必要在上线前对核心业务场景的压力情况进行充分了解。因此，希望在模拟生产环境的情况下，模拟 A 资产使用后的用户并发数，对系统核心业务进行压力测试，收集相应的系统参数，并最终作为投

入使用的依据。

编写本方案的目的是指导本次性能测试有序进行，相关人员应了解本次性能测试。

1.2 读者对象

本方案的预期读者是：项目负责人、测试人员和其他相关人员。

1.3 参考资料（见表8-1）

表8-1 参考资料

名称	是否可用	备注
×××系统需求规格说书	是	
×××用户手册	是	

1.4 术语与解释

无。

2. 测试环境

模拟客户使用环境（最好模拟客户实际使用的配置环境）。具体如下：

网络环境：企业或车间应用A产品场所

硬件环境：

- 应用服务器

  数量：1台

  配置：型号、CPU、内存等

- 数据库服务器

  数量：1台

  配置：型号、CPU、内存等

- 测试客户端

  数量：2台

  配置：型号、CPU、内存等

软件环境:

- 操作系统:Windows Server 2008、Windows XP SP3
- 应用服务软件:WebSphere、Tomcat 5.5
- 数据库:DB2、Oracle 10g

3. 测试需求

3.1 测试功能点

本次测试共涉及预热、启动、故障、保养等模块。

3.2 性能需求

注意:1. 如果未提出实际性能需求可简写或省略该项。

　　　 2. 此项根据产品需要可适当修改。

(1)预热机器达到_____时,机器反映平均响应时间不超过_____秒;

(2)启动机器持续时间为_____时,A 资产操作主要的业务流平均响应时间在用户接受的范围内,系统运行正常;

(3)_____小时运行组合测试用例时,系统正常运行不崩溃;

(4)若系统容量不能达到要求的运行时间时,验证一下达到哪一个数值时,机器将不能支持。

4. 准备工作

注意:此项根据产品需要可适当修改或省略。

(1)测试功能点全部通过功能测试,确保功能上没有问题;

(2)准备测试环境服务器:

- 准备好安装×××系统的 A 资产设备 1 台;
- 安装×××中间件、×××数据库软件。

(3)准备测试机器,如果使用时间要求较多时,需要准备机器对照组,并使用负载机制和 1 台正常使用机器产生对比效果;

（4）对于每一个测试功能点，都要事先按照相应的测试脚本，包括标准化、参数化、关联等，准备好测试数据，并且调试好，测试结果能够成功的重复，保证在测试的时候能够顺利运行；

（5）创建测试场景，并配置好每个场景的设置；

（6）测试过程中保存好脚本和分析结果，并规范地对脚本和分析结果等进行命名。

5. 测试完成准则

注意：此项根据产品需要可适当修改。

（1）达到性能要求。即在要求的运行时间下，系统的响应时间小于等于客户要求的平均响应时间；

（2）在长时间运行后，机器不崩溃，各功能正常；生产能力、运行时间等参数保持稳定；场景运行停止后，一段时间内占用的资源可以正常释放。

6. 测试风险

注意：此项根据产品需要可适当修改。

（1）选择的业务流不具有代表性。即选择的测试功能点经过负荷测试和长时间测试后不能重现系统问题，如速度慢、跳线等问题；

选择测试功能点的原则：客户使用系统时经常操作的业务流，以及觉得反应比较慢的几个功能模块；

（2）不是在实际环境中的测试（模拟的测试环境和客户实际使用环境配置差别较大），由于测试环境的不同，测试结果和实际使用环境中的结果有一定的出入；

（3）测试环境中的数据量比实际环境中使用一段时间后的数据量要少得多，系统目前的性能不能代表数据量增长后的性能。

7. 测试设计策略

7.1 关键资源不处于阻塞状态

注意：此项根据产品需要可简写或省略。

- 应用机器主要生产力利用率 <_____

- 电量使用 <_____

- 机器其他生产能力利用率 <_____

- 运行时间 <_____

7.2 组合测试用例策略

先单个测试用例在不同场景下同时使用测试，再组合多个测试用例同时运行多任务长时间测试。即先单独执行预热及启动，生产用例，维修用例等。最后组合执行上面×组用例，同时运行×小时。

注意：此项根据产品需要可适当修改。

7.3 测试执行策略

注意：此项根据产品需要可适当修改。

在正常的生产数据下，采用阶梯式的方式，分别使用时间 60、80、100 小时进行测试。如果在某一个运行时长，如 80 小时用户测试时，发现性能下降，则应逐步减少生产数量，以找出运行达到什么数目时，系统性能开始急剧下降。

8. 业务模型

8.1 场景一 （见表 8－2）

表 8－2　场景一

用例编号	例如，SuJianCMS_ login_ 001
验证功能	例如，生产
服务器环境	例如，B 产品生产线
测试目的	例如，被测系统是否能够满足超过 100 小时连续生产的要求
前置条件	例如，交流电机设备完整，备用
运行时长	例如，100 小时
思考时间	例如，用户 0.5 小时完成一次生产操作

续表

方法	设置运行时长为100小时，模拟系统连续生产的负载压力情况，进行6000分钟的连续压力测试，记录系统生产每件产品的平均响应时间、成功率和设备的各项性能指标，作为系统在实际使用情况中的性能表现依据。对失败运行发生时的各项指标数据进行分析，定位问题发生的原因		
用例名称	运行时间	期望值（分）	备注
连续生产时长	100小时	例如：<30m	平均生产耗时

8.2 场景二（见表8-3）

表8-3 场景二

用例编号	
验证功能	
测试目的	
前置条件	
运行时长	
思考时间	
方法	

用例名称	运行时长	期望值（秒）	备注

9. 测试报告输出

在×××系统的性能测试结束后，根据测试结果，生成性能测试报告。

对应文档名称如下：

见《×××项目性能测试报告》

模板十七　PPP 项目移交维修保修函

智慧城市工程 PPP 项目移交维修保函格式

不可撤销的银行保函编号：

日期：

受益人：××市信息中心（以下简称"甲方"）

地址：

邮政编码：

申请人：　　　　　　　（以下简称"乙方"）

地址：

　　鉴于申请人［　　　　　　　］（以下简称"乙方"）与甲方于 201×年×月×日签订了关于××市智慧城市工程 PPP 项目（以下简称"本项目"）《PPP 项目协议》及其附件并承诺履行其中的责任和义务。根据该协议之规定，乙方应提供经甲方认可的银行保函，以保函所述金额担保乙方履行《PPP 项目协议》项下运营维护本项目的义务。

　　我行同意为乙方出具上述担保函，并特此确认，若因项目公司违反《PPP 项目协议》及其附件中所确定的义务，我们作为担保人并代表项目公司向甲方负责，移交期内（含质量保证期）的担保金额为人民币＿＿＿＿＿＿＿（小写：＿＿＿＿＿＿＿），乙方应于经营期限届满日 12 月之前提供。我行无条件、不可撤销承诺，在收到甲方首次书面要求即付的五（5）个营业日内，我行将无条件地按甲方书面通知中载明的金额及账号支付上述金额限度内的任何一笔或数笔款项，并且甲方无须出具证明或陈述要求支付款项的原因或理由。

　　我行放弃要求甲方在向我方提出付款要求之前首先向乙方提出付款等所有事项的抗辩权利。

　　我行承诺并保证，甲方与乙方之间可能对《PPP 项目协议》或任何其他文件的条款所做的任何更改或补充，都不免除我行在本担保项下应承担的担保责任。

我行在此放弃对此类更改、补充或修改要求给予通知的权利。

本保函自＿＿年＿＿月＿＿日起至＿＿年＿＿月＿＿日（经营期满后的12个月届满之日）为止始终有效。如果本协议提前终止，移交维修保函应在终止日后六（6）个月内保持有效。

如果在本保函到期的六十（60）天前，我行或乙方未向甲方提供一份替换的维护保函，则甲方届时有权支取本保函下的全部余额。

我行承诺为出具本担保函而需办理的有关法律手续已经齐备，我行放弃以其他任何理由主张该担保函无效的抗辩权利。

本保函中使用的所有术语具有《PPP项目协议》及其附件中规定的含义。

银行/金融机构名称：＿＿＿＿＿＿＿＿＿＿＿＿＿

银行/金融机构盖章＿＿＿＿＿＿＿＿＿＿＿＿＿＿

法定代表人或负责人签字：＿＿＿＿＿＿＿＿

日期：＿＿＿＿＿＿＿＿＿＿＿＿＿＿＿＿＿＿

模板十八 PPP项目资产清单

××工程竣工项目资产移交证书

移交单位：××

接收单位：××

监交单位：××

年　　月　　日

（本证书一式三份，签字盖章后生效）

<table>
<tr><td colspan="1" align="center">

情况说明

</td></tr>
</table>

　　××工程于201×年×月×日开工建设，201×年×月×日全面完成，完成的主要建设内容为：坝体整治；溢洪道改造；放水卧管拆除重建；新建防汛道路及管理房。

　　主要参建单位：××／××监理公司。

　　完成的主要工程量：土石方××方，混凝土及钢筋混凝土××方，土工布铺设××m²，管理房××m²。完成总投资××元。

　　201×年6月，由××组织，设计、监理、施工和运行管理单位参加，通过了单位工程验收，××局、××局、××工程质量与安全监督站列席。

　　201×年×月×日，由××厅主持，××××工程质量与安全监督站、××局、××工程质量与安全监督站、××人民政府、××财政局、××单位组成竣工验收委员会，通过竣工验收。

移交单位：××（盖章）

移交人：

接收单位：××（盖章）

接收人：

监交单位：××（盖章）

监交人：

　　　　　　　　　　　　　　　　　　　　年　　　月　　　日

附：××工程竣工项目交付使用资产移交表

资产移交清单

盘交日期：　　年　　月　　日

序号	名称	型号、规格	单位	数量	购置日期	使用情况		出厂商家	备注
						几成新	报废		

移交单位：　　　　　　　　　　　接交单位：

代表人：　　　　　　　　　　　　代表人：

201×年　　月　　日　　　　　　201×年　　月　　日

第四节　资产交割

社会资本或项目公司应将满足性能测试要求的项目资产、知识产权和技术法律文件，连同资产清单移交项目实施机构或政府指定的其他机构，办妥法律过户和管理权移交手续。社会资本或项目公司应配合做好项目运营平稳过渡相关工作。PPP项目的资产交割主要包括项目相关合同的转让和技术转让两部分。

一、项目相关合同的转让

项目移交时，项目公司在项目建设和运营阶段签订的一系列重要合同可能仍然需要继续履行，因此可能需要将这些尚未履行完毕的合同由项目公司转让给政府或政府指定的其他机构。为能够履行上述义务，项目公司应在签署这些合同时即与相关合同方（如承包商或运营商）明确约定，在项目移交时同意项目公司将所涉合同转让给政府或政府指定的其他机构。在实践中，可转让的合同可能包括项目的工程承包合同、运营服务合同、原料供应合同、产品或服务购买合同、融资租赁合同、保险合同以及租赁合同等。

通常政府会根据上述合同对于项目继续运营的重要性，决定是否进行合同转让。此外，如果这些合同中包含尚未期满的相关担保，也应该根据政府的要求全部转让给政府或者由政府指定的其他机构。

二、技术转让

在一些对于项目实施专业性要求较高的 PPP 项目中，可能需要使用第三方的技术（包括通过技术转让或技术许可的方式从第三方取得的技术）。在此情况下，政府需要确保在项目移交之后不会因为继续使用这些技术而被任何第三方进行侵权索赔。

鉴于此，PPP 项目合同中通常会约定，项目公司应在移交时将项目运营和维护所需要的所有技术，全部移交给政府或政府指定的其他机构，并确保政府或政府指定的其他机构不会因使用这些技术而遭受任何侵权索赔。如果有关技术为第三方所有，项目公司应在与第三方签署技术授权合同时即与第三方明确约定，同意项目公司在项目移交时将技术授权合同转让给政府或政府指定的其他机构。

此外，PPP 项目合同中通常还会约定，如果这些技术的使用权在移交日前已期满，项目公司有义务协助政府取得这些技术的使用权。

三、非正常移交

（一）非正常移交的分类

PPP 项目的移交是指在特许期到期之日，项目公司将所运营的 PPP 项目按照特许权协议移交给政府或者是项目的发起人。但是并非所有的 PPP 项目都能正常的移交，非正常移交一般分为两种：提前移交（提前收购）与延迟移交。延迟移交主要是政府或者是项目的其他发起人无法独立运营移交项目而提出项目公司延迟移交；另一种原因是项目公司在特许期到期之日还远没有收回投资，在与政府或者是其他项目发起人谈判经同意后，项目公司继续运营收回投资的延迟移交（例如山东省某高速公路，特许期到期之日时还没有收回投资，项目公司在经过与山东省某高速公路下属的单位沟通后延长特许经营期以此来收回投资）。但是此种 PPP 项目经济强度不够的情况通常不会通过此渠道解决，提前收购是解决此类问题被采用较多的一种方法。

提前收购是指在 PPP 项目未到特许期之内，项目公司按照特许权协议（或者是补充协议）将 PPP 项目移交给项目发起人。提前收购又分为政府主动提前收购与政府被动提前收购。政府主动提前收购是指政府因为自身的原因在项目特许期到期之日之前向项目公司提出进行提前收购。政府被动提前收购是指项目公司由于其自身的原因要求政府在项目特许期到期之日之前对 PPP 项目进行提前收购。

（二）非正常移交的影响因素

政府主动提前收购的影响因素：政府主动对 PPP 项目进行提前收购也就意味着该 PPP 项目基本实现了当初设立该项目时的目标，而政府受特定因素的影响对 PPP 项目进行提前收购。这些特定的因素包括民生因素、财政因素、市场因素、金融因素等。民生因素是指 PPP 项目在服务社会的同时给人民群众造成了比较沉重的经济负担（很多 PPP 项目都是收费项目），政府遭受到了比较大的舆论压力，迫于这种压力，本着服务群众的目的，政府对 PPP 项目进行提前收购（这种情况下经济因素不是政府考虑的首要因素）。财政因素是指在 PPP 项目实际运行后，政府通过相应的经济核算主动提前收购 PPP 项目，收归自己经营可以显著增加其财政收入，进而对 PPP 项目进行提前收购，也就是在市场空前繁荣条件下对 PPP 项目预期看好而基于经济因素考虑的提前收购。市场因素主要是指市场的波动对政府产生的影响，在市场过于繁荣时，政府也可能进行提前收购。金融因素主要是指在利率或者汇率波动较大，政府的资金成本有较大幅度的降低时，政府能够有足够的能力支付项目的收购价格，也可能采取提前收购的策略。

政府被动提前收购影响因素：项目公司主动向政府提出提前对 PPP 项目进行提前收购的要求主要是由于其自身的原因以及市场因素决定。项目公司的自身原因主要包括两个方面，一是项目公司自身的管理水平低下；二是项目公司找到更好的投资项目，想从 PPP 项目中撤出投资。市场因素主要是指市场环境恶劣，已经难以消费掉 PPP 项目提供的产品或服务，项目公司入不敷出，不得已而进行的政府被动提前收购，同一地区出现了同类的竞争项目也会使本地区的市场环境恶化，进而引起政府被动的提前收购。另外，金融因素也可能引起政府被动的提前收购，贷款利率升高或者是汇率的变动会影响到投资者的资金使用成本，当投资者认为资金的成本超过其最大的承受底线时，就会要求政府提前对项目进行收购，从而规避投资风险。

第五节　项目绩效评价

项目移交完成后，财政部门（PPP 中心）应组织有关部门对项目产出、成本效益、监管成效、可持续性、PPP 模式应用等进行绩效评价，并按相关规定公开评价结果。评价结果可作为政府开展 PPP 管理工作决策参考依据。至此，一个 PPP 项目的生命周期正式结束。

PPP 项目的特殊性决定了 PPP 项目绩效评价与一般的政府投资项目或传统建设项目绩效评价有所不同。Terry Fenrick 在 1995 年提出了"3E"评价准则，即经济性（Economy）、效率性（Effectiveness）和效果性（Efficiency），该准则被用于传统公共项目的财政绩效评价。目前针对 PPP 项目的特殊性，有学者提出了绩效评价的"4E"原则，在 3E 的基础上加上了社会公平（Equity）。PPP 项目绩效评价是在项目确定实施 PPP 模式之后，从项目干系人——项目投资人、承包商、项目施工方、供应商等，政府部门、社会公众等的项目干系人要求和关心的项目目标利益出发，对项目实施、运营相关的经济、社会、风险分担、环境和技术等各方面因素，从项目投入、过程控制、结果、影响等角度进行全面和客观的评价。经济性是指项目获取利润及花费成本的合理性；效果性是指项目产出带来的实际影响，即客观的成功；效率性是资源的有效利用，即项目实施过程中的投入产出比；而公平是一方面考虑利益相关者的满意度，另一方面考虑社会效益与可持续发展。

（一）分段式的绩效评价为项目运营提供有效的参考依据

PPP 项目持续周期长，从全过程阶段可分为立项阶段、招投标阶段、特许权授予阶段、设计施工阶段、项目运营阶段和移交阶段，这六个阶段构成了项目完整的生命周期。每个阶段项目的监控关切点不同，其指标体系也有所区别。如果在对项目进行绩效评价时全盘考虑，鉴于项目较长的生命周期，并不具备很强的现实性，并且也不能重点突出各阶段的指标及评价。

因此，可把 PPP 项目的绩效评价分为两个阶段进行，如图 8 - 1 所示。一是建设完成后进行项目的前中期绩效评价，主要针对项目前期立项、设计、招标及施工阶段指标的评价。通过此阶段绩效评价，可在运营阶段做出控制运营成本、改革管理方法、调整设备维护期等措施，有效提升项目运营阶段的品质，此阶段一般采用综合评价法；二是运营期后的移交阶段进行绩效评价。一方面可考核项目公司在项目运营期的管理及运营质量，另一方面保障政府回收项目时的遗留风险降到最低，减少政府移交后的运营负担。此阶段一般采用项目评价法，就项目的成本收益进行评价。

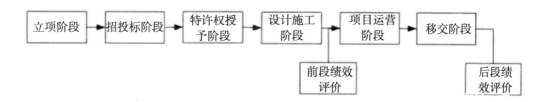

图 8 - 1　PPP 项目绩效评价分段图

项目绩效评价作为项目管理的一种思想，其主要是对项目核心价值的反映，其对项目执行状况的反映应具有一定的典型性，使得项目监管者依据少量的信息了解项目的关键进展状况，从中发现项目执行过程时可能存在的问题领域。

（二）把握核心关切点是绩效指标设立的关键

PPP 项目的绩效指标与纯粹社会资本投资建设项目和一般政府投资项目有所区别，由于 PPP 项目参与方众多、利益多元化的特点决定了 PPP 项目的绩效评价势必是在项目各参与方绩效目标之间的一种均衡。在确定 PPP 项目绩效指标时，首先要对项目参与方的关切点进行识别，根据项目各方关切点，确立项目的核心绩效指标。对于参与方的项目关切点，有学者通过广泛的调查，对项目参与方的关切点进行了重视度排序，其中主要调查对象包括学术界、私营部门、政府部门、公众等，见表 8 - 4。

表 8 - 4　PPP 项目参与方关切点排序表

排序	学术界	社会资本	政府部门	社会公众
1	可接受的工程质量	可接受的工程质量	可接受的工程质量	可接受的工程质量
2	合格的公众服务	降低全寿命周期成本	建设运营预算不超支	合格的公众服务

排序	学术界	社会资本	政府部门	社会公众
3	建设运营预算不超支	按时竣工	解决公共部门预算不足	提供及时方便的服务
4	按时竣工	建设运营预算不超支	转移风险	满足公共设施需求
5	满足公共设施需求	合格的公众服务	合格的公众服务	按时竣工

从表 8-1 中可看出，首先项目参与各方最为核心的关切点都是可接受的工程质量，在此之下，项目参与方从各自利益出发，有各自相应的基本关切点。因此，可接受的工程质量是 PPP 项目绩效评价的核心关切点；然后通过"4E"原则的角度分析，可确立项目绩效评价的基本指标：一是项目运营的经济性，包括政府的资金控制，社会资本的合理收益；二是项目的效果，包括工程质量、工期和安全指标；三是项目的效率，有及时方便的服务；四是项目的公平性，有满意的公众服务。"4E"在 PPP 项目实施中具有同等的重要性。因此，在对 PPP 项目进行绩效评价时，一方面不能通过综合单一的结果进行评价，而是要通过"4E"原则反映项目的真实结果进行评价；另一方面是通过项目逻辑流程进行实质性的系统评价，从项目投入、项目过程、项目结果、项目影响这一投入产出的逻辑体系去系统性地考核项目，进行项目绩效评价的改进和提高，提高项目的执行效率。

表 8-5　PPP 项目各阶段核心文件

工作阶段	涉及流程		
项目识别阶段	项目发起		《项目建议书》
	项目筛选	新建、改建项目	《新建改建项目可行性研究报告》
			《新建改建项目产出说明》
			《新建改建项目初步实施方案》
		存量项目	《存量项目公共资产历史材料》
			《存量项目产出说明》
			《存量项目初步实施方案》
	物有所值评价		《物有所值评价报告》
	财政承受能力论证		《财政承受能力论证报告》

工作阶段	涉及流程		
项目准备阶段	《项目实施方案》		
项目采购阶段	资格预审		《资格预审公告》
			《资格预审申请人须知》
			《资格预审申请文件》
			《资格预审评审报告》
	项目采购文件		包括但不限于：采购邀请、竞争者须知、竞争者资格、资信、业绩证明文件、采购方式、政府对项目实施机构的授权、实施方案的批复、项目相关审批文件、采购程序、响应文件编制要求、提交相应文件的截止时间、开启时间和地点、强制担保的保证金数额和形式、评审方法、评审标准、政府采购政策要求、项目合同草案及其他法律文本，采购需求中的技术、服务要求及合同草案条款
	项目响应文件		《竞争性磋商公告》
			《采购文件》
			《补遗文件》
			《竞争性磋商响应文件》
			《采购需求方案》
			《采购需求方案评审报告》
	谈判与合同签署		《确认谈判备忘录》
			《项目合同》
			《承继项目合同补充合同》
项目执行阶段	项目公司设立	《项目公司设立文件》《公司章程》《股东协议》《履约保函》	
	融资管理	《融资方案》	
		《融资担保》	
	绩效监测与支付	《项目产出绩效指标季/年报》	
		《项目产出说明》《政府支付台账》	
		《修订项目合同申请》《政府综合财务报告》	
	中期评估	《项目中期评估报告》	
项目移交阶段	移交准备	《移交补偿方案》	
	性能测试	《资产评估和性能测试方案》	
	绩效评价	《项目绩效评价》	

第三篇

PPP 项目投融资与监管

第九章　PPP项目投融资概述

PPP模式吸引社会资本共同参与基础设施及公共服务项目投资、建设及运营，可以利用少量政府资金撬动巨量社会资本参与政府投资项目。因此，不断探索可操作的PPP项目投融资模式，对加快新型城镇化背景下的基础设施建设、推动国家经济社会快速发展具有深远的影响。本章结合PPP项目投融资的特点，分别从PPP项目投融资的结构、方式、渠道等几个方面来探讨如何进行PPP项目投融资管理。

第一节　基础设施项目性质与投融资特征

一、基础设施项目的性质及特点

（一）基础设施的定义

基础设施这一概念是由美国经济学家保罗·罗森斯坦·罗丹（Paul Rosenstein-Rodan）提出的。美国经济学家阿尔斯特·奥托·赫希曼（Albert Otto Hirschman）认为，判断某一活动是否属于社会先行资本，必须满足三个条件：一是其所提供的产品或服务是其他经济社会活动得以开展的基础；二是在资本主义国家，提供这些活动的主体是政府或者受政府控制的私人部门，提供的方式有免费提供或按照公共标准收费等；三是这些产品或服务无法从其他国家得到。

基础设施一类是经济性基础设施，比如铁路、机场、电力等；另一类是社会性基础设施，比如文化、卫生、医疗等系统。依据地域性基础设施又可以划分为城市基础设施和农村基础设施。本书涉及的基础设施主要指城市基础设施，由于城市中的基础设施是该城市赖以生存和发展的前提和物质载体，对推动城市经济发展进步、丰富人民生活水平起着非常重要的作用。

（二）基础设施的性质

基础设施是一个具有多重特殊性质的综合系统。对其特点和性质的分析可以从多个角度进行，本书主要从经济学的角度进行分析，认为它具有垄断性、成本积聚性、区域公共物品性以及回报长期性等性质。

（三）基础设施的重要性

不同年代的经济学家和国际组织均对基础设施的重要性给出了极高的评价，观点的主体基本围绕在基础设施是社会进步的必备条件、是经济可持续发展的有力支撑、是衡量人民生活水平高低和综合国力强弱的重要指标等观点，具体随所处时代、所处地点、所处环境的不同而不同。

亚当·斯密（Adam Smith）在《国富论》中对基础设施进行了详细阐述并指明了其重要性，主要可概括为以下三点：第一，交通运输业是影响整个国家经济发展水平的重要因素。第二，中央部门或其指定其他机构负责社会层面公共工程的修建和运营，地方政府负责修建和维护自己区域内的基础设施。与此同时，亚当·斯密认为，对公共工程征收使用税或使用费是非常合情合理的，因此要由使用者承担修建和维护这些工程的费用。第三，基础设施的发展要适应于经济发展情况。

另一位著名经济学家凯恩斯则将公共工程的支出作为政府应对并渡过经济危机的重要手段，他研究的角度是治理经济危机，将公共工程看成是政府宏观调控的手段之一，从侧面阐述了基础设施对经济的重要性。

世界银行在对发展中国家 1990 年数据进行研究分析的基础上，在 1994 年颁布的以"为发展提供基础设施"为主题的年度发展报告认为，基础设施是经济发展的引擎，肯定了基础设施在推动经济发展方面的重要作用。研究表明，基础设施每增长 1%，对 GDP 增长的贡献就为 1%，基础设施的重要作用不言而喻。

发展经济学家最先使用了基础设施这一概念，他们深入剖析了基础设施与国家经济发展之间的关系，由此得出政府是基础设施建设发展的主体的结论，因为生产力发展、经济增长、社会变革等都必须依靠基础设施。以发展经济学的观点来看，社会经济结构转变的过程可以划分为不同阶段，在不同阶段的社会经济结构转变过程中，不同要素、不同部门对经济增长做出的贡献也会不同。

研究资料表明,发展中国家人均收入在140美元~1120美元这个阶段波动时,基础设施的全要素生产率对经济产出增长的贡献率将增长14个百分点,由16%增长到30%。对基础设施投资的同时可以诱发生产活动,刺激其他方面的需求,进而拉动消费和其他领域的投资,从而使GDP呈现出稳定持续增长的态势。基础设施的投资覆盖三大产业,创造了各种产业和产品新的需求市场,从而产生了明显的乘数效应,使国民经济的有效需求进一步扩大。对于中国国内市场而言,有助于从"卖方市场"转到"买方市场",刺激消费,拉动内需。

(四)基础设施及其行业的特点

1. 基础设施的特点

第一,基础设施的基础性。基础设施的基础性主要表现在以下两个方面:一方面,其他部门进行生产活动的前提条件是基础设施所提供的产品和服务;另一方面,其他部门产品和服务价格的指定取决于基础设施所提供的产品和服务的价格。正因为如此,基础设施又被称为社会间接资本,它所提供的产品或服务的价格、性能具有风向标的作用。

第二,基础设施的外部性。它对经济社会发展所起的作用是基础性的,并且它所提供的产品和服务是社会正常运转和居民日常生活有序进行的基础。基础设施具有正外部性和负外部性。正的外部性是说基础设施所提供的产品和服务不仅可以为购买它的消费者带来经济利益,而且还能带来环境效益,如某地采取的治理大气污染的环保举措,必然会使该地区下风向的居民从中受益。但在某些特殊情况下,基础设施也会带来负的外部性,比如一些城市的地铁修建会给周边的居民带来噪声污染,还使得市区交通阻塞更加严重。基础设施外部性的存在,使得我们在进行基础设施建设时要把经济效益和社会效益考虑进去,进行综合评析。

第三,建设的超前性。这种超前性表现在建设时间的超前性与规模容量超前性两个方面。时间上的超前性是指由于基础设施是社会现行资本,是经济社会得以发展的根基和物质载体。所以,基础设施的建设要比其他设施的建设在时序方面更需适度超前,比如在修建城市的过程中,首先要铺设管道、修建道路、修建供电厂及供水厂等基础性设施,而后再修建地铁等辅助性设施。规模容量方面的超前性是说基础设施一般都具有很长的使用周期或使用寿命,一项基础设施建成以后,其能够在几十年内维持提供产品和服务的能力。当今社会经济发展迅猛，因此对基础设施提供的产品和服务的需求会不断增长。所以，基础设施在规模及容量方面要具有超前性，扩大产品及服务的供给，以满足未来经济社会发展的需要。

第四，垄断性。其垄断性主要表现为自然垄断，比如，邮电通信的网络线路、运输系统中的铁路运输等。由于企业的最终目的是追求利润最大化，它们肯定希望竞争者越少越好，竞争程度越低越好，这样它们就可能通过滥用市场支配地位攫取超额利润，这样反而使社会福利受到损害。为了避免这种现象的发生，政府部门需要对企业所提供产品和服务的质量、价格进行监督管控，从而规范垄断企业的行为。

第五，基础设施建设投资数额大、回收期长。通常情况下，基础设施项目工程规模巨大，所需资金数额庞大，动辄几亿元或几十亿元。回收期长的原因如下：首先是相较于其他设施，基础设施需要更长的建设期；其次是项目建成后，有一个较长的成本收回期，过了此阶段后的运营阶段才真正实现项目盈利，如高铁开通前期因其票价高昂的因素乘坐的人较少，经过一段时间后，乘客被其速度快、晚点率低、舒适性高等优点吸引，乘坐人数开始不断增加，这样才能慢慢收回其成本并开始盈利；最后是由于基础设施具有社会公益性，即与经济性相比较强的关注社会效益性，因此，其所提供的产品或服务的价格受到一定的管控，很难获得较高的利润回报率。基础设施的初始投资成本虽然很大，一旦实现盈利，便会给企业带来长期稳定的现金流。

2. 基础设施行业的特点

基础设施行业具有以下特点：

第一，不可替代性。基础设施是社会公众的必需品，与它相似的产品几乎不存在，具有不可替代性。

第二，消费上的兼容性。某个消费者对基础设施行业的消费并不会使其他消费者的消费减少。

第三，生产经营具有规模性。一般来说，在初始阶段企业投资数额巨大，其平均单位成本随着经营规模的扩大反而越来越低。

第四，利益量化的困难性。它产生的利益是长期的，带来的收益很难量化。

第五，地域性。基础设施行业提供的产品和服务被打上了鲜明的地域性的标签，比如自来水、天然气、网络等只能在本区域内或者管道、电缆所覆盖的范围内使用，并不在全国甚至世界范围内自由流动。

第六，价格机制的不灵活性。由于基础设施所提供的产品和服务是普遍的和长期的，所以其价格的制订和调整涉及广大公众的利益，不能按市场供求规律行事。

第七，双重性。双重性是指基础设施行业提供的产品和服务具有公用性和公益性的双重特征。公用性是指其产品和服务是向所有社会公众提供的，不是向某些特殊群体服务的，整个社会或某一特定区域范围内的所有成员都能够享用这些服务和商品，而不能将其进行分割。此外，我国的基础设施行业所提供的产品和服务具有某些公益性。因此，积极履行社会责任是践行其公益性的主要表现。

第八，政府和社会干预。因为基础设施行业一般是与社会大众的公共利益密切相关的，政府和社会舆论根据不同消费群体的利益诉求，通常会对基础设施企业进行行政上的干预或"道义上的说服"，使其做起事来束手束脚，降低了企业的自主经营权。

二、我国基础设施建设的发展历程

（一）我国基础设施建设的发展历程

1. 计划经济时期

计划经济时期，基础设施投融资的主导模式为集中计划投资。政府包揽了基础设施乃至整个社会的投资，政府财政提供全部资金，行政系统支持基础设施的运行，受当时经济发展状况的限制，该阶段投融资的整体规模很小。

2. 改革开放时期

改革开放时期又可以分为探索阶段和市场化改革阶段。探索阶段（1979—1992年）是指在政府投资之外，开辟新的资金来源渠道。比如通过特区的建立来吸引外商投资进入基础设施建设领域。在此阶段，政府也开始简政放权，如将项目审批程序下放、授予地方重点建设的权利与适度扩大企业的投资决策权等。

党的第十四次全国代表大会明确了市场经济体制改革的目标，基础设施投融资领域也随之进入市场化改革阶段。改革的措施多、力度大，主要表现在以下五个方面：第一是按照经济效益和社会效益将各类基础设施项目分为基础性基础设施、竞争性基础设施与公益性基础设施，明确各自投资主体、投融资的具体方式；第二是放宽基础设施行业的市场准入，鼓励多种资本参与到基础设施建设领域中去；第三是政府组建三家政策性银行以支持基础设施、基础与支柱产业的建设与发展；第四是实行招投标制、项目法人责任制等风险约束机制，按照"谁投资、谁决策""收益与风险同在"的原则落实企业自主投资权；第五是借鉴吸收引进国外先进经验和模式，供水等领域使用 BOT 投融资模式就是借鉴外国模式的典型实例。

（二）我国基础设施建设所取得的成就

改革开放以来，我国基础设施投融资领域由于 20 世纪 90 年代以来城镇化的不断加快取得了较大进步，主要表现在以下三点：

第一，基础设施投融资模式多样化。不断引入与借鉴国外的投融资模式，结合我国国情进行不断完善和创新，国内出现了多样化的投融资方式。比如国际上广泛运用的项目并购、BOT、PPP 等投融资模式在国内得到了推广，尤其是在供水工程、供电设施、供气管道等市政领域，大放异彩。

第二，投资主体和资金来源渠道逐步多元化。改革开放初期，基础设施建设项目的资金仅仅依靠国家财政资金，投资主体是中央政府，可见其资金来源和投资主体都是单一的。随着我国市场化程度的不断提高，民营资本和外资在基础设施建设领域中扮演的角色越来越重要。尽管目前国有投资在基础设施领域仍占绝对主导地位，但总体来说，投资主体和资金来源已逐步多元化。

第三，初步建立起了法律法规体系。政府和相关部门在经过多年的努力与尝试，相继出台了一系列相关法律法规，使得法规体系初步建立。比如，2004 年原建设部发布了《市政公用事业特许经营管理办法》以后，从北上广一线城市到武汉、西安等诸多省会城市也都陆续出台了有关特许经营的管理条例和办法，甚至一些县级市也制定了具体的管理办法。

三、基础设施项目建设的投融资困境

近年来，我国经济飞速发展。为了维持这种发展速度，国家必须把加强基础设施项目建设放在经济发展的重要地位，因此，需要投入巨额的资金来适应国内经济的迅猛发展。显然政府的财政资金难以填补大量的资金空缺，已有的融资渠道又难以进一步拓宽，这也造成了我国目前项目融资困境的局面。

（一）各级政府财政资金有限，已无力满足基建大额资金需求

近年来，基础设施项目投资需求迅猛扩张，但是国家对基建项目预算内投资资金的满足率呈现出逐年环比下降的局面。1981 年，国家在基建项目上的预算内资金投资占资金总量的 56.8%，而 2000 年的基建预算内资金投资仅占投资总额的 5.96%，20 年间大约下降了 51 个百分点，国建资金中所占预算内投资的比例呈现出明显的下降趋势，在绝对量上的增长速度要远低于下降速度。

（二）拓宽现有的融资渠道存在一定困难

1. 政府财政拨款

从 1978 年到 2003 年的 25 年间，财政收入占国内生产总值的比重下降了 12.2 个百分点，从 31.2% 下降到 19%。从国内储蓄结构调整上来看，过去 20 年间政府储蓄整体规模虽然有升有降，呈现出波动状态，但是其在国内总储蓄中所占的比率一直呈现出下降的趋势。由此可见，通过增加政府财政拨款这种单一渠道是远远不能满足基础设施建设资金的需求。

2. 银行机构贷款

商业银行在为城市基础设施项目提供贷款的过程中发挥了重要作用，然而其提供贷款的数量有限，不能满足基础设施项目的资金需求。实际经验也表明：一方面银行在为政府基础设施融资过程产生了大量的不良资产，这是因为有一些项目属于市政公共设施，收益率较低，甚至不能弥补运营成本的支出，缺乏稳定的现金收入流，如果任由这种局面发展下去将会大大增加银行的风险；另一方面，政府为迎合融资的需要，不得不设立各种投资机构向银行举债。政府作为融资主体，沉重的债务包袱已经把一些地方政府拖入财务困境的泥潭不能自拔。例如，政府行政干预借款和还款、政企不分和"走后门"贷款现象大量存在，这些债务问题已严重阻碍到社会经济的稳定健康发展。

按照国际标准衡量，尽管我国政府的显性债务总额相对于我国的国内生产总值来说并不是很大，从表面看来，目前政府似乎仍有相当大的举债空间，可是如果将政府承担的所有最终债务全部计算在内，我国政府的债务负担率将大大提高。我国政府目前的债务规模若包含上述债务可高达 17 万亿~20 万亿元以上。按照世界银

行的估计，我国国家债务占国内生产总值的比例大于 3/4，这样看来，我国政府采用国债手段的不足之处还是很多的。

3. 股票融资

股票融资的含义是在基础设施建设过程中采取改制设立股份有限公司的方法，在境内外发行股票来筹集项目建设所需资金。从近年的实践情况来看，股票融资存在着一些缺陷：一是基础产业部门定价不合理，使得其在股票筹资中处于劣势地位；二是证券市场不发达，市场机制不健全，降低了基础产业的股票筹资能力；三是基础产业部门存在的超垄断性经营行为，严重阻碍了资金的流入和部门经济效益的提高。

4. 债券融资

基础设施建设债券是指政府部门与私人部门为了基础设施建设项目筹集资金而发行的承诺在证券到期后或在一定期限内还本付息的有一定价值的证券。该融资方式在基础设施项目融资过程中起着积极的作用，但其发行量、发行规模是有度的。如果债券规模超过这个度，会导致通货膨胀，或产生"挤出效应"，干扰社会资源有效配置的机制，阻碍社会经济的发展，这个时候债券的发行就会对国民经济产生负面效应。

5. 土地筹资

土地筹资是指政府垄断土地一级市场实行土地储备制度，然后以土地的出让、批租、置换等形式来筹集基础建设所需资金。因为我国缺乏相应的土地宏观调控政策与法规机制的约束，某些部门常常禁不住高额利润的诱惑而做出让步，产生了土地批租混乱、无节制的现象。土地批租总量的失衡，不仅导致国有土地资产的大量流失，造成国有投资的严重浪费；还会引发对闲置土地进行炒卖的现象，诱使房地产行业盲目哄抬地价，投入过量资金，使房地产行业出现供大于求的局面，抑制了经济发展的正常速度；更为严重的是，一些地方政府在批租用地过程中，受到开发商利益诱惑的驱使，使批租结构的不合理性更为突出，导致的结果就是房地产行业用地占据了很高的部分，而使公共设施用地严重缺乏。另外，土地批租与基础设施关系不紧密，甚至部分租用地挤占了公共设施用地的发展空间，埋下了影响以后可持续发展的隐患。此外，部分城市的土地批租毫无障碍，对租地者有求必应，没有对土地使用做出有效规划，更无长远计划，这种典型的短期行为，导致我国有限的土地资源在短时期内批租殆尽，缺乏长远的发展眼光。

6. 引进外资

自改革开放以来，我国政府制定了引进外资的政策并积极实施，经过几十年的发展，我国成为发展中国家中最大的外资引入国。国外资本的大量流入有力地推动了我国基础设施的发展，也带动了我国经济领域的快速发展。但是，我国在吸引外资进入基础设施建设领域时存在以下两个问题，其一是外资在对基础设施投资时没有调节好行业和地区之间的关系，出现了结构失衡的现象。对行业投资侧重于电力设施、通信行业，而对垃圾和污水处理、道路、桥梁、隧道、管道运输等方面投资比较少。对地区投资则集中于东部沿海经济发达地区，忽略了中西部具有很大潜力的地区；其二是外资对基础设施领域的投资挤占了国内市场的份额。北京、上海、广州等大中型城市修建地铁时均采用外国政府优惠贷款和政府自筹的混合筹资方式。但外国政府提供优惠贷款的附加条件是购买其设备及维修保养过程中的配件。这种类似于卖方信贷的筹资方式，使得国内制造业的低劳动成本的优势不能得到充分发挥。很明显，国内现有的融资渠道与方式不能使其资金严重匮乏的问题得到有效解决，寻找一条甚至多条新的、成效显著的融资渠道来缓解当前的融资困境的局面成为当务之急。

第二节　PPP 项目投资

一、PPP 项目投资决策

PPP 项目由政府或社会资本发起，一般以政府发起为主。因此，PPP 项目投资决策主要包括政府方投资决策和社会资本方投资决策两个方面。PPP 项目的投资决策主要在项目识别阶段完成。

（一）政府方投资决策

政府作为公共事务的管理者，负有向公众提供优质且价格合理的公共产品和服务的义务，承担 PPP 项目规划、采购、监督、管理等行政管理职能，是 PPP 项目的主要发起者。政府方投资决策的具体步骤如下：

1. 筛选潜在 PPP 项目

根据《操作指南》，财政部门（PPP 中心）应负责向交通、住建、环保、能源、教育、医疗、体育健身和文化设施等行业主管部门征集潜在政府和社会资本合作项目；行业主管部门可从国民经济和社会发展规划及行业专项规划中的新建、改建项目或存量公共资产中遴选潜在项目。财政部（PPP 中心）会同行业主管部门，对潜在政府和社会资本合作项目进行评估筛选，确定备选项目。财政部（PPP 中心）应根据筛选结果制订项目年度和中期开发计划。

政府方在确定潜在 PPP 项目的过程中，可根据项目资产的特性分为三种：①非资产性方案：新的需求可以通过变换提供服务的方式，采用更加有效率的工作方式，或提高对现有资产的使用效率来满足，而不一定要增加新的资产；②现有资产方案：升级或改善现有基础设施，以满足政府部门对于基础设施的服务要求以及广大人民群众的需求；③新增资产方案：当以上两条不能满足需求时，有必要建设新的基础设施。政府通过对资产特性的分析，根据社会公众的需求，由政府行业主管部门发起，向发改部门申报。

2. 开展物有所值评价和财政承受能力论证

筛选出潜在 PPP 项目后，要通过物有所值评价和财政承受能力论证判定项目采用 PPP 模式的可行性。财政部门（PPP 中心）会同行业主管部门，从定性和定量两方面开展物有所值的评价工作。定性评价重点关注项目采用 PPP 模式与采用政府传统采购模式相比能否增加供给、优化风险分配、提高运营效率、促进创新和公平竞争等。定量评价主要通过对 PPP 项目全生命周期内政府支出成本现值与公共部门比较值进行比较，计算项目的物有所值量值，判断 PPP 模式是否降低项目全生命周期成本。对政府付费或政府补贴的项目，还应开展财政承受能力论证，以确保财政中长期可持续性发展。

经地方各级财政部门会同相关部门评估、筛选潜在的 PPP 项目基本信息，均应录入 PPP 综合信息平台。其间由省财政部门审核是否满足上报要求，若满足要求，即由省级财政部门提交，列为储备项目。

（二）社会资本方投资决策

社会资本方针对企业自身利益和战略发展规划，通过与政府建立良好的伙伴关系兼顾企业外部环境与企业能力以及对社会和市场调查结果的分析，寻找 PPP 项目投资机会，并对潜在 PPP 投资项目进行财务评价，以此为根据判断投资可行性并进行投资决策。

1. 社会资本方的分类

社会资本发起方根据自身特点和项目的物理特性，可以分为产业发起人、专业发起人、金融投资机构发起人三大类。产业发起人，即项目是其连成一体的产业上游或产业下游或者是与其核心业务、主营业务相关联，如掌握其核心技术、拥有成套先进设备的发起人；专业发起人，即主要参与项目的建设和运营管理，通过提供权益资金参与项目，如公路等大型交通基础设施工程，一般由承包商发起。金融机构可以作为资金提供方，联合具有基础设施设计、建设、运营维护等能力的社会资本发起 PPP 项目，在投资运作的过程中，金融机构主要负责项目融资。PPP 项目主要发起人的形式和目标如表 9 - 1 所示。

表 9 - 1　PPP 项目发起人分类表

发起人	主要形式	主要目标
产业发起人	连接核心业务，上下游产业	扩大产业链，或将成本转化为收入
专业发起人	提供资金支持	参与项目开发运营管理的全过程，获得项目全过程价值
金融机构	提供投融资服务、股本或债务贷款	获取与负债特征相匹配的资金配置，获得预期收益

2. 社会资本方投资决策的步骤

第一步：编制年度 PPP 项目投资战略规划

由企业战略规划部门召开专题会议部署编制年度投资计划工作，投资管理业务部门收集整理与各省、直辖市、自治区政府签署的战略合作协议，寻求市场项目备忘信息，研究过往业务表格以及自身编制的经济指标参数，编制年度 PPP 项目投资战略规划。规划内容不仅需要包含年度投资总额、潜在投资项目、潜在投资风险分析等内容，还应包含企业参与 PPP 项目的能力条件分析、PPP 项目发展趋势及应用条件分析、优先发展何种领域 PPP 项目三个核心问题。

第二步：细分目标市场，寻找潜在的 PPP 合作伙伴

根据 PPP 项目投资战略规划，投资管理业务部门进一步研究，筛选出信誉评价

高、资金来源可靠、影响力大的合作伙伴，如经济发达地区政府、国家政策重点扶持地区政府、地方财政有保障的政府等，都是潜在优质伙伴群。企业应主动与政府部门进行前期洽商，从项目最前端入手，签订在某地区、某领域、某阶段和某种方式的 PPP 投融资战略合作备忘录，主动掌握商业先机，为以后阶段开展合作奠定基础。同时，与企业处于同一层级平台的合作伙伴建立 PPP 项目投资决策意向，如联合潜在伙伴、设备供应商、基础设施运营商、金融机构等。

第三步：获取 PPP 项目投资机会

投资业务主管部门通过国家、地方政府及财政部门发布的信息获取 PPP 项目投资机会，其主要渠道包括各级财政部门 PPP 中心、政府招商计划、各种融资洽商会和 PPP 沙龙等。同时，企业利用自身信息资源以及市场灵敏度，筛选和鉴别 PPP 项目投资与发展机会，形成拟投资项目。

第四步：对拟定 PPP 项目实施跟踪与研究

社会资本方获取 PPP 项目投资信息后，积极与政府方进行联系沟通，获取 PPP 项目的详细信息，并选择企业内部经验丰富者和外部咨询专家组成专家组实地进行跟踪考察，运用工程经济学、项目管理等多学科知识，对项目的可行性进行分析，并将考察项目过程中总结出来的问题反馈给政府方，进行友好交涉。最后，社会资本方对得出的初步可行性研究报告进行评议，并给出评审结论或咨询建议。通常，形成项目建议书向财政部门（PPP 中心）推荐潜在 PPP 项目。

第五步：参加 PPP 项目投标决策

企业投资业务管理部门根据专家组的评估结果，撰写 PPP 项目的建议方案，呈送公司经营层和决策层审议。建议方案主要包括两方面内容：一是对投资的必要性和可行性做出判定，根据项目的投资规模、投资方向、投资结构、投资收益等重要问题决定是否竞标；二是研究决定是否与其他投资伙伴以联合体名义投标，还是独立投标。若确定竞标，则应及时向政府部门（政府或其授权机构）进行意向登记或报名申请投标资格。

二、PPP 项目投资结构

PPP 项目投资结构是指在 PPP 项目的投资总量中，各要素的构成及其数量比例关系，主要表现为项目资本金比例和政府持股比例。

（一）资本金比例

在我国项目建设政策中，推行"一刀切"的项目资本金制度。项目资本金本质是项目发起人即投资者自身的出资额，首先主要特性是非债务性，投资者的出资对投资项目而言是非债务性资金，项目法人原则上应不承担资本金的任何利息和债务；其次是收益性，投资者可按其出资比例依法享有项目权益；最后是不可撤销性，资本金可以进行股权转让，但在清算以前不得以任何方式抽回。

投资人对项目公司的出资，一般依照《国务院关于固定资产投资项目试行资本金制度的通知》（国发〔1996〕35 号）、《国务院关于调整部分行业固定资产投资项目资本金比例的通知》（国发〔2004〕13 号）、《国务院关于调整固定资产投资项目资本金比例的通知》（国发〔2009〕27 号）、《国务院关于调整和完善固定资产投资项目资本金制度的通知》（国发〔2015〕51 号）等文件，政府和社会资本方共同出资占 PPP 项目总投资 20% ~40% 的资本金，并作为项目公司营业执照上的注册资本金额。

目前，国家对各行业固定资产投资项目的最低资本金比例的规定如表 9 - 2 所示。从表 9 - 2 可以看出，国家对投资规模较大的固定资产项目，要求落实的项目资本金比例大（大于 30%），而对于城市水务、环保等总投资规模较小的其他项目，通常要求落实的资本金比例反而较低（20%）。

表 9 - 2　我国对项目资本金比例的最低要求

项目类别	资本金比例
港口、沿海及内河航运、机场等领域固定资产投资项目	最低 25%
铁路、公路、城市轨道交通项目	20%
城市地下综合管廊和急需的停车场项目	经国务院批准，情况特殊的国家重大项目资本金比例可比规定的 20% 再适当降低
钢铁、电解铝项目	40%
水泥	35%
煤炭、电石、铁合金、烧碱、焦炭、黄磷、多晶硅	30%

采用资本金制度，对工程建设项目的实施有积极推动作用。国家有针对性地对不同领域设置门槛，可以极大地减少和避免"半拉子工程"和"尾巴工程"，一定

程度上可以确保项目资金及时足额到位，对于提高工程质量、保证建设工期、尽早实现项目社会和经济效益都会起到积极作用。对于融资方而言，PPP 项目发起人的资本金表明了发起人对项目市场前景的信心，也反映了项目公司股东的实力情况；同时，项目资本金能够对投资者形成一种约束，促进投资者加强风险意识、投入精力，确保项目建设完工和运营，保证项目债务的偿还。此外，对于投资者而言，与资产负债率一样，合理的资本金比率可以使项目公司保持合理的负债比率，避免过重的财务负担，有利于 PPP 项目的持续稳定运营。

（二）政府持股比例

持股比例是指一个团体和个人在一个公司里所持股份所占的比例。政府持股比例即政府在进行 PPP 项目投资时所出资金占总资本金的比例，是政府方对项目公司控制程度的体现。《关于印发政府和社会资本合作模式操作指南（试行）的通知》（财金〔2014〕113 号）规定："政府在项目公司中的持股比例应当低于 50%，且不具有实际控制力及管理权。"目前，地方政府因庞大的债务压力，已无法支持巨大的基础设施投资建设，所以在 PPP 项目建设中，政府方在项目公司中的持股比例普遍较低，其表现出来的优势为公共基础设施不再只靠政府投资"单打独斗"，通过拿出市场前景好的项目和竞争性业务吸引社会资本共同参与，政府在投资中少量持股，既能大大减轻政府的投资压力，也能大大地化解政府性债务风险，并将项目建设、运营过程中大部分风险合理地转移给社会资本方或其他机构，从而使风险得到最佳的管理。其劣势是政府持股比例低，容易影响社会资本方投资的积极性，投标竞争不充分，使政府处于被动局面；同时，各方持股比例与其利益目标、控制权配置高度关联，社会资本方投资的目的在于获取合理或者超额的利益，而政府持股比例较少，在项目公司管理中话语权不高，容易导致项目实施效率低下，社会资本在项目实施过程中可能会产生一些违法乱纪行为，损害公众利益。

（三）影响投资结构的因素

PPP 项目合理的投资结构，可以降低委托代理成本，提高项目不同阶段的风险应对能力和实施效率；合理的权益结构调整，有利于提升股东和项目公司的价值，提高公共产品和服务供给效率。在进行投资结构设计的时候，需要考虑政治经济制度、经济因素、地方金融市场环境、行业环境以及 PPP 项目特征等因素。

1. 政治经济制度、经济因素

（1）法律制度

法律法规在政府投资额、私人股本金比例等方面的规定会直接影响 PPP 项目的投资结构。目前，我国 PPP 项目法律制度还不够健全，对私人投资者权益的保护程度不足，私人投资者面临较大的投资风险。为降低风险，私人投资者希望政府部门直接投资的比例较高，并且为转移风险，私人投资者会较多地使用长期贷款。

（2）当地经济发展情况

PPP 项目提供的是公共产品和服务，对这类产品的需求量与当地的经济发展密切相关，直接影响项目的投资结构。经济发展良好，项目未来需求量大，未来现金流也大，偿债能力高，能够获得较多的银行贷款，项目资本结构中长期债务比例高；反之，项目资本结构中长期债务比例低。

（3）政府的投资承受能力

在实践操作中，多数 PPP 项目会采用政府持股的方式，持股比例多少往往需要对政府的财政投资能力进行考量。PPP 模式一般适用于准经营性项目和经营性项目，而当前地方政府债务普遍存在且负担较重，非经营性项目（公园、学校、医院等）仍需政府通过财政或举债的方式筹措资金，所以在决定 PPP 项目政府投入资本金时不得不考虑财政承受能力，在合理配置资金的前提下，根据投资承受能力确定具体项目的出资比例。

（4）税收政策

有些 PPP 项目单纯依靠项目未来的收入难以满足私人投资者的投资回报要求，在项目实施过程中，基础设施项目前期投入大，到运营阶段才有现金流入，因此，在项目前期，特别是初始运营阶段的还贷和现金流压力巨大。初始运营阶段的税收减免优惠可以有效缓解这种压力，减少项目公司资金链断裂的可能性。税收优惠的幅度和税收优惠政策的连贯性会影响项目的评估价值，项目评估价值高的项目，政府直接投资比例低。

2. 地方金融市场环境

（1）金融市场环境对债务资金来源产生重要影响

项目所在地金融市场发达，PPP 项目公司可以通过发行债券等多种途径进行债务融资，融资渠道越多、融资成本越低，债务资金使用比例就越高。因此，金融市场环境影响 PPP 项目的投资结构。

（2）市场的接受程度

出于对市场竞争状况的考虑，如果社会资本对于政府占股的比例不能承受，或者说投资人竞争不够充分，那么 PPP 项目实施效果可能就不会理想，对于政府来说，持股比例的设定就要更谨慎。

3. 行业环境因素

（1）行业的技术进步

产品的技术进步能够改变基础设施项目的融资结构，行业技术标准的健全对规范融资行为产生积极影响。并且 PPP 项目建设运营过程中采用新技术积累的经验，对于项目参与方而言，能节省未来在其他项目中应用此类新技术的学习成本。一般来说，技术进步快的行业，私人投资者的股权投资比重相对较高。

（2）行业垄断程度

基础设施项目的自然垄断性决定了项目所在行业被一家企业或少数几家企业寡头垄断经营。同时，由于行业的垄断性或寡头垄断性使得公共产品或服务的提供者是市场上"价格的制定者"，而作为完全竞争市场下的"价格接受者"，如果没有政府管制，生产者对项目产品或服务的定价会远远高于平均生产成本以攫取超额垄断利润，导致市场价格扭曲，市场配置资源效率降低。基础设施行业的垄断程度直接受政府管制的影响，政府可能会对行业准入、项目定价等各方面加以管制。而行业垄断程度将直接影响项目未来的盈利能力和成长性。行业垄断程度高，准经营性产品或服务的提供者能够增强其在与政府部门谈判特许经营协议时的地位，获得更多的政府直接投资。

（3）政府对行业发展的支持程度

PPP 项目提供的产品或服务具有公益性，行业的发展需要政府部门的大力支持，而且项目所在行业在不同的生命周期需要得到的政府支持程度不同。在行业的初创期和成长期，PPP 项目面临的经营风险很大，预期的财务拮据和代理成本使得 PPP 项目能够融到的债务资金较少，财务杠杆较低。政府对行业的支持程度会直接影响银行等金融机构的债务投资。有时，政府对行业的支持可以在一定程度上视为政府的"隐性担保"，有助于加强社会资本和银行等贷款机构对项目的信心，降低融资成本，提高项目资本结构中社会资本股本金比例和长期贷款比例。

（4）行业对社会资本的特殊限制

亚洲开发银行编制的《公私合作（PPP）手册》指出，全球范围内采用 PPP 模式的项目几乎覆盖所有的基础设施行业和新开发项目。而我国《外商投资产业指导目录》（2015 年修订）中规定，有些可采用 PPP 模式的行业必须中方控股，比如电网的建设、经营；城市人口 50 万以上的城市燃气、热力和供水排水管网的建设、经营；铁路旅客运输公司等。随着越来越多的国外投资者关注并进入我国的基础设施行业，在特定行业的具体项目中，如果引入的是国际资本，出于合规性要求应考虑政府控股。

4. PPP 项目特征

（1）项目总投资规模

总投资规模大的项目贷款能力高，债务融资渠道多，融资成本低，项目中长期贷款等债务资金比例高，并且总投资规模大的 PPP 项目往往是关系当地经济与民生的重点项目，为了当地的经济发展和社会稳定，政府部门会加大对项目的支持力度。

（2）项目的特许经营期

特许经营期的长短与项目的投资回报率和净现金流量息息相关。投资回报率代表政府认可的比较合理的收益率，净现金流量代表项目未来的盈利情况。所以，特许经营期的长短不仅反映出项目的收益情况，也进而影响到项目资本结构中社会资本投资和长期贷款资金的比例。PPP 项目的特许经营期越长，则项目运营过程中面临的不确定性因素越多，社会资本和银行等金融机构面临的经营风险也越大，债务性资金比例可能越小。

（3）项目的定价机制

定价机制直接影响项目的投资价值，决定了项目风险和收益的分配。不同的风险和利益分配机制下，项目的融资能力不同，项目资本结构也不同。

（4）项目未来的盈利能力

如果项目本身的收益高、盈利能力强，则社会资本主动投资的意愿就高，项目的资本结构中权益资本比重低，使用较多的债务资金，能够获得更多的利息税值，增加项目的价值。政府部门对盈利能力强的项目的直接投资比例低，社会资本能够较好地发挥技术和管理优势，则政府参与 PPP 权益投资对 PPP 项目的监管和效应将更为高效和互补。如果项目自身收益低，就需要政府出资的比例高一些，以此吸引社会资本投入。

（5）项目风险分配

通常在确定政府和社会资本方股权比例时，首先会考虑各方的能力，即各自控制项目中特有风险而获得收益的能力。PPP 项目中存在的风险要由最适宜的一方来承担，一般来说，政策、法律和最低需求风险等由政府承担。而社会资本具有较丰富的商业经验，项目设计、建设、财务、运营维护等商业风险原则上由社会资本承担，通过投资人各自的优势互补进行组合，从而最大限度地分散风险。各方在项目公司中的投资比例，反映各方在项目公司中的权益，根据责权对等的原则，谁承担的风险责任大，谁的权益就大，反映到投资比例就相应增大。

三、PPP 项目投资方式

投资方式是指企业集团及其成员企业实现资源配置、介入市场竞争的具体方式。PPP 项目投资主体包括政府和社会资本，两者投资 PPP 项目的目的不同，投资方式也不同。

（一）政府投资方式

2015 年 7 月，国家发改委和财政部在《关于运用政府投资支持社会投资项目的通知》中提出，要探索采取股权投资等方式来运用政府投资支持社会投资项目。我国目前以股权方式开展的 PPP 项目投资方式主要有国有股权转让、货币资金入股、实物资产作价入股、无形资产作价入股、前期工作作价入股五种方式。

1. 国有股权转让

对于城市供水、供气等已相对成熟且长期由国有企业垄断的行业，国有企业可依法将其股东权益有偿转让给外资企业或社会资本，组建双方共同持股的 PPP 项目公司。项目公司在双方约定的特许经营期内采用以董事会为中心的公司治理模式，以"使用者付费"作为经营收入，按照股权比例分享利润。

2. 货币资金入股

对于高速公路、民用机场、能源站等盈利能力良好的基础设施建设项目，可依法由政府出资方代表与国有企业、民营企业或外资企业共同出资建设、组建双方共同持股的合营项目公司，依据实际情况由民间资本控股或参股，在政府方和社会资本方约定的特许经营期内采用以董事会为中心的公司治理模式，以"使用者付费"作为经营收入，按照股权比例分享利润。

3. 实物资产作价入股

《公司法》第 27 条规定，股东可以用实物出资。实物资产投资是指投资者直接将土地、建筑物、机器设备等实物资产直接投放于合资、合作等关联企业，通过生产经营活动获得投资收益。

厂房、设备作价入股。在 PPP 项目中，政府可根据已有的实物资产作价进行投资。

土地作价入股。《政府和社会资本合作项目财政承受能力论证指引》（财金〔2015〕21 号）第 15 条明确了地方政府可以以土地等实物进行投资。

4. 无形资产作价入股

《政府和社会资本合作项目财政承受能力论证指引》第 15 条指出，股权投资支出责任中的无形资产投入，应依法进行评估，合理确定价值，明确了地方政府可以以无形资产出资入股项目公司。无形资产投资是指投资人以拥有的专利权、非专利技术、商标权、土地使用权等作为投资。

（1）土地使用权作价入股

土地使用权作价入股是 PPP 模式中特有的一种土地处置方式，是指国家以一定年期的国有土地使用权作为出资投入 PPP 项目公司，该土地使用权由 PPP 项目公司持有。

（2）品牌技术作价入股

技术入股是指技术持有人（或者技术出资人）以技术成果作为无形资产作价出资公司的行为。技术成果入股后，技术出资方取得股东地位，相应的技术成果财产权转归公司享有。

5. 前期工作作价入股

由于 PPP 项目前期工作繁杂，并需要与本级或上级多个政府部门进行接触，比如办理各类审批手续等，由政府方牵头做好前期工作，有利于节约时间，提高 PPP 项目实施效率。因此，政府通过前期工作作价方式入股 PPP 项目，也是目前比较常见的政府投资 PPP 项目的方式。政府垫付的项目前期费用经审计或双方确认后抵作政府方的股权出资。

（二）社会资本投资方式

国家发改委发布的《关于开展政府和社会资本合作的指导意见》（发改投资〔2014〕2724号）提出鼓励和引导社会投资，增强公共产品供给能力。目前，社会资本投资 PPP 项目包括收购国有股权、合资入股和购买经营权等方式，主要以货币资金投资为主。

1. 收购股权

在供水、供气等长期由国有企业垄断的行业，社会资本通过有偿收购目标公司股东的股份，从而获得一定的经营管理权力。社会资本通过自身的技术、专业人才、管理经验改善企业的经营状况，从而获得股权比例相对应的收益。

2. 资金入股

对于有良好盈利能力的基础设施项目，社会资本通常以货币资金投资入股，与政府方组建双方持股的 PPP 项目公司。通常情况下，企业会联合产业投资基金作为社会资本投资 PPP 项目，实现资金、技术、经验的完美结合。而产业投资基金以优先劣后模式组建，一般由同业资金、金融机构作为优先级，地方国企或融资平台作为劣后级。

3. 购买经营权

在具有公益性和经营性的行业中，可充分利用项目的经营功能和设施，出让项目的经营权以吸引社会资本的投入，社会资本可以通过购买经营权的方式来获得预期的收益。

第三节 PPP 项目融资

一、PPP 项目融资特征

PPP 项目融资是指贷款人向 PPP 项目提供贷款协议融资，对于该项目所产生的现金流享有偿债请求权的融资类型。它是一种以项目未来收益和资产作为偿还贷款的资金来源和安全保障的融资方式。项目融资是 PPP 项目运作的一个重要步骤，而多个融资渠道的最优选择是项目融资的关键环节。最优融资渠道并非固定的，外部条件（如国家对项目的支持程度、贷款利率等）的变化也会影响融资渠道的选择。PPP 项目融资主要具有以下特征。

（一）政策保障利于贷款

国家发改委与国家开发银行在 2015 年 3 月联合印发《关于推进开发性金融支持政府和社会资本合作有关工作的通知》。根据这一部署，国家开发银行在监管政策允许的范围内，在四个方面将给予 PPP 项目差异化信贷政策：①优先保障 PPP 项目的融资需求；②对符合条件的 PPP 项目，贷款期限最长可达 30 年，贷款利率可适当优惠；③建立绿色通道，加快 PPP 项目贷款审批；④支持开展排污权、收费权、特许经营权购买服务协议预期收益、集体土地承包经营权质押贷款等担保创新类贷款业务，积极创新 PPP 项目的信贷服务。同时，中央财政出资引导设立 PPP 融资支持基金，鼓励开发性金融机构发挥中长期贷款优势。

通过政策打消融资方的顾虑，建立绿色通道，简化 PPP 项目贷款审批手续，加强信贷规模的统筹调配，优先保障 PPP 项目的融资需求，极大拓宽了社会资本参与 PPP 项目的路径。

（二）有限追索

贷款人对项目借款人的追索形式和程度是区分融资是属于项目融资还是传统公司融资的重要标志。作为有限追索的 PPP 项目融资，贷款人可以在贷款的某个特定阶段或者在一个规定的范围内对借款人实行追索。除此之外，无论项目出现任何问题，贷款人均不能追索到项目借款人除该项目资产、现金流量以外以及所承担的义务之外的任何形式的财产。

（三）非公司负债型融资

非公司负债型融资是指项目的债务不体现在公司的资产负债表的一种融资形式。这一特点对于项目投资者的价值在于使得这些公司有可能以有限的财力从事更多的投资：可以使一个公司从事超过自身资产规模的投资，或者同时进行几个较大项目的开发；同时，将投资的风险分散和限制在更多的项目之中。尤其是 PPP 项目的建设周期和投资回收周期都比较长，对于投资者而言，如果将项目的贷款安排全部反映在公司的资产负债表上，很有可能造成公司的长期资产负债比例失衡，导致公司无法筹措新的资金，影响未来的发展。

（四）多元化信用结构

由于 PPP 项目融资很难完全获得仅仅依赖项目自身经济强度的融资结构，因此一个成功的 PPP 项目融资除了有合理的风险分担，还要有一个多元化的信用结构，充分利用项目自身资源，将贷款的信用支持分配到与项目有关的各个方面，为项目融资提供信用支持，减轻政府及担保人的负担，提高项目的债务承受能力。

（五）融资成本较高，组织时间较长

PPP 项目融资花费时间较长，有些大型项目甚至会拖上几年时间；同时，因为 PPP 项目为有限追索，贷款人承受了较大风险，因此有可能要求附加保险，加大了投资者的开发费用，贷款利率也相对较高，这使利息成本变得高昂。当然，某些地方政府为了吸引投资，可能会提供利率优惠，或者因为项目具有较好的投资收益，贷款人会主动降低利率。

综上所述，虽然 PPP 项目融资成本较高、组织时间较长这一特点限制了项目融资的使用范围，但其仍不失为一种值得推广的方法。因为 PPP 项目融资的有限追索和风险分担，使投资者敢于涉足这类大型项目，而 PPP 项目融资的非公司负债型融资和多元化信用结构，则使投资者有能力进行投资。

二、PPP 项目融资结构

（一）债本比例

债本比例是指项目的债务资金和股本资金的比例关系。确定债务和股本资金比例的基本原则是：在不因借债过多而伤害项目经济强度的前提下，尽可能降低项目的资金成本。

理论上，如果一个项目使用的资金全部是债务资金，它的资金成本应该是最低的，然而项目的财务状况和抗风险能力会由于承受过高的债务而变得脆弱。相反，如果一个项目全部使用股本资金，其财务基础和抗风险能力得到加强，但资金成本却变得高昂。PPP 项目融资没有标准的债务/股本资金比率，在我国，根据项目所属行业、所在地区以及项目投资额，政府会给出债务/股本资金比率的范围。

PPP 项目的债本比例与项目的投资规模、社会资本偿债/盈利能力和社会资本信用有关，应结合项目具体情况，合理利用国内金融市场债务资金的不同来源，降低资金成本。其基本特征主要有以下几点：

（1）相同类型项目的债务水平表现出比例一致性或一致性趋势

项目的类型特征影响着发起人、投资者对债务水平的需求或选择。对于固定资产投资大的项目，由于总投资规模大，通常具有较高的债务水平；而对于投资较小的技术型项目，通常具有较低的债务水平，权益资本偏高。

（2）项目的收益特征与债务水平表现具有关联性

对于具有可靠和稳定现金流、市场风险相对较小的项目，如已经签订相关购买协议、包销协议或具有市场供应垄断性、政府补贴的项目，债务水平可以提高；而对于有一定市场风险的项目，如收费型高速公路、无包销协议的商业电厂项目，放贷方愿意提供的债务水平则相对较低。

（3）项目不同阶段的债务水平不同

在融资建设阶段，由于社会资本方、政府方、放贷方等基于项目的发起目标达成了一致，负债比例基本确定，除特殊情况外（如不可抗力因素），项目的负债比例变化较小。在运营管理阶段，随着项目的逐步成熟运营，虽然可能出现补充经营性现金流、项目改扩建等导致负债比例短期上升，但就总体趋势而言，由于移交无债务的前提条件，项目负债比例总体逐步降低，直至移交时点为零。项目移交后，公共部门或将根据项目改扩建、盘活存量资产等需要，可能逐步合理提高项目的负债比例，直至合理稳定的区间。

（二）项目的资金需求量与年限

准确制订项目的资金使用计划，确保满足项目的总资金需求量是一切项目融资工作的基础。只有做好项目总资金预算以及项目建设期和运营期的项目现金流量预算，才能保证项目融资的资金安排可以满足项目不同阶段和不同用途的资金需求。新建项目的融资预算应由三个部分组成：固定资产贷款、流动资金贷款和费用超支准备金。

投资者的股本资金是项目中使用年限最长的资金,其回收只能依靠项目的投资收益,但是,项目中任何债务资金都是有期限的。如果能针对具体项目现金流量的特点,根据不同项目阶段的资金需求采用不同的融资手段,安排不同期限的贷款,就可以起到优化项目债务结构、降低项目债务风险和融资成本的作用。

三、PPP 项目融资渠道

(一)国外典型 PPP 项目融资渠道

本书从经济合作与发展组织(OECD)、欧洲投资银行(European Investment-Bank)等主要国家和地区的投资机构、承包商、运营商、政府等的权威研究报告或资料中选取了 12 个国际典型 PPP 案例,对项目的融资渠道进行了梳理,如表 9-3 所示。案例项目涉及公路、港口、铁路、机场、试验场、水电站、垃圾处理、政府楼宇、桥梁、区域开发、医院等领域,几乎涵盖了国际上主要的 PPP 项目类型。

表 9-3　国际典型 PPP 项目的融资渠道分析

序号	项目名称	项目类型	融资渠道分析
1	匈牙利 M5 公路	公路	政策银行、保险公司和商业银行
2	波兰 Gdansk 码头	港口	商业银行、投资机构
3	法西跨国高速铁路	铁路	政策性银行及政府补贴
4	印度德里和孟买机场	机场	政策性和商业银行、政府基金、投资机构
5	美国亚利桑那州试验场	试验场	融资租赁
6	土耳其 Birecik 水电站	水电站	商业银行、投资机构
7	波兰波兹南市政垃圾热处理厂项目	垃圾处理	银团、欧盟基金
8	澳大利亚法院项目	政府楼宇	发行年金债券和股票,还由建设信用证发行优先债券
9	美国亚利桑那州渔猎厅总部	政府楼宇	发行基于"租赁—拥有"模式的长期免税债券
10	英国塞文河第二大桥项目	桥梁	政策性和商业银行

续表

序号	项目名称	项目类型	融资渠道分析
11	美国福特岛及开发项目	区域开发	以资产换取服务
12	澳大利亚皇家妇女医院	医院	发行债券

表9-3中，国际成熟市场的债务资金来源渠道较多，表现有政策性银行、商业银行、政府基金、保险公司、投资机构（资产管理机构）和发行债券等，其中，资本市场的具体形式主要为地方政府债券、项目收益债券、公司债券以及资产证券化产品等。在PPP实践中，为了降低政府风险，政府一般不直接承担债券的偿还责任，而是通过提供政府补贴、帮助申请PPP基金等方式对PPP项目融资提供支持。其中，美国在运用收益债券方面是最好的国家之一。项目收益债券是美国公共基础设施债务融资的主要渠道，是仅次于国债和公司债券的第三大债券市场。通常由政府拨款、地方税收收入或者租赁付款做担保，可以免缴美国联邦收入所得税，直接降低融资成本达2%。这些渠道为我国PPP项目融资提供了参考，我国在开展PPP项目的过程中应开阔思路，根据项目的具体情况拓展融资渠道，鼓励合理创新，寻找合适的融资组合对象与方式，形成最优的融资策略。

（二）国内PPP项目融资渠道

PPP融资渠道是项目投资者通过金融市场融通资金的方式，是不发生股权变化的单方面资金使用权的临时让渡融资方式。融资者必须在规定的期限内使用资金，同时要按期付息。PPP模式一般应用于基础设施项目，具有独特的经济特征，忽视这些特征盲目选择融资方案将会增加项目的资金成本，也会增加项目的融资风险，导致融得的资金不能物尽所用。因此，对于不同类型的PPP项目，其适用的融资渠道也不尽相同，需要具体问题具体分析。最优融资渠道并非是固定的，外部条件（例如，国家对项目的支持程度、贷款利率等）的变化也会影响融资渠道的选择。

总体来说，我国PPP项目投资规模一般较大，使得项目公司需要在融资过程中尽量去选择融资能力更大的渠道，以便使资金结构尽量简单；PPP项目在开始阶段需投入大量资金，且没有或很少有资金回收，因此需要巨额资金的准时到位；PPP项目一般含有保证性质的购买协议，项目进入运营期后的收益是稳定的，这对于投资者或者贷款人的信心是强有力的支持；资金偿付和建设费用/收入时间表的匹配对于资金成本的节约很重要，尽可能选择前期还款额少，后期还款额平衡而持续的融资渠道或组合。

我国常见的 PPP 项目融资渠道有金融机构贷款、融资租赁、资管计划、专项债权计划或股权计划、资产证券化、项目收益债、信托、PPP 产业基金等。

1. 金融机构贷款

金融机构资金来源较为充足，资金使用较为自由，因此，金融机构贷款是债务融资的主要渠道之一。金融机构提供投融资服务及债务资金，主要目标是获取与负债特征相匹配的资产配置，获得预期的投资回报。

PPP 项目的金融机构贷款可以分为商业性项目贷款和带有公益性质的（如世界银行和政府提供）项目贷款，提供债务融资的金融机构有商业银行和政策性银行，国家开发银行和农业发展银行以及进出口银行三家政策性银行贷款在 PPP 项目中较常运用，此外还包括出口信贷、多边机构（世界金融公司、世界银行、亚洲开发银行）等。

金融机构在项目发起阶段是项目公司权益资金的重要来源和债务资金筹集的重要牵头人，而在项目成熟运营阶段将是项目公司价值的重要体现和其他股东价值实现的重要途径。PPP 项目融资的有限追索、关注完工担保、未来现金流偿还本息等特点，决定了其与商业银行普通贷款有较大的区别。作为债务资金提供方，主要关心三个方面的问题：自身资本的获利能力（银行经营项目债务资本的获利）、项目每年的偿债覆盖率和项目的贷款期覆盖率。金融机构贷款利息低且还款期长，对规模较大、经济周期较长的 PPP 项目非常有利，但是对贷款总额和占总投资的比例有一定的限制。

PPP 项目融资资金金额较大，融资期限较长，因此还适合采用银团贷款的方式进行项目融资。银团贷款是指由两家或者两家以上银行基于相同贷款条件，依据同一贷款协议，按约定时间和比例，通过代理行向借款人提供的本外币贷款或其他授信业务。中国银行业协会要求，单一客户或单一项目融资超过 10 亿元，原则上通过银团方式提供融资；若融资金额超过 30 亿元，则必须通过银团方式提供融资。

银团贷款具有金额大、期限长、分散信贷风险等优点，因此银行业普遍认同通过银团贷款的形式为 PPP 提供资金支持。此外，由于风险有所分散，银团贷款相比单个银行贷款而言，往往更容易争取到更优惠的贷款利率，也受到政府和社会资本的青睐。广西来宾 B 电厂项目中，贷款/资本金的比为 3∶1，由法国东方汇理银行、英国汇丰投资银行及英国巴克莱银行组成的银团联合承销，贷款中约 3.12 亿美元由法国出口信贷机构——法国对外贸易保险公司提供出口信贷保险。

2. 融资租赁

融资租赁是一种以资金为纽带，融资与融物合二为一，以租赁物件的所有权与使用权相分离为特征的融资方式。PPP 项目多为长期合同，因此无论是在项目的建设中还是在其后续运营期内，都需要匹配稳定的中长期资金，以规避项目建设及运营中现金流的管理风险，融资租赁模式恰恰能够契合这项需求。融资租赁本质上是采取融物的方式达到融资的目的，适用于基础设施领域，主要模式包括直接融资租赁和售后租回。

直接融资租赁中，租赁公司出资购买设备或不动产，出租给项目公司使用。在租赁期内，设备的所有权属于租赁公司所有，项目公司拥有设备的使用权和收益权，分期向租赁公司支付租金。这种模式可以解决购置成本较高的大型设备或不动产的融资难题，缓解项目初期基建资金压力。

售后租回的模式是在直租业务的基础上发展而来的，即项目公司将自有设备或不动产出售给租赁公司，再租回使用，起到了盘活存量资产、改善财务状况的效果。

总体而言，与银行信贷债权相比，融资租赁具有限制少、手续简便、方式灵活、能够调节税收、改善财务状况、资金使用期限长、承租企业偿债压力小、减少承租企业直接购买设备的中间环节和费用等优势。融资租赁对于供水、供电、供气、收费公路、旅游景区等既有现金流又有资产的项目尤为适用。但不可否认的是，由于融资租赁公司获取低价资金的能力远较银行、保险差，而且由于其按季还本付息，收取手续费、保证金等费用的特点，其资金使用效率低，实际融资成本较高。

3. 资管计划

资管计划是由证券公司、基金子公司集合客户的资产，投资于 PPP 项目。资管公司参与项目的运行阶段可以是项目的前期准备阶段，也可以是项目建设阶段或后期项目运营等阶段。在资管公司参与 PPP 项目的操作过程中，应注意资管产品的流动性、资管产品的退出安排、增信措施以及财务监管。

4. 专项债权计划或股权计划

专项债权计划或股权计划是指委托参与投资基础设施项目的信托投资公司、保险资产管理公司、产业投资基金管理公司或者其他专业管理机构进行 PPP 项目投资。此种投资模式在国外的运用较为广泛，险资投资 PPP 项目比较常见。保险资金是投资 PPP 项目的表现形式。2010 年以来，保监会逐步放开了保险资金不动产、股权、金融产品、基础设施债权、集合信托计划、资产支持计划、私募基金的限制，除基础设施债权投资可直接适用于 PPP 项目外，保险公司还可以直接投资能源、资源、养老、医疗、汽车服务、现代农业、公租房或廉租房等企业股权，其中很多产业与 PPP 项目多有重叠。又因为保险资金具有成本低、规模大、期限长的特点，与 PPP 项目特征相吻合，因此保险资金参与 PPP 项目融资有很大的前景。

5. 资产证券化

资产证券化是指成立资产支持专项计划，对符合要求的 PPP 项目进行证券化，通过发行不同期限和信用等级的资产支持证券，为 PPP 项目融资。资产证券化一般适用于有稳定可测现金流的"使用者付费"类 PPP 项目，在进入运营期后，根据合理推算的未来年化现金流，由证券公司等机构将其证券化。

作为一种新的融资工具，资产证券化的融资成本低，一般明显低于同期银行贷款利率水平及其他债务融资成本。此外，该模式操作简单易行，期限结构可根据基础资产及其收益情况、融资用途而定，较为灵活。资产证券化是以资产信用为基础，交易所对信息披露的要求很高，一定程度上解决了信息不对称的问题，同时也提升了 PPP 项目基础资产的信用，对于项目的其他投资方而言也起到隐形的增信作用。

6. 项目收益债

项目收益债是由项目实施主体或其实际控制人发行的，与特定项目相联系的，债券募集资金用于特定项目的投资与建设。项目收益债的本息偿还资金完全或主要来源于项目建成后运营收益。

项目收益债是与特定项目相联系的债券，无论是利息的支付或是本金的偿还，均只能来自投资项目自身的收益。此外，项目收益债的发行主体可为项目公司，也可以设置专户封闭运行，募集资金直接投入固定资产投资项目，项目收入进入专户，专户用于支持债券的偿还。

7. 信托

融资业务在信托传统业务中占比较大，信托公司已建立了一整套与之相匹配的风险控制体系。PPP 项目公司为社会资本单独或与政府合资成立，一般已获得了政府给予的土地使用权、水电气、车辆通行费等专项收费权。信托可通过为项目公司直接提供融资，并要求项目公司就已获得的上述资源进行抵（质）押担保，并在信托层面设计为开放式，允许投资者申购赎回，以弥补信托期限较短的缺陷，与项目公司项目建设的长期性相匹配。此外，信托公司还可以成立短期封闭型专项信托计划，为 PPP 项目筹集资金，还款来源依赖于项目公司获得的政府补贴等现金流。

通过信托的形式介入 PPP 项目融资的方式简单易行，融资成本较低，但存在还款来源不足，抵（质）押物处置不易，以及流动性压力等问题。

8. PPP 产业基金

PPP 产业基金是指通过成立基金，发挥杠杆效应，对外募集资金。同时，在特定情况下也可以达到通过表外融资降低资产负债率的目的。如苏交科与贵州道投融资管理有限公司联合发起的贵州 PPP 产业投资基金，投资方向主要是环保、交通、市政、水务、水利、水环境治理、生态修复、医疗、医药、大健康、海绵城市、智慧城市、城市地下综合管廊等相关行业的股权及债权投资和融资租赁公司的股权投资。

四、PPP 项目融资成本

PPP 项目融资成本的适当性直接影响到 PPP 项目的可行性和投资获益性。如果 PPP 项目融资成本过高，则可能造成后续运营压力过大，容易引发债务危机。PPP 项目融资成本可分为资金成本和非资金成本。

（一）资金成本

PPP 项目融资的资金成本是一种绝对的成本，其利率风险是 PPP 项目的主要风险之一。资金成本包括资金筹集成本和资金使用成本两部分。

1. 资金筹集成本

资金筹集成本是指在资金筹集过程中所支付的各类费用，通常在筹集资金时一次性发生，主要包括资信评估费、杂费、承诺费、债券发行手续费、融资顾问费、公证费、广告费等。①资信评估费：是指寻找具有权威性的资信评估机构，对项目的资产和未来现金流进行研究，取得社会资本等融资方的信用等级，据此判断其偿债能力。②杂费：中长期银团贷款方式下产生的费用，主要是由借款人向牵头银行支付，用于其在组织银团、安排签字仪式等工作时间所做的支出，如通信费、印刷费、律师费等。③承诺费：采用银团融资时，借款人在用款期间，对已用金额要支付利息，未提用部分因为银行要准备出一定的资金以备借款人提款，所以借款人应按未提贷款金额向贷款人支付承诺费，作为贷款人承担贷款责任而受利息损失的补偿。④债券发行手续费：项目公司发行债券筹集项目建设资金时所需要的成本。只要债券一发行，就能吸引众多投资者购买，其筹资成本会明显降低。⑤融资顾问费：当采取融资租赁等方式时，融资方与出资方磋商具体方案，并申请第三方审核的成本。

2. 资金使用成本

资金使用成本是指因使用资金而支付的费用，如银行借款以及发行证券的利息等。本币贷款方式下主要为国内贷款利率成本，资金使用成本主要与银行贷款利率成正比。银行贷款虽然具有种种优点，但是由于其审批相对复杂，贷款审批所需时间较长，项目运营期内贷款利率变化等特点，使得在选择该方式时应充分考虑项目运营期、融资规模、银行贷款融资比重、整体融资结构等因素，最大限度降低融资成本，优化融资结构。出资者可以选用固定利率、浮动利率或者两种利率的结合，也可以选用利率封顶、限底等手段降低利率风险。工程建设过程中分步投入的资金应分步融入，否则会极大增加融资成本。在约定产品价格时，应预期利率和通货膨胀的波动对成本的影响。若是从国外引入外资的 PPP 项目，还应考虑货币兑换问题和汇率的预期。

（二）非资金成本

非资金成本主要有风险成本和代理成本。

1. 风险成本

PPP 项目融资的风险成本主要是指财务拮据成本。财务拮据是指公司没有足够的偿还能力，不能及时偿还到期债务。财务拮据成本是指当发生财务拮据时，产生的大额费用或机会成本。当财务拮据发生时，可能会出现以下情况：①建改期内发生财务拮据，当供应商或承包商意识到项目公司陷入财务困境时，他们往往不再向该公司供应材料或消极怠工，导致项目进度滞后或财务状况恶化，以致整个项目失败。②当运营期出现严重的财务拮据时，到期债务不能如期偿还，贷款人会根据相关担保条款，得到项目全部或部分运营权，致使投资实体不仅得不到任何回报，最后甚至连建设成本都无法收回，从而蒙受重大损失。③大量债务到期时，贷款人纷纷上门讨债，项目公司不得不以高利率借款，以便偿还债务。④为了规避财务拮据，管理层可能会变卖有用的机器设备以获取现金、降低质量，以避免出现财务拮据的问题。

2. 代理成本

PPP 项目融资的主要代理成本是债务融资代理成本。因为 PPP 项目公司拥有债务，所以在投资者和贷款人之间就会产生利益冲突。这会诱使投资者谋求利己的策略，倾向于采用高风险、高收益的投资行为。因此，一旦成功，他们将获得其大部分利益，而失败的风险则大部分由贷款人承担。但是，一个理想的贷款人必然会预期到这种情况的发生，从而会要求更高的报酬率，这将导致债务资金成本上升，这就是债务的代理成本。随着债务资金比例增大，股权代理成本逐渐下降，债权代理成本逐步上升。债务代理成本的存在降低了项目价值。因此，应考虑股权代理成本和债权代理成本，最大限度地降低债务代理成本，选择使总成本最低的资金结构。

第四节　PPP 项目退出方式

理论上，社会投资人投资 PPP 项目的退出方式有公开上市、股权转让、股权回购、清算、发行债券票据、资产证券化等。由于清算退出是最不成功的退出方式，下面仅就上市、债券、股权转让等退出方式的利弊和适用前景做出分析。

一、股权回购

股权回购是我国建设项目传统的退出机制，是指施工单位带资建设结束之后将其持有的项目公司股权转让给地方融资平台或政府指定的运营单位，以收回建设成本并取得收益。国办发〔2015〕42 号文、财金〔2015〕57 号文明令禁止政府回购后，将股权转让给地方融资平台的政府兜底方式已不具合法性。实践中的变通做法有两种：一种是要求政府指定企业回购，该种方式本质上还是政府兜底，只是将平台公司债务转化为地方国有企业债务，政府方仍然承担了大部分风险；另一种方式是作为社会投资人的金融机构要求建设方或运营方回购或提供担保，这将增加施工单位的资产负债率，影响其扩大再生产能力。对于国外比较流行的兼并收购方式，由于我国股权交易市场尚不健全，股权转让渠道不畅，并购退出适用范围较小。因此，尽管股权回购与股权转让是我国 PPP 项目的主要退出方式，但其并非为最优途径。当然实务中可以退而求其次，在上市、资产证券化等通路尚未畅通之前，回购仍然不失为一条可行的路径。

二、公开上市

公开上市是回报率最高的投资退出机制。公开上市退出，是指 PPP 项目公司首次面向非特定社会公众公开发行股票以获得大量资金，在满足项目公司的后续资金需求的同时，为投资者带来丰厚的回报。但是目前我国资本市场体系尚不成熟，A 股公开上市时间长、门槛高、成本高，海外上市条件更高，一旦上市不成功项目公司前期成本支出将沉没，投资人以公开上市方式退出的先例实属凤毛麟角，因此上市退出暂时还不具有普适性。

三、发行债券

发行公司（企业）债是 PPP 项目公司"以债还贷"的理想途径，但法律法规对公司、企业发行债券存在较高要求。例如，公司净资产、盈利能力须达到一定要求，累计发债不得超过净资产的 40%，固定资产项目累计发债不得超过总投资的 20%。PPP 项目公司往往难以达到此项要求，且债券发行额度也不足以满足其融资需求。更重要的是，公司（企业）债仍然以投资者信用为背书，这将加大 PPP 项目社会投资人的财务负担。

项目收益债是一种债券品种的创新，其与项目投资者信用相隔离，偿债来源于项目本身收益，适合于 PPP 项目。依 2015 年出台的《项目收益债试点管理办法》，非公开发行的项目收益债券发行门槛大幅降低：一是审核方式采取发改委注册制而非审批制；二是信用评级需达到 AA 及以上；三是没有发行额度限制；四是直接以项目未来收益作为偿债来源。但是项目收益债仍然受以下限制：一是项目法定最低资本金需全额到位，且银行贷款意向函已出具；二是项目内部收益率应高于8%，财政补贴占项目收入的比例合计不得超过50%；三是原则上专款专用，不得用于置换项目资本金或以债还贷；四是要求股东承担差额补偿义务，即当项目偿债资金专户的资金不足以偿还当期债务本息时，差额补偿人应补足投资者收益。如我国第一款项目收益债产品"14 穗热电债"便是以广州环保投资集团作为第一差额补偿人，广日集团作为第二差额补偿人。因此，尽管项目收益债的发行条件并没有公司（企业）债高，但是仍然受到诸多限制，以债还贷的可能性非常小，且项目风险也并未与发行人、发行人股东完全隔离。

四、资产证券化

资产证券化（assertsecuritization）是指企业或金融机构将其能产生现金收益的资产加以组合，出售给特殊目的的载体（SPV），SPV 再发行以该基础资产产生的现金流为支持的证券产品，将该证券出售给投资者的过程。资产证券化具有资产支撑和风险隔离两个特性，资产支撑是指资产证券化的证券必须有特定的资产作为支撑，经营性和准经营性 PPP 项目投资周期长、现金流入长期稳定，天然适合作为资产证券化的基础资产；风险隔离是指发起人通过将支撑证券的资产出售给发行人的方式，使资产离开发起人资产负债表，从而实现"破产隔离"，即基础资产转让后不再受到发起人的债务人的追索。资产证券化将债权这一原本没有流动性的资产转换成可以在资本市场上发行并销售的证券，提高了资金的利用效率，转移了聚集于发起人之上的风险。作为 PPP 项目社会投资人的施工单位和作为初始财务投资人的金融机构可以利用资产证券化工具退出 PPP 项目，转由更适合长期投资的保险、社保基金、养老基金等债券投资人持有的项目资产，提高资金使用效率。尽管作为一种新兴融资方式，资产证券化也隐藏着一些风险和制度障碍，但这并不妨碍其成为适宜的 PPP 项目退出通道。

综上所述，在公开上市、公司（企业）债券门槛较高、股权交易市场机制不健全、股权回购弊端较多的情况下，未来 PPP 项目融资方可以尝试使用资产证券化方式退出。

第十章 PPP 项目与银行合作

由于 PPP 这种新的合作方式在一定程度上很好地化解了地方债务、解决了地方政府融资渠道转型的问题，使得国家推广 PPP 业务的决心非常坚定。在各部委的共同推动下，PPP 项目的发展十分迅速，并且也希望"金主"银行能够简化融资手续，尽快投到 PPP 项目建设中来。

但对于出资方银行来说，面对新的事物，要设计出与之相适应的金融产品则需要较长时间。PPP 项目牵涉主体较多，操作流程复杂，银行资金如何介入、怎样在现有的银行贷款体制构架 PPP 融资模块是银行需要考虑的问题。另外，PPP 项目融资往往数额较大、期限较长，如何防控其中的风险更是银行考虑的重中之重。因此，PPP 项目的发展前景固然很好，使银行也在看好 PPP 广阔发展空间的同时，秉持着积极审慎的态度参与其中。

第一节 银行投资基础设施项目的传统模式

一、对中标企业的贷款

在 PPP 出现之前，地方的基础设施建设往往由大型企业通过招投标获得。中标企业根据自身财务状况，寻求银行资金合作。

可以说，之前银行资金支持基础设施项目建设的主要途径就是针对企业发放项目贷款。贷款发放主要基于银行与该企业的银企合作关系。在考虑是否发放贷款时，银行主要从两个维度来把握。①企业的情况。该企业的股东背景、所属行业、企业的经营情况、市场地位、财务状况、外部融资情况等均是银行考察的重点。在完全符合银行信贷要求的前提下，银行才会继续与企业就某个项目进行合作。②项目的情况。银行会从项目的所在地区、建设内容、审批进度、项目预算、预计收益等多个方面重点考察项目情况，对项目的风险与收益进行细致评估，再综合考虑融资企业自身的情况，确定是否给予企业项目贷款。

除项目贷款外，企业也可以通过中长期流动资金贷款、保理融资等方式获得银行的资金支持，但这些同样都是基于银行对该企业的肯定，也就是说，主要取决于企业自身的信用。

二、对地方政府的贷款

银行通过地方政府融资平台对地方政府发放贷款是基础设施投资的主流传统模式。对银行而言，这种模式最大的优点就是风险可控、操作简单。地方政府出具还款承诺函或对贷款进行担保，可以完全覆盖贷款的风险敞口。但由于银行贷款计入地方政府性债务，这种模式产生的最大风险是放松了地方政府的预算约束，导致政府性债务大大增加。根据审计署的审计结果，截至 2010 年年底，地方政府负有偿还义务的债券达到 6.71 万亿元；2013 年 6 月底，地方政府负有偿还义务的债务上升至 10.88 万亿元；2015 年，全国人民代表大会将当年的地方政府性债务限额锁定为 16 万亿元。当前，地方政府性债务风险已经成为触发区域性、系统性风险和危机金融稳定的重大诱因。2014 年，国务院出台《关于加强地方政府性债务管理的意见》（国发〔2014〕43 号），剥离融资平台公司政府融资职能，规定地方政府举债只能采取发行政府债券方式。至此，银行通过地方政府融资平台对地方政府的贷款的融资模式彻底退出历史舞台。

第二节　银行投资 PPP 项目的新路径

银行资金进入 PPP 项目，一般会通过以下两种途径：一种为 PPP 项目公司的股东提供资本金方面的资金支持，另一种为 PPP 项目公司主体发放贷款。

一、银行投资的形式

银行投资 PPP 项目的路径主要有两种：一种是债权形式的银行项目贷款，也就是直接为项目公司发放项目贷款；另一种是非银模式，也就是通过信托公司等渠道将资金投入项目公司的股权层面，即为项目公司的股东提供资金支持。两者除权利性质不同以外，对融资者来说，最主要的是价格不同，股权融资的价格一般要比债权融资高 3 个百分点，甚至更高。

（一）银行项目贷款

其实，银行对待 PPP 项目的态度是很积极的，但同时又不是盲目推崇的，这表现在银行在资金发放的审批程序上丝毫不会因为是 PPP 项目而有所放松。从风险防范角度来看，PPP 项目与纯 BOT、BOO、BT、TOT 项目等并无太大的区别。由于准经营和非经营性项目占据较大比重，银行在审核 PPP 项目时十分关注地方政府的履约能力，通常年 GDP 在千亿元以上、财政预算收入在 100 亿元以上的地级市较容易获得融资，当然有些银行可能会放松标准。

抛却 PPP 项目的特殊主体身份，给予 PPP 项目贷款和给予传统企业项目贷款并无本质区别。如前所述，在综合考虑 PPP 项目中的 SPV 以及项目整体情况后，银行会给予其项目贷款融资。但在考虑 SPV 时，因为其特殊性质，所以该企业并无财务状况、经营状况等可供银行进行了解和把握；因此，对其股东尤其是私人资本部分的考虑会是银行考察的重中之重。尽管 PPP 名义上是政府与社会资本合作，然而目前纯民营企业仍然较难获得融资，由于 PPP 项目合作周期长、风险大，市场上 PPP 项目多为央企或国有企业参与。

针对资金需求较大的 PPP 项目，还会出现不同银行间组成的银团贷款，或同一银行不同分行间组成的行内联合贷款。

（二）非银模式

非银模式是指银行在各种因素的影响下，选择非信贷的模式来对 PPP 项目融资进行支持，包括通过成立信托计划、资管计划等通过信托公司、证券公司等渠道进行出资，还包括通过成立产业基金或针对某项目的项目基金的模式进行出资。

《商业银行理财业务监督管理办法（征求意见稿）》显示，监管层对银行理财资金服务实体经济持肯定和鼓励的态度。虽然对商业银行的投资渠道进行了一定限制，但是商业银行通过信托、证券、基金等通道参与项目投资仍然是被允许的。

简单来说，就是银行利用自身理财池的资金通过信托公司成立信托计划，以信托计划的名义投入 PPP 项目中来，这种情况下的融资被称为股权融资。与前面所述的银行项目贷款所属的债券融资性质截然不同。该信托计划会作为 PPP 项目中 SPV

的 LP，按约定获得固定收益回报，不承担项目风险。通常银行在采用此种方式时，会在之前就敲定回购协议。回购协议会明确该信托计划在约定时间退出时由谁负责回购该部分股权，并且谁负责兜底也就是承担回购的担保责任。资管计划的介入与之相似，都是银行资金的一种渠道转换。

还有一种股权融资模式就是成立基金。该基金可以是就某一行业设立而成的产业基金，也可以是针对某一 PPP 项目设立的母基金，供其项目分期使用。投资基金的投资者可以是机构，也可以是个人，银行资金也可以通过渠道转换参与到 PPP 项目公司的股权中。但这种模式对银行来说，由于其后期的资金监管较为复杂和困难，所以通过行内审批的难度较大。

随着 PPP 在我国的不断完善，且不同模式、不同情况的 PPP 项目的出现，不排除还有其他种类的融资形式出现在 PPP 项目中。以上几种融资模式均是目前较为常见的针对项目类的融资方式。这些融资方式可能是单独出现，也有可能是以组合方式出现。例如，某个 PPP 项目在资本金的部分，可以以股权融资，再以 PPP 项目申请债权融资，在满足银行审批条件下也是可以成立的，"股加债"模式是目前较为流行的 PPP 融资模式。

二、银行投资 PPP 项目的合规要求

目前，PPP 项目市场风生水起，很是热闹，但银行却并未因此而大开贷款的方便之门。其主要原因在于风险控制仍是银行在投资 PPP 项目时考虑的主要因素。

首先，银行会综合考察项目的情况。国家发改委、财政部分别发布了其推行 PPP 项目的指导文件以及多个示范项目，其中对于 PPP 项目的遴选及审批程序规定在细节上各有侧重及不同。目前，PPP 项目审批权限并不集中在一个部门，仍是国家发改委、财政部以及相应行业主管部门的多头审批，且各部门的审批权限范围、审批标准等尚不明确。银行在为相应 PPP 项目提供融资服务前，会逐项确认该项目是否已取得所必需的政府部门审批、授权并确保其已分别符合不同审批机构的要求，规避有可能产生的法律风险。通常列入中央部委库和省库的 PPP 项目比较容易获得融资，因其审核条件较严，有的银行将列入省库作为融资条件之一。

在确保上述条件落实的情况下，银行还会综合考虑项目的收费机制、市场风险、政府的补贴机制、项目的营利性、经营风险等。必须要提的一点是，项目的地

点也是银行考虑的一大因素。因为有的 PPP 项目的回报机制可能为政府付费或是可行性缺口补助，那么政府的信用就是银行要考察的重点了，因为这涉及最终贷款到期后是否能够按约定拿回本金并获取收益。另外，银行比较倾向于给予其所在政府或者企业贷款，如若涉及异地贷款，则会慎之又慎。因为如果项目在异地，那么对于贷款的前期调查和贷后监控均会面临较大的困难。相对来说，北上广深等一线城市的 PPP 项目更容易获得银行的青睐，对于经济较不发达的地区，银行则会谨慎介入，避免政府出现推诿扯皮的现象。

其次，银行会考察项目公司的情况。在 PPP 模式下，除直接为项目公司的股东提供贷款外，银行贷款发放对象一般是项目公司。所以在考察项目的情况时，银行一是考察项目公司法人主体设立的合法合规性、组织结构的合理完整性；二是考察社会资本对项目公司进行管理、运营的能力。银行在考虑是否给予 PPP 项目以资金支持时，无论是给予项目公司以项目贷款还是以股权方式介入 PPP 项目公司，最主要考虑的就是项目的完工风险。PPP 项目一般周期较长，项目本身能否按照既定的技术标准设计完成施工进度，都存在不确定性。而避免完工风险的关键在于参与工程的社会资本的资质。因此，银行对社会资本本身股东、行业状况、经营状况、财务状况、已有融资情况、对外担保情况等也会做详尽地调查，尤其是社会资本本身在该行业的资质、资历都会影响到银行对于项目完工风险的判断。

最后，银行会考虑最终的还款来源。与传统的 BOT 项目政府平台融资中政府承担最终还款的兜底责任不同，在 PPP 项目中，政府不再为银行债权的实现提供保障。PPP 项目中融资主体的还款来源方式有三种，即使用者付费、政府付费、使用者付费与政府补贴相结合。政府与社会资本是平等主体关系，收益共享，风险共担。PPP 项目就如同一般项目，能否按照项目规划的进度实现预期的盈利缺乏保障。所以银行在考虑项目收益的同时，可能会要求融资主体提供相应的担保措施，以防范可能发生的还款风险。在实际操作过程中，银行会争取 PPP 合同项下的应收账款质押（包括使用者付费和政府付费），结合借款人、担保人、项目自身等相关利益方的有效资产的足额抵押，并要求地方政府、借款人及其股东承诺不将该项目形成的资产和相关权益向第三方抵（质）押等。

第三节 银行投资 PPP 项目的监管规定

PPP项目融资与其他项目融资一样，会受到各有关部门的监管。《中华人民共和国商业银行法》第四章"贷款和其他业务的基本规则"中明确了银行贷款的一般规则。如对商业银行资产负债比例的要求、对商业银行提供贷款的审查要素的要求等。

银监会2009年发布的《项目融资业务指引》规定了对金融机构开展项目融资业务的一般要求，包括对贷款人的风险识别、风险评估、担保措施要求、贷后监控要求等。其中第15条规定：贷款人应当根据项目的实际进度和资金需求，按照合同约定的条件发放贷款资金。贷款发放前，贷款人应当确认与拟发放贷款同比例的项目资本金足额到位，并与贷款配套使用。在实际操作中，银行对PPP项目中的资本金融资基本遵循最高不超过50%的比例要求。

中国银监会、国家发展和改革委员会《关于银行业支持重点领域重大工程建设的指导意见》（银监发〔2015〕43号）中，指出要积极开展信贷创新，积极创新担保方式，如利用收费权、特许经营权、预期收益等进行抵（质）押贷款，探索创新融资模式，如大型成套设备金融租赁、资产证券化等。同时，该意见也提出了相应的要求。

（1）确保项目建设合规性

贷款发放与支付前，确保项目已正式取得投资、环保、土地、规划、安全生产等主管部门的审批（核准）文件，确保项目资本金足额到位并与贷款配套使用，确保项目实施进度与已投资额相匹配。

（2）切实落实还款保障条件

按照自主经营、自担风险、自负盈亏、自我约束的商业化原则自主审贷，全面、深入评估项目风险，严格把关。审慎预测项目的未来收益和现金流，以其作为未来还款的主要保障，不得要求地方政府对重大工程项目融资承担还款责任，或提供任何形式的显性和隐性担保。

（3）做好贷中分贷后管理工作

严格按照贷款合同约定发放和使用贷款，坚持专款专用，防止贷款挪用。确定专门项目收入账户，加强对项目收入账户的监测和管理。定期对借款人和项目发起人的履约情况及信用状况、项目的建设和运营情况、宏观经济变化和市场波动情况、贷款担保的变动情况等进行监测分析，完善贷款质量监控制度，并对可能影响贷款安全的不利因素及时采取针对性措施。

（4）推进风险管理体系建设

密切关注经济金融形势变化，加强风险监测和预警；全面了解客户和项目信息，强化项目全周期风险管理；合理运用担保以及项目收费权、合同收益权、保险权益转让等方式，完善风险缓释机制。防范外部风险与银行内生性风险的侵袭，防范银行机构表内风险与表外风险的传导。该指导意见更大程度上是要求银行为解决 PPP 融资难题做出改变。

第十一章 PPP 项目与信托融合

第一节 政信合作项目传统交易模式

基础设施信托业务是信托公司的传统优势领域，具有广泛的市场空间和巨大的需求潜力。基础设施信托业务（又称为政信合作）是指信托公司设立基础设施信托，将受托资金投资于交通运输、能源设施、市政建设等项目，以政府财政陆续到位的后续资金、所投项目公司阶段性还款以及项目预期收益形成的分红作为本金偿还保证，其实质是各级政府、地方融资平台与信托公司在基础设施、民生工程等领域开展的合作业务。自 2009 年中央政府出台经济刺激计划以来，随着宏观经济金融形势的变化和监管政策的调整，政信合作业务经历了快速发展膨胀、逐步清理整顿、业务萎缩、再度抬头发展、再次规范清理等反复过程，在不同的发展时期，政信合作业务模式侧重略有不同。综合来看，主要包括以下几种模式。

一、信托贷款模式

信托公司将信托资金以贷款形式投向信托文件中约定的基础设施项目，到期回收信托贷款本息。以贷款形式对信托资金加以运用，是较为常用的信托投资手段。贷款类信托产品的优点在于其操作手法的常规性、对普通大众而言的易理解性，以及产品模式的易复制性。

二、股权投资模式

信托公司运用信托资金以股权投资方式，与项目主办方联合发起设立项目公司或对已有项目公司增资扩股，充实融资主体的资本金，以吸引和带动其他债务性资金的流入。信托资金以资本金的形式注入，增加了项目公司的所有者权益，有利于降低项目公司的财务杠杆。在项目运行期间，信托公司通过派驻股东、参与经营决策等方式介入项目公司的日常运营。

三、财产权信托模式

政府部门或公用事业法人以特定的财产或财产权作为信托财产，委托信托公司作为受托人设立财产权信托，信托财产包括股权、应收账款债权、公路/桥梁收费权、公共设施门票收费权等可证券化的资产。政府部门或公用事业法人因设立信托取得信托受益权，为提高信托产品的信用等级，可以进行信托收益权的分层设计。信托公司接受政府部门或公用事业法人的委托，通过向投资者转让其持有的信托受益权进行融资，投资者交付转让价款后成为信托的受益人。

四、产业基金模式

基础设施产业基金，是由信托公司通过集合信托计划方式发行信托单位，设立基础设施产业基金，以产业基金的形式对基础设施项目进行股权、债权或权益投资，或采用混合融资的方式进行组合投资。在实际运作过程中，信托公司负责产业投资基金的运作，信托公司本着"利益共享、风险共担"的原则向投资者提供主动管理服务，或委托投资顾问共同管理信托资产，并由独立的第三方机构保管信托资产。

五、权益投资模式

权益类投资模式主要包括"应收账款转让"和"买入返售应收账款收益权"两种方式。应收账款转让模式是指以信托募集资金受让融资方的应收账款，到期后融资方的债务人直接向信托计划履行偿债义务，应收账款转让模式实质上是一种债权转让行为。而买入返售应收账款收益权模式的交易结构为：信托资金用于向项目建设方（融资方）受让其基于与政府签订建设项目协议而享有的应收账款收益权。信托资金用于项目建设，信托到期后由项目建设方溢价回购。该类项目通常要求提供应收账款质押并由其融资方的关联方采用连带保证等方式为融资方到期回购提供担保。

在 2014 年 9 月，国务院印发《关于加强地方政府性债务管理的意见》（国发〔2014〕43 号，以下简称 43 号文），文中要求地方融资平台剥离政府融资职能，同时不得新增政府债务。由于传统政信合作项目交易模式大多都是以平台公司作为交易方而开展的，这一条款对传统政信合作操作模式产生了较大影响。在 2015 年 5

月，为妥善解决融资平台在建项目后续融资问题，国务院办公厅转发财政部、人民银行、银监会《关于妥善解决地方政府融资平台公司在建项目后续融资问题的意见》（国办发〔2015〕40号，以下简称国办40号文）。该文针对在建项目的存量融资要求如下，对2014年12月31日前已签订借款合同并已放款但合同尚未到期的在建项目，银行业金融机构要继续按照合同约定发放贷款；对2014年12月31日前已签订借款合同且合同到期的，如果项目自身运营收入不足以还本付息，银行业金融机构可重新修订借款合同。此外，针对在建项目的增量融资、意见要求，对于已签订合同贷款额不能满足需要且适应PPP模式的在建项目，优先采取PPP模式。此外，国办40号文指出，对于已签订合同贷款额不能满足需要且不宜转为PPP模式且符合相关条件的，纳入政府预算管理，由地方政府按法律要求和有关规定发行政府债券解决。可以说国办40号文对地方政府融资平台的融资限制予以一定程度的放宽，在目前这段政策缓冲期，信托公司的政信合作项目主要通过贷款、权益投资（含应收账款转让、股权投资附回购）等模式开展（各种模式的对比分析如表11-1所示）。

表11-1　近年政信合作项目交易模式对比分析

交易结构	应收账款转让附回购	应收账款流动化	贷款	股权转让附回购
合规性分析	（1）须符合银监发〔2013〕10号文关于平台融资的条件要求（2）所受让的应收账款应当是已形成的存量政府债务（3）当融资主体未履行回购债权义务，由政府直接向信托公司偿还债务时，并未新增地方政府债务	（1）须符合银监发〔2013〕10号文关于平台融资的条件要求（2）所受让的应收账款应当是已形成的存量政府债务（3）信托到期后由政府直接向信托公司偿还债务	须同时符合国办40号文、银监发〔2013〕10号文及财预〔2012〕463号文的监管要求	股权转让附回购实质上属于融资，因此仍须同时符合国办发40号文、银监发〔2013〕10号文及财预〔2012〕463号文的监管要求
绑定政府信用效果	★★★★ 应收账款是第一风控要素，通过绑定应收账款，进而要求政府直接承担偿还债务责任，有效绑定政府	★★★★ 应收账款是第一风控要素，通过绑定应收账款，进而要求政府直接承担偿还债务责任，有效绑定政府	★ 政府不是直接债务人，也不能为融资平台提供保证，其提供支持的承诺并无法律效力，无法有效绑定政府信用	★★★ 绑定政府效果取决于股权回购方是政府（或政府部门）还是融资主体。如果股权回购方是政府，则政府直接承担回购责任，绑定效果较好

交易结构	应收账款转让附回购	应收账款流动化	贷款	股权转让附回购
适用范围	适用广泛，属于主流交易结构	适用广泛，属于主流交易结构	主要适用于融资主体已整改为一般公司类，且自身具有稳定经营现金流的融资平台公司	适用较少，受限于国有股权转让、处置须履行一定审批手续
项目特点	（1）交易结构要点：信托公司受让融资平台对政府的应收账款债权，信托到期后，首先由融资平台回购应收账款，若未回购，则由政府直接偿还债务 （2）绑定政府信用措施：政府将应收账款的还款列入财政预算，并通过人民代表大会决议；政府与融资平台、信托公司签署三方债权确认协议，确认政府债务 （3）缺点：由于所有风控措施及绑定政府信用都集中在应收账款基础资产上，对应收账款要求较高，且应收账款日益稀有，市场竞争激烈	交易结构要点：融资平台将其对政府的应收账款委托给信托公司设立财产权信托，并对信托收益权进行分层，通过向合格投资人发售优先级和中间级信托收益权实现应收账款的流动化。该模式属于准资产证券化模式，与应收账款转让附回购模式有异曲同工之处。此外，其通过结构化模式实现属地发行或关联方认购，增强了保障效果	（1）交易结构要点：信托公司直接向融资平台发放专项资金贷款 （2）绑定政府信用措施：政府为其还款提供支持 （3）缺点：政府不是直接债务人，也不能为融资平台提供保证，其提供支持的承诺并无强制法律效力，无法有效绑定政府信用	（1）交易结构要点：信托公司与政府/融资平台签署股权转让协议，受让融资平台股权，信托到期后，由政府回购股权 （2）绑定政府信用措施：政府作为信托公司的直接交易方，是承担法律责任的直接法律主体，权利义务责任约定比较明确；若转让的是融资平台持有的子公司的股权，则绑定政府效果很差。其绑定政府效果取决于股权回购方是政府（或政府部门）还是融资主体 （3）缺点：法律风险在于国有股权转让需要履行一系列的审批手续，程序复杂，须保证股权转让的有效性。商业风险在于股权价值如何评估，项目出险后，股权无法处置；若受让融资平台持有的是其子公司股权，则绑定政府效果很差

第二节　信托资金投资 PPP 项目基础设施的新路径

长期以来，政信合作业务因为有政府信用背书，深受投资者青睐，成为信托公司的重要业务领域之一。但随着中央政府严格规范地方政府债务管理、系统清理整顿地方融资平台，政信合作业务规模不断萎缩。尤其是 2014 年 43 号文下发后，融资平台的融资功能被剥离，政信合作传统模式遭受严重冲击。同时，43 号文鼓励政府在基础设施建设和公共服务事业发展中采用 PPP 模式,国务院、财政部、发改委和地方政府先后发布多项政策文件,搭建了 PPP 项目的制度框架,PPP 项目实践亦风生水起。信托公司为应对政策限制,开始积极探索参与 PPP 项目,寻求新的业务模式和利润增长点。

在当前宏观经济进入新常态、财政收支矛盾突出、社会资本充裕但难以进入公共领域的背景下,2013 年 11 月,十八届三中全会提出,建立透明规范的城市建设投融资机制,允许社会资本通过特许经营等方式参与城市基础设施投资和运营,并明确由财政部牵头推动,从而开启了推广运用 PPP 的新纪元。目前,PPP 模式在国内处于初创和探索的阶段,从 2013 年年底酝酿到 2014 年进行全国性布局,到 2015 年全面进入"试水期",政府也开始认识到 PPP 模式在基础设施建设等领域的重要现实价值,在国家政策及法律法规层面给予了很大力度的支持(见表 11 - 2)。

表 11 - 2 十八届三中全会以来 PPP 发展的政策背景一览

时间	发布主体	主要内容
2014 年		
5 月 20 日	国家发改委	国务院批转发改委《关于 2014 年深化经济体制改革重点任务意见的通知》,提出建立政府和社会资本合作机制
4 月 10 日	国务院常务会议	对 PPP 模式进行了积极推广
5 月 21 日	国家发改委	国家发改委公布了 80 个领域鼓励社会投资的项目
5 月 25 日	财政部	财政部成立 PPP 工作领导小组,之后又成立 PPP 中心
8 月 31 日	全国人大常委会	通过修改预算法的决定,要求建立跨年度预算平衡机制,实行中长期财政规划预算,为实施长周期的 PPP 项目铺平了道路。该预算法已于 2015 年 1 月 1 日正式生效
9 月 24 日	财政部	发布《关于推广运用政府和社会资本合作模式有关问题的通知》
10 月 2 日	国务院	发布《关于加强地方政府性债务管理的意见》
10 月 28 日	财政部	发布《地方政府存量债务纳入预算管理清理甄别办法》,预算法的修订和中期财政规划,为 PPP 模式推广铺平了道路

时间	发布主体	主要内容
11 月 16 日	国务院	国务院《关于创新重点领域投融资机制鼓励社会投资的指导意见》提出，鼓励社会资本投资运营农业和水利工程，推进市政基础设施投资运营市场化，改革完善交通投融资机制，鼓励社会资本加强能源设施投资，推进信息和民用空间基础设施投资主体多元化，鼓励社会资本加大社会事业投资力度，建立健全政府和社会资本合作（PPP）机制，创新融资方式拓宽融资渠道
12 月 4 日	财政部	《政府和社会资本合作模式操作指南（试行）》、30 个 PPP 示范项目清单即《关于政府和社会资本合作示范项目实施有关问题的通知》
	国家发改委	《关于开展政府和社会资本合作的指导意见》提出，政府要通过特许经营、购买服务、股权合作等方式，与社会资本建立利益共享、风险分担及长期合作关系。随后公布《政府和社会资本合作项目通用合同指南》（2014 年版）
12 月 31 日	财政部	发布《政府和社会资本合作项目政府采购管理办法》
2015 年		
1 月 19 日	国家发改委	起草《基础设施和公用事业特许经营管理办法》
4 月 21 日	国务院常务会议	审议通过了《基础设施和公用事业特许经营管理办法》。这一系列的法律条文，在形式上规范了 PPP 模式的论证审批、操作流程、合同管理、项目实施等具体流程，为 PPP 模式的规模化推广奠定了基础
3 月 5 日	政府工作报告	提出要在基础设施等领域积极推广 PPP 模式；财政部年度预算报告亦提出要开展 PPP 示范项目建设，释放社会投资潜力
3 月 17 日	国家发改委和国家开发银行	对外发布了《关于推进开发性金融支持政府和社会资本合作有关工作的通知》，规定符合条件的 PPP 项目，贷款期限最长可达 30 年，贷款利率可适当优惠等
4 月 21 日	国务院常务会议	通过《基础设施和公用事业特许经营管理办法》，提出在基础设施和公用事业领域开展特许经营，境内外法人均可参与投资运营基础设施并获得收益
4 月 21 日	财政部、国土资源部、住房城乡建设部、中国人民银行、国家税务总局、银监会等部门	《关于运用政府和社会资本合作模式推进公共租赁住房投资建设和运营管理的通知》提出，运用政府和社会资本合作模式（PPP），推进公共租赁住房投资建设和运营管理

续表

时间	发布主体	主要内容
5 月 13 日	国务院常务会议	将在医疗、养老、交通等领域推广政府和社会资本合作模式（PPP），以竞争择优选择包括民营和国有企业在内的社会资本，扩大公共产品和服务供给，并依据绩效评价给予合理回报
5 月 19 日	国务院办公厅	发布《关于在公共服务领域推广政府和社会资本合作模式指导意见》，提出围绕增加公共产品和公共服务供给，在能源、交通运输、水利、环境保护、农业、林业、科技、保障性安居工程、医疗、卫生、养老、教育、文化等公共服务领域，广泛采用政府和社会资本合作模式

截至目前，社会资本与地方政府合作主要有两种路径：一是财政部的政府采购模式（以下简称财政部模式）；二是国家发改委的特许经营模式（以下简称发改委模式）。

第三节　信托投资 PPP 项目的监管规定

从使用范围来看，PPP 模式适用于投资规模较大、需求长期稳定、价格调整机制灵活、市场化程度较高的基础设施及公共服务类项目。虽然目前监管部门尚未针对信托公司参与 PPP 项目出台专项监管文件，但作为逐步剥离融资平台公司政府融资功能、加快建立市场化多样化地方政府举债融资机制、化解地方债务风险的重要举措，PPP 模式取代征信合作信托的趋势日益明显。信托投资 PPP 项目应当符合监管部门关于剥离政府信用（将隐形政府信用转化为企业信用或项目信用）、适度控制地方政府性债务规模并加强规范管理的监管导向和相关政策，特别是信托投资基础设施 PPP 项目或与融资平台合作时，防止"新瓶装老酒""换汤不换药"，信托投资 PPP 项目法规一览见表 11 - 3。

表 11 - 3　信托投资 PPP 项目法规一览

法规名称	时间
国务院《关于加强地方政府融资平台公司管理有关问题的通知》（国发〔2014〕19 号）	2014 年 6 月 10 日

法规名称	时间
《关于贯彻国务院（关于加强地方政府融资平台公司管理有关问题的通知）相关事项的通知》（财预〔2014〕412 号）	2014 年 7 月 30 日
财政部《关于规范地方各级政府部门举债和担保承诺行为的通知》（财预〔2010〕437 号）	2010 年 9 月 2 日
国家发展改革委办公厅《关于进一步规范地方政府投融资平台公司发行债券行为有关问题的通知》（发改办财金〔2010〕2881 号）	2010 年 11 月 20 日
中国银监会《关于加强融资平台贷款风险管理的指导意见》（银监发〔2010〕110 号）	2010 年 12 月 16 日
中国银监会《关于切实做好 2011 年地方政府融资平台贷款风险监管工作的通知》（银监发〔2011〕34 号）	2011 年 3 月 31 日
银监会办公厅《关于地方融资平台贷款监管有关问题的说明通知》（银监办发〔2011〕191 号）	2011 年 6 月 17 日
中国银监会《关于加强 2012 年地方政府融资平台贷款风险监管的指导意见》（银监发〔2012〕12 号）	2012 年 3 月 13 日
国家发改委办公厅《关于进一步强化企业债券风险防范管理有关问题的通知》（发改办财金〔2012〕3451 号）	2012 年 12 月 11 日
《关于制止地方政府违法违规融资行为的通知》（财预〔2012〕463 号）	2012 年 12 月 24 日
《关于加强 2013 年地方政府融资平台贷款风险监管的指导意见》（银监发〔2013〕10 号）	2013 年 4 月 9 日
《关于银行业支持重点领域重大工程建设的指导意见》（银监发〔2013〕43 号）	2015 年 8 月 10 日

考虑到监管部门对地方政府性债务治理及政信合作的要求一脉相承，并逐步细化、完善。下面将重点对财政部、发改委、人民银行、银监会联合发布的《关于制止地方政府违法违规融资行为的通知》（财预〔2012〕463 号）（以下简称四部委《通知》）主要内容进行解读，信托投资 PPP 项目具体操作时应当对此予以关注，以便防范政策性风险和合规性风险。

在融资模式方面，除法律和国务院另有规定外，不得以 BT 方式举借政府性债务。四部委《通知》规定："除法律和国务院另有规定外，地方各级政府及所属机关事业单位、社会团体等不得以委托单位建设并承担逐年回购（BT）责任等方式举借政府性债务。对符合法律或国务院规定可以举借政府性债务的公共租赁住房、公路等项目，确需采取代建制建设并由财政性资金逐年回购（BT）的、必须根据项目建设规划、偿债能力等，合理确定建设规模，落实分年资金偿还计划。"理解此条的关键在于"法律和国务院另有规定"具体包括哪些意外情况，结合国务院《关于加强地方政府融资平台公司管理有关问题的通知》（国发〔2010〕19 号）（以下简称国发 19 号文）和《关于贯彻国务院关于加强地方政府融资平台公司管理有关问题的通知相关事项的通知》（财预〔2010〕412 号）（以下简称财政部 412 号文）等相关规定，"法律和国务院另有规定"至少包括以下几项，见表 11 - 4。

表 11 - 4　法律与国务院关于 BT 方式融资的其他规定

规范性文件	法条内容
《中华人民共和国公路法》	第 21 条规定："筹集公路建设资金，除各级人民政府的财政拨款，包括依法征税筹集的公路建设专项资金转为的财政拨款外，可以依法向国内外金融机构或者外国政府贷款等。公路建设资金还可以采取符合法律或者国务院规定的其他方式筹集。"
国办发〔2011〕45 号	国务院办公厅《关于保障性安居工程建设和管理的指导意见》（国办发〔2011〕45 号）第 2 条规定："政府投资的公共租赁住房项目可以委托企业代建，市县人民政府逐年回购。"
建保〔2012〕91 号	《关于鼓励民间资本参与保障性安居工程建设有关问题的通知》（建保〔2012〕91 号）第 1 条第（2）款规定："接受政府委托代建廉租住房和公共租赁住房，建成后由政府按合同约定回购。"但需要注意的是，此种代建的主体应当是民间资本
国发〔2004〕20 号	国务院《关于投资体制改革的决定》（国发〔2004〕20 号）第 3 条第（5）款规定："对非经营性政府投资项目加快推行'代建制'管理，即通过招标等方式，选择专业化的项目管理单位负责建设实施，严格控制项目投资、质量和工期，竣工验收后移交给使用单位"，即对非经营性政府投资项目政府可以采用"代建制"形式。非经营性项目是指不以盈利为目的的各类房屋建筑、市政基础设施和其他建筑物，包括社会公益事业项目（如教育项目、医疗卫生保健项目）、环境保护与环境污染治理项目、某些公用基础设施项目（如市政项目）等

在融资渠道方面，信托公司不得直接或间接向政府融资平台承担的需要财政性资金偿还债务的公益性项目提供融资。四部委《通知》规定："符合条件的融资平台公司因承担公共租赁住房、公路等公益性项目建设举借需要财政性资金偿还的债务，除法律和国务院另有规定外，不得向非金融机构和个人借款、不得通过金融机构中的财务公司、信托公司、基金公司、金融租赁公司、保险公司等直接或间接融

资。"将上述规定进行拆分，可分为几个关键词句，"符合条件的融资平台公司""公益性项目""需要财政性资金偿还的债务"和"除法律和国务院另有规定"是判断信托公司是否可以向融资平台公司提供融资的关键。

1. 符合条件的融资平台公司

"符合条件"是指符合法律、国务院的规定，可以通过融资平台公司举借债务建设，但需要财政资金予以偿还的公益性项目。具体条件应当是银监会《关于加强2012年地方政府融资平台贷款风险监管的指导意见》（以下简称12号文）中对于"仍按平台管理类平台公司"新增贷款的投向和条件。

2. 公益性项目

关于公益性项目，财政部发布的《地方政府融资平台公司公益性项目债务核算暂行办法》（财会〔2010〕22号）规定："公益性项目是指为社会公共利益服务、不以盈利为目的的投资项目，如市政建设、公共交通等基础设施项目，以及公共卫生、基础科研、义务教育、保障性安居工程等基本建设项目。"财政部412号文中对"公益性项目"和"公益性资产"予以界定。其中，"公益性项目"是指"为社会公共利益服务、不以盈利为目的，且不能或不宜通过市场化方式运作的政府投资项目，如市政道路、公共交通等基础设施项目，以及公共卫生、基础科研、义务教育、保障性安居工程等基本建设项目"。根据上述定义且结合四部委《通知》的出台背景及目的，公益性项目应不限于四部委《通知》中所列明的公共租赁住房、公路项目。公益性项目需要同时满足三个条件，三者缺一不可：①为社会公共利益服务；②不以盈利为目的；③不能或不宜通过市场化方式运作。假设某项目是为社会公共利益服务且不以盈利为目的，若该项目可以通过市场化方式运作，则其不属于公益性项目。例如，煤气、地铁、轻轨、污水处理项目、自来水项目、收费高速公路项目等经营性基础设施和准经营性基础设施。反之，则该项目应属于公益性项目。

3. 需要财政性资金偿还的债务

根据国发19号文和财政部412号文（见表11-5），财政性资金也包括一般预算资金、政府性资金预算收入、国有资本经营预算收入、预算外收入等财政性资金；上述财政性资金暂不包括已注入融资平台公司的土地使用权出让收入、因承担政府公益性项目建设获得的土地使用权出让收入返还、车辆通行费等专项收费收入，这些收入被财政部412号文纳入了融资平台公司的自身收益。

表 11 - 5　三个文件对需要财政性资金偿还的债务的规定

国发 19 号文	财政部 412 号文	银监办发 191 号文
国发 19 号文明确了对融资平台公司的存量债务进行分类处置和清理的原则与要求	财政部 412 号文明确了何为"主要依靠财政性资金偿还的债务"和"主要依靠自身收益偿还的债务"	银监会办公厅《关于印发地方政府融资平台贷款监管有关问题的说明通知》（银监办发〔2011〕191 号）
债务经清理核实后按以下三个原则进行分类： （1）融资平台公司应承担公益性项目建设举借、主要依靠财政性资金偿还的债务 （2）融资平台公司应承担公益性项目建设举借、项目本身有稳定经营性收入并主要依靠自身收益偿还的债务 （3）融资平台公司应承担非公益性项目建设举借的债务	（1）可计入融资平台自有现金流的还贷资金来源包括：①借款人自身经营性收入；②已明确归属于借款人的专项规费收入；③借款人拥有所有权和使用权的自有资产可变现价值 （2）不得计入融资平台自有现金流包括：①地方政府提供的信用承诺；②没有合法土地使用权证的土地预期出让收入（专业土地储备机构除外）；③一般预算资金、政府性资金预算收入、国有资本经营预算收入、预算外收入等财政性资金承诺	"主要依靠财政性资金偿还的债务"是指融资平台公司因公益性项目融资任务举借，根据协议约定、项目性质或相关政策规定确定，偿债资金 70% 以上（含 70%）来源于一般预算资金、政府性资金预算收入、国有资本经营预算收入、预算外收入等财政性资金的债务 财政性资金暂不包括已注入融资平台公司的土地使用权出让收入、因承担政府公益性项目建设获得的土地使用权出让收入返还、车辆通行费等专项收费收入
融资平台公司应承担公益性项目建设举借、项目本身有稳定经营性收入并主要依靠自身收益偿还的债务	"承担有稳定经营性收入的公益性项目融资任务并主要依靠自身收益偿还债务"是指融资平台公司应承担公益性项目融资任务举借，且偿还资金 70% 以上（含 70%）来源于公司自身收益，融资平台自身收益除项目本身经营性收益外，还包括已注入融资平台公司的土地的出让金收入和车辆通行费等其他经营性收入	其中，已明确归属于借款人的合法专项规费收入。除车辆通行费外，还可以包括具有法律约束力的差额补足协议所形成的补差收入，具有质押权的取暖费、排污费、垃圾处理费等稳定有效的收入

4. 除法律和国务院另有规定外，不得通过金融机构中的财务公司、信托公司、基金公司、金融租赁公司、保险公司等直接或间接融资

目前，尚无"法律和国务院另有规定"直接规定融资平台因建设需要财政资金偿还的公益性项目可以通过财务公司、信托公司、基金公司、金融租赁公司、保险公司等直接或间接融资。在现有政策环境下，如果项目的交易主体是符合新增贷款

投向和条件的，仍按平台管理的平台公司（未退出平台），承担公益性项目建设，且还款来源是财政性资金而非自身收益，则不得通过信托公司直接或间接融资。

规范地方政府的土地注资和融资行为。目前，各地平台公司负担的偿债压力和融资压力巨大，资金问题成为城市基础设施建设的主要障碍。为了增强平台公司的再融资能力，各地政府都在设法为平台公司注入新的资产，培育其自身造血功能。地方政府普遍存在采用国有土地使用权作价出资或者以入股或划拨的形式将土地资产注入融资平台公司，并将相关土地增值收益用于平衡城市基础设施建设投资。

四部委《通知》第3条首次明确规定，政府将土地注入融资平台公司必须经过法定的出让或划拨程序，并明确规定政府不得将储备土地作为资产注入融资平台公司，不得承诺将储备土地预期出让收入作为融资平台公司偿债资金来源。文件发布后，地方政府将不能采用国有土地使用权作价出资或者以入股的形式将土地资产注入政府融资平台公司，以划拨方式注入也受到严格限制。

四部委《通知》第4条规定，地方各级政府必须严格按照有关规定规范土地储备机构管理和土地融资行为，不得授权融资平台公司承担土地储备职能和进行土地储备融资，不得将土地储备贷款用于城市建设以及其他与土地储备业务无关的项目。

制止地方政府违规担保承诺行为。禁止地方政府违规提供承诺担保的规范由来已久（见表11-6），在之前法律及规范性文件的基础上，四部委《通知》进一步明确了地方政府违规担保的方式：①不得出具担保函、承诺函、安慰函等直接或变相担保协议；②不得以机关事业单位及社会团体的国有资产为其他单位或企业融资进行抵押或质押；③不得为其他单位或企业融资承诺承担偿债责任；④不得为其他单位或企业的回购（BT）协议提供担保；⑤不得从事其他违法违规担保承诺行为。

表11-6　有关地方政府注资的规定

规范性文件	法条内容
国务院《关于加强地方政府融资平台公司管理有关问题的通知》	今后地方政府确需设立融资平台公司的，必须严格按照有关法律法规办理、足额注入资本金，学校、医院、公园等公益性资产不得作为资本注入融资平台，《关于贯彻〈国务院关于加强地方政府融资平台公司管理有关问题的通知〉相关事项的通知》对于公益性资产的解释为"是指为社会公共利益服务，且根据有关法律法规规定不能或不宜变现的资产，如学校、医院、公园、广场、党政机关及经费补助事业单位办公楼等，以及市政道路、水利设施、非收费管网设施等不能带来经营性收入的基础设施等"

规范性文件	法条内容
国家发改委办公厅《关于进一步强化企业债券风险防范管理有关问题的通知》（发改办财金〔2012〕3451号）	（一）注入资产必须为经营性资产，政府办公场所、公园、学校等纯公益性资产不得注入城投公司；（二）注入资产必须经具有证券从业资格的资产评估机构评估，由有关主管部门办理相关权属转移登记及变更工商登记；（三）作为企业注册资本注入的土地资产除经评估外，必须取得土地使用权证，属于划拨、变更土地使用权的，应证明原土地使用证已经注销
国土资源部、财政部、人民银行、银监会《关于加强土地储备与融资管理的通知》（国土资发〔2012〕162号）	第5条"规范土地储备融资"中规定："列入名录的土地储备机构可以向银行业企业机构贷款""名录内的土地储备机构所属的储备土地，具有合法的土地使用证，方可用于储备抵押贷款""本《通知》下发前名录以外的机构（含融资平台）名下的储备土地，应严格按照《通知》的要求逐步规范管理""土地储备融资资金应按照专款专用、封闭管理的原则严格监管。纳入储备的土地不得用于为土地储备机构以外的机构融资担保"

与之前不同的是，四部委《通知》强调"不得为其他单位或企业的回购（BT）协议提供担保"。这是对四部委《通知》第2条的强化，也就是说，对于该文件出台前签订的BT协议，以及该文件中所指的公共租赁房、公路等公益性项目后续仍可签订的BT协议，均是遵从市场化的运作手段，不得将其纳入预算进行偿债担保。因此，该文件出台后，原依赖政府隐性担保获取各类融资的方式不再使用，有关地方政府担保行为的规定见表11-7。

表11-7　有关地方政府担保行为的规定

规范性文件	法条内容
《担保法》	《担保法》第8条规定："国家机关不得为保证人，但经国务院批准为使用外国政府或者国际经济组织贷款进行转贷的除外。"第9条规定"学校、幼儿园、医院等以公益为目的的事业单位、社会团体不得为保证人。"
财政部《关于规范地方财政担保行为的通知》（财金〔2005〕7号）	要求地方财政严格遵守有关法律规定，停止对《担保法》规定之外的贷款或者其他债务承担担保责任
《关于加强宏观调控、整顿和规范各类打捆贷款的通知》（银监发〔2006〕27号）	严禁各级地方政府和政府部门对《担保法》规定之外的贷款和其他债务提供任何形式的担保或变相担保。各级地方政府和政府部门不得以向银行和项目单位提供担保和承诺函等形式作为项目贷款的信用支持

续表

规范性文件	法条内容
国发 19 号文	第 4 条明确要求"坚决制止地方政府的违规担保承诺行为"。也就是说，地方政府在出资范围内对融资平台公司承担有限责任，实现融资平台公司债务风险内部化。要严格执行《中华人民共和国担保法》等有关法律法规规定，除法律和国务院另有规定外，地方各级政府及其所属部门、机构和主要依靠财政拨款经费补助的事业单位，均不得以财政性收入、行政事业等单位的国有资产，或其他任何直接、间接形式为融资平台公司融资行为提供担保
财政部 412 号文	"直接、间接形式为融资平台提供担保"包括但不限于下列各种形式：为融资平台公司融资行为出具担保函；承诺在融资平台公司偿债出现困难时，给予流动性支持，提供临时性偿债资金；承诺当融资平台公司不能偿付债务时，承担部分偿债责任；承诺将融资平台公司的偿债资金安排纳入政府预算
《财政部关于规范地方各级政府部门举债和担保承诺行为的通知》	地方各级国家机关以及学校等以公益为目的的事业单位、社会团体要严格执行上述法律规定，不得出具担保函、承诺函、安慰函等直接或变相担保协议，不得以机关事业单位及社会团体的国有资产为其他单位和企业融资进行抵押或质押，不得为其他单位或企业融资承诺承担偿债责任，不得在预算安排之外与其他单位或企业签订回购（BT）协议，不得从事其他违法违规担保承诺行为

第十二章　PPP 项目与基金结合

第一节　基金概念

一、基金的基本概念

从广义上来看，基金是指为了某种投资目的而设立的具有一定数量的资金。投资基金种类很多，从募集方式是否具有公开性角度，投资基金可分为公募基金和私募基金。私募投资基金是以非公开方式向投资者募集资金设立的投资基金，公募基金是指向不特定投资者公开发行受益凭证的证券投资基金。从投资对象上来看，投资基金可分为证券投资基金、股权直接投资基金、产业投资基金。从投资目标企业的成熟度上来看，投资基金可分为创业风险投资基金、成长型基金、并购基金、夹层基金、Pre-IPO 投资基金等。

创投基金主要投资于技术创新项目和科技型初创企业，创业企业的发展存在财务、市场、营运以及技术等诸多方面的不确定性，因此创投基金具有很大的风险，但一旦投资成功利润也非常丰厚。

成长型基金投资于从初创期发展至成长期的企业，其经营项目已从研发阶段过渡到市场推广阶段并产生一定的收益，成长型基金具有可控的风险和可观的回报，也是中国私募股权投资中比例最大的部分。

并购基金通常投资于相对成熟的企业，主要专注于并购目标企业，通过收购目标企业股权获得对目标企业的控制权，然后对其进行一定的重组改造提升企业价值，必要的时候可以更换企业管理层，成功之后持有一定期间后再出售。

夹层基金的目标主要是已经完成初步股权融资的企业。它是一种兼有债权投资和股权投资双重性质的投资方式，其实质是一种附有权益认购权的无担保长期债权，投资人可依据事先约定的期限或条件，以事先约定的价格购买被投资公司的股权，或者将债权转换成股权。夹层投资的风险和收益低于股权投资，高于价先债权，夹层基金的操作模式风险相对较小，回报率也低一些。

Pre – IPO 投资基金主要投资于企业上市前阶段，或者预期企业近期上市的企业规模与盈利已达到可上市水平的企业，其退出方式一般为上市后从公开资本市场上出售股票。Pre – IPO 基金具有风险小、回报快的优点，并且在企业股票受到投资者追崇的情况下，可以获得较高的投资回报。

PIPE（Private Investmentin Public Equity）是指投资于已上市公司股份的私募股权投资，是一种以市场价格的一定折价率购买上市公司股份以扩大公司资本的投资方式。

二、PPP 基金

基金投资 PPP 项目通常采取私募股权基金、产业基金或者政府性基金的形式。根据 2006 年发改委出台的《产业投资基金管理暂行办法》，产业投资基金是指一种对未上市企业进行股权投资和提供经营管理服务的利益共享、风险共担的集合投资制度。也就是说，通过向多数投资者发行基金份额设立基金公司，由基金公司自任基金管理人或另行委托基金管理人管理基金资产，委托基金托管人托管基金资产，从事创业投资、企业重组投资和基础设施投资等实业投资。根据财政部 2015 年出台的《政府投资基金暂行管理办法》，政府投资基金是指由各级政府通过预算安排，以单独出资或与社会资本共同出资设立，采用股权投资等市场化方式，引导社会各类资本投资经济社会发展的重点领域和薄弱环节，支持相关产业和领域发展的资金。政府出资是指财政部门通过一般公共预算、政府性基金预算、国有资本经营预算等安排的资金。私募股权投资基金是指通过非公开方式，面向少数投资者募集资金而设立的从事非上市公司股权投资的基金，其销售和赎回都是通过基金管理人与投资者私下协商进行的。其从大型机构投资者和资金充裕的个人手中以非公开方式募集资金，然后寻求投资于未上市企业股权的机会，最后通过积极管理与退出，以获得整个基金的投资回报。按照证监会的监管规定："私募"之"私"是指面向200 人以下的募资，PPP 项目资金需求往往达几十亿元，因此纯粹的私募难以承担PPP 融资之"重任"。实务中通常是企业注册成为私募基金管理人，取得私募基金牌照，然后引入金融机构资金对 PPP 项目进行融资。从这个意义上看，私募基金与产业基金有交叉之处。

因为目前 PPP 项目刚刚推广，证券化程度非常低，而且 PPP 项目投资数额巨大，往往适合采取向机构投资者非公开募集的方式。一些私募股权投资机构将 PPP 投资作为重要投资领域，采取股债结合的形式投资 PPP 项目。此外，还有一些传统施工单位，以产融结合为目的，设立子公司登记成为私募股权投资基金，以股加债形式投资本企业施工项目。

第二节　基金投资 PPP 项目的介入方式

一、基金介入 PPP 项目的组织形式

从组织形式上看，基金可分为公司型基金、合伙型基金、契约型基金。目前有限合伙型、有限责任公司型是 PPP 基金的主要形式，而契约型基金正在受到基金界尤其是众筹平台的追捧。

契约型基金是指基金管理公司作为委托人，通过与受托人签订"信托契约"的形式发行受益凭证募集资金，并投资于项目的基金。契约型基金最主要的优势在于：能够以简单的形式和低廉的成本吸纳多数投资者的资金，其仅以一纸契约约束投资人、委托人和受托人，无须设立企业实体，且决策效率高，退出机制灵活，投资者人数可以突破公司和合伙企业的 50 人上限，扩展至 200 人。此外，契约型基金对管理费通常采用包干形式，超过费用上限的部分由管理者自行承担，而且以契约型基金的方式可以避免公司型基金双重征税的问题。但契约型基金缺乏企业实体，不是我国法律意义上的商事主体，在对外签约、股东工商登记、基金财产与管理人财产的隔离等方面存在一定困难。当然，实践中存在变通操作方式，如委托基金管理人对外签订合同、以托管方式确保基金财产的独立性等。但是，目前契约型基金投资企业股权无法直接进行股东工商登记的问题仍未彻底解决，以基金管理人代为登记股东的变通做法可能被认定为股权代持，最重要的是，PPP 基金具有很强的公私合作色彩，地方政府委派的有限合伙人往往希望参与基金管理决策，而契约型基金的排他性管理权无法实现共管目的。PPP 基金涉及金额大、投资期限长，适合机构投资者，契约型基金在投资人数方面的优势并不突出；从稳健的角度来看，

PPP 基金暂时不宜使用此种形式。

合伙型基金具有管理形式、出资形式、分配机制灵活的优势。其出资形式多元化，可以劳务、技术出资；分配机制灵活，可自由约定利润分配方式，即使在单个项目盈利、其他项目亏损的情况下，也可以分配利润，而且分配时点不受限制，分配顺序还可以采取结构化设计。而且我国对合伙企业的"先分后税"原则，即在合伙企业层面无须缴纳税收，投资者仅就投资所得缴纳税收，由此避免双重征税，使得合伙型基金具有税收上的优势。但是依《合伙企业法》第 3 条规定："国有独资公司、国有企业、上市公司以及公益性的事业单位、社会团体不得成为普通合伙人。"所以国企担任普通合伙人存在法律障碍，而且管理存在一定难度。在实践中，PPP 基金往往采取区域基金、母子基金（有限合伙）的形式设立，首先针对特定地区的系列项目与当地政府达成合作意向，设立母基金；其次针对具体项目设置子基金投资管理，基金公司作为基金管理人收取固定管理费。

对于投资人而言，基金的组织形式直接影响其收益，通常税收和收益分配是组织形式选择的最重要的考量因素。尽管法律允许合伙型基金"先分后税"，但根据项目地税收法规，有些情况下公司型基金税负反而更轻。在税负相当的情况下，有限合伙型企业的结构化设计和灵活的利润分配方式更容易受到投资人的青睐。与此同时，合伙企业 GP 的无限责任和结构化设计虽然有利于激励基金管理人提高投资能力，但对 GP 管理能力提出了更高要求。若投资人更重视风险隔离，试图避免普通合伙人被连累而承担无限责任的风险，公司制也是不错的替代性选择方案。当然，从实务来看，目前 PPP 基金大多采用有限合伙的组织形式。

二、基金介入 PPP 项目的角色

有一种观点认为，基金只能以社会投资人身份介入 PPP 项目，需要参加 PPP 项目政府采购程序，中标后方能投资项目。笔者认为这是一种误解，基金既可以是社会投资人身份，也可以是财务投资人身份参与 PPP 项目。所谓 PPP 项目社会投资人，是指与政府方就基础设施和公共服务领域开展长期合作，承担设计、建设、运营、维护基础设施的大部分工作，并通过"使用者付费"及必要的"政府付费"获得合理投资回报的企业。所谓财务投资人，是指仅为 PPP 项目提供融资，不承担项目设计、建设、运营、维护等工作的金融机构。财务投资人是金融机构介入基础设施和公共产品建设项目的传统形式，而社会投资人则是本轮 PPP 热潮中金融机构介入项目的新形式。其实，两种方式各有优劣。

以社会投资人身份介入项目，既有利于基金强化对项目的掌控力，加强全面风险管理，提升项目运营效率，一些基金与大中型企业捆绑合作，采取 EPC 总包形式锁定建设运营费用；也有利于基金与地方政府开展深度合作，达成一揽子金融服务协议，提升整体利润率。然而也存在如下挑战：一是要求基金具有较高的建设项目管理能力，根据国际惯例，即使是固定总价合同也存在调价情形，PPP 项目合作期限长达几十年，作为社会投资人的金融机构必须协调解决期间出现的各种问题与障碍；二是必须遵守法律法规关于 PPP 社会投资人的规定，如只有通过竞争性政府采购程序才能成为正式社会投资人，项目合作期限一般不得低于 10 年，不得以回购、保底承诺等方式变相融资（排除 BT 运作方式）；三是项目前期谈判时间长、成本高，一项研究表明 PPP 项目前期谈判成本比普通项目高出几十个百分点。

在社会投资人的政府采购程序中，基金既可以选择单独投标，通过竞争性磋商程序中标成为社会投资人，再通过招投标程序选择总承包人；也可以选择与施工单位成立联合体投标，通过"二招并一招"的形式成为社会投资人，同时施工单位一并成为总承包人。后者有利于增加中标概率，但基金必须与施工单位就项目向招标人承相连带责任，加重了双方责任，这就要求双方具有良好的合作关系，实践中，两种模式均有操作先例，例如济青高铁采用的是第一种模式。

基金以财务投资人身份介入项目的优势在于总体风险比社会投资人低。因为作为财务投资人不仅无须参加竞争性采购程序，也无须就项目整体承担责任和遵守禁退期的规定，所以前期成本低、承担责任较轻、退出容易，风险相对较小。而劣势在于缺乏对项目风险和项目资源的整体掌控力，无法分享由项目管理效率与能力提升所带来的超额收益，难以从源头上控制项目风险。目前多数金融机构仍对 PPP 项目采取观望态度，基金介入 PPP 项目也较为谨慎，通常选择风险较小的财务投资人角色。

政府应着力引导 PPP 基金成为社会投资人。因为目前 PPP 投资的主要难点是优质项目资源匮乏，金融机构关注挑选好项目而不是培育好项目，而 PPP 基金作为人才和资金聚集器，可以培育并为市场输送项目管理所需的法律、工程、金融等专业人才，在为项目筹集大量建设资金的同时，还能提高项目管理效能，培育优质的投资项目。

三、基金介入 PPP 项目的媒介

无论是以社会投资人还是以财务投资人的身份介入 PPP 项目，基金均面临着是选择股权直接投资还是债权间接投资方式的问题。众所周知，债权投资风险较小、收益率较低，而股权投资收益不确定性较大、一旦投资成功收益率较高。由于 PPP 项目收益率本身不高（8% 左右），所以股权投资所应具备的高风险、高回报特质并不明显。实践中，股权投资往往是应对法律法规关于建设项目资本金要求的无奈之举，一些机构采取小股大债、明股实债的形式介入项目。一些项目股权投资额度无法达到法定最低资本金要求，便以委托贷款等形式充抵资本金；一些项目股权投资仍然沿袭政府兜底的传统思路，要求政府指定企业溢价回购。财政部颁发的财金〔2015〕57 号文件指出，严禁通过保底承诺、回购安排、明股实债等方式进行变相融资，将项目包装成 PPP 项目。这一规定无疑加大了社会投资人股权投资风险。尽管有的金融机构绑定作为社会投资人的施工单位，以对赌形式将投资风险转嫁至施工单位，但在施工单位不具有成功运作 PPP 项目经验的情况下，投资失败的风险仍然无法规避。

尽管如此，因为股权投资不仅是解决法定资本金要求的权宜之计，也是 PPP 项目成功推进的保障，仍然是 PPP 项目管理效能提升的途径。有学者在对 PPP 项目资本结构做实证研究时发现项目公司股权结构是影响项目实施效率的重要因素，由投资方、施工方、运营方等各利益相关方共同组成的项目公司更能应对阶段性风险、提升价值。然而，"风险大、利润薄"的问题是当前股权投资的最大障碍，其解决办法在于突破股债投资的传统路径，创新股债结合的新型投资方式，下面简单介绍几种。

（一）夹层融资

夹层融资起源于欧美国家，特指收益介于优先级银行贷款和劣后级原始股东之间的中间级融资，多使用于管理层收购中。夹层融资是一种非常灵活的融资方式，作为股本与债务之间的缓冲。从资金费用角度来看，夹层融资的融资费用低于股权融资，如可以采取债权的固定利率方式，对股权人体现出债权的优点：从权益角度来看，夹层融资的权益低于优先债权，所以对于优先债权人来讲，可以体现出股权的优点。夹层融资最大的特点是灵活性，通过融合不同的债权及股权特征，可以产生无数的组合，满足投资者及借款者的各种需求。典型的夹层融资中，资金提供者可以选择将融资金额的一部分转换为融资方的股权，如期权、认股证、转股权或股权投资参与权等权力，从而有机会通过资本升值而获利，所以夹层资本的收益通常包含现金收益和股权收益两部分。

在我国，夹层融资泛指收益介于股权和债权之间的融资形式，近年来多运用于地产基金中，应对地产项目银行贷款率收缩的问题。操作方式为地产基金以股加债的形式在"四证"齐全之前投入地产项目，债权部分规定固定收益率，股权部分享有超额收益率，在约定项目预售率达成时或约定期限届满时以原始股东回购形式退出。地产夹层融资收益率较高，通常可达20%～30%。PPP基金夹层融资可参照上述方式，但是地产项目收益预期较为稳定且计算方法简单，而基建项目收益须借助财务模型测算并辅助全程风险控制实现，而且收益率偏低，适合低成本资金。

（二）可转换债

可转换债是债权人在一定时期可以按一定比例或价格将其转换为一定数量股权的债权。其既与普通债权一样可以在期限届满后以约定的利率还本付息，也可以按约定的条件将其转换成股权，转换后债权人成为公司股东，参与经营决策和利润分配。

当基金对项目投资信心不足时，可使用可转债模式；操作方式为基金向项目公司提供债权融资时，于委托贷款合同中约定，1～2年后如果项目经营状况自好、收益达到一定水平，基金可将部分债权资金直接转换为股权投资。这样既能够在运营状况不良时保证收益，降低风险，又可以在运营状况良好时获得一定的资本升值收益。

（三）优先股

优先股是指股份持有人优先于普通股股东分配公司利润和剩余财产，但参与公司决策管理等权利受到限制。我国《公司法》贯彻同股同权、同股同利原则，并不承认优先股的概念。但是根据2013年国务院颁布的《关于开展优先股试点的指导意见》、2014年证监会颁布的《优先股试点管理办法》，上市公司和非上市公司可以发行优先股。法规对"未上市公众公司"有专门认定标准，项目公司只有经证监会认定为未上市公众公司才可以发行优先股。此外，《公司法》规定有限责任公司可以不按出资比例分配利润，因此基金可在投资合同中约定较高的利润分配比例，在实质上享受优先股待遇。

股权投资可以于两个时点介入：一是在项目公司成立前先以原始股东的身份介入，二是在项目公司成立之后以股权受让或增资扩股形式介入。若作为社会投资人，基金只能作为项目公司原始股东，因为根据法规，PPP 项目社会投资人必须按 PPP 协议的约定成立项目公司。作为财务投资人，基金可以选择介入时点。当以原始股东身份介入时，应在 PPP 项目筹备阶段提前介入，与政府、社会投资人共同在 PPP 协议中明确其在项目公司中的一席之地。如果涉及国有资产，则股权受让方式应遵守法律法规关于国有资产交易的特殊规定，包括评估、审计、场内招拍挂交易等，程序更为复杂，成本也较高，所以建议选择增资扩股形式。

第三节　基金投资 PPP 项目的监管规定

一、政府性基金

（一）《政府投资基金暂行管理办法》

2015 年 11 月 12 日，财政部发布《政府投资基金暂行管理办法》，对政府投资基金的设立、投资、运作和风险控制、预算管理等方面进行了规范。《政府投资基金暂行管理办法》涉及的重要内容有以下几个方面。

一是明确设立政府投资基金的设立领域。根据《政府投资基金暂行管理办法》，各级财政部门一般应在以下领域设立投资基金：支持创新创业、支持中小企业发展、支持产业转型升级和发展、支持基础设施和公共服务领域。

二是划定政府投资基金的业务禁区。根据《政府投资基金暂行管理办法》，政府投资基金在运作过程中不得从事以下业务：①从事融资担保以外的担保抵押、委托贷款等业务；②投资二级市场股票、期货、房地产、证券投资基金、评级 AAA 以下的企业债、信托产品、非保本型理财产品、保险计划及其他金融衍生品；③向任何第三方提供赞助、捐赠（经批准的公益性捐赠除外）；④吸收或变相吸收存款，或向第三方提供贷款和资金拆借；⑤进行承担无限连带责任的对外投资；⑥发行信托或集合理财产品募集资金。

三是强化市场化运作，科学决策、共担风险。根据《政府投资基金暂行管理办法》，投资基金各出资方应当按照"利益共享、风险共担"的原则，投资基金的亏损应由出资方共同承担，政府应以出资额为限承担有限责任。政府可适当让利，但不得向其他出资人承诺投资本金不受损失，不得承诺最低收益。

四是允许政府出资适时退出、提前退出。根据《政府投资基金暂行管理法》，政府投资基金中的政府出资部分一般应在投资基金存续期满后退出，存续期未满如达到预期目标，可通过股权回购机制等方式适时退出。政府的出资无须其他出资人同意即可提前退出的情形应预先约定在投资基金章程中，该等情形有：①投资基金方案确认后超过一年，未按规定程序和时间要求完成设立手续的；②政府出资拨付投资基金账户一年以上，基金未开展投资业务的；③基金投资领域和方向不符合政策目标的；④基金未按章程约定投资的。

（二）《关于财政资金注资政府投资基金支持产业发展的指导意见》

2015 年 12 月 25 日，财政部就财政资金注资设立政府投资基金支持产业发展发布《关于财政资金注资政府投资基金支持产业发展的指导意见》，根据该指导意见，政府投资基金应合理运用、聚焦支持于重点产业，合理控制政府投资基金规模，不得在同一行业或领域重复设立基金。

（三）地方性规定

例如，《江苏省 PPP 融资支持基金实施办法（试行）》：①限定基金投资期限、明确回购主体：基金所投资具体项目期限不超过 5 年（包括回购期）。实行股权投资的，到期优先由项目的社会资本方回购，社会资本方不回购的，由市县政府方回购，并写入项目的 PPP 合作协议中。②回报机制财务优先与劣后的结构：财政出资人作为劣后级。如子基金年度收益不足以分配优先级出资人的固定收益部分，由省财政予以补足。③规定了投资决策管理委员会的组成人员和人数：由省财政厅、出资 5000 万元以上的市县财政局、其他出资人单位相关责任人等 7 人以上组成。④细化投资项目失败风险承担的顺序和比例：如投资项目失败，首先由基金管理机构承担 10% 的损失（最多不超过子基金管理费的 2 倍），其次由省财政、市县财政以子基金的出资金额承担风险，项目的剩余损失由其他出资人在出资金额内按比例承担。

又如,《山东省政府和社会资本合作(PPP)发展基金实施办法》:①严格限定基金的投资范围:PPP 发展基金的投资范围限于山东境内,投资重点为纳入省级 PPP 项目库且通过财政承受能力论证的 PPP 项目。②稳定回报权与投资决策权相分离:优先级社会出资人按约定取得稳定合理回报,但不直接参与基金投资的项目决策。基金管理机构(GP)依据合伙协议或公司章程,按照市场规则负责子基金投资项目决策后投后管理。

二、私募股权投资基金

私募基金监管法律体系分为法律、规章与自律监管规则,法律层面主要有《中华人民共和国证券投资基金法》《中华人民共和国证券法》《中华人民共和国公司法》《中华人民共和国合伙企业法》《中华人民共和国信托法》;规章层面主要有《私募投资基金监督管理暂行办法》;自律监管规则层面主要有 1 个公告、3 个办法、10 个解答,1 个公告是指《关于进一步规范私募基金管理人登记若干事项的公告》(中基协发〔2016〕4 号);3 个办法是指《私募投资基金管理人登记和基金备案办法(试行)》(中基协发〔2014〕1 号)、《私募投资基金信息披露管理办法》(2016 年 2 月 4 日)、《私募投资基金募集行为管理办法》(2016 年 4 月 15 日);10 个解答是指《私募基金登记备案相关问题解答》(一)至(十)。此外自律监管规则还包括 9 个指引和 28 项制度安排,限于本书篇幅,在此不再展开叙述。上述法律法规等规范性文件,形成了私募资金募集、投资、管理、退出全方位的监管体系。

2012 年 12 月 28 日公布、2013 年 6 月 1 日正式施行的《中华人民共和国证券投资基金法》,首次将非公开募集基金纳入监管范围,明确规定非公开募集资金应当向合格投资者募集,合格投资者累计不得超过 200 人。对非公开募集资金的监管采取登记备案制,非公开募集基金募集完毕,基金管理人应当向基金行业协会备案。

《私募投资基金监督管理暂行办法》确立了私募监管的登记备案、合格投资者认定、资金募集、投资运作、行业自律的规范。合格投资者为净资产不低于 1000 万元的单位、金融资产不低于 300 万元或者最近 3 年个人年均收入不低于 50 万元的个人。各类私募基金管理人应当根据基金业协会的规定,向基金业协会申请登记,报送信息。

根据《关于进一步规范私募基金管理人登记若干事项的公告》的规定，私募基金管理人应当依法及时备案私募基金。私募基金管理人应当通过私募基金登记备案系统及时履行私募基金管理人及其管理的私募基金的季度、年度和重大事项信息报送更新等信息报送义务。自2016年2月5日起，新申请私募基金管理人登记、已登记的私募基金管理人发生部分重大事项变更，需通过私募基金登记备案系统提交中国律师事务所出具的法律意见书；中国律师事务所依照《私募基金管理人登记法律意见书指引》指引出具《私募基金管理人登记法律意见书》，经办执业律师及律师事务所应在充分尽职调查的基础上，就13项内容逐项发表法律意见，并对私募基金管理人登记申请是否符合中国基金业协会的相关要求发表整体结论性意见。《私募基金登记备案相关问题解答》第（一）至第（十）则为中国证券投资基金业协会针对私募基金管理人及私募基金产品登记备案时所遇到问题的有针对性的解答，鉴于本书篇幅，在此不再赘述，相关规范性文件重点内容概览见表12-1。

表12-1　相关规范性文件重点内容概览

序号	发文单位	文号	文件名	重点内容
1	全国人大常委会		《中华人民共和国证券投资基金法》	将非公募基金纳入监管范围，对非公开募集基金的投资者、基金管理人的登记、推介限制、合同条款，以及非公开募集基金的备案等做出明确严格的规定
2	中国证券监督管理委员会	中国证券监督管理委员会令第105号	《私募投资基金监督管理暂行办法》	要求各类私募基金管理人均应当向基金业协会申请登记；各类私募基金募集完毕，均应当向基金业协会办理备案手续。基金业协会的登记备案，不构成对私募基金管理人投资能力、持续合规情况的认可；不作为对资金财产安全的保证。私募基金不强制托管，如果基金合同有明确约定，基金可以不进行托管。私募基金的管理人可以由基金份额持有人担任
3	中国证券投资基金业协会	中基协发〔2014〕1号	《私募投资基金管理人登记和基金备案办法（试行）》	明确私募投资基金管理人登记和私募基金备案的程序，规定了私募投资基金管理人登记、基金备案、从业人员管理、信息报送、自律管理等方面的要求，对私募投资基金业务活动进行自律管理

序号	发文单位	文号	文件名	重点内容
4	中国基金业协会	中基协发〔2016〕4号	《关于进一步规范私募基金管理人登记若干事项的公告》	取消私募基金管理人登记证明、加强信息报送、提交法律建议书

中国基金业协会于 2016 年 4 月 15 日发布的《私募投资基金募集行为管理办法》，已自 2016 年 7 月 15 日起实施，明确了私募基金产品的募集程序和要求，并制定了募集专用账户、冷静期及回访确认等新的监管事项，确立了详细的募集程序以及各个操作环节的具体要求。该办法从私募基金募集环节的募集主体、募集程序、账户监督、信息披露、合格投资者确认、风险揭示、冷静期、回访确认、募集机构和人员法律责任九个方面进行了明确规定，构建了一整套行业标准和业务规范。

因此，若采取设立私募股权基金的方式投资 PPP 项目，私募股权基金应向基金业协会履行登记手续，该基金的管理人应为在中国证券投资基金业协会备案的基金管理人，并且由其办理基金产品的备案手续。私募基金的设立、募集需要符合私募基金监管法律体系各项规范性法律文件的要求。鉴于本书篇幅，有关私募基金登记备案等流程及相关要求，在此不再一一详述。

第十三章 PPP 项目与保险结合

第一节 保险资金投资基础设施项目的传统模式

基础设施投资风险小、收益稳定，拥有政府信用背书，是保险投资的传统领域。近年来，从发行数量和规模来看，基础设施债权计划都呈上升趋势，这与保险可投资金额总量的不断上升、保险投资更加活跃的大背景有关。但是 2015 年基础设施债权计划发行数量和金额呈现双降趋势，这是财政体制改革后地方政府基础设施建设减缓的阶段性反映，从长期来看，基础设施仍然是保险资金投资的重点领域。2013 年保险资产投资基础设施债权投资计划 49 只，规模 1985.6 亿元，占当年总投资规模的 2.58%；2014 年保险资产投资基础设施债权投资计划 96 只，规模 2161.19 亿元，占当年总投资规模的 2.31%；2015 年注册基础设施债权投资计划 42 只，规模 1027.45 亿元，占总规模的 0.92%，如图 13-1 所示。

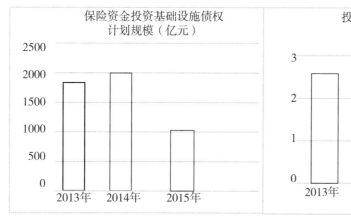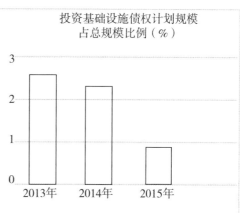

图 13-1　保险资金投资基础设施债权计划趋势

根据《保险资金投资不动产暂行办法》第 2 条的规定，保险资金投资的不动产，是指土地、建筑物及其他附着于土地上的定着物。保险资金可以投资基础设施

类不动产、非基础设施类不动产及不动产相关金融产品。保险资金投资基础设施类
不动产，遵照《保险资金间接投资基础设施项目试点管理办法》及有关规定。因
此，保险资金只能以间接投资方式投资基础设施。所谓间接投资，是指委托人将其
保险资金委托给受托人，由受托人按委托人意愿以自己的名义设立投资计划，投资
基础设施项目，为受益人的利益或者特定目的进行管理或者处分的行为。

投资计划是指各方当事人以合同形式约定各自权利义务关系，确定投资份额、金
额、币种、期限、资金用途、收益支付和收益权转让等内容的金融工具。投资计划包
括保险资管债权计划、保险资管股权计划、信托计划、券商资管计划、产业基金产品
等，但实务中最常用的是保险资管债权计划和股权计划，尤其以债权计划居多。

例如，某保险公司联合某建设公司发行基础设施债权投资计划。该计划投资于
某快速通道、某立交、某连接线、某新立交和某公路5个省级重点建设项目，投资
期限为7年，投资规模为20亿元。投资收益为5%~6%，固定利率，投资计划利
息按季支付，分4次等额还本。债权投资计划存续期内，投资计划年管理费为
15BP。增信方式为B类增级，由母公司（央企上市企业）提供无条件不可撤销连
带责任保证担保，产品信用评级为 AAA，如图 13-2 所示。

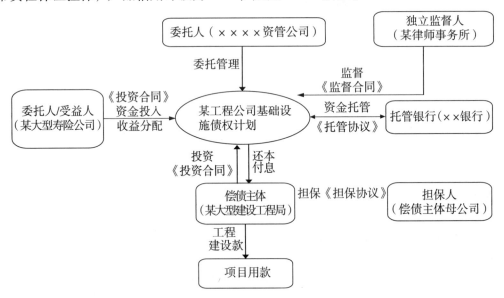

图13-2　某保险公司联合某建设公司发行基础设施债权计划结构

又如，某保险公司联合建设公司发行基础设施股权投资计划。该项目投资于

"一带一路"经济带国内段涉及的西部九省、东部五省、中部二省区域铁路、公路等国家级别或省级重点基础设施项目，投资期限为 5 年，目标发售规模为 50 亿元，其中委托人认购 10 亿元。项目的预期收益为：LP 固定收益 7%~8%，受益人预期收益（X~0.4)%；投资期满一次性返本，按季度分红。由 GP 的母公司（央企上市公司）出具承诺函为项目增信，承诺 5 年投资期满回购 LP 投资本金，并对投资收益承担差额补足义务，如图 13-3 所示。

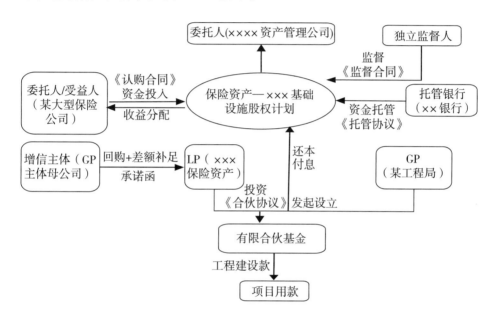

图 13-3　某保险公司联合建设公司发行基础设施股权计划结构

第二节　保险资金投资 PPP 项目的新路径

2015 年，我国保险资金投资基础设施总额增速同比下降，债权计划投资规模也有所下滑，这与同期全国基础设施投资增速放缓不无关系，也与国家对地方政府性债务严格管控相关（如图 13-4~图 13-6 所示）。

自 2014 年年底国务院在基础设施和公共服务领域推行 PPP 模式以来，基础设施供给模式已经发生重大变革。根据财政部网站数据显示，截至 2017 年 3 月末，全国入库 PPP 项目 12287 个，总投资额 14.6 万亿元，已落地项目 1729 个，投资额 2.8 万多亿元。

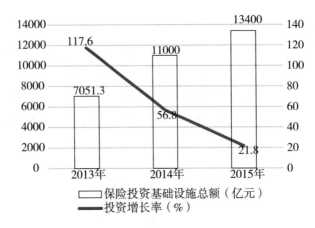

图 13 - 4　保险资金投资基础设施变化

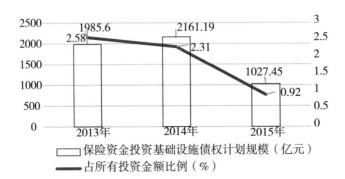

图 13 - 5　保险资金投资基础设施债权计划变化

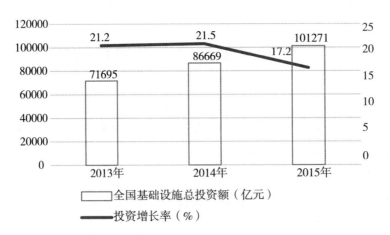

图 13 - 6　全国基础设施投资变化

　　然而，保险资金参与 PPP 项目尚处于探索起步阶段。一方面，部分从业人士认为 PPP 投资相对较大、责任较重；另一方面，项目方认为险资比较依赖 AAA 企业增信，资金成本较高，融资优势不明显。资金端的谨慎与项目端的期望，一定程度上共同造成了险资投资 PPP 落地较难的局面。

　　政府与社会资本合作（PPP）是公共服务供给机制的重大创新，政府采取竞争性方式择优选择具有投资、运营管理能力的社会资本，与社会资本在基础设施和公共服务领域建立利益共享、风险共担的长期平等合作关系，负责价格和质量监督；社会资本承担投资、建设、运营、维护等大部分职责，通过使用者付费或政府付费获得"合理"回报。

　　2014 年国发 43 号文终结了地方融资平台为地方政府融资输血的身份，2015 年预算法改革更将地方政府债务纳入全口径预算管理。在经济下行的背景下，要"稳增长"，政府需大力创新融资方式，积极推广 PPP 模式。可见，从这个角度来看，PPP 模式本质上是一种新型融资方式。

　　实际上，险资与 PPP 项目具有天然匹配性。一是险资（尤其是寿险和养老险）在投资期限上具有其他机构无法比拟的优势。PPP 投资期长达几十年，银行可释放的中长期贷款空间有限，其他机构亦面临期限错配的风险，但险资投资期限可长达 10~30 年。二是险资风险偏好较低，PPP 属于以政府信用为背书的政企合作项目，在经济下行、企业违约率提升的宏观背景下，与其他投资相比更为安全。三是险资与追求高利润率的私募基金等资金不同，要求相对适中、稳健的资本回报率，与 PPP 项目防止暴利原则恰好吻合。四是险资不同于银行多采取固定利息方式，而 PPP 项目中政府预算多采取固定利息方式，避免了利息波动风险。此外，险资投资 PPP 还具有其他附加利益，例如可销售建筑工程保险，优化政企关系，在大病保险、农业保险等领域与政府建立合作关系。

　　2016 年 7 月 3 日，保监会修订并颁布了《保险资金间接投资基础设施管理办法》进一步明确规定险资可以投资 PPP 项目，在可投项目标的、项目增信等方面进一步放宽了 PPP 项目投资。据悉，保监会大力支持险资投资 PPP 项目，鼓励保险公司先行先试，而且正在酝酿制定险资投资 PPP 的监管办法。

　　在基础设施供给模式转为 PPP 模式后，在资产荒背景下，在缓解资产负债匹配压力的驱动下，在保险监管新政进一步鼓励 PPP 投资的形势下，旧有以担保为核心的债权投资增信模式可能会发生变化，险资投资 PPP 项目具有广阔的前景。

下面将重点分析监管新政背景下保险资金投资 PPP 项目的介入方式、风控要点，并对保险投资监管提出若干建议。

一、应对策略

PPP 是公共产品供给服务的改革，有助于提升公共产品供给的质量和效率，适度规模的 PPP 项目和良好的组织运行有助于充分发挥基础设施供给对经济发展的溢出效应。其实，PPP 并不神秘，也不可怕，但复杂程度相对较高。与传统建筑工程项目相比，PPP 项目主要有以下特点。

一是政府与社会资本职责分工不同。传统项目中政府往往是"运动员"，承担融资、运营和建设前期工作；而 PPP 项目中，融投资、建设、运营、维护等大部分工作交由社会资本，政府是承担"监督者"和必要时候的"付费者"角色。

二是风险负担不同。职责不同导致了风险负担不同，为保障社会资本的合理回报率，PPP 项目投资期限达到几十年，不可知因素较多，社会资本须承担全部商业和市场风险。但是，适当的合同条件设置完全可以控制项目风险。

三是融资方式不同。传统建设工程项目是以企业信用或政府信用作为信用基础，符合条件的施工单位出具担保或政府出具承诺函即被金融机构认可；而真正的 PPP 项目主要看项目信用，以项目现金流作为信用基础，股东以出资额为限承担有限责任，又被称为"有限追索权"的项目融资。

四是运作程序不同。传统政府采购项目按照政府采购法、招投标法等法律法规运作；而 PPP 项目在进入竞争性程序之前，需履行"物有所值评价"和"财政承受能力论证"，制定 PPP 项目实施方案报市级人民政府批准，政府付费或补贴项目还需履行人大预算决议程序，这就导致 PPP 项目准备阶段时间较长，往往长达 3~6 个月。此外，PPP 项目边界条件往往不清晰，需政企双方对合作条件进行深入、长期的谈判、磋商。国外统计数据显示，一个 PPP 项目前期程序成本比非 PPP 项目往往高出10%。

因此，对待本轮 PPP 热潮，险资应该"大胆尝试"，同时"小心前进"。"大胆尝试"意味着险资积极参与分享 PPP 盛宴，而"小心前进"意味着在风险可控的前提下以适当的方式参与。

二、如何筛选 PPP 项目

PPP 项目良莠不齐，个别地方政府几乎将所有当前和未来的基建项目都纳入 PPP 库中。如果项目选择不慎，很可能会成为接盘侠。因此，筛选 PPP 项目是投资成功的前提。笔者认为可从政府信用、项目经济强度、施工单位信用、项目合法合规性四个方面入手。

（一）政府信用

PPP 项目分经营性项目、准经营性项目和非经营性项目。经营性项目是指自身产生的现金流足以覆盖项目成本和收益的项目，例如地下管廊、综合开发的城市轨道交通、污水处理、部分高速公路项目。准经营性项目是指除项目自身产生的现金流外，还需要政府补贴的项目，例如体育馆、欠发达地区高速公路项目。非经营性项目是指自身并无收益，需政府全额付费的项目，例如公立医院、公立学校、图书馆、监狱等项目。

政府付费"非经营项目"和政府补贴"准经营项目"都需地方财政投入，因此地方政府的财政实力是衡量 PPP 项目能否成功运行的重要指标。即使是纯用户付费的"经营性项目"，由于 PPP 项目多为涉及国计民生的大型基建工程，地方政府的关注和隐性信用背书也至关重要。

地方财政实力可通过近年 GDP、一般公共预算收入衡量，当然地方债务是更为重要的指标，然而数据通常不可得，特别是隐形债务无从知晓。

考察政府实力后，更为重要的是要求政府将财政支出列入当年财政预算和中期财政规划，根据《预算法》等相关规定，必须由地方人大出具决议方为有效。

此外，还需关注当地财政承受能力，财金〔2015〕21 号文指出，每一年度全部 PPP 项目需要从预算中安排的支出责任，占一般公共预算支出比例应当不超过 10%。

（二）项目经济强度

评判经营性项目和准经营性项目必须考虑项目自身经济强度，深入评价项目端往往不是金融机构的强项，个别机构几乎不看项目自身经济强度，偏重主体信用，这就人为限缩了可投项目标的。其实，水务、地下管廊、部分高速公路、综合开发模式运作的轨道交通等项目是非常优质的经营性项目，大多数情况下其自身现金流足以覆盖全部投资成本和收益。

较为复杂的是准经营性项目。一种是政府支付不足，需要利用项目经营收入弥补的。例如，某旅游产业园项目，政府支付仅涉及 80% 建设成本，其余建设成本、运营成本、融资成本和利润需靠商业风情街运营收入补足，此时须对项目经营前景做专业分析。

另一种是政府补贴不足，主要靠项目自身收入弥补的。例如，多数经济强度不高的高速公路项目，政府仅承担《工程可行性研究报告》中最低流量保障，但其测算可能较为宽松，因此对该路收费市场前景的判断至关重要，此外合同中项目唯一性、调价等条款的具体规定也十分重要。

若经评价认为存在风险敞口，建议考虑通过差额补足等增信途径加以弥补。无论如何，与传统基建投资不同，PPP 项目投资要求投资机构中存在了解项目端的专业人士。

（三）施工单位信用

在施工单位信用方面，施工方最好为大中型建筑商，其施工管理较为成熟，容易控制建设风险。

有些大型建筑商对某些项目类型也很缺乏运营经验，尤其是体育场等特殊设施的运营，因此具体项目中还须进行深入尽职调查，通过组建联合体、引入经验丰富的合作方避免运作经验的不足。

如果施工单位为民企或地方国有建筑商，则须考虑其相应施工资质等级、过往业绩等情况，并结合地方政府信用情况，综合判断其是否具有控制建设运营风险的实力。

（四）项目合法合规性

当前直接规范 PPP 的法律依据效力层级不高，主要是各部委自 2014 年开始发布的一系列规范性文件。PPP 项目在运作过程中还受到政府采购法、招标法、预算法、价格法等法律及相关法规的约束。任何环节的违法违规均可能造成 PPP 项目被推翻重来或合作中止，因此投资PPP项目应注意项目的合法合规性。

例如，就参与主体而言，财金〔2014〕113号文、国发〔2015〕42号文、财金函〔2015〕47号文、发改委〔2014〕2724号文对于什么主体能够代表政府出资、什么主体能够作为社会资本方有明确规定，突破其规定的交易架构将来可能被认定为违规。

又如，PPP项目操作程序应符合法律法规规定，依照立项入库、物有所值评价、财政承受能力论证、审批等程序，通过法律法规规定的竞争性方式选择社会资本。再如，实务中对于竞争性磋商能否适用"二招并一招"的规定在实践中存在争议，有的政府从严解释，有的政府则从宽解释。如果采购程序上出现合规瑕疵，则中标结果将被推翻，后果十分严重。

又如，财金〔2015〕57号文规定，对合作期限、BT模式、保底承诺、回购等问题做出了明确规定。

此外，PPP项目还须遵守各地方政府出台的PPP规范文件。尽管此类文件效力层级不高，但程序瑕疵却可能引发争议，甚至影响项目的顺利落地和推进。

最后，上述四要素的判断还可以结合PPP入库情况。如果项目入了财政部库或发改委库，通常条件比较优越，因为中央库的审核条件较严，如果项目入了省库，也是条件较好的项目。

三、PPP项目投资模式

目前，保险资金投资PPP项目的案例非常少，参照其他金融机构投资PPP的模式，保险资金可采取间接投资或直接投资的方式介入PPP项目，如图13-7所示。间接投资是指不直接投资于PPP项目公司，而是以向施工单位进行债权融资，或与施工单位成立企业基金，或认购政府基金等形式间接投资PPP项目。而直接投资是指对PPP项目公司进行股权、债权或股债结合的融资。下面将详解各种模式，供保险机构参考。

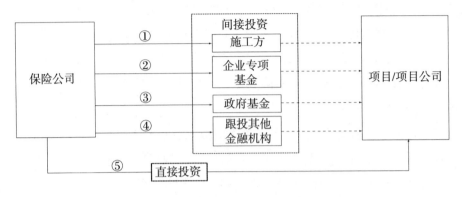

图 13 - 7　保险投资 PPP 项目模式

（一）间接投资模式

1. 向施工单位提供债权融资，由施工单位提供担保

该模式是险资投资基础设施的传统方式。例如，某保险公司与中建某局成立的投资于河南省五条市政路的债权计划，增信方式是偿债主体母公司提供连带责任担保。其优点在于施工单位可自行决定资金的使用方式，缺点在于仍然是基于股东信用的融资，未体现出 PPP 模式的特征。施工单位出于降低资产负债率的考虑，往往不愿意提供担保，即使能够提供担保也会选择银行这一低成本资金，因此传统模式难以为继。

2. 与施工单位成立专项企业基金，由施工单位或项目端提供增信

该模式是指险资与施工单位（实业资本）共同成立产业基金投资于 PPP 项目。该模式的优点在于可以放大杠杆率，同时避免金融机构直接投资 PPP 项目的风险，促进 PPP 项目落地。该模式已成为金融机构介入 PPP 项目的主要方式之一，但险资介入不多。

该模式与传统基础设施股权计划有相似之处，区别在于交易结构更为复杂多样，增信方式更为灵活。传统股权计划仍然依赖 AAA 级企业增信，如人保资产与中铁某局成立的投资于其承接的国家或省级重点项目的股权计划，工程局做 GP，人保认购有限合作企业的 LP 份额，工程局母公司提供差额不足和回购承诺。在利率下行的经济背景下，传统股权计划模式增信方式过于机械，吸引力不足，有必要做出转型。企业基金模式存在以下几种形态。

一是金融机构主导型。例如，兴业基金与厦门市轨道交通集团共同成立厦门城市发展产业基金投资于当地 PPP 项目，兴业基金下属公司担任 GP，兴业基金担任优先级 LP，轨道交通集团担任刺激级 LP，并对优先级承担差额不足和回购义务。

二是金融机构与实业资本共同主导型。例如，某建设公司与银行系基金公司共同成立 GP 管理人，建设公司任劣后级 LP，并承担差额不足和回购义务。

三是实业资本主导型。例如，中交建下属基金公司与政府共同成立 GP，政府做中间级 LP，基金公司做劣后级 LP，增信方式来源于 PPP 项目自身现金流。

3. 认购地方政府 PPP 引导基金 LP 份额，由地方政府出具增信

自 2015 年以来，中央和地方政府先后成立了多只 PPP 政府引导基金，如 500 亿元额度的中央引导示范性 PPP 基金，财政部与十大金融机构成立了 1800 亿元额度的中国政企合作投资基金股份公司（中国人寿（集团）公司为发起人之一）。此外，山西、山东、江苏、河南等省级政府相继成立 PPP 政府引导基金，中央和省级 PPP 基金多投资入部库和省库的 PPP 项目。

政府引导基金多采取单层基金或母子基金形式（见图 13 - 8）。单层基金形式是指省级政府、金融机构或社会资本共同成立基金，直接投资 PPP 项目，如河南省与四川省。母子基金形式是指省级母基金设立了子基金，引入市、县级政府财政资金和金融机构基金（见图 13 - 9）。两者相比，母子基金的形式放大了杠杆率，且在项目管理方面更为灵活。

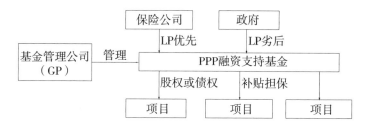

图 13 - 8　地方政府 PPP 引导基金单层基金模式

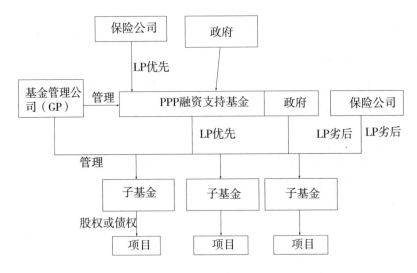

图 13 - 9　地方政府 PPP 引导基金母子基金模式

　　政府引导基金多由地方政府作为劣后级资金方，金融机构作为优先级，并采用"固定 + 浮动"的收益回报方式，由地方政府对金融机构的固定收益承担差额不足义务。对于金融机构的股权投资，政府基金通常要求首先由社会资本承担回购义务，其次由市县级政府承担补充回购义务。政府引导基金与企业基金相比，具有政府财政增信的优势，因此是优质投资标的。但各地政府基金的具体规定不同，投资政府基金需因地制宜。

　　4. 跟投投资银行等金融机构

　　保险资金还可以考虑跟投大型银行的形式。因为大型银行介入 PPP 项目较早，形成了较为完善的项目识别、筛选、审批机制，险资跟投银行可以避免在项目筛选、前期工作上过多投入，当然，前提是确认合作银行项目筛选标准符合险资投资要求。此外，银行有坏账准备机制，对 PPP 项目风险承受能力较高，一些项目的增信条件银行可接受，但险资未必能够接受，因此险资可借助银行的信用加强项目增信。对于银行而言，PPP 项目期限长，银行存在期限错配风险，也愿意引入保险资金作为优先级资金，共同完成项目投资。此外，险资还可以考虑与信托机构合作，替换信托资金以二次融资方式介入；也可以考虑与产业基金合作，投资其筛选的大型项目，以节约项目筛选成本、降低投资风险。

（二）直接投资模式

通过基金方式投资虽然可以避免项目搜索成本和筛选、谈判风险，但基金端本身存在运营成本，会削减投资收益，而且若各方对项目投资和基金管理存在分歧，还可能出现效率问题；而直接投资于项目公司则可以避免此类风险。目前有不少金融机构采用此方式，直接模式要求险资擅长项目筛选、熟悉项目运作，对其投资能力要求较高。直接模式下存在以下介入方式。

1. 财务投资人或社会资本方

不少人认为险资只能以社会资本方身份投资 PPP 项目公司，这也是一些保险机构对 PPP 投资望而却步的原因，因为社会资本方责任重、风险大。其实，金融机构参与 PPP 项目有两种方式，一种是作为社会资本方；另一种是作为财务投资人，也就是融资方。

社会资本方是本轮 PPP 热兴起后金融机构投资基建项目的新形式，是指与政府在基础设施和公共服务领域开展长期合作，承担融资、设计、建设、运营等大部分工作，并通过"使用者付费"及必要的"政府付费"获得合理投资回报的参与方。

以社会投资人身份投资的优势在于，在资产荒的背景下可以提前锁定项目。但需承担社会资本方的风险，遵守政策法规关于 PPP 项目社会投资人的规定，例如，需通过竞争性程序中标才能成为社会资本方，需遵守法规关于合作期和退出方式的限制。

财务投资是金融机构参与建设项目的传统方式，其仅为 PPP 项目提供融资，不承担 PPP 项目设计、建设、运营、维护等工作，仅作为借款人提供全部或部分项目建设、运营资金。财务投资的优点在于风险小、责任轻、前期成本低、退出不受限制。

在项目锁定概率相同的情况下，笔者建议以财务投资的方式介入。笔者翻阅国外 PPP 的融资资料发现，保险资金作为风险偏好更低、更为保守的资金，往往作为替换资金进入二次融资，即以购买债券等形式介入。因为 PPP 项目前期谈判成本高、不少项目终止于谈判阶段。在国外第一阶段融资主力是银行，因为银行可以为项目提供财务顾问服务，而且银行往往是以融资方的身份介入。财务投资并不排斥股权投资，并不会导致无法进行资本金融资的后果。

2. 单独投资或联合投资

在不得不采取社会资本方形式介入的情况下，险资仍须选择是单独作为社会资本方，还是与施工单位组成联合体投标。该模式的弊端在于投资机构风险过重，需承担建设、运营风险；优点在于可以控制建设成本，提升整体利润率。险资不宜单独投资 PPP 项目，因为利润提升的收益很可能无法弥补风险成本。

联合投标是指投资机构联合施工单位、运营单位等主体组成联合体，共同参与社会投资人的竞标，并共同成为社会投资人。联合投标模式有利于分散建设运营风险，而且增加中标机会。缺点在于《招标投标法》第 31 条规定："联合体中标的，联合体各方应当共同与招标人签订合同，就中标项目向招标人承担连带责任。"当然实务中也有应对措施。

3. 股权投资或债权投资

股权投资是指险资直接作为 PPP 项目公司的股东，债权投资是指为项目提供建设运营资金。根据相关规定，项目资本金高达总投资的 20% ~ 30%，由于施工单位垫资能力有限，资本金融资在市场上有很大需求。《保险资金间接投资基础设施管理办法》出台后，险资投资项目资本金的障碍已基本清除。

但股权投资风险较大，一是除非名股实债，否则无法取得固定收益；二是退出机制受限。险资的性质决定了其对投资安全性要求很高，然而财金〔2015〕57 号文禁止政府保底承诺和回购，可通过施工单位差额补足、承诺回购等形式达到明股实债的效果。

当然这又会走到传统基础设施偏重主体信用的老路上去。因此，在有限追索的项目融资形成气候之前，综合项目融资与股东信用融资的混合增信模式恐怕是较为现实的选择。

4. 项目信用融资或股东信用融资

除财务投资人和社会投资人的身份不同外，保险资金介入 PPP 项目还需解决是项目信用融资还是股东信用融资的问题。在保险资金投资基础设施的传统模式中，股东增信是必备条件。例如，在前述债权计划中，担保人为作为央企、上市公司的偿债主体的母公司；而在股权计划中，回购和差额补足承诺函出具主体作为央企、上市公司的某工程局的母公司。然而，PPP 项目是以项目融资作为其基本特征，即以项目本身现金流作为融资担保。目前一些银行已经转向项目融资模式，对于省会城市、较大的市以及一般公共预算收入在一定金额以上的市，若地方政府纳入财政预算并出具人大决议，则可不要求施工单位提供母公司担保。经济实力较强的城市的财政预算可以视为项目现金流的有力保障，保险公司可借鉴此模式。当然，更多的时候是项目融资与相关主体信用增级相结合的模式，例如符合条件的地方政府融资平台信用增级或施工单位信用增级。在我国，真正意义上的项目融资还不存在，项目再融资渠道有限，项目融资还不发达。保险公司可采取渐进方式投资 PPP 项目，目前仍可采取传统增级模式，适当考虑信用增级。

第三节　保险资金投资 PPP 项目的监管规定

PPP 其实是供给方式的改革，但对于金融机构投资而言，仍须遵守目前法律法规有关基础设施投资、项目融资、不动产投资的相关规定。2016 年 7 月 3 日，保监会发布了《保险资金间接投资基础设施项目管理办法》（以下简称《新办法》），替代旧的《保险资金间接投资基础设施项目试点管理办法》（以下简称《试点办法》），本部分将两者进行对比，指出新办法的修改之处。

一、对基础设施投资的监管要求

（一）对拟投资标的的要求

根据《试点办法》，保险资金可投基础设施范围仅限于交通、通信、能源、市政、环境保护等国家级重点基础设施项目，实务中省级重点项目也可以投资。所投基础设施应符合以下条件：①符合国家产业政策和有关政策；②具有国家有关部门认定最高级别资质的专业机构出具的可行性分析报告和评估报告；③具有或预期具有稳定的现金流回报；④具备按期偿付本金和收益的能力，或者能够提供合法有效的担保；⑤已经投保相关保险；⑥项目管理人（以下简称项目方）控股股东或者主要控制人，为大型企业或企业集团，且无不良信用记录；⑦项目方取得有关部门颁发的业务许可证；⑧中国保监会规定的其他条件。

《试点办法》对在建基础设施项目还规定了以下条件：①自筹资金不得低于项目总预算的 60%，且资金已经实际到位；②项目方资金不得低于项目总预算的

30%，且资金已经实际到位。

保监会命令禁止投资的范围有：①国家明令禁止或者限制投资的；②国家规定应当取得但尚未取得有效许可的；③主体不确定或者权属不明确等存在法律风险的；④项目方不具备法人资格的；⑤中国保监会规定的其他情形。

在《新办法》出台前，上述条件中，比较容易出现问题的是：有关保险的规定，一些建设项目在融资初期不会马上购买保险。有关30%以上资本金的规定，国务院于2015年调整了资本金比例限定，根据《关于调整和完善固定资产投资项目资本金制度的通知》（国发〔2015〕51号）：①城市和交通基础设施项目。城市轨道交通项目由25%调整为20%，港口、沿海及内河航运、机场项目由30%调整为25%，铁路、公路项目由25%调整为20%。②房地产开发项目。保障性住房和普通商品住房项目维持20%不变，其他项目由30%调整为25%。③其他工业项目。玉米深加工项目由30%调整为20%，化肥（钾肥除外）项目维持25%不变。④产能过剩行业项目。钢铁、电解铝项目维持40%不变，水泥项目维持35%不变，煤炭、电石、铝合金、烧碱、焦炭、黄磷、多晶硅项目维持30%不变。⑤电力等其他项目维持20%不变。如果维持保监会监管规定30%以上资本金的要求，则意味着可投项目范围比较狭窄。

《新办法》将可投项目范围拓展至一切基础设施项目，并删除《试点办法》有关项目资本金和自筹资金的强制性要求，拓宽了保险资金可投项目范围，使保险资金可提前介入项目资本金融资。

（二）对各投资主体的要求

保监会对各投资参与方也有要求，基础设施投资应具有以下结构：委托人（保险公司）委托受托人（保险资管公司、信托公司、产业资金等）投资，托管机构进行托管，独立监督人进行监督，项目受益人既可以是委托人，也可以是其他主体（见图13－10）。

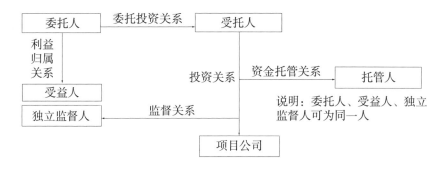

图 13 - 10　保险投资 PPP 项目主体结构

1. 委托人

不是所有的保险公司都可以成为基础设施投资项目的委托人。《试点办法》对委托人的要求是：①内部管理和风险控制制度符合《保险资金运用风险控制指引（试行）》规定，且执行规范；②建立了项目评估和风险监测制度；③引入了投资计划财产托管机制；④拥有一定数量的相关专业投资人员；⑤最近 3 年无重大投资违法违规记录；⑥偿付能力符合中国保监会有关规定；⑦风险管理符合本办法第九章的有关规定；⑧中国保监会规定的其他条件。保险机构委托保险资产管理公司等专业管理机构，代其履行委托人相关权利义务的，不受前款第④项限制。

《新办法》对委托人的要求与旧办法无实质性差别，只是增加了一条即具有公司董事会或者董事会授权机构批准投资的决议。

2. 受托人

《试点办法》对受托人的要求是：①具有国家有关监管部门认定的最高级别资质；②具有完善的公司治理结构，信誉良好，管理科学；③具有完善的内部管理、风险控制、操作流程及内部稽核监控制度，且执行规范；④具有完善的基础设施项目评估、甄选及管理体系；⑤具有独立的外部审计制度及定期审计安排；⑥具有足够数量的基础设施项目投资管理人员，重要岗位人员专业经验丰富；⑦具有投资计划风险管理责任人，建立了风险责任认定及责任追究制度；⑧董事会和高级管理人员具备对业务人员和投资计划执行的有效监管制度；⑨最近 2 年连续盈利；⑩最近 3 年无到期未偿还债务、未发生到期不履约现象、无挪用受托财产等违法违规行为；⑪中国保监会规定的其他条件。而且受托人与托管人、独立监督人不得为同一人，且不得具有关联关系。

根据《试点办法》，信托公司作为受托人的，还应当满足：①注册资本金不低于 12 亿元人民币，且任何时候都维持不少于 12 亿元人民币的净资产；②具有从事基础设施项目投资的丰富经验；③原有存款性负债业务已经全部清理完毕，未发生新的存款性负债业务或者未办理以信托等方式变相负债的业务；④自营业务资产状况和流动性良好，符合有关监管要求；⑤完成重新登记 3 年以上；⑥中国保监会规定的其他审慎性条件。

根据《试点办法》，产业基金作为受托人的，还应当满足：①注册资本金不低于 12 亿元人民币，且任何时候都维持不少于 12 亿元人民币的净资产；②具有从事基础设施项目投资的丰富经验；③中国保监会规定的其他审慎性条件。

《新办法》删除了《试点办法》对受托人资质的要求，仅规定"受托人，是指根据投资计划约定，按照委托人意愿，为受益人利益，以自己的名义投资基础设施项目的信托公司、保险资产管理公司、产业投资基金管理公司或者其他专业管理机构"。受托人与托管人、独立监督人、融资主体不得为同一人，且受托人与独立监督人、融资主体不得具有关联关系。

3. 独立监督人

根据《试点办法》，能够担任独立监督人的主体为：①投资计划受益人；②最近一年国内评级在 AA 级以上的金融机构；③国家有关部门已经颁发相关业务许可证的专业机构；④中国保监会认可的其他机构。

担任独立监督人的条件有：①具有相关领域内国家有关部门认定的最高级别资质；②具有良好的诚信和市场形象；③具有完善的内部管理、项目监控和操作制度，并且执行规范；④具备承担独立监督职责的专业知识及技能；⑤从事相关业务 3 年以上并有相关经验；⑥近 3 年未被主管部门或者监管部门处罚；⑦中国保监会规定的其他条件。实务中也有律师事务所作为监督人的实例。《新办法》对独立监督人的条件变化不大。

此外，对于托管人，新旧办法均要求取得托管资质；对于受益人，无特别资质要求，委托人也可以作为受益人。

（三）不同投资形式的要求

《试点办法》对各种投资形式的控制决策权、信用等级、担保等都有要求。以债权方式投资的要求：应当取得担保，担保方式可以为保证、质押、留置和定金等。①提供保证担保的担保人，应当是国内信用评级机构最近一年评级在 AA 级或者相当于 AA 级以上的金融机构，也可以是上年末净资产达到 200 亿元人民币以上的非金融机构；②提供抵押担保的，抵押担保的债权不能超过抵押物价值的 50%。

以股权方式投资的要求：①必须取得对所投资的项目的决策权；②必须取得项目方的至少一个董事席位；③确保具有可执行的股权退出机制。

以转让收益权、经营权及其他可行方式投资的要求：①确保与受让权利相关的基础设施财产权属完整，且没有他项权利请求；②确保与受让权利相关的基础设施财产的所有权人承诺，对因该基础设施财产引发的债务承担无限连带赔偿责任；③取得最近一年国内信用评级在 AA 级或者相当于 AA 级以上的金融机构或者上年度末净资产在 200 亿元人民币以上的非金融企业提供的担保。

《新办法》取消了上述三条要求，仅要求受托人应当建立有效的风险控制体系，覆盖项目开发、项目评审、审批决策、风险监控等关键环节。受托人董事会负责定期审查和评价业务开展情况，并承担风险管理的最终责任；健全投资问责制度，建立风险责任人机制，切实发挥风险责任人对业务运作的监督作用，受托人向委托人、受益人和中国保监会提交相关报告，须由风险责任人签字确认；建立相应的净资本管理机制和风险准备金机制，确保满足抵御业务不可预期损失的需要，风险准备金从投资计划管理费收入中计提，计提比例不低于 10%，主要用于赔偿受托人因违法违规、违反受托合同、未尽责履职等给投资计划财产造成的损失。不足以赔偿上述损失的，受托人应当使用其固有财产进行赔偿。

（四）基础设计债权计划信用增级要求

《试点办法》对基础设施债权计划的信用增级有明确规定，必须以规定的三类方式进行增级，而《新办法》删除了有关担保的增信措施。保监会表示随后将出台险资投资 PPP 的办法，旧有的增信机制可能会发生变化。

二、对非基础设施不动产的监管要求

（一）对拟投资标的的要求

《保险资金投资不动产暂行办法》第 11 条规定："保险资金可以投资符合下列条件的不动产：①已经取得国有土地使用权证和建设用地规划许可证的项目；②已

经取得国有土地使用权证、建设工程规划许可证、施工许可证的项目；③已经取得国有土地使用权证、建设工程规划许可证、施工许可证及预售许可证或者销售许可证的可转让项目；④取得产权证或者其他项权证的项目；⑤符合条件的政府土地储备项目。保险资金投资的不动产，应当产权清晰，无权属争议，相应权证齐全合法有效；地处直辖市、省会城市或者计划单列市等具有明显区位优势的城市；管理权属相对集中，能够满足保险资产配置和风险控制要求。"

《保险资金投资不动产暂行办法》第 13 条规定："保险资金可以采用股权方式投资第 11 条第 1 款第①项至第④项规定的不动产，采用债权方式投资第 11 条第 1 款第①项至第⑤项规定的不动产，采用物权方式投资第 11 条第 1 款第③、④项规定的不动产。保险资金采用债权、股权或者物权方式投资的不动产，仅限于商业不动产、办公不动产、与保险业务相关的养老、医疗、汽车服务等不动产及自用性不动产。保险资金投资医疗、汽车服务等不动产，不受第 11 条第 1 款第②项至第⑤项及区位的限制；投资养老不动产、购置自用性不动产，不受第 11 条第 1 款第①项至第⑤项及区位的限制；本款前述投资必须遵守专地专用原则，不得变相炒地卖地，不得利用投资养老和自用性不动产（项目公司）的名义，以商业房地产的方式，开发和销售住宅。投资养老、医疗、汽车服务等不动产，其配套建筑的投资额不得超过该项目投资总额的 30%。保险资金投资不动产，除政府土地储备项目外，可以采用债权转股权、债权转物权或者股权转物权等方式。投资方式发生变化的，应当按照本办法规定调整管理方式。保险资金以多种方式投资同一不动产的，应当分别遵守本办法规定。"

《保险资金投资不动产暂行办法》第 15 条规定："保险资金投资不动产，应当合理安排持有不动产的方式、种类和期限。以债权、股权、物权方式投资的不动产，其剩余土地使用年限不得低于 15 年，且自投资协议签署之日起 5 年内不得转让。保险公司内部转让自用性不动产，或者委托投资机构以所持有的不动产为基础资产，发起设立或者发行不动产相关金融产品的除外。"

（二）对投资主体的要求

根据《保险资金投资不动产暂行办法》和《关于保险资金投资股权和不动产有关问题的通知》，对委托人有以下要求：①具有完善的公司治理、管理制度、决策流程和内控机制；②实行资产托管机制，资产运作规范透明；③资产管理部门拥有不少于 8 名具有不动产投资和相关经验的专业人员，其中具有 5 年以上相关经验的不少于 3 名，具有 3 年以上相关经验的不少于 3 名；④投资时上季度末偿付能力充足率不低于 120%；⑤净资产不低于 1 亿元人民币；⑥具有与所投资不动产及不动产相关金融产品匹配的资金，且来源充足稳定；⑦最近 3 年未发现重大违法违规行为；⑧中国保监会规定的其他审慎性条件。

对受托人有以下要求：①在中国境内依法注册登记，具有国家相关部门认可的业务资质；②具有完善的公司治理，市场信誉良好，管理科学高效，投资业务稳定；③具有健全的操作流程、风险管理、内部控制及稽核制度，且执行有效；④注册资本不低于 1 亿元人民币；⑤管理资产余额不低于 50 亿元人民币，具有丰富的不动产投资管理和相关经验；⑥拥有不少于 15 名具有不动产投资和相关经验的专业人员，其中具有 5 年以上相关经验的不少于 3 名，具有 3 年以上相关经验的不少于 4 名；⑦接受中国保监会涉及保险资金投资的质询，并报告有关情况；⑧最近 3 年未发现重大违法违规行为；⑨中国保监会规定的其他审慎性条件。

（三）禁止行为

根据《保险资金投资不动产暂行办法》第 16 条规定，保险公司投资不动产，不得有下列行为：①提供无担保债权融资；②以所投资的不动产提供抵押担保；③投资开发或者销售商业住宅；④直接从事房地产开发建设（包括一级土地开发）；⑤投资设立房地产开发公司，或者投资未上市房地产企业股权（项目公司除外），或者以投资股票方式控股房地产企业。已投资设立或者已控股房地产企业的，应当限期撤销或者转让退出；⑥运用借贷、发债、回购、拆借等方式筹措的资金投资不动产，中国保监会对发债另有规定的除外；⑦违反本办法规定的投资比例；⑧法律法规和中国保监会禁止的其他行为。

附录　国家发改委团队 PPP 调研报告

2015 年 9 月，受英法两国政府主管部门的邀请，国家发改委与有关单位组成代表团，对英、法两国 PPP 政府主管部门、专业研究咨询机构、典型 PPP 项目进行实地调研和访谈。

借鉴英法经验，促进我国 PPP 模式健康发展。

2014 年以来，国务院及相关部门陆续出台数十项推广应用政府和社会资本合作（PPP）模式的各类文件，全国各地掀起了在基础设施和公共服务领域大力推广应用 PPP 模式的高潮，有效推动了相关领域投融资体制深化改革。同时，随着各项政策文件的陆续出台和贯彻落实，社会各界对 PPP 模式的具体特征、运作方式、适用范围、操作规范及利弊得失出现各种不同看法，在实际操作层面遇到各种问题，出现 PPP 政出多门、缺乏协调、项目落地难、签约率低等现象，影响了 PPP 模式在我国的健康发展。

国际上，使用者付费类特许经营和政府付费类购买服务是 PPP 模式的两种基本类型。法国是在基础设施和社会事业投资建设领域应用特许经营模式最为成熟的国家之一，英国是最早提出私人融资计划（PFI），通过政府购买服务引入私人资本承担公共基础设施建设的国家，两国在推广应用 PPP 模式方面有着丰富经验。为借鉴国际先进经验，促进我国政府和社会资本合作模式健康发展，发改委投资司和法规司接受英、法两国政府主管部门的邀请，与有关单位组成代表团，对英、法两国 PPP 政府主管部门、专业研究咨询机构、典型 PPP 项目进行实地调研和访谈。本次访问接触范围广、访谈专家层次高、调研内容针对性强，取得了丰富的访问成果，对我国进一步完善 PPP 相关政策具有重要借鉴意义。

一、两国考察访问基本情况

本次访问按计划于 2015 年 8 月 31 日离境，9 月 7 日按时回国，在境外停留 7

506

天，密集访问了英、法两国 PPP 项目政府主管部门如英国财政部、法国经济部、生态及可持续性发展部等，金融机构如法国国家开发银行、法国信托局和盛瑞资本集团，与英国 HCP 公司、法国苏伊士环境集团、万喜（VINCI）集团等代表性 PPP 运营商进行座谈，实地考察了英国国防部大楼运营维护、伦敦奥林匹克场馆综合开发等典型项目，与英国基础设施局（IUK）、伦敦大学学院（UCL）和法国知名律师事务所等 PPP 专家进行深入交谈，并参加中英贸易协会组织的 20 多位各行业企业界代表参与的座谈会。英、法两国政府主管部门对本次访问高度重视，与中方在行前进行反复沟通拟订访问计划，整个活动日程安排周密，接触的机构和人员代表性强，专业层次高，针对关注问题进行全面深入访谈，收集大量有价值的第一手资料，访问取得圆满成功。

二、英法两国应用 PPP 模式的主要经验

通过本次访问交流，我们认为，英、法两国推广应用 PPP 模式可供我国借鉴的经验主要包括以下几个方面。

1. 引入 PPP 模式的核心目的是完善公共治理体系

英法两国均是西方主要市场经济国家，均建有比较完善的市场经济体系，发挥市场配置资源的决定性作用，但均强调政府的功能及公共部门和私人部门在市场经济体系中的作用边界。在公共服务领域，传统上均强调发挥公共部门维护公共利益的作用。法国从 1955 年开始探索采用特许经营模式引入私人资本参与基础设施和公共事业领域的项目建设，通过使用者付费构建公共服务领域的商业化运作模式，尤其是在交通建设领域，法国在其 11000 千米的高速公路中，有 8500 千米采用特许经营模式。

英国在 1980 年以前，城市供水、能源、电信、交通运输等领域重大基础设施主要由政府投资建设和运营。前首相撒切尔夫人执政以来，英国不是采用特许经营模式，而是采用私有化的模式将传统公共服务领域的项目投资建设和运营完全推向市场。对于不能实施私有化的公共服务领域，强调必须由政府承担提供公共服务的责任，通过推行私人融资计划（PFI），由政府购买服务来实现市场化改革，以发挥市场机制提高公共服务质量和效率的作用。

在访谈中，英法两国政府相关部门均明确表示，引入 PPP 模式的目的不是解决

507

公共投资的建设资金不足的问题，而是推动公共服务领域的体制机制改革。鉴于重大基础设施和社会事业项目 PPP 模式操作复杂，引入私人资本参与项目建设会让政府付出较高代价，而且需要签订特许经营协议或政府采购协议来明确参与各方的复杂的合作伙伴关系，唯有通过体制机制改革创新，策划出责权清晰、结构合理的 PPP 合作模式框架，才能保证 PPP 项目的运作具有可持续性，从而使得拟建项目具备吸引私人资本及银行信贷资金支持的能力，发挥无追索权项目融资模式动员私人资本参与项目建设的作用，推动公共治理体系的重建和改革。

2. 应根据各国具体情况选择实现 PPP 理念的具体模式

英法两国 PPP 领域的专家反复强调，PPP 所强调的是公共部门和私人部门之间发挥各自所长，通过签署相关协议，明确项目参与各方的权利义务关系、风险和利益分担机制，构建可持续的合作伙伴关系的一种理念，而不仅仅考虑项目能否建成（B）、能否进行平稳运营（O），以及能否实现顺利移交（T）等项目周期各阶段的具体活动。PPP 所倡导的公共部门和私人部门之间构建利益共享、风险共担的长期合作伙伴关系理念，可以通过多种模式予以实现，不能僵化地锁定若干种所谓典型模式进行推广应用。英国基础设施局 PPP 专家强调，PPP 并没有全球通用的标准模式，每个国家都应根据各自政府的发展阶段、政策目标、公共部门和私人部门的具体特点，设计出符合本国国情的 PPP 模式实现路径及政策框架。

法国过去主要采用使用者付费类特许经营 PPP 模式，但从 2004 年开始，通过立法要求在政府付费类社会公共项目领域通过政府与私人部门签署合作伙伴合同（Contract of Partnership，简称 CP，类似于英国的 PFI），采用政府购买服务模式，发挥私人部门的专业化作用。英国 1992 年时任财政大臣 Norman Lamont 首次提出在公共服务领域推行政府购买服务的私人融资计划（PFI）模式，对于难以向使用者收费的各类社会基础设施（学校、医院、城市公共设施）和经济基础设施（道路桥梁、生态环境治理等）广泛采用 PFI 模式。从 2013 年开始，英国政府在强调政府购买服务的基础上，主张动用财政资金参与 PPP 项目的前期股权投资，由此提出 PF2 的运作理念。英国推行私有化的程度比较彻底，目前很少保留特许经营项目。因此，在英国 PFI 与 PPP 两个概念通用，习惯上均指政府购买服务类 PPP 模式，不包括特许经营类 PPP 模式。PPP 模式的具体运用，可采用建设—运营—拥有（BOO），设计—建设—融资—经营—转让（DBFOT），设计—建设—融资—转让

（DBFT），建设—运营—转让（BOT）等具体模式，并根据各类项目的具体特点进行不断创新。

另外，PPP 项目采用何种具体模式，往往还受到政治因素的影响。如英国随着政党轮替及执政党政策的改变，对于过去普遍采取政府付费的 PFI 项目，目前正逐步转变成采用特许经营加财政补贴的方式进行运作，以减轻政府的财政负担，提高市场化程度。

3. 特许经营和政府购买服务遵循不同的管理思路

使用者付费类特许经营模式和政府购买服务模式，是 PPP 模式的两种基本类型。两者的主要区别在于回收项目建设投资和运营成本的方式不同。对于使用者付费类 PPP 模式，要求采用特许经营的方式，向项目产品和服务的使用者收取费用，用以回收项目建设和运营成本，主要适用于能够建立市场化运作机制，能够明确锁定项目产品或服务的使用对象，能够向使用者收取费用的各类基础设施和社会事业投资项目。对于政府购买服务类 PPP 项目，则通过政府向项目提供的公共服务支付购买费用来回收私人部门前期建设投资及运营费用。这类项目往往难以锁定具体的受益对象，或者难以向使用者收费，只能由政府通过税收等方式筹集财政资金完成公共服务的购买。

政府购买服务类 PPP 模式，在英国称为 PFI，在法国称为 CP。英国由于基础设施和社会事业投资建设领域的私有化程度很高，使得使用者付费类特许经营 PPP 模式很少使用，但英国专家同时认为，在广义的 PPP 概念中，应包括特许经营 PPP 模式。与此对照的是，法国基础设施和社会事业投资领域私有化程度相对较低，目前还存在大量特许经营项目，认为特许经营和政府购买服务同属于 PPP 模式的具体实现形式，并分别制定相关法律对两类 PPP 模式予以规范。

特许经营类型 PPP 模式主要体现两大特征：①私人资本所获得的收入来源必须是经营该设施；②由私人资本承担该设施的经营风险。政府付费类 PPP 模式，要求政府直接付费购买公共产品和服务，主要包括可用性付费（Availability Payment）、使用量付费（Usage Payment）和绩效付费（Performance Payment），要求综合评价公共服务需要、责任风险分担、服务产出标准（Output Specification）、关键绩效指标（Key Performance Indicators）、财政支付方式、项目融资方案和财政支付成本等要素。二者的适用范围、绩效评价机制、管理思路均存在差异。在 PPP 政策的制定中，不得将特许经营项目视为政府购买服务项目，也不得将政府购买服务项目视为特许经营项目，以造成管理思路及制度体系的混乱，损害 PPP 模式的健康发展。

4. 建立适应 PPP 发展要求的治理机构

英法两国政府非常重视发挥私人资本在基础设施和公益事业投资建设领域的作用，并制定专项制度，设立专门管理机构。英国由财政部授权基础设施局（IUK）负责 PFI 政策制定及战略规划，以及项目的审批和实施，同时在多个关键政府部门（如卫生部、教育部、交通部）设立专门的私人融资管理机构，分别负责本行业 PFI 政策制定及项目管理，并对政府采购进行集中监管和审计。法国在可持续发展部、经济部、交通部等政府部门均设立专门的 PPP 司，在财政部国库司设立 PPP 工作组，专门负责 PPP 政策制定及实施监管。

各国政府的组织机构设置不同，职能分工不同，但均强调各部门之间要加强协调，各司其职，共同完成 PPP 项目治理的相关职能。法国分别设立负责经济发展工作的经济部和负责财政采购管理的财政部，经济部负责 PPP 项目的产业政策、行业规划制定，对 PPP 项目进行费用效益分析及经济可行性评估；对于涉及政府购买服务的 CP 项目，以及需要财政补贴的特许经营项目，财政部门从财政资金支付管理的角度进行监管。英国早已完成本国基础设施体系建设并完成私有化改革，因此不再单独设立负责经济发展的部门，由财政部同时负责经济发展和财政管理职能，但在 PPP 项目的监管方面，特别强调从战略规划、经济发展、商业模式、财务方案和管理架构五个角度进行管理，强调要从经济资源优化配置的角度进行经济费用效益分析，而不能仅仅关注财政采购环节的可行性论证，尤其不能将政府采购环节的财务评价（Value for Money 分析）代替整个项目的经济费用效益分析和可行性研究。

5. 继续发挥传统公共项目运作模式的作用

英法两国政府非常重视发挥私人资本在基础设施和公共事业投资建设领域的作用，因此积极推动私有化或通过 PPP 模式吸引私人资本参与相关领域的项目建设和运营。同时，两国政府仍然非常重视发挥政府投资在提供公共产品或公共服务中的独特作用，即继续采用传统模式运作公共项目。

对于一些特许经营项目，可以通过市场化改革实现完全私有化。比如电力项目，过去通常采用特许经营模式，由公共部门和私人部门通过签署特许经营协议进行投资建设和运营，可过渡到通过私有化方式，完全向私人部门开放，但同时面临监管困难，以及如何维护公共利益等难题。

对于采用 PPP 模式所具有的降低成本、提高效率等作用，实际上一直存在争议。英国众议院财政委员会 2010—2012 年度专题报告就曾明确提出：①PFI 模式采购程序复杂，耗时较长，融资成本相对较高，最终通过政府付费实质上会增加财政负担，难以实现"财务价值"（VFM）最大化；②PFI 项目融资属于政府资产负债表之外的融资，其负债不直接计入政府财政预算，从而使得 PFI 成为政府规避预算约束的一种方式，短期内能够刺激政府的非理性投资，长期内将加大政府未来的财政负担；③PFI 项目提供的是公共服务，项目失败的风险最终依旧会由政府承担，因此风险并没有真正转移出去；④PFI 项目合同期长，难以根据未来实际情况与需求变化对合同条款进行调整，缺乏灵活性。

英国议会研究认为，没有必要通过采用 PFI 的方式，将项目设计、建设、融资、运营等任务都捆绑交给私人部门承担，认为可以采用传统模式，通过政府投资来享受融资成本较低的建设资金，而将设计、建设、运营等专项任务交给私人部门以便提高效率。因此，英国虽然推崇使用 PFI 模式，但从未排除继续使用传统的政府投资模式，而且坚持将传统模式作为选择其他模式的比较基准。

英国的公共基础设施项目运作中，私有化程度相对较高，完全私有化项目占比约为 60%，传统的政府投资项目占比约为 20%，采用各类 PPP 模式运作的项目占比约为 20%。根据英国财政部提供的最新数据，PFI 项目占英国整个公共部门投资的比例仅为 11%。因此，不能将 PFI 视为英国采用 PPP 的唯一模式，更不能将其视为英国政府公共项目运作的唯一模式。

三、我国运用 PPP 存在主要问题

1. 没有做好真正接受 PPP 理念的心理准备

我国在推进基础设施投融资体制改革的过程中，BOT 模式的引入先于 PPP。BOT 就其字面含义而言，主要强调的是项目能否建成（Build）、能否进行有效运营（Operate）、能否顺利移交（Transfer），强调的是项目周期不同阶段的具体活动，PPP 则强调在合作主体之间能否构建一个具有可持续性的合作伙伴关系（Partner-ship）。如果在 BOT 的项目运作结构设计中充分考虑了有关参与各方的权利义务关系、风险和利益分担机制、构建了具有可持续合作伙伴关系的项目架构，那么这样

的 BOT 就是 PPP。否则，如果在 BOT 运作结构设计中，仅考虑项目运作各阶段的活动，而不考虑这些活动背后所蕴藏的各种关系如何建立，BOT 项目的未来实施就可能带来一系列的风险和不确定性，导致项目运作失败，这就是 PPP 所应竭力避免的。

我国当前处于经济转轨时期，受到体制机制及地方政府任期责任考核等多种因素的影响，难以苛求各有关部门关注长期可持续发展问题。在基础设施和社会事业投资建设领域，各级政府部门事实上更愿意接受的是传统的 BOT 理念，而不是 PPP 理念。即人们更关注各种基础设施及公共事业项目在本届政府任期内能否建成（B）、能否顺利运营（O），至于项目各方的权利义务关系如何进行妥善处理，工程贷款的本金和利息能否按期偿还，风险如何分担，如何在项目生命周期未来 20 年甚至是 30 年的漫长时间内维持具有可持续性的合作伙伴关系，诸如此类的问题往往并不愿意认真研究和对待，而更愿意把各种潜在的问题、矛盾和风险留给未来，留给继任者。将 PPP 理念真正落到实处，而不是沦为解决眼前短期问题的权宜之计，需要进行系统化的体制机制改革，让 PPP 模式所倡导的项目运作理念在我国真正落地。

2. 过分关注 PPP 项目的财政财务功能

我国所推行的 PPP 模式，与英法等西方市场经济国家所推行的公共部门和私人部门合作模式相比，一个非常重要的区别，就是我们所关注的重点是项目的资金筹措问题。一个完整的 PPP 模式，应该包括项目周期各个阶段的活动，如设计、融资、建设、运营、维护、移交等，是一种结构复杂的项目运作模式。其中，融资只是项目运作众多环节中的一个环节。我国各级政府积极推动 PPP 模式，主要是强调把 PPP 作为筹集资金的一种方式，由于不考虑其他环节的作用，可能会隐藏各种风险和不确定性，使得项目的运作难以构建一个具有可持续性的框架结构体系，使 PPP 项目未来可能产生各种风险。这也是我国开展 PPP 模式在现阶段所体现的一个重要特征。

《国务院关于加强地方政府性债务管理的意见》（国发〔2014〕43 号）要求剥离地方政府投融资平台公司替当地政府进行融资的功能，尤其强调地方政府不得再继续以融资平台公司为载体进行负债融资，同时要求推广使用政府和社会资本合作（PPP）模式，鼓励社会资本通过特许经营等方式，参与城市基础设施等有一定收益的公益性事业投资和运营。这样一来，PPP 模式就成为在剥离地方平台公司融资功能的新形势下，地方政府为基础设施和社会事业建设项目筹集资金的一种现实可行的选择方式，这也是全国各地积极推动运用 PPP 模式的重要内在动因，体现了鲜明的短期功利性特征。

另外，我国将 PPP 模式作为化解存量债务风险的工具。《关于在公共服务领域推广政府和社会资本合作模式的指导意见》（国办发〔2015〕42 号）要求，积极运用转让—运营—移交（TOT）、改建—运营—移交（ROT）等方式，将融资平台公司存量公共服务项目转型为政府和社会资本合作项目，引入社会资本参与改造和运营，将政府性债务转换为非政府性债务，减轻地方政府的债务压力。因此，解决地方政府存量债务问题，化解当前地方政府偿还债务压力，是我国推广应用 PPP 模式的另一重要动因。

3. 缺乏逻辑清晰的 PPP 治理结构

我国政府出台的多项 PPP 政策文件，反复强调 PPP 项目本质属于政府采购，所有类型的 PPP 项目，无论采取何种付费机制，均视为政府采购，并纳入政府采购管理的框架体系之中。根据我国现行法律法规规定，"政府采购"必须要有财政资金的投入，必须纳入政府部门的预算管理，政府采购所形成的债务必须体现为政府负债。国务院办公厅《关于在公共服务领域推广政府和社会资本合作模式指导意见的通知》（国办发〔2015〕42 号）进一步明确由财政部门强化统筹协调，会同有关部门对相关要求的落实情况进行督促检查和跟踪分析，重大事项及时向国务院报告。因此，目前全国各地普遍认为，我国所有类型的 PPP 项目都属于政府购买服务项目，都应该纳入政府采购的框架体系，不应该再履行我国已经实施数十年的基本建设程序，并且得到国务院的肯定和支持，已经形成全国共识。

我国将所有 PPP 项目都视为政府购买服务，源自于我国制定的很多 PPP 政策文件，主要借鉴英国财政部推广应用 PFI 的相关经验。如前所述，英国 PPP 和 PFI 两个概念习惯上相互通用，是因为英国很少有特许经营项目。特许经营和政府购买服务分属于 PPP 的不同类型，得到全世界的普遍认可。我国目前所推行的纳入"政府采购"流程管理的 PPP 项目，绝大部分不属于政府购买服务类 PPP 项目，而是属于"使用者付费"类的特许经营 PPP 项目。我国当前过分强调从财政资金的投入（事实上，一些特性经营项目根本没有财政资金投入）的环节对 PPP 项目进行监管，就会削弱从国家经济发展战略、行业规划、准入标准、法律法规等层面对 PPP

项目进行监管，就会脱离我国现行的工程项目基本建设管理程序，仅强调通过政府采购的财务价值（VFM）和财政承受能力评价，通过财政资金投入及采购方式的合理性分析来代替整个项目的可行性研究和项目评价工作，造成我国工程项目管理体系及思路的混乱，不利于 PPP 模式在我国的健康发展。

4. 忽略发挥民营资本的作用

建设项目实施 PPP 模式，强调发挥社会资本尤其是民营资本的作用。英法两国所推行的 PPP 模式，均强调公共部门必须与私人资本建立合作伙伴关系。我国和西方市场经济国家的国情不同，国有企业在基础实施和社会事业投资建设领域占主导地位，因此允许符合特定条件的国有企业以社会资本的身份参与 PPP 项目符合我国国情。

英法等西方市场经济国家所推行的 PPP 模式，是希望建立一个能够长期可持续性的合作伙伴关系，使公共部门和私人部门的双方优势都能得到充分发挥，这种伙伴关系能否有效发挥作用，关键在于公共部门和私人部门之间能否通过一定的模式，构建一种相互制衡、责任明晰、信息透明、监督有效的合作架构。这就要求参与 PPP 模式的社会资本投资主体必须具有独立性，以便能够和当地政府部门之间形成一种相互制衡和博弈的权利义务关系。失去独立性的伙伴关系只能是服从关系，而不是建设性的合作关系。因此，在我国推行的 PPP 模式中，承担社会资本投资主体的企业，不能是当地政府能够控制的企业，应是能够独立于政府部门之外的一种社会力量，与当地政府不存在资本、人事、管理等方面的控制关系，这是遵循 PPP 理念不能放弃的一个底线。

但是，我国政府发布的《在公共服务领域推广政府和社会资本合作模式指导意见》（国办发〔2015〕42 号）则提出，对于已经建立现代企业制度、实现市场化运营的当地平台公司，可作为社会资本参与当地政府和社会资本合作项目，即当地政府可以与其所控制的平台公司以 PPP 的名义开展合作。该文件同时提出，中央财政出资引导设立中国政府和社会资本合作融资支持基金，作为社会资本方参与项目，进一步强化了在中国特色的 PPP 模式下，政府主要是与自己进行合作，这与国际上通常理解的 PPP 模式关联不大，是一种彻底被异化的所谓 PPP 模式。这种做法不符合 PPP 理念的基本要求，也不符合《国务院关于加强地方政府性债务管理的意见》（国办发〔2014〕43 号）推进地方政府性债务管理体制改革的要求。

无论是特许经营 PPP 模式，还是英国的 PFI 模式，都强调政府投资退出基础设施和社会事业建设投资，政府根据项目建成后的运营绩效决定是否购买服务以及进行经营补贴。当前我国政府投资在引导社会投资，促进基础设施和社会事业健康发展方面仍将起到举足轻重的作用，使得股权合作成为当前阶段我国 PPP 模式的重要实现形式之一，我国当前不宜提出政府投资从 PPP 项目建设投资中退出。英国基础设施局专家戏称，中国的 PPP 代表的是 Public—Public—Partnership（公—公—合作）。如果在 PPP 的实际操作层面过分强调政府与政府合作、政府与公共部门合作，以及政府与国有企业合作，就会背离我国引入 PPP 模式的初衷，加大公共部门的负债压力，拖延基础设施和社会事业领域进行市场化改革，激活民营资本活力的步伐。

四、我国完善 PPP 相关政策建议

我国当前仍然处于经济转型，需要大力发展经济基础设施的关键时期，应根据我国的经济社会发展阶段、法制建设及体制机制改革进展等具体国情，借鉴英、法等国际有益经验，完善我国 PPP 相关政策及制度建设。

1. 引进国际经验要博采众长

从英、法等国际经验来看，各国推广应用 PPP 模式的做法各不相同。英国的私有化程度较高，在 20 世纪 90 年代工党执政期间大力提倡采用 PFI 模式建设学校、医院等社会基础设施，现任政府则力图减轻政府财政负担，尝试更多运用特许经营加财政补贴的模式推进公共基础设施项目建设与运营。法国在基础设施领域私有化程度相对较低，主要采用特许经营模式吸引私人资本进行投资，近年来开始应用 CP（Contract of Partnership）模式吸引私人资本投资公益性社会事业项目，通过政府购买服务回收私人投资成本，类似于英国的 PFI 模式。英、法等国推行 PPP 模式的经验均值得我国借鉴。但是，由于基本国情不同、面临的经济社会环境不同、资源条件及配置机制不同，我国的 PPP 发展并不能完全照搬任何其他国家的模式。例如，英国的国防大楼及监狱等公共基础设施均采用 PFI 模式由私人资本进行运作和管理，在我国当前阶段恐难以借鉴。为了促进 PPP 模式在我国健康发展，必须学习引进国际经验，但不应盲目引进，更不应以偏概全地引进，应博采众长，结合中国国情进行创新。

2. 强调发挥社会资本尤其是民营资本的作用

PPP 的本意是鼓励社会资本尤其是民间资本进入基础设施和社会公共事业领域，鼓励政府与社会资本投资主体建立起竞争、合作、博弈、共赢的长期合作伙伴关系，进一步推动体制机制改革创新，让市场发挥配置资源的决定性作用。在这个过程中，政府或公共部门给予适当的财政资金支持与引导是合理的，但绝不应为了鼓励更多的 PPP 项目上马，而无原则、盲目地给予经济激励，让政府投资过多地挤占民间投资，使得我国的 PPP 项目变质为"公公合作"或者是"以公为主"的合作，难以发挥其对机制创新、打破垄断和提高公共产品供给质量和效率等方面的作用。

我国今后推广应用 PPP 模式，既要允许独立于当地政府的国有企业以社会资本的身份参与当地 PPP 项目建设，又要避免违背 PPP 的应有之义，形成国有资本对民营资本的过度挤出效应。同时，应鼓励当地国有企业和平台公司以当地公共部门的身份发挥承担当地基础设施项目的主力军作用，通过体制机制改革发挥传统公共项目建设模式的潜在优势，优化当地公共治理结构。同时，要强调避免盲目地以 PPP 名义实施"伪 PPP"项目。

3. 灵活选择 PPP 的具体操作模式

对于采用 PPP 模式参与基础设施和社会事业建设的项目，分为特许经营、政府购买服务和股权合作等不同模式。应发挥各自的潜在优势，分别制定相应制度，协同推进撬动社会投资。

对于具有收费基础，并且经营收费能够完全或部分覆盖投资及运营成本，且能通过政府补贴部分资金或经营性资源的情况下，社会资本可以取得合理投资回报的项目，应采用特许经营模式。对于缺乏"使用者付费"基础、主要依靠"政府付费"回收投资及运营成本的项目，或主要通过政府补贴才能使社会资本获得合理投资回报的项目，可通过股权合作、政府购买服务等方式推进。其中需由政府股权投资、购买服务或财政补贴的项目费用应纳入财政预算管理，并统筹考虑财政中长期承受能力，合理确定购买服务的内容、标准及绩效评价办法，切实提高财政资金的使用效益。

4. 总结应用我国过去 30 年积累的宝贵经验

我国推广应用特许经营项目已有 31 年的历史，国家发改委、住建部及其他行业部门在此过程中都积累了很多经验教训，国家投资主管部门与相关部门按照各自职责分工，合作一直非常顺畅。本轮的 PPP 热，起始于 2014 年年初，通过以过去人们很少使用的 PPP 概念，推行大量特许经营项目，并将各类特许经营项目视同政府购买服务项目，借鉴英国推广应用 PFI 的相关做法，出台各种政府文件，将各种广义的和狭义的 PPP 概念混合使用，并积极创造条件发挥财政资金作为社会资本的引领作用，导致目前社会各界对于 PPP 的概念认识越来越模糊，这种状况持续下去，不利于特许经营、政府购买服务及股权合作等 PPP 模式在我国的健康发展。我国应认真总结过去 30 余年来推行特许经营模式、股权合作等 PPP 模式的经验教训，认真研究 PPP 模式的运行特点及在我国推广路径，不应另起炉灶，盲目推进。

5. 建立完善适合我国国情的 PPP 治理结构

我国财政部门最近两年推广应用的政府采购类 PPP 模式，主要借鉴英国政府付费型 PFI 经验。我国投资主管部门过去 30 余年来推动的特许经营类 PPP 模式，更多地借鉴了法国经验。法国倡导建立双重 PPP 制度体系，将特许经营和政府购买服务都纳入法国的 PPP 制度框架。我国可借鉴法国经验，分别制定特许经营类 PPP 和政府购买服务类 PPP 制度体系。在项目审查方面，应明确所有 PPP 项目都应纳入公共投资基本建设程序进行管理，重视从发展战略、产业政策、行业准入等角度进行审查。对于特许经营项目，价格主管部门还应强化使用者付费机制的审查；对于政府购买服务类项目，以及需要财政补贴的特许经营项目，财政部门应强化对财政资金投入的专项审查，形成强有力的制衡机制，加强协调配合，共同推进我国 PPP 制度的建立和完善。

要明确推广应用真正的政府付费类 PPP 模式对推动我国财政体制改革的重要作用。当前我国公共服务领域的政府采购改革不到位，仍然呈现"大政府、小社会"的运作特征，大量公共服务仍然由公共部门直接提供。我国政府采购公共服务的改革已经启动。目前，我国政府采购服务类 PPP 模式的运用范围仍然狭窄。随着我国在政府购买服务领域体制机制改革的不断深化，通过 PPP 模式探索政府购买服务的实现路径，在我国推广运用的潜力很大。

这种探索有利于培育专业机构的服务能力，深化财政体制改革，提高公共服务供给的质量和效率，降低公共服务的提供成本。在实际操作方面，应按照 PPP 模式运作理念的要求，沿着政府购买公共服务这条主线，研究制定出台采购主体资格的确认，采购价格的形成，采购程序的规范，采购服务标准的制定，以及跟踪、监测、绩效评价等活动，切实提高公共服务的质量和效率，而不是把精力过多地放在基础设施和社会事业领域使用者付费类特许经营 PPP 项目上。

6. 积极推动特许经营立法

我国目前关于 PPP 立法的呼声较高。我国的 PPP 立法，也应借鉴国际经验。英国遵循判例法，因此英国没有针对 PFI 或 PPP 的立法，而是针对 PFI 制定标准合同指南以供参考。法国属于大陆法系，分别制定针对特许经营、CP 和私有化模式的法律。广义的 PPP 涉及内容繁杂，对 PPP 进行立法务必慎重。例如，土耳其已有特许经营法，过去 6 年来一直在推动对完整的 PPP 进行立法，但因过于繁杂而难以实现。罗马尼亚既有特许经营法，也有 PPP 法，两部法律存在很多冲突，导致出现很多问题。

鉴于特许经营类 PPP 模式在我国当前发展阶段具有特殊重要地位，我国目前不宜推动 PPP 立法，而是强调要进行特许经营立法，并且明确提出特许经营立法不是 PPP 立法。对于政府付费类 PPP 模式，应纳入政府采购法的范畴进行监管。特许经营立法的目的，是要把特许经营的一些"核心原则"明确下来，而不是对特许经营项目操作提出具体的实施方案意见。英国基础设施局专家认为，在特许经营"监管金字塔"中，法律应处于金字塔的顶端；接下来是促进 PPP 健康发展的各项政策；再接下来是对各种政策的具体应用进行解释的操作指南；金字塔的底端是各种协议、合同范本等；不能用"法律"来完成"政策""操作指南""协议范本"等应该完成的任务。这些建议值得我国借鉴。

7. 完善 PPP 项目评估论证制度

推广应用 PPP 模式，要坚持过去 30 余年来证明行之有效的做法，继续重视可行性研究和评估论证工作。除对特许经营和股权合作类 PPP 项目继续要求加强可行性论证工作之外，对于政府采购类 PPP 项目，也要明确应在可行性研究和项目评价的基础上，将采用 PPP 模式（实际上是英国的 PFI 模式）与传统政府采购模式进行对比分析，确保从项目全生命周期角度分析，采用 PPP 模式能够提高政府采购服务的质量和效率，降低采购成本。项目评估时，要综合考虑公共服务需要、责任风险分担、服务产出标准（Output Specification）、关键绩效指标（Key Performance Indicators）、财政支付方式、项目融资方案和财政支付成本等要素，确保实现激励相容，提高公共服务的质量和效率。

（资料来源：国家发展和改革委员会官网）

后　记

我本一俗人，按照咱们的习惯，一项耗时费力的写书的活儿，总是要很多人的帮助，总是要有亲近的人做出牺牲，总是有很多人默默付出，我也不脱俗，絮叨一下我的感恩。

感谢我的母亲和我的妻子，母亲85岁，日思夜想子，不能常陪伺。妻子一人持家，一年365天，我几乎不着家，带着对八十多岁老母亲的牵挂，带着妻子对我安危的担心，带着关爱我的亲人的思念，我奔波在全国各地的PPP项目现场，参与PPP项目的分析、论证、座谈、会谈、签约、落地、实施的忙碌中，在酸、甜、苦、辣、咸的五味中享受着、痛苦着、快乐着。

感谢我的老师、领导严介和先生，他把我带进PPP领域，他给了我尽情发挥实践的舞台，让我淋漓尽致地尝试着中国各式的PPP项目，让我积累了很多经验和教训，让我在行业内有了充分的话语权。在本书即将付梓之际，严介和先生在百忙中抽出时间为本书题词。

感谢苏（苏商集团）、太（太平洋建设集团）、华（华佗建设集团）系的各位同人，感谢各大平台集团公司，给了我很大的帮助并为本书提供了几千张图片和数百个实际案例。

感谢财政部PPP研究中心、国家发改委PPP研究中心、清华PPP研究中心、北大国家发展研究院、太平洋PPP研究院、苏商PPP研究中心给予我的指导和关爱。

感谢国内PPP的先驱：贾康先生、刘世坚律师、王守清教授、金永祥教授、韩志峰博士、李开孟先生、武大庆先生、姚洋院长、黄剑辉院长、黄一平教授、王一鸣教授、范保群研究员、马晓野研究员、朱鸿鸣研究员、周凯波先生、闫俊杰先生、姚金伟先生、袁中和先生、喻宏伟先生、元志中研究员、郭晓蓓研究员、董运佳研究员、全军先生、李宏伟先生、黄卓博士、姚金伟博士等，他们的理论和著述，直接或间接地使我受益匪浅。

感谢体制内写过很多文章的专家对我的启发、帮助、激励，使我不敢有丝毫懈怠，每天战战兢兢、如履薄冰地坚持学习，坚持到第一线实践，使自己不断提高。

要感谢的人很多，新疆欣勤建设投资集团、河南国政建设集团有限公司、河南省路桥建设集团公司、内蒙古公路交通投资发展有限公司、亿元红树林投资有限公司、中交建安建设工程有限公司、润泽联合（北京）投资控股公司，他们也给了我很好的建议和帮助。

感谢很多的朋友给予的真诚的指导和帮助，感恩！

我不喜欢让名人写前言或序言，也恳请偶尔看到此书的名人理解！感恩！

2017 年 9 月 15 日

鸣　谢

给予本书提供案例、图片和指导意见的集团公司如下，一并致谢。

苏商集团

苏商建设集团下属 1 至 15 集团

苏商资本集团

太平洋建设集团有限公司

太平洋建设下属所有集团公司

华佗建设集团有限公司

华佗建设集团下属 1 至 15 集团

北京太平洋建设集团有限公司

上海太平洋建设集团有限公司

江苏太平洋建设集团有限公司

重庆太平洋建设集团有限公司

广东太平洋建设集团有限公司

安徽太平洋建设集团有限公司

江西太平洋建设集团有限公司

湖南太平洋建设集团有限公司

福建太平洋建设集团有限公司

广西太平洋建设集团有限公司

甘肃太平洋建设集团有限公司

新疆太平洋建设集团有限公司

辽宁太平洋建设集团有限公司

云南太平洋建设集团有限公司

贵州太平洋建设集团有限公司

西藏太平洋建设集团有限公司

内蒙古太平洋建设集团有限公司

苏辰建设集团有限公司

京商建设集团有限公司

沪商建设集团有限公司

川商建设集团有限公司

粤商建设集团有限公司

楚商建设集团有限公司

海商建设集团有限公司

中山建设集团有限公司

引江建设集团有限公司

三江建设集团有限公司

江山建设集团有限公司

大西洋建设集团有限公司

北冰洋建设集团有限公司

印度洋建设集团有限公司

太平洋公共地产有限公司

太平洋绿色建筑有限公司

沪尚锦展

屹峰建设

雅蓝设计院

太平洋设计集团有限公司

太平洋装饰集团有限公司

太平洋产业集团有限公司

新疆欣勤建设投资集团有限公司

河南国政建设集团有限公司

河南路桥建设集团有限公司

内蒙古公路交通投资发展有限公司

亿元红树林投资有限公司

中交建安建设工程有限公司

润泽联合（北京）投资控股公司